ARCHIVES HISTORIQUES

DU POITOU

XX

POITIERS

IMPRIMERIE OUDIN

4, RUE DE L'ÉPERON, 4

1889

SOCIÉTÉ
DES
ARCHIVES HISTORIQUES
DU POITOU

LISTE GÉNÉRALE

DES MEMBRES

DE LA SOCIÉTÉ DES ARCHIVES HISTORIQUES DU POITOU

ANNÉE 1888.

Membres titulaires :

MM.

Arnauldet (Th.), ancien bibliothécaire de la ville de Niort, à Paris.
Barbaud, archiviste de la Vendée, à la Roche-sur-Yon.
Bardet (V.), attaché à l'Inspection du chemin de fer d'Orléans, à Poitiers.
Barthélemy (A. de), membre de l'Institut, à Paris.
Beauchet-Filleau, correspondant du Ministère de l'Instruction publique, à Chef-Boutonne.
Beaudet (A.), docteur en médecine, à Saint-Maixent.
Berthelé, archiviste des Deux-Sèvres, à Niort.
Bonvallet (A.), agent supérieur du chemin de fer d'Orléans, ancien président de la Société des Antiquaires de l'Ouest, à Poitiers.
Bouralière (A. de la), ancien président de la Société des Antiquaires de l'Ouest, à Poitiers.
Chamard (Dom), religieux bénédictin, à Ligugé.
Chasteigner (Cte A. de), membre de plusieurs Sociétés savantes, à Ingrande (Vienne).

MM.

DELISLE (L.), membre de l'Institut, à Paris.

DESAIVRE, docteur en médecine, conseiller général des Deux-Sèvres, à Niort.

FAVRE (L.), à Niort.

FRAPPIER (P.), ancien secrétaire de la Société de Statistique des Deux-Sèvres, à Niort.

GOUGET, archiviste de la Gironde, à Bordeaux.

LEDAIN, membre de l'Institut des provinces, à Poitiers.

LELONG, archiviste aux Archives Nationales, à Paris.

LIÈVRE, bibliothécaire de la ville, à Poitiers.

MARQUE (G. DE LA), à la Baron (Vienne).

MÉNARDIÈRE (DE LA), professeur à la Faculté de Droit, à Poitiers.

MONTAIGLON (A. DE), professeur à l'Ecole des Chartes, à Paris.

MUSSET (G.), bibliothécaire de la ville, à La Rochelle.

PALUSTRE (Léon), directeur honoraire de la Société française d'archéologie, à Tours.

RICHARD (A.), archiviste de la Vienne, à Poitiers.

RICHEMOND (L. DE), archiviste de la Charente-Inférieure, à La Rochelle.

ROCHEBROCHARD (L. DE LA), membre de la Société de Statistique des Deux-Sèvres, à Niort.

TRANCHANT (Charles), ancien conseiller d'État, ancien conseiller général de la Vienne, à Paris.

Membres honoraires :

MM.

BABINET DE RENCOGNE, à Angoulême.

BEAUREGARD (H. DE), au Deffend (Deux-Sèvres).

BONNET (E.), professeur à la Faculté de Droit, conseiller général des Deux-Sèvres, à Poitiers.

CARS (Duc DES), à la Roche-de-Bran (Vienne).

MM.

Cesbron (E.), ancien notaire, à Poitiers.
Chabot (Vte Paul de), à Boissière (Deux-Sèvres).
Clisson (l'abbé de), à Poitiers.
Corbière (Mis de la), à Poitiers.
Desjacques, employé au Ministère des Finances, à Paris.
Desmier de Chenon (Mis), à Domezac (Charente).
Dubeugnon, professeur à la Faculté de Droit, à Poitiers.
Ducrocq (Th.), doyen honoraire, professeur à la Faculté de Droit de Paris, correspondant de l'Institut, à Paris.
Férand, inspecteur général honoraire des ponts et chaussées, à Poitiers.
Gaignard (R.), à Saint-Gelais (Deux-Sèvres).
Genesteix, ancien notaire, à Poitiers.
Guérin (Paul), archiviste aux Archives Nationales, à Paris.
Ginot (Emile), avocat, à Poitiers.
Horric du Fraisnaud de la Motte de Saint-Genis, à Goursac (Charente).
Labbé (A.), banquier, à Châtellerault.
La Lande Lavau Saint-Étienne (Vte de), à Neuvillars (Haute-Vienne).
Le Charpentier (G.), ancien conseiller général des Deux-Sèvres, à Saint-Maixent.
Lecointre-Dupont père, membre de plusieurs Sociétés savantes, à Poitiers.
Orfeuille (Cte R. d'), membre de la Société des Antiquaires de l'Ouest, à Versailles.
Oudin (Paul), imprimeur, à Poitiers.
Rochebrochard (H. de la), à Boissoudan (Deux-Sèvres).
Rochejaquelein (Mis de la), député des Deux-Sèvres, à Clisson (Deux-Sèvres).
Rochethulon (Mis de la), ancien député de la Vienne, à Baudiment (Vienne).
Sorbier de Pougnadoresse (de), ancien sous-préfet, à Poitiers.
Surgères (Mis de), à Nantes.

MM.

TRIBERT (G.), ancien conseiller général de la Vienne, à Marçay (Vienne).

TRIBERT (L.), sénateur, à Champdeniers.

Bureau :

MM.

RICHARD, président.
LEDAIN, secrétaire.
BONNET, trésorier.
DE CHASTEIGNER, membre du Comité.
DESAIVRE, id.
DE LA BOURALIÈRE, id.
DE LA MÉNARDIÈRE, id.

EXTRAIT

DES PROCÈS-VERBAUX DES SÉANCES DE LA SOCIÉTÉ DES ARCHIVES

PENDANT L'ANNÉE 1888.

Dans le cours de l'année 1888, la Société a tenu ses quatre séances ordinaires, les 19 janvier, 19 avril, 19 juillet et 15 novembre.

Elle a reçu comme membres honoraires MM. Henri Savary de Beauregard, Henri de la Rochebrochard et de La Lande Lavau Saint-Etienne.

Elle a perdu M. Desjacques, décédé au Tonkin, et M. Lecointre-Dupont, mort à Poitiers le 25 septembre. M. Desjacques, nouvellement entré dans la Société, n'avait encore pris aucune part à ses travaux ; il n'en était pas de même de M. Lecointre-Dupont. L'un des fondateurs de la Société, il lui avait, à diverses reprises, donné de précieux témoignages de ses sympathies; il avait, en outre, collaboré directement à ses publications par la communication de divers documents, et particulièrement par la publication du Compte de la Monnaie fabriquée à Montreuil-Bonnin, de 1337 à 1346 (tome IV). La Société a tenu à consigner d'une manière toute particulière, dans ses procès-verbaux, l'expression des regrets que lui cause la perte de ce membre éminent et dévoué.

M. Port a donné sa démission.

Dons. — M. Desaivre a fait don à la Société d'une somme de 500 francs, applicable spécialement à la publication d'un recueil de chartes de l'abbaye de Maillezais, ou, à défaut, à la publication d'un document important pour l'histoire de la province.

Correspondance. — Lettres : 1° de M. le Ministre de l'Instruction publique, relatives particulièrement à la réunion annuelle des Sociétés savantes à la Sorbonne ; 2° d'un comité d'études pour l'organisation à Paris d'un hôtel des Sociétés savantes. Le but que se propose ce comité ne cadrant pas avec le caractère de la Société des Archives historiques du Poitou, il est répondu négativement à ses avances.

Communications. — M. Bardet dépose la copie, entièrement exécutée par lui, du journal de M. de Maillasson, avocat à Montmorillon, dont l'original a été communiqué à la Société par M. Nouveau-Dupin. La publication textuelle de ce manuscrit n'est pas possible, mais il en sera fait de larges extraits.

M. l'abbé Gabard, curé de Saint-Aubin-de-Baubigné, envoie des copies de pièces de la fin du XVIe siècle, exécutées par lui dans les archives du château des Dorides, et d'un document de même époque appartenant à Madame Boutillier de Saint-André, de Cholet.

Ces pièces étant admises pour paraître dans le tome XX, M. l'abbé Gabard en communique en outre les originaux. Des remerciements particuliers lui sont adressés pour l'intérêt que, bien qu'il ne fasse pas partie de la Société, il porte à ses publications.

M. Dubeugnon a donné un lot important de papiers concernant les familles Allonneau et Chabot, de Niort, parmi lesquels se trouve le registre-journal de Robert, notaire à Germond, de 1621 à 1654. Quoiqu'il soit restreint aux faits qui se sont passés dans une petite localité, il y aura lieu de relever dans ce document des mentions intéressantes, qui se joindront à d'autres textes de même nature, dont la Société compte faire prochainement la publication.

Des communications de pièces avec leur copie sont faites par MM. Bonnet, de Chabot, Henri et Louis de la Rochebrochard, de la Corbière, de Chasteigner, de la Ménardière et Richard. Plusieurs prendront place dans les Miscellanées du tome XX.

M. Desaivre émet le vœu que la Société recueille et publie les procès-verbaux des dépouilles des églises en 1790, et les actes d'aliénations de biens ecclésiastiques au xvie siècle. — Vu le grand nombre d'actes de ce genre, possédés par les archives ou conservés dans les minutes des notaires, et l'intérêt minime de beaucoup d'entre eux, leur publication textuelle ne parait pas nécessaire, mais ils pourraient donner matière à un curieux travail d'ensemble.

M. Lièvre signale le journal de Chalmot, des Deffends, réfugié en Hollande lors de la révocation de l'édit de Nantes, comme pouvant fournir des extraits intéressants sur l'état du Poitou à cette époque.

Publications. — Dans le courant de l'année a paru le tome XVIII, contenant la seconde partie des chartes et documents pour servir à l'histoire de l'abbaye de Saint-Maixent, par M. Richard.

Travaux en cours d'exécution. — Par M. Guérin : le tome XIX contenant la suite des documents extraits du Trésor des chartes, allant de 1369 à 1376 (tome IV de la série).

Travaux en préparation. — Par M. Bonnet : le tome XX, qui doit contenir les chartes de la Trinité de Mauléon, la correspondance de M. de Nanteuil, intendant du Poitou, avec M. Blactot, son subdélégué à Bressuire, de 1784 à 1786, et des Miscellanées.

Par M. Guérin : le tome XXI, contenant la suite des documents extraits du Trésor des chartes (tome V de la série).

Renouvellement du Bureau. — A la séance du 15 novembre, ont été élus : MM. RICHARD, président ; LEDAIN, secrétaire ; BONNET, trésorier ; DE CHASTEIGNER, DESAIVRE, DE LA BOURALIÈRE, DE LA MÉNARDIÈRE, membres du Comité.

CHARTES

ET

DOCUMENTS DIVERS.

Le présent volume contient des documents distincts et de nature diverse. Il ne comporte pas d'introduction générale ; du moins, l'introduction doit se réduire à quelques lignes d'avertissement ou d'avant-propos.

On avait songé d'abord à un volume composé uniquement de miscellanées, auquel tous les membres de la Société avaient été invités à collaborer. Mais, parmi les documents qui ont été proposés, il s'en est rencontré deux, qui, par leur nature, et surtout par leur étendue, ont paru pouvoir prétendre au rang de documents qualifiés principaux. Loin de les écarter de ce fait, on s'est empressé de les accueillir. C'est ainsi qu'on est arrivé à réunir dans ce volume les deux genres de documents qui ont été publiés jusqu'ici par la Société.

On trouvera les documents principaux dans la première partie du volume. Il s'agit, d'une part, du cartulaire de l'abbaye de la Trinité de Mauléon, très incomplet et très imparfait, mais tel qu'il a pu être reconstitué dans l'état des sources, publié par M. B. Ledain ; d'autre part, de la correspondance de M. de Nanteuil, intendant du Poitou, avec M. Blactot, son subdélégué à Bressuire, telle qu'elle a survécu, publiée par M. E. Cesbron. Chacune de ces publications est précédée d'une introduction particulière.

Le volume se termine par les miscellanées. Ce sont petits groupes de documents, ou documents isolés, placés sous un numéro d'ordre, disposés d'après leurs dates, quelquefois précédés, et le plus souvent dépourvus, d'introductions particulières, dont il serait bien inutile de donner l'énumération à l'avance.

On se contentera de faire connaître les membres de la Société qui les ont fournis, en observant que, parmi les noms qui vont suivre, quelques-uns sont ceux de membres décédés, dont on a utilisé les copies.

Ce sont, par ordre alphabétique, MM. Bardonnet (III et X, quatrième pièce) ; Berthelé (X, pièces deux et trois) ; Bonsergent (VI) ; Bricauld de Verneuil (XVIII, XIX, pièce trois, et XXIV) ; Ledain (IX, pièces vingt-deux, vingt-trois et vingt-cinq) ; Lièvre (XXV, pièce neuf) ; de la Marque (X, pièce cinq, XIII et XVI) ; Rédet (I) ; Richard (II, XV et XVII) ; H. de la Rochebrochard (VIII, XI et XXI) ; L. de la Rochebrochard (IX, moins les pièces vingt-deux à vingt-cinq inclusivement).

Le surplus (IV, V, VII, IX, pièce vingt-quatre, X, pièce un, XII, XIV, XIX, moins la pièce trois, XX, XXII, XXIII et XXV, moins la pièce neuf) est dû à M. Bonnet, chargé de la publication du volume.

On trouvera, à la fin du volume, outre et entre les tables ordinaires, la table générale des tomes XI à XX, faisant suite à celle qui a paru dans le tome X pour les dix premiers volumes.

E. BONNET.

DOCUMENTS

POUR SERVIR A L'HISTOIRE

DE

L'ABBAYE DE LA TRINITÉ DE MAULÉON

1090-1623

Les documents que nous publions ne sont que les débris bien incomplets des archives de l'abbaye de la Trinité de Mauléon, aujourd'hui Châtillon-sur-Sèvre, fondée au XIe siècle, vers l'an 1079, par David de la Flocellière, d'après les auteurs du *Gallia christiana*. Elle était de l'ordre des Génovéfains. Pillée et ruinée par les malheureuses guerres de religion, durant lesquelles Mauléon fut assiégé et pris cinq ou six fois par les deux partis, de 1587 à 1590, l'abbaye perdit alors ses archives. Le duc de la Trémouille les enleva en 1587 et les fit déposer, non loin de là, à la Guerche, dans la paroisse de Saint-Amand. Les chanoines réguliers de l'abbaye obtinrent du présidial de Poitiers l'autorisation de les reprendre. Mais tous les titres ne rentrèrent point probablement en leur possession [1].

En 1673, Jacques Thieulin, chanoine régulier et procureur de l'abbaye, rédige une compilation intitulée : *Chronologie des abbés réguliers et commendataires de l'abbaye de la très sainte Trinité de Mauléon en Poictou, diocèse de la Rochelle, tirée des cartulaires*

---

[1]. Dom Fonteneau, t. LXVI, p. 953-957, d'après le reg. du P. Dubois.

de la même abbaye, l'an de notre salut 1673. Ce manuscrit est aujourd'hui à la bibliothèque de Sainte-Geneviève, à Paris. Un autre religieux, le P. Dubois, composa également un travail d'après les titres de la même abbaye. Il y a tout lieu de croire que ce manuscrit, ainsi que les originaux, ont péri dans le fatal incendie des archives des Deux-Sèvres, en 1805. Dom Fonteneau avait copié, il est vrai, un certain nombre de titres et fait plusieurs extraits du registre du P. Dubois. On les trouve dans les t. XVII et LXVI de son grand et précieux recueil, à la bibliothèque de Poitiers. Mais ses copies, aussi bien que celles du P. Thieulin, sont loin d'être complètes, peut-être parce que, dès leur époque, beaucoup d'originaux n'existaient plus. L'exactitude de ces copies laisse malheureusement beaucoup à désirer, surtout dans le manuscrit du P. Thieulin. Nous avons essayé d'en donner un texte aussi pur que possible en comparant les deux transcriptions. Quelques pièces n'existent que dans l'une d'elles. Il ne faut donc pas s'étonner d'y rencontrer des noms de lieux et de personnes fort mal reproduits et même méconnaissables. Malgré ces graves imperfections, on nous pardonnera la publication de ce lambeau de cartulaire, parce que l'on ne possède rien autre chose sur l'histoire de Mauléon.

B. Ledain.

CHARTES DE LA TRINITÉ DE MAULÉON

I

Charte-notice racontant comment l'abbaye de la Trinité de Mauléon fit l'acquisition de la dime de la paroisse de Rorthais, qui appartenait à Airaud de Forges (D. FONTENEAU, t. XVII, p. 159 [1]).

Vers 1090.

In turre que nominatur Dolerum jacebat infirmus Ayraudus de Forgis. Venit ad eum Stephanus canonicus sanctæ Trinitatis Malleonensis et eum absolvit, et ibi decimam Rohorteri canonicis regularibus S. Trinitatis Malleonensis in manu ipsius Stephani dedit cum quodam ligno, de quo ipse crucem fecit, videntibus istis Guillelmo et Girberto nepote suo qui hoc donum concessit, et fidem suam in manu Ayraudi promisit, ut omnibus diebus vite sue istam decimam serviret et canonicis muniret. Postea habuerunt cononici in vita sua Stephanus scilicet et Guillelmus, et alii qui erant in ecclesia Malleonensi congregati. Quod ut audivit Fulco de Malleone [2], attulit omnem terram et decimam. Quo circa ipse Ayraudus omnem terram quam Fulco in Rohorterio habebat, funditus exarsit, et postea eum cepit quando ad sanctum Jacobum ire voluit et cum

---

1. Cette pièce est dans une pancarte de parchemin, arch. de la Trinité de Mauléon, tiroir 86, cote 30 ; elle contient trois pièces, outre celle-ci ; écriture de la fin du XIIe siècle : un Airaudus de Forgiis dans un titre du prieuré Saint-Nicolas de Poitiers de 1068, un autre dans un titre de l'évêché de la Rochelle de 1079, un autre dans un de la Trinité de Mauléon, vers 1152 (Note de D. F).
2. Après la mort d'Aimeri vicomte de Thouars, qui eut lieu en 1093, Foulques de Mauléon est mentionné comme ayant enlevé à Saint-Nicolas de la Chaise la dime de *Spaleo* près Châteaumur (*Cart. du Bas-Poitou*, par Marchegay, p. 19).

tenuit, donec omnem terram ei reddidit et decimam, quam post plures dies ante altare S. Trinitatis ipse Ayraudus canonicis ibidem Deo servientibus iterum dedit totam, sicut ipse possidebat et habebat, cum quodam ligno de quo ipse crucem fecit, et Girberto suo nepoti acommodavit, et hoc donum ei iterum concedere fecit in presentia domini Petri qui primus abbas ipsius loci extitit, videntibus istis Stephano canonico, Guillelmo canonico et Constantino, Raginaldo, Gioredo, et pluribus aliis. Post aliquod tempus ipse abbas de Luthonensibus sanctimonialibus que erant sorores ejus, veniebat per castellum Funtanellum, audivit quod ipse Ayraudus erat infirmus, venit ad eum et ipse gavisus est valde et rogavit eum ut absolvevet et penitentiam ei daret, et sicut petiit, abbas fecit, et tunc tertio decimam supradictam in ipsa infirmitate, qua et mortuus est, canonicis sancte Trinitatis in manu abbatis omnino dedit, et Girberto concedere fecit tali conventu, ut si canonici eam perderent, post septem annos perditionis ejus haberet ipse Girbertus in vita sua medietatem decime, si adquirere potuisset, et aliam medietatem canonici haberent, et ipsis serviret omnibus diebus vite sue, et, post mortem Girberti, canonici totam habuissent. Ita in ultima egritudine dedit, et Girbertus concessit, videntibus istis Stephano canonico et Giraudo Bastardo.

II

Charte-notice de ce que fit Pierre, premier abbé de Mauléon, pour faire entrer son abbaye en possession de tout ce qui appartenait à l'église des Aubiers (D. Fonteneau, t. XVII, p. 155. — *Gall. Christ.* t. II, p. 1391).

Vers 1093.

Sciendum est quod in primordio basilicæ S. Trinitatis Malleonis fuit constitutum quod ecclesia de Albariis jam sibi, id est, ecclesiæ S. Trinitatis subdita, regularibus canonicis principantis ecclesiæ unoquoque anno redderet census, duas videlicet libras incensi. Cumque pluries hoc tantummodo tributum solveretur, placuit Gaufrido sacerdoti et aliis possessoribus S. Melanii [1] tam clericis quam laicis, (laici enim tunc præsidebant ecclesiis) possessionem canonicorum circa se amplificari ; itaque ammonuerunt Petrum abbatem appetere totum ecclesiæ feodum. Quod videns Petrus non posse perfici sine nutu Fulconis [2], sub cujus dominio erat, Toarcium tetendit ad eum, quem invenit in cubiculo. A quo cum peteret impetrandi licitum, hujusmodi accepit responsum : Faveo pro meorum meique memoria ; quicquid poteritis tam de exterioribus quam de interioribus in hac adquirite ecclesia. Hoc audiit, aderat enim cum abbate Petro Albertus canonicus ; habito igitur hujus favoris appetitu, abbas ad episcopum direxit gressum. Cui cum indicaret itineris causam, et causa erat ab eo nancisci ecclesiam, facili precatu quod petiit est consequutus. His peractis regressus est predictus abbas per Fulconem et referavit quod egerat apud pontificem. Rursus Fulco, ut prius, annuit et accepit præbente Petro abbate rubeam mitram quod pro intersigno rei habeatur. Hoc audiit et vidit, aderat cum abbate Petro Haudebertus canonicus ; cumque a Fulcone vellet abbas discedere, ecce Fulco conqueritur et refert se contra domnum Radulfum [3] guerram exercere, et multis egere, terram depredari, adjutores spoliari, quæque sua dissipari ; quamobrem supplicabat abbati Petro suo dilectissimo, et nichil frustra a se petituro, ut sibi quandoque

---

1. L'église Saint-Melaine des Aubiers.
2. D'après Dom Fonteneau, ce serait Foulques Réchin, comte d'Anjou, qui prit Thouars en septembre 1104. Mais il s'agit plutôt de Foulques de Mauléon qui vivait en 1093.
3. Raoul de Mauléon, proche parent de Foulques, est mentionné comme témoin dans des chartes de Saint-Cyprien de Poitiers, vers 1085 et 1108. Il figure dans d'autres chartes de Saint-Nicolas de la Chaise, les 6 déc. 1094 et 7 déc. 1099, où il est désigné sous le nom de Raoul de Mauléon, oncle d'Herbert, vicomte de Thouars, parce que Améline, sa sœur, était mère de ce vicomte.

optime remuneraturo accommodaret equum. Ad hæc noster abbas respondit se nondum inde consilium accepisse, nec id fieri licere, nisi ex conventus concessione ; quare fratrum prætentanda erat sententia. Itaque redeunte abbate et habito inter fratres de quo sermone decernitur uti accommodetur, et accommodatur.... accommodari dicitur, quod nequaquam redditur.

III

Charte-notice du don fait par Isembard le jeune au prieuré de Notre-Dame de Ceaux, du marché et de toute la dime du lieu, avec tout ce qu'il y possédait (D. FONTENEAU, t. XVII, p. 163, d'après une pancarte de parchemin).

1093.

Anno incarnationis Domini millesimo nonagesimo tertio, quando de Thoarciaco dedicata est ecclesia Sancti Johannis [1], Isembardus juvenis commotus prece Isembardi monachi, sui avunculi, pro remedio animæ suæ, concessit sanctæ Mariæ de Celsis et canonicis illius loci successoribusque eorum totam decimam et forum illius loci et insuper quidquid haberat ibi sub dominio suo, audientibus istis Isembardo avunculo suo, Martinoque monacho et Raginaldo canonico cognomento Burdaldi, Aremburchique uxore ejus qui hoc concedebat, atque Willelmus de Maennhil ac Barbotino de Trementinis et W. Valrim Polocino, Gaufrido Manssello, W. Uttestlioq, et Wallino atque Gillheberto Caprello multisque aliis qui ibi adfuerunt. Et illis quidem diebus Isembardus egritudine detinebatur. Venit ergo Gosfredus de Pruliaco [2] visitare eum ut amicus amicum, et dominus hominem suum, et maxime gratia comparandi quemdam preciosum

---

1. Saint-Jean-de-Bonneval de Thouars, près cette ville ; c'était une abbaye bénédictine de femmes.
2. Geoffroi III de Preuilly dit Jourdain, fils de Geoffroi II de Preuilly (*Hist. de Touraine*, par Chalmel, III, 233 ; IV, 210).

equum, quem Isembardus habebat. Cumque ageretur de venditione caballi, dixit Isembardus se ei daturum sine aliquo precio caballum, si modo concederet ea, que in elemosinam dederat monachis S. Florentii et canonicis de Celsis. Qui consilio accepto, dixit se libenter concessurum et etiam cum comite Andegavensi [1], ut et ipse eadem concederet, fideliter acturum. Hac ergo sponsione, accepit gratis caballum, sequenti quoque die perrexit Gosfredus Andegavim discedens a Toarciaco. Perrexerunt quoque cum eo Isembardus senior monachus cum famulo suo Antonio et Raginaldus canonicus cognomento Burdaldus cum famulo suo Christiano, ac tum quidem comes Andegavis erat, ad quem accedentes Gosfredus de Pruliaco et Isembardus monachus Raginaldusque canonicus et qui cum eis erant, invenerunt eum in aula sua sedentem super mensam et ante eum Gosfredum Fulcredum. Stabat quoque ante eum Gildouinus de Doado tenens accipitrem, et Gosfredus de Pruliaco loqui cum eo incipiens, petiit et oravit ut elemosinam supradictam concederet; qui concessit, audientibus et videntibus prænominatis testibus qui cum illo erant et multis aliis ex familiaribus. ✝ Hoc est signum Isembardi quod fecit, Christiano clerico teste et Michaele Salmurensi, Pellitario et Guillelmo Pasdelupo, et cum istis Sorino Thoarcensi et etiam Vaslino ejusdem Hisembardi armigero.

IV

Charte-notice des dons de l'église de Notre-Dame de la Flocellière, et d'autres biens, dîmes, terres ou rentes, faits à la Trinité de Mauléon par David de la Flocellière et autres personnages (D. FONTENEAU, t. VIII, p. 137).

24 octobre 1099.

Nichil memoriter tenetur nisi scripturæ testimonio ro-

---

1. Foulques IV le Réchin, comte d'Anjou et possesseur du Loudunais.

boretur. Inde est quod præsens scriptum tam presencium quam posterorum noticie transmittere volumus quod David de Flocellaria dedit abbatie sancte Trinitatis de Mauleonio ejusdemque conventui ecclesiam sancte Marie de Flocellaria et juxta ecclesiam tantum terre ubi speciose faciant domos suas et familie sue et pecudibus et claustris, deditque de suis nemoribus quantum sufficere possit ad edificationem domorum, pasnagium porcorum canonicorum ibidem manencium. Concessitque ut si aliquis vir vel mulier de suis casamentis.... aliquam partem dare voluerit, habeat licenciam dandi partem sed non totum. Hoc donum fuit factum in manu Petri prioris, videntibus et audientibus istis Willelmo canonico, Constantino capellano ipsius castri, Guillelmo Tornemine, Basilio de Sancto Albino, Arveo Ogerio, Bodino et aliis plurimis anno ab Incarnatione Domini millesimo nonagesimo nono, kal. novembris, luna vigesima quarta, regnante Philippo rege Francorum, residente P.[1] pontifice in sede pontificali. Dederat etiam longe ante Gaufridus dives predicte ecclesie quartam partem decime totius ecclesie parrochie quam in proprio habebat scilicet vilanis, in agnis, vitulis, porcis, carva et lino. Aimericus de Flocellaria dedit pro se decimam borderie de Falorderia, fraterque David Flocellarie dominus dedit pro suis aliis fratribus decimam de Josberteria et de Doreteria. Ipse etiam David dedit pro Gaufrido filio suo octo solidos in molendino Bichonarie reddendos quatuor ad Natalem Domini, quatuor ad Natalem beati Johannis Baptiste. Dedit etiam ipse David pro Arberto...... P. Audegunt tres quarterios siliginis in sua area, tali conditione ut capellanus ejusdem ecclesie uno quoque die lune eat processionaliter singulorum super tumbas. Isdem David donavit quinque solidos in Nathale Domini subcapellano in

---

1. Le pape Pascal II (1099-1118).

census burgi. Chanellus et u. ejus donavit decimam de clos Chanelli. Guillelmus Correl donavit dimidium decime dau Poler. Petrus Chaneas dedit unum quarterium siliginis. Willelmus meus Castri Murii donavit duodecim denarios apud Bruneriam et sex denarios in Natale Domini doy bien marcii. Paganus Odrec donavit decimam dau Golere. Petrus Odrec senex donavit decimam illius quam habebat a la Levee et donavit decimam unius sexterie terre quam habebat juxta vineas Boschet. Raginaudus Pautonner donavit decimam illius terre quam habebat infra boscum de Rasum et boscum Faie. Audoinus donavit decimam... super fontem dau Sau et Stephanus Pautoners terragium. Johannes Yvieer donavit decimam trium prevenderiarum terre ad Ulmas. Arbertus Veers donavit quartam partem.... quam habebat au Poi.... tons donavit sex denarios in molendino Beneasiere. Maria Roffina soror Davit.... censu apud Beneffea. Davit Clunellus donavit 1. b. de vendenge. Gaufridus de Asneas donavit decimam sue domus.... J. Chanel donavit decimam unius minee terre ad campum Querqui.... pro Philippo suo filio decimam unius minee terre juxta Chastener tecum. Gaufridus Rabeas 1 b. vendengie et u. quatuor denar. super vineam de Valle Peintes et e fau Bernardias et u. donaverunt decimam sue vinee ad Chisnesa... terre. Aivart Tusbee sue terre decimam. Gaufridus Boers suam terram quam.... nere s. 1. mineam Bernebois et Simuns suus frater 1 sextariam terre a la Gourere, a Lasprale. J. Bugnuns 12 den. Aleelmus de Aumandere decimam trium prevenderiarum terre ad fontem Aumanderie. Giraut Belos 2. s. in la Belosere. Raginaudus Roortee dimisit decimam unius prevenderie terre juxta vineam de Meschinotere. Papins Tafurs, 1. minee terre au Cereser de Bertonere et Gaufridus filius ejus medietatem decime omnis terre sue. Aimeris Chiveng et u. decimam unius minee terre. Gaufridus Bertrant decimam unius m. Umbertus Roaut

1 m.... terragium 1. m. Gauterius Guttun 1. 2. s. Johan Fromunt de Vergnea decimam iii p. terre. Audems de Vergnea decimam 1. m. unius terre. Bodart dedit decimam de Germenere et decimam de la Bottelere. Giraut Chapet 1. 2. s. Laidet Martins unam lagenam vini puri. Bruns Ferrebos 16. vendengie in suis vineis de Chanea. Archenbaut Gorbelle decimam 1. m. t. Aupos Lambert Ameline Beneetele sex den. super suam terram à la mi aost. Audoins decimam totius sue terre. Bertomet et Ragot suus filius sex den. de censu ad Nathale de terra monachorum au Cost. Audeart Gaudine decimam 1. m. terre a la Buzenere, si in die qua decima reddita fuerit sacerdos missam postea celebrabit.

V

Don de la dîme d'un moulin appelé Aimeri, fait par Geronius Basdilnus à Notre-Dame de Ceaux (P. Thieulin. — D. Fonteneau, t. XVII, p. 165).

1115 [1].

Pateat tam futuris quam presentibus hoc scriptum notabili jure legentibus quod Geronius Basdilnus pro remedio animæ suæ et parentum, concedente uxore sua ac filiis, dedit canonicis Sanctæ Mariæ de Celsis decimam molendini sui qui dicitur Aymeri; et hoc donum fuit factum in ipsa ecclesia, ita quod ipse Geronius missas accepit atque super altare hoc idem concedendo posuit videntibus illis Andrea abbate sancte Trinitatis Malleleonense cujus capitis ipsi sunt membra. De canonicis Rolando Audberto, Gaufrido Ortolano, Andrea de Grazaico, Audberto, Petro Pincerna, et de militibus Aymerico de

---

1. Cette charte est datée faussement de 1106 dans la copie du P. Thieulin. La mention de la mort de Pierre II, évêque de Poitiers, arrivée en 1115, doit la faire repousser. Dom Fonteneau avait d'ailleurs remarqué qu'en 1106 l'épacte était 14 et non 28. Il faut donc remplacer la date de 1106 par celle de 1115.

Faya, Aymerico filio suo etc. Hæ carta fuit facta anno ab incarnatione Domini mcxv, iii^a luna, epacta xxviii^a, Philippo rege Francorum, Fulcone comite Andegavorum [1], ipso anno defunctus est Petrus episcopus Pictavorum.

VI

Concession de l'église de Chanteloup à la Trinité de Mauléon par Guillaume, évêque de Poitiers (P. Thieulin. — D. Fonteneau, t. XVII, p. 171).

1117-1123.

Quoniam oblivio humanis sensibus facile illabitur, idcirco tam presentibus quam futuris notificetur quod ego Guillemus Pictaviensis episcopus [2] Andreæ abbati sanctæ Trinitatis de Maloleone et canonicis ejusdem ecclesiæ in perpetuo habendam, consilio archidiaconi Thoarcensis, ecclesiam sancti Leodegarii de Cantelupo dedi, ita tamen quod ecclesiam sancti Petri per singulos annos habeat quinque solidos inde censualiter. Concessi etiam sibi ac successoribus suis deinceps virgam pastoralem habere.

VII

Mandement du pape Calixte ii, qui charge Girard, évêque d'Angoulême et légat du Saint-Siège, de juger en dernier ressort la contestation existant entre les chanoines de Saint-Ruf et l'abbaye de Mauléon, au sujet des églises de Cheffois (P. Thieulin).

1119-1124 [3].

Calixtus, episcopus servus servorum Dei, venerabili fra-

---

1. Foulques v dit le jeune, fils de Foulques Réchin et comte d'Anjou en 1109.
2. Comme il y a eu deux Guillaume, successivement évêques de Poitiers, le premier de 1117 à 1123, le second de 1124 à 1140, on ne saurait déterminer celui dont il s'agit dans cette charte. M. Beauchet-Filleau l'attribue à l'évêque Guillaume i Gilbert, vers l'an 1120. (*Pouillé du diocèse de Poitiers*, p. 232.)
3. La date de cet acte, qui n'est pas indiquée, doit se placer nécessairement entre le 1er février 1119 et le 12 décembre 1124, durée du

tri Guillelmo [1] Engolismensi episcopo apostolicæ sedis legato salutem et applicationem cordis. Pro divinum canonicorum S. Rufi et abbatem Malleonensem querimonia super ecclesiis de Cava Faya, utramque partem a venerabili fratre nostro Guillelmo Pictavensi episcopo [2] ad nostram fecimus presentem invitari, abbas quod constituto termino ad nos una cum eodem episcopo venerabili causam suam agere paratumque, canonici vero quasdam litteras et nuntium direxerunt qui pro eis agere nec poterat nec volebat, quod licet molestum nostris fratribus videtur pro eorum tamen regimine a nobis indutum est, ita videlicet ut omni occasione proposita cum alteram propter añ presentiam tuam per querimonia eadem conveniant. Mandamus itaque sollicitudini tuæ ut utrisque partibus opportuno tempore convocatis, curam ipsam diligenter inquiras actam in restitutionis actiones quam in proprietatis jure ita plane vice nostra definias, ut neutri parti reclamationis diffugium deinceps relinquitur, illud quoque sapientia tua provideat ne majoribus que et immobilibus que restitutis pro aliquorum mobilium retentionis calumnia negotii hujus terminato differ ; nolumus enim religiosa loca illa et Domino famulantia pro causa hac ulterius fatigari.

VIII

Don de l'église de Sainte-Marie-Madeleine de la Poitevinière ou de la Vacheresse, paroisse des Aubiers, fait à la Trinité de Mauléon par Bertrand Gatineau (P. Thieulin, p. 40). — D. Fonteneau, t. XVII, p. 187).

Vers 1120.

Notum sit omnibus hominibus tam presentibus quam

---

pontificat de Calixte II. La transcription de cette pièce faite par le P. Thieulin est incorrecte, ce qui en rend certains passages peu intelligibles.

1. Il y a là évidemment une erreur de transcription. Il s'agit non pas d'un Guillaume, mais du célèbre Girard, légat du Saint-Siège.
2. Guillaume I Gilbert (1117-1123).

futuris quod Bertrannus Gastinellus et uxor ejus Hilaria, et filiis ejusdem Hilariæ concedentibus, dederunt in manu Andreæ abbatis ecclesiæ S. Trinitatis Malleonis ecclesiam S. Mariæ Magdalene de Pictavineria [1] quam ipse et ipsa fundantes de suo proprio prorsus proficere, et votum et pactum fecerunt canonicis facientibus Dei servitium in eadem ecclesia tali modo quod in natalibus Domini et in Pascha et in festo Pentecostes et Omnium Sanctorum et sancti Melanii ibi missa celebretur, sed ad majorem ecclesiam scilicet ad sanctum Melanium de Alberiis omnes parrochiani veniant his diebus et debitam offerentiam honorifice reddant, et in ecclesia Pictavineriæ nemo baptizetur et sacramentum ibi non fiat, benedictio nuptiarum ibi non fiat, et mulier partu surgens ad missam audiendam ibi non veniat, judicium nec aqua nec ferro ibi factum sit, nemo ibidem sepeliatur, sed quacumque necessitate compellente omnes parrochiani ad matrem ecclesiam tendant. Cum qua ecclesia Bertrannus et Hilaria concedentibus filiis dederunt ecclesiæ S. Trinitatis Malleonis in manu Andreæ abbatis ad Pictavinariam, masuram unam terræ et tria loca in quibus canonici faciant tres domos et mittant habitatores quos voluerint et quot voluerint in eleemosinam, nullo jure retento.

IX

Donation de divers biens et de dîmes, faite à la Trinité de Mauléon par Guillaume de Poitiers et Alelme, son fils (P. Thieulin, p. 15. — D. Fonteneau, t. XVII, p. 173).

Vers 1120.

Notum sit omnibus tam presentibus quam futuris quod

---

1. *Aliàs* de la Vacheresse (d'après le P. Thieulin et D. Fonteneau, t. LXVI, p. 941).

Guillelmus de Pictavi atque Aleelmus ejus filius se ipsos S. Trinitatis Malleonensis, tempore Andreæ abbatis, Deo persuadente ac divinis scripturis monentibus, tribuere decimas de Raliis [1], sicut ipse habebat, atque decimam de Vivariis quam possidebat et terram de Mazzozetia et decimam de Cure Crecheria quam ibi habebat et dimidiam borderiam Gonifridi quadrigarii de Trapa ; medietatemque molendini de Expalardio et totam piscaturam aquæ ejusdem molendini præter medietatem Broche, atque medietatem molendini de Chebrono, quem ipse habebat cujus medietatis Mulnerus tertiam partem habebat ex eo, et decimam masuræ de Riurgulio, hortum Joannis et bordarium de Niolio et thaliatam de Monte Rostito. Hoc donum factum est istis audientibusque Andrea abbate et Raginaudo pede Latronis, etc.

X

Donation de la Guyonnière faite à la Trinité de Mauléon, et dispositions diverses prises par R. Gabard en partant pour Jérusalem (D. FONTENEAU, t. XVII, p. 175).

Vers 1120.

Notitiæ succedentium pateat, quia R. Gabardus quando Hierusalem perrexit, in custodia sancti Petri et domni Willelmi Gilleberti tunc temporis Pictavorum episcopi [2] et ejus cleri terram suam ac possessionem reliquit atque ceterorum dominorum et amicorum suorum et cum his omnibus Gaufrido fratri et Aimerico Durando amico suo in salva custodia commendavit ad hoc ut convenientia servicia justa quod exposceret jus convenienter dominis facerent. Feoda et terras ut ex Toarcensi pago habebat,

---

1. *Rahis* (P. Thieulin).
2. Guillaume Gilbert, évêque de Poitiers de 1117 à 1123.

Gaufrido Gabardo fratri custodienda reliquit, et que ex Andegavensi pago Aimerico Durando, præter partem unam quam in custodia permisit habere Andree abbati de Malleone et canonicis, videlicet terram de Guioneria [1] et plaisecium et pratti, sicut Constantinus de Sauzeia ab eo in villicatione dies octo antequam moreretur tenuerat, et ad Brajarderiam dimidiam bordariam terre in qua stabat Bernardus Menantellus in die qua perrexit R. Et ad ortos de omni terra propria decimam, sicut habebat, et de masurâ de gurgite Sauzosa decimam, sicut ipse habebat; de borderia Johannis Landrici similiter et pratum quod mercatus est de Giraudo de Chaveignes, ad plaisecium Guillelmi de Molins, ipso G. concedente, qui de servicio ad festum S. Johannis XII denarios habet. R. istas partes dimisit terram sine dono vel vendicione vel concessione, vel vadimoniacione quam alicui faceret, præter hoc quod frater suus mutuo dedit ei x libras, pro quibus promisit habere omnes consuetudines rectas de terra et rectas exituras et unam questuram convenientem in anno et pro captione corporis rectam talletam, in borderia II sol. et dimidium; sed in retinuit centum solidos ad debitum solvendum quod eidem debebat, et post duos annos terram liberam habendam absque impedimento alicujus census regrederetur. A Durando similiter aliam partem dimisit preter hoc quod solummodo 50 sol. ad solvendum debitum retinuit, et post IIII anos debita soluta terra libera remanebit; et si infra terminos redierit, ubi fiducias de censu terminis convenientibus dare voluerit, terram habebit. Et si casu acciderit quod non revertatur, quod ecclesie sanctæ Trinitatis dimisit, concessione domini Willelmi Pictavorum episcopi in elemosina donavit pro animarum parentum suorum et sui remedio. Et ecclesiæ sancti Jovini

---

1. Il ressort du texte que cette Guyonnière était en Anjou. C'est peut-être la Guyonnière, commune de Trémentines (Maine-et-Loire).

de Malleone dimisit commendationem de terra Olgerii. Cetera de patris sui possessione concedit illi qui jure propinquitatis juste vindicante poterit, sicut elemosinam distributam concedat, et sicut justum est, custodiat. De terra avi sui, fratri suo jura concessit ; insuper de omnibus recuperamentis et empticiis quicquid juste habebat. Ipse vero Gaufridi Gabardi atque Aimerici Durandi fidem accepit ut si forte obiret quamdiu suarum possessores extiterent, helemosinam sicut disposuerat, servarent ad utilitatem ecclesiarum. Videntibus istis Andree abbate, Gaufrido Renerio can., Audeberto can., Petro Gabardo can., Gosberto Gabardo, Girardo de Bosco, Guillelmo Audoino, Vaslino Pelletario, Stephano Badelina, Arberto Brizone, Bodino de Montornau, Raginaudo de Sauzeia [1].

Sur le revers est écrit :

Postquam mors R. Gabardi a repedantibus de Jerusalem agnita est, Aimericus Durandus et Savaricus de Calceia [2] subrogati heredes, hanc helemosynam ad utilitatem sanctæ Trinitatis et clericorum ibidem sub Deo et episcopo degentium, sicut R. disposuerat, in capitulo canonicorum sanciverunt ac custodire promiserunt. Sed singulis annis duo sextaria avene retinuerunt, et XII denarios temporibus quibus dominis servicia redderent. Canonici vero tam eis quam parentibus fraternitatem concesserunt, sicque ea die fratres invicem facti sunt. Unde et testes qui hæc viderunt et audierunt viros probatissimos nominamus, Gaufridum de sancto Laurentio, Gosbertum Gabardum, Petrum Arnaudum, Stephanum Badelinam, Arbertum Brichum et alios plures.

---

1. La Sauzaie, commune des Aubiers, ou la Sauzaie, commune de Moulins.
2. C'est probablement la Chaussée, commune du Pin.

XI

Bulle du pape Calixte II plaçant l'abbaye de la Trinité de Mauléon sous la protection du Saint-Siège (P. THIEULIN, p. 5. — D. FONTENEAU, t. XVII, p. 179).

13 mai 1123.

Calixtus episcopus, servus servorum Dei, dilecto filio Abbati Andree Maleleonensis monasterii S^{tæ} Trinitatis ejusque successoribus regulariter substituendis in perpetuum. Injusta sicut poscentibus nullus est tribuendus effectus, sic legitima desiderantibus non est differenda petitio. Ea propter, dilecte in Christo fili Andrea abbas, tam tuis, quam venerabilis fratris Guillelmi Pictaviensis episcopi petitionibus annuendum censuimus, et Maleleonense monasterium, cui, Deo auctore præsides, protectione sedis apostolicæ muniremus. Præsentis igitur privilegii paginam apostolica auctoritate statuimus, ut quæcumque bona quascumque possessiones idem monasterium in præsenti quinta decima indictione legitime possidet sive in futurum concessione pontificum, liberalitate principum, oblatione fidelium vel aliis justis modis poterit adipisci, firma tibi tuisque successoribus et illibata permaneant. In quibus hæc propriis duximus nominibus annotanda ; ecclesiam videlicet S^{ti} Petri de Castello Malleone, ecclesiam S^{ti} Hilarii de Roestais juxta idem castellum cum decima ad eam pertinente, ecclesiam S. Honorati de Parva Boesseria, ecclesiam S. Nicolai in Castello Muri, ecclesiam S^{tæ} Mariæ, ecclesiam S^{tæ} Mariæ Magdalene in Castello Muri novo et vetere, ecclesiam S^{tæ} Mariæ de Flocellaria, ecclesiam S. Michaelis de Monte Mercurii, ecclesiam S. Vincentii de Venacho, ecclesiam S^{tæ} Mariæ de Cultura, ecclesiam S^{ti} Petri de Muntinee, ecclesiam S^{tæ} Mariæ de Brolio Calcato, ecclesiam S^{ti} Petri de Vultegunt, ecclesiam S^{ti} Hilarii de Niolo cum pertinentiis suis, ecclesiam S^{ti} Petri de Stucho, ecclesiam S^{ti} Melanii de Alberiis cum pertinentibus suis, ecclesiam S^{ti} Georgii de Ulescot, ecclesiam S^{ti} Petri de Tanchognet, ecclesiam S^{tæ} Mariæ Tassoeliæ, ecclesiam S^{tæ} Mariæ de Molendinis, ecclesiam S^{ti} Ægidii de Malolepore, villam de Cahoneria, ecclesiam S^{tæ} Mariæ de Celsis cum possessionibus suis, ecclesiam S^{ti} Petri de Grasaico cum decimis et omnibus ad eam pertinentibus, ecclesiam S^{ti} Martini de Rantum, ecclesiam S^{tæ} Mariæ de Asaico, ecclesiam S^{ti} Vincentii de Braisaie, ecclesiam S^{tæ} Mariæ de Bernezaico, ecclesiam S^{ti} Hyppoliti cum decima vini, ecclesiam S^{ti} Desiderii de Chaillee, ecclesiam S^{tæ} Mariæ de Bello Monte, ecclesiam S^{ti} Petri de Artenia cum pertinentiis suis, ecclesiam S^{ti} Petri de Baignos cum decimis panis et vini, ecclesiam S^{tæ} Mariæ de Faya Vinosa, ecclesiam S^{ti} Vincentii cum pertinentiis suis, partes quas habemus in ecclesia S^{ti} Laurentii supra Separam. Decernimus ergo ut nulli omnium hominum liceat idem monasterium temere perturbare aut ejus possessiones auferre, vel ablatas retinere, minuere, vel temerariis fatigationibus fatigare, sed omnia integra conserventur eorum, pro quorum sustentatione et gubernatione concessa sunt, usibus omnimodo profutura, salva Pictaviensis episcopi canonica reverentia. Si qua igitur ecclesiastica, sæcularisve persona hanc nostræ constitutionis paginam contra eam temere venire tentaverit, secundo tertiove commonita, si non satisfactione congrua emendaverit potestatis honorisque sui dignitate careat, reumque se divino judicio existere de perpetrata iniquitate cognoscat, et a sacratissimo corpore ac sanguine Dei domini nostri Jesu Christi aliena fiat atque in extremo examine districtæ ultioni subjaceat; cunctis autem eidem monasterio justa servantibus sit pax Domini nostri Jesu Christi quatenus et fructum bonæ actionis percipiant et apud districtum judicem præmia æternæ pacis inveniant. Amen,

amen, amen. Scriptum per manum Gervasii scrinarii, regionarii et notarii sacri palatii.

Datum Lateranum per manum Chrysogoni S. R. ecclesie diaconi cardinalis bibliothecarii, iii nonas maii, indictione xv^a, Incarnationis Dominicæ anno m° c° xxiii°, pontificatus autem domini Calixti papæ an. iiii.

XII

Jugement de Gilbert de la Porée, évêque de Poitiers, réglant les limites et les droits des paroisses de la Trinité et de Saint-Jouin de Mauléon (P. THIEULIN. — D. FONTENEAU, t. LXVI et t. XVII, p. 195).

2 juillet 1149.

Ego Gislebertus secundus, Dei gratia Pictavorum episcopus, omnibus tam futuris quam præsentibus notum facio dilectos fratres nostros Simonem Sancti Jovini et Ugonem Sanctæ Trinitatis Mauleonensis abbates et conventus utriusque ecclesiæ querimoniam et litem quandam et diu inter se agitatam de terminis parochiarum Mauleonensium in nostra et capituli Pictavensis ecclesiæ manu terminandam posuisse, et quicquid de ea per concordiam statueremus, se secuturos promisisse. Nos igitur, auditis et firmiter intellectis hinc inde rationibus, paupertati ecclesie Sanctæ Trinitatis Mauleonensis deferentes, statuimus ut quicquid infra stagnum ipsum et viam publicam continetur parrochiæ Sanctæ Trinitatis cedat, et omnia parochiala jura ibi quiete in perpetuum habeat, præter decimam et sepulturam quæ de jure beati Jovini esse non dubitatur. Sane ecclesia Sanctæ Trinitatis viginti solidos Andegavensis monetæ pro concordia ista et tres solidos ejusdem monetæ pro ecclesia de Montiniaco, tertio post Nativitatem Domini die, ecclesiæ Sancti Jovini annualiter persolvet. † Ego Gislebertus episcopus subscripsi. Data per manum Johannis magistri scolarum Pictav., anno ab Incarnatione Domini millesimo centesimo quadragesimo nono, secunda die julii.

XIII

Notice de la cession faite de nouveau à la Trinité de Mauléon par Savari de Mauléon, d'une maison qu'il avait déjà donnée et dont il révoqua ensuite le don (P. Thieulin. — D. Fonteneau, t. XVII, p. 169).

Vers 1149.

Notificare posteris nostris volumus quod Savaricus de Maloleone [1], domum Petri de Valle que in mercatorio sita ab ipso, in tempore abbatis Andreæ [2], ecclesiæ nostræ data dicebatur. Annis aliquibus transactis, se dedisse negavit et super hac re testimonium quæsivit. Nos vero testibus certis carentes et in ejus potestate manentes, cum ille legibus contendere minime præsumpsimus, sed damnum patienter tulimus, donec in nostris partibus abbas Turonensis [3] advenerit. Hic cum a nobis rei gestæ veritatem didicisset et Savaricum diligenter moneret ne tale quid ageret, sed tibi saltem eam ad opus nostrum donaret, tandem ipsius gratia, in manu ejusdem abbatis domum supradictam ecclesiæ cum nummis etiam quatuor, quos jam acceperat, dedit ac libere concessit. Hoc videntes audierunt abbas Hugo [4] qui quartus ecclesiam rexit, et cujus tempore firmatum hoc fuit, Guido canonicus, Petrus Gabardus, Simon Aucherius, Gaufredus Mariole presbiter, Calo Dodelinus, Simon Effredi filius, Gaufridus Loellus cum aliis pluribus quos ne lectorem fastidiret omisimus.

---

1. Mentionné comme fils de Raoul de Mauléon et neveu d'Eble de Mauléon, dans un acte de 1145-1153. (*Doc. inéd.*, par Champollion-Figeac, II, 26.)

2. André était abbé de Mauléon dès 1115.

3. La copie du P. Thieulin porte *Tironensis*. C'est peut-être là la meilleure lecture, parce que l'abbaye de Tiron possédait le prieuré de la Trappe, paroisse de Rorthais. (*Pouillé du diocèse de Poitiers*, p. 374.)

4. Hugues était abbé de Mauléon en 1149.

XIV

Jugement de Gilbert de la Porée, évêque de Poitiers, réglant les droits de la Trinité de Mauléon sur l'église de Montournais (P. Thieulin, p. 7. — D. Fonteneau, t. XVII, p. 204).

1152.

Gilbertus, Dei gratia Pictavorum episcopus, Aymerico abbati de Malleone et successoribus ejus in perpetuum. Ex officio nobis a Domino credito oportet nos paci et quieti ecclesiarum pia sollicitudine providere, unde litem et contentionem quæ erat inter Aymericum abbatem Malleonensem et Stephanum capellanum pro ecclesia de Montournois, potius concordia quam judicio finire desideravimus ; statuta enim die prædictus Aymericus abbas cum fratribus suis et prædictus Stephanus capellanus de Montournois ante nos se præsentantes ad agendum de causa illa, dicebat abbas Malleonensis ecclesiam de Montournois de jure ecclesiæ Malleonensis esse, et capellanum in ea, non nisi per ecclesiam Malleonensem debere eligi, canonicum videlicet ejusdem ecclesiæ, et sic fuisse usque ad tempus præfati Stephani capellani cum quo agebant ; Stephanum vero capellanum per subreptionem contra mandatum domini papæ, calumniantibus et reclamantibus fratribus, priore videlicet ecclesiæ simul cum aliis fratribus plurimis in capellaniam se intrusisse, et alia plura. Et contra, Stephanus capellanus de Montorneis dicebat ecclesiam vere de jure Malleonis ecclesiæ esse et se non intrusisse in capellaniam, sed a domino Guillelmo Adelelmi felicis memoriæ episcopo electione et presentatione Hugonis abbatis Malleonensis in capellanum constitutum fuisse, et quiete possedisse, et alia plura. His et aliis plurimis auditis in utrumque rationibus, pacem in hunc modum inter eos statuimus ut predictus Stephanus capellanus in vita sua capellaniam habeat, debitum censum annuatim ecclesiæ Malleonensi persolvendo viginti quinque solidos Andegavensis monetæ et quindecim matrici ecclesie Pictaviensi, et bis in anno, ad ecclesiam Malleonensem, pro recognitione juris ecclesiæ Malleonensis, veniat, in festo videlicet sanctæ Trinitatis et festo sancti Augustini ; post decessum vero ipsius, abbas et ecclesia Malleonenses liberam amplius habeat protestatem eligendi idoneam personam in capellanum illius ecclesiæ vel canonicum regularem vel alium. Quod nos paci et concordiæ illius ecclesiæ intendentes assensu fratrum nostrorum Laurentii videlicet decani et Calonis Thoarcensis archidiaconi et magistri Arnaudi et Petri archidiaconorum et Joannis magistri scholarum et Durandi subdecani et aliorum fratrum nostrorum concessimus, et ecclesiam illam in perpetuum possidendam ecclesiæ Malleonensis confirmavimus. Et ut hoc amplius ratum et firmum maneat, scripto nostro commendavimus et sigilli nostri munimine roboravimus. Acta sunt autem hæc in capitulo nostro, presentibus et videntibus quorum subscripta sunt nomina, Petro Guillelmi, Boniot, magistro Reginaudo priore Sanctæ Radegundis, Joanne cantore beati Hilarii, magistro Meschino et Fulcone et Emerico, et Petro Gabardi et Saturnino, et Reginaudo de Braisec, canonicis Malleonensibus et multis aliis. Data Pictavi per manum Joannis magistri scholarum, anno ab incarnatione Domini M° C° L° II.

XV

Concession de services féodaux sur la Savarière et autres terres, faite à la Trinité de Mauléon par Guillaume Robert, à la suite de contestations (D. Fonteneau, t. XVII, p. 197).

1152-1174.

Pateat tam futuris quam præsentibus, quod ego Guillelmus Roberti multotiens questus sum de canonicis Malleonensibus propter servitium, quod mihi de terrâ Savarierie et terrâ de Pozat et terrâ Gaufridi Berengerii, quæ de meo feodo erant, reddere nolebant. Dicebant enim hæc ab antecessore meo Guillelmo de Galart ad mortem veniente sibi data fuisse absque servitio, necnon et duos capones albos quos habebat de prato unius quarterii terræ ad Pinum, quem etiam ab ipso sibi fore tributum asserebant. Ista vero calumpnians, ego contradicebam, injurias eis inrogabam, res suas tollebam, multaque mala faciebam. Tandem nutu divino compunctus, immo jus eorum recognoscens proprium, pro mea meorumque salute parentum, concedo eis in elemosynam omne servitium supradictarum terrarum, ita ut nichil deinceps ego aut heres meus, aut quispiam generis mei inde habeamus. Insuper et illos duos capones, et ipsum quarterium terræ mihi retineo, concedentibus illis, quamdiu vixero. Hoc donum a me factum est cum quadam particula baculi domno A.[1] abbati, a quo veniam petii in domo Guillelmi Chabot, videntibus istis Aucherio priore, Fulcone preposito, Aimerico sacrista. De laicis vero, Guillelmo Chabot, Airaudo de Forgiis, Arberto famulo nostro et aliis multis.

XVI

Commission du pape Adrien IV au prieur de Sainte-Radegonde et au maître-école de Poitiers, pour juger le différend qui s'était élevé au sujet des droits de la Trinité de Mauléon sur l'église de Chanteloup (P. Thieulin, p. 17. — D. Fonteneau, t. XVII, p. 211 [2]).

Vers 1156.

Adrianus episcopus [3], servus servorum Dei, R. (Raginaudo) priori Sanctæ Radegundis et magistro scholarum

---

1. Aimeri, abbé de Mauléon en 1152, d'après l'acte précédent. Il était encore abbé de Mauléon en 1174.
2. Il s'agit du différend entre la Trinité de Mauléon et un ecclésiastique qui s'était emparé de l'église Saint-Léger de Chanteloup, donnée par Guillaume Gilbert, évêque de Poitiers (Note de D. F.).
3. Adrien IV, pape du 3 déc. 1154 au 1er sept. 1159.

Pictavarum, salus et apostolica benedictio. Dilectus filius noster Malleonensis abbas super ecclesia de Cantelupo a bonæ memoriæ Guillelmo quondam Pictavensi episcopo antecessori suo concessa, se conquestus (est sibi) et injuriam (fieri). Verum, quia ex injuncto nobis a Domino apostolatus officio, universis Domini fidelibus et presertim religiosis viris in suo jure debitores existimus per presentia vobis scripta mandamus quatenus tam prefato abbate quam detemptore illius ecclesiæ ante vestram presentiam evocato, causam ipsam diligenti studeatis investigatione perquirere, et ita prefato abbati supra eâdem ecclesiâ plenam faciatis justitiam exhiberi, ut pro defectu justitiæ non cogatur ulterius laborare. Datum Lat., xvii kal. maii.

XVII

Sentence des maître-école de Poitiers et prieur de Sainte-Radegonde, renvoyant devant le pape Adrien IV, Aimeri, abbé de Mauléon et le détenteur de l'église de Chanteloup, en vertu d'un appel de ce dernier, au sujet du différend qui les divise (D. FONTENEAU, t. XVII, p. 217).

Vers 1157.

Sanctissimo patri ac domino suo Adriano universalis ecclesiæ, Dei gratia, summo et universali pontifici, Jo. licet indigne Pictaviensis ecclesiæ dictus magister scholarum, et R. qualiscumque prior Sancte Radegundis, salutem et debitam debite subjectionis obedientiam et reverentiam. Placuit sanctitati vestre, reverende pater, pro controversia illa quæ est inter dilectum nostrum A(imericum) Malleonensem abbatem, et detentorem ecclesiæ de Cantalupo, ut eam ante nos vice vestra terminaremus, litteras vestras parvitati nostræ dirigere. Nos equidem mandatum vestrum, sicut domini et patris cui in omnibus et per omnia obedire volumus et debemus, adimplere volentes, ad diem super hoc a nobis utrique assignatam pars utraque venit.

Abbas autem Malleonensis dominum Guillelmum Gisleberti bone memorie Pictavensem episcopum ecclesiam illam de Cantalupo Andree abbati antecessori suo dedisse, et de ecclesia illa eum investisse dicebat, et super hoc testes suos tres sacerdotes viros annosos religiosos, priorem scilicet ecclesiæ suæ et duos alios canonicos capellanos, produxit. Predictus vero detentor ecclesiæ de Cantalupo A. scilicet nomine, ecclesiam illam se juste possidere, et quoniam archidiaconum suum et archipresbyterum per quos in ecclesiam illam intraverat, propter manifesta exonia sua secum habere non poterat, se abbati Malleonensi respondere non debere asserebat. Abbas autem Malleonensis illum de mandato apostolico sibi respondere debere affirmabat. Prenominatus vero detentor ecclesiæ de Cantalupo, quoniam in hoc se gravatum esse dicebat, ad vestram paternitatis appellavit audientiam. Nos sicut servi vestri domine appellationi ad vos facte deferentes octo Purificationis S. Mariæ diem eis assignantes, eos ad pedes sanctitatis vestræ mittimus judicandos.

XVIII

Bulle du pape Adrien IV, prenant sous sa protection l'abbaye de la Trinité de Mauléon et confirmant ses biens (P. Thieulin, p. 21. — D. Fonteneau, t. XVII, p. 224).

16 avril 1158.

Adrianus episcopus, servus servorum Dei, dilecto filio Aymerico abbati Malleonensis monasterii S^{tæ} Trinitatis et ipsis fratribus tam presentibus quam futuris regulariter substituendis in perpetuum. Religiosis votis annuere èt ea operis exhibitione complere, officium nos invitat suscepti regiminis, et ordo videtur exigere rationis. Ea propter, dilecti in Domino filii, vestris justis postulationibus clementer annuimus, et ad exemplar predecessorum nostrorum felicis memoriæ Calixti, Innocentii, Lucii Romanorum pontificum, Malleleonense monasterium in quo divino mancipati estis obsequio sub beati Petri et nostra protectione suscipimus, et presentis scripti privilegio communivimus. Statuentes ut quascumque possessiones, quæcumque bona, idem monasterium in presenti juste et canonice possidet, aut in futurum concessione pontificum, largitione regum vel principum, oblatione fidelium, seu aliter justis modis, Domino propitio, poterit adipisci, firma vobis vestrisque successoribus et illibata permaneant. In quibus hæc propriis duximus exprimenda vocabulis : ecclesiam videlicet S. Petri de Castello Malleone; ecclesiam S^{ti} Hilarii de Roestais cum decima ad eam pertinente; ecclesiam S. Honorati de Parva Boessaria ; ecclesiam S. Nicolai (de Castello Muro Novo); ecclesiam S. Mariæ in Castello Veteri; ecclesiam S. Mariæ Magdalene in Castello Muro Novo; ecclesiam S. Mariæ de Flocellaria; ecclesiam S. Michaelis de Monte Mercurii; ecclesiam S. Vincentii de Venaco; ecclesiam S. Mariæ de Cultura cum pertinentiis suis ; ecclesiam S. Petri de Montignec ; ecclesiam S. Mariæ de Brole Calcato; ecclesiam S^{ti} Petri de Vultegone; ecclesiam S. Hilarii de Niolo cum pertinentiis suis; ecclesiam S. Melanii de Auberiis cum pertinentiis suis ; eccl. S^{ti} Petri de Stucho ; eccl. S. Georgii de Uslegot ; eccl. S. Petri de Tacoignet ; eccl. S. Mariæ de Taissolia ; eccl. S. Mariæ de Molendinis ; eccl. S. Egidii de Malolepore ; villam de Chaoneria ; eccl. S. Mariæ de Celsis cum possessionibus suis; eccl. S. Petri de Grazaico cum decimis ad eam pertinentibus; eccl. S. Martini de Rontonio et S^{ti} Leonardii de eodem recepto cum decima ; eccl. S. Mariæ de Azaico ; eccl. S. Mariæ de Bernezaico cum pertinentiis suis ; eccl. S. Vincentii de Braizec ; eccl. S. Hippoliti cum decima vini et agnorum ; eccl. S. Radegondis de Chassé ; eccl. S. Desiderii de Chaillec ; eccl. S. Mariæ de Bello

Monte ; eccl. S. Petri de Artenia cum pertinentiis suis ; eccl. S. Petri de Bagnos cum decimis panis et vini ; eccl. S. Mariæ de Faya Vinosa ; eccl. S. Lazari de Valle Nigra ; eccl. S. Radegondis de Cugulis ; villam de Fenestra ; eccl. S. Petri de Rialmo cum pertinentiis suis ; eccl. S^{tæ} Mariæ de Monte Tornesio cum pertinentiis suis ; eccl. S. Jacobi de Telleio cum pertinentiis suis ; eccl. S^{ti} Vincentii de Vernolio cum pertinentiis suis. Partes quas ecclesia Malleonensis habet in ecclesia S^{ti} Laurentii supra Separam. Statuimus quoque ut liceat vobis clericum seu laicum et absolutum in canonicum vel conversum sine alicujus contradictione suscipere, nihilhominus liceat vobis in vestris parrochialibus ecclesiis de fratribus vestris sive de aliis sacerdotes constituere quibus, si idonei fuerint episcopi, parrochiæ curam committant, ut ejusmodi sacerdotes de plebis quidem cura episcopo rationem reddant, vobis autem pro rebus temporalibus debitam subjectionem exhibeant ; fratres autem vestros semel devotos atque professos corrigere regulariter, sive de loco ad locum mutare, vel ad ipsum monasterium revocare nullius contradictio vos inhibeat. In communi quoque interdicto parrochie liceat vobis, clausis januis, exclusis excommunicatis atque interdictis, non pulsatis tintinnabulis, suppressa voce, divina officia celebrare. Decernimus ergo ut nulli omnino hominum liceat prefatum monasterium perturbare aut ejus possessiones auferre, vel ablatas retinere, minuere aut aliquibus vexationibus fatigare, sed omnia integra conserventur eorum pro quorum gubernatione et sustentatione concessa sunt usibus omnimodis profutura, salva in omnibus apostolica auctoritate sedis et diocezani episcopi canonica institutione. Ad judicium autem hujus a sede apostolica perceptæ protectionis, duos bizantios nobis nostrisque successoribus singulis annis persolvetis. Si qua igitur in futurum ecclesiastica secularisve persona hanc nostræ constitutionis paginam sciens contra eam venire temere tentaverit, secundo tertiove commonita, si non satisfactione congrua emendaverit, potestatis honorisque sui dignitate careat, reumque se divino judicio existere de perpetratâ iniquitate cognoscat et a sacratissimo corpore et sanguine Dei et Domini nostri Jesu Christi aliena fiat, atque in extremo examine divinæ ultioni subjaceat ; cunctis autem eidem loco sua jura servantibus fiat pax Domini nostri J. C. quatinus et hic fructum bonæ actionis percipiant et apud districtum judicem præmia æternæ pacis inveniant. Amen, amen, amen.

Ego Adrianus catholicæ ecclesiæ episcopus.

Ego Julius presbiter cardinalis S. Marcelli.

Ego Octavianus presbiter cardinalis eccl. S. Ceciliæ.

Ego Bernardus presbiter cardinalis eccl. S. Stephani.

Ego Joannes id. id. S. Sylverii et S. Martini.

Ego Aldebrandus id. basilicæ XII Apostolorum.

Ego Guido id. S. Calixti.

Ego Addo diaconus cardinalis S. Georgii ad velum aureum.

Ego Radulphus id. S. Luciæ in Septasotis.

Ego Boso id. S. S. Cosmæ et Damiani.

Ego Raymundus S. Mariæ in Via lata.

Datum Lateran., per manum Rolandi S. R. E. presbiteri cardinal. et cancell., xvi calend. maii, ind. vi, anno M° C° LVIII°, pontificatus vero domini Adriani PP. IIII anno III.

XIX

Lettre d'Aimeri, abbé de la Trinité de Mauléon, pour le recouvrement de l'église Saint-Léger de Chanteloup (D. Fonteneau, t. XVII, p. 207).

1171-1173.

G. Dei gratia venerabili cardinali S. Petri ad vincula

Malleonensis ecclesiæ abbas [1], suus sueque sanctitatis servus in Domino salutem. De loco et familiaritate quam habetis apud summum pontificem non parva nobis pro certo letitia est, venerande pater, quoniam sicut vidimus, ita et audivimus, et sicut audivimus, ita et videamus. Inde est quod securius latorem præsentium et confidentius ad vestre bonitatis clementiam dirigimus, quatinus in presenti nostro negotio, sicut jam in preterito cognovimus, provisorem, defensorem, consiliarium sentiamus. Sed quod tutissimis auribus vestris nolumus generare tedium, hoc solummodo omnimoda supplicatione rogamus ut actionem rei et scripta nostra et transcripta videatis et in eis pro nobis vigiletis, et si ecclesia nostra de jure suo diu expoliata per vos restitutionem fuerit consecuta, grates Deo soli et vobis reddamus et merita. Valete.

XX

Donation par transaction de divers biens, faite à l'abbaye de Mauléon par Geoffroi de Nueil (P. THIEULIN, p. 36. — D. FONTENEAU, t. XVII, p. 229).

1172.

Quoniam, ut ait poeta, prætereunt more fluentis aquæ et ne per temporum successionem tollatur à memoria aut per vetustatem quæ semper inunicatur humanis sensibus, tradatur oblivioni, pacem quam canonici faciunt cum Gaufrido de Niolio Aimerici filio, immo quam ipse facit cum canonicis, dignum duximus scripto commendare, et videtur nobis quia satis melius, certius, verius et manifestius cunctis in posterum scire volentibus poterit elucidari, si ipse qui pacem facit et pacem recipit, per os suum loquatur; ideoque volumus ut pacis referat

---

[1]. Guillaume, abbé de Maillezais en 1171-1173 (*Hist. de l'abb. de Maillezais*, par Lacurie, p. 267 ; *Pouillé du dioc. de Luçon*, par Aillery, p. 136).

actionem. Ego Gaufridus præfati filius Aimerici de rebus Malleonensis ecclesiæ quas pater meus ex dono et assensu Andreæ abbatis successorisque sui Hugonis habuit, tenuit, possedit, sed tamen aliquibus de canonicis contradicentibus et calumniantibus, pro pace deinceps cum canonicis habenda et pro remedio animæ meæ et pro absolutione patris et matris meæ, dimitto eis et ecclesiæ reddo unam borderiam terræ quæ Gorrusneria [1] vocatur, et terram des Espaillart cum tertia parte molendini, si ibi factum fuerit, similiterque medietatem molendini de Charruel [2] et duos solidos et octo denarios de censu in burgo novo. Residuum quod retineo de supradictis rebus ecclesiæ, scilicet, unam borderiam terræ quæ nuncupatur Veiraleria et medietatem molendini de Pouverel [3] do et concedo filio meo quem volo ut sit homo ecclesiæ et canonicorum, et mitto eum in manu abbatis, et quia infra annos est, ego pro eo serviam usque quo ipse possit per se servire, sicut alii homines ecclesiæ serviunt, filiaque mea nulli copulabitur in conjugio nisi homini ecclesiæ et canonicorum. De domibus et hortis de quibus tantum octo denarii reddebantur de censu amodo singulis annis, sexdecim ecclesiæ et canonicis reddentur. Hujus rei pax et concordia facta est in capitulo in manu Aymerici abbatis, videntibus et audientibus pluribus clericis et laicis quorum nomina subscribuntur : Raynaudus prior, Raynaudus sacrista, Guillelmus præpositus, Joannes capellanus, Simon de Brechaussée, Joannes de Mauritania, Petrus Giraudi, Petrus de Bello-Monte, Petrus de Pozauges, Stephanus Repuce, Radulphus Vaslini, Gregorius, Americus Trœpine, Joannes de Celsis canonici, et Guillelmus Vaslini clericus, Guill. filius ipsius Gaufridi, Petrus de Moulins, Laidetus Martini, Giraudus Ferruns, Petrus Hila-

---

1. Peut-être la Garnière, commune des Echaubroignes.
2. Peut-être Charruelle, commune du Puy-Saint-Bonnet.
3. Proueil d'après le P. Thieulin; peut-être Proulin, commune de Nueil.

rii, Girardus Marchaut, Giraudus de Elemosyna, Paulus Fortiers, Giraudus Froins, Fradonus, laici, et alii complures. Annus ab Inc. Domini m. c. septuagesimus secundus, epacta quarta, clavis xxii^a, ciclus decimus v^{us}.

XXI.

Concession à l'abbaye de Mauléon par l'évêque de Poitiers, du droit de nomination à l'église de Saint-Pierre de cette ville, qu'Ebles de Mauléon lui contestait injustement et finit par lui restituer (P. THIEULIN, p. 26. — D. FONTENEAU, t. XVII, p. 244).

1174.

Certitudo scripturæ rei seriem contentione sepulta nuda loquitur veritate. Ne igitur hujus series actionis sub oblivionis cinere favilescat, ne perversorum iniquitas super hoc seminet semen contentionis, hoc scripti privilegio sancimus nubibus ignorantiæ relegatis. Posteris igitur elucescat quod Joannes episcopus Pictavensium [1] et apostolicæ sedis legatus, rationis intuitu prævio ex privilegiis monitus, quod partem abbatis plurima confovebant, Aymerico abbati Malleonensis sub plurium audientia concessit, quod ad suum libitum unum ex suis canonicis ecclesiæ B. Petri [2] præficeret, qui ab episcopo curam susciperet animarum. Dominus Eblo [3] rem penitus disturbavit et ut pastorem ecclesiæ preficeret laboravit. Ab antecessoribus etenim sic institutum asserebat, volens illud tanquam jus hæreditarium possidere. Postea vero pro suæ remedio animæ dominus Eblo et Isodis uxor ejus quidquid super hoc exigebant abbati et canonicis S^{tæ} Trinitatis perpetue concesserunt et etiam aream Petri Paschaut, ut in ea amplam et honestam domum quicumque præficeretur ecclesiæ edificaret. Hujus rei testes sunt : B. (Bruno) abbas de Bello-

---

1. Jean III de Bellême, évêque de Poitiers de 1162 à 1182.
2. L'église Saint-Pierre de Mauléon.
3. Ebles, seigneur de Mauléon.

fonte, Joannes Vaslini, magister Stephanus, Paganus prior de Castri Murio, Guillelmus prepositus, Guillelmus prior de Alberiis, Joannes Boetz, Raginardus de Molins canonici. De laicis, Radulphus de Forgis senescallus, Petrus de Belloloco, Petrus de la Barre, Gaufridus Brienz, Milo de Puzaugiis, Basilius Chabot et frater suus Loherius, Villanus Troiapina et multi alii. Ne autem hujus actionis vacillet tempus in dubium, fuit hæc contentio sopita quando sepulta fuit regum discordia [1], anno ab Incarnatione Domini MCLXXIV. Hoc concesserunt Radulphus et Willelmus filii Eblonis.

XXII

Notice de l'acte par lequel Ebles, seigneur de Mauléon, reconnaît que la nomination au prieuré de Saint-Pierre appartient à l'abbé de la Trinité (P. Thieulin, p. 28. — D. Fonteneau, t. XVII, p. 235).

1174.

Ut in nostris gesta temporibus a tenoris sui constantia non recedant, sed in statu incolumi perseverent, scripturæ certitudini decrevimus commendare. Presentibus igitur et posteris innotescat quod inter canonicos S^{tæ} Trinitatis Malleonensis ecclesiæ et dominum Eblonem quædam ventilabatur controversia. Asserebant enim abbas et canonici in ecclesia beati Petri unum ex canonicis suis constituere capellanum tanquam jus proprium possidentes. Et contra dominus Eblo sicuti in ecclesia beati Petri secularem capellanum ministrantem invenerat, ita non canonicum sed secularem capellanum preficere laborabat. Tandem, precibus religiosorum virorum, decani scilicet Theofaugii et abbatis de Bellofonte et Joannis Vaslini ac

---

1. On sait que la discorde régnait sans cesse entre Henri II, roi d'Angleterre, possesseur de l'Aquitaine, et ses fils Henri, Richard et Geoffroy, soutenus par le roi de France.

magistri Stephani et Isodis uxoris ejus commonitus, immo Spiritus sancti munere inspiratus, totum de quo contentio erat, pro remedio animæ suæ et patris et matris et fratrum suorum, canonicis in perpetuum finivit. Hujus rei testes sunt : B(runo) de Bellofonte abbas [1], Joannes Vaslini [2], magister Stephanus, Paganus prior de Castri Murio, Guillelmus præpositus, Guillelmus prior de Alberiis, Johannes Boez, Raginaudus de Molins, canonici. Laici : Radulfus de Forgis senescallus, Petrus de Belloloco, Petrus de Barra, Gaufridus Brienz, Milo de Puzaugiis, Basilius Chabot et Loherius frater suus, Robertus Diabolus, Villanus Troiapina et multi alii. Ne autem hujus actionis tempus vacillet in dubium, fuit hæc contentio sopita quando fuit sepulta regum discordia [3], anno ab incarnatione Domini M° centesimo septuagesimo quarto. Item aream Petri Paschaud ad ædificandum domum capellani canonicis concessit.

XXIII

Confirmation par Aimeri, abbé de Mauléon, d'une transaction intervenue entre le prieur de Brézé et Geoffroi de Grandfont (D. FONTENEAU, t. XVII, p. 245).

1178.

Ego Aimericus per Dei patientiam Malleonensis abbas, omnibus tam futuris quam præsentibus in perpetuum. Controversia quædam vertebatur inter Gau. priorem nostrum de Braisé et Gau. de Grandifonte et filios suos super quadam aqua que dicitur Vadum Berenguarii, quam aquam et piscationem ejusdem aquæ prædictus prior nos-

---

1. Brunon, abbé de Bellefontaine en 1167 (*Dict. hist. de Maine-et-Loire*, par Port, p. 295 du t. I).
2. Jean Vaslin, abbé de Bellefontaine en 1174 (*Idem*).
3. Il s'agit là des longues guerres intestines qui eurent lieu entre Henri II Plantagenet et ses fils Henri, Richard de Poitiers et Geoffroy, guerres suspendues parfois par quelques trêves aussitôt violées.

ter dicebat et asserebat quod ipse et predecessores sui in pace possederunt prædictam aquam. E contra Gau. de Grandifonte et filii sui dicebant aquam illam suam esse et asserebant quod piscationem quam prefatus prior in aqua illa habuerat ..... ecclesie sue, sed de permissione illorum habuerat. Super communi controversia transactum est, mediante magistro Willelmo Pictav. archidiacono, Gau. de. . . . .

. . . .
cujusmodi compositionem nos ratam habuimus et sigillo nostro muniri fecimus. Factum est autem hoc anno ab Incarnatione Domini MCLXXVIII, hoc concedentibus et fide firmantibus Gaufrido de Grandifonte et filiis suis Ardoino, Raginaudo, Bertolot, sub testimonio istorum Savarici judicis de Bissaico, Johannis Airici, Giraudi de Pairacac, Willelmi de Metulo presbyteri, Hugonis de Vado, clerici, Petri Bavierii et aliorum multorum.

XXIV

Acensement d'une maison par l'abbaye de Mauléon à Denise, femme de Renaud Servent (P. Thieulin, p. 35. — D. Fonteneau, t. XVII, p. 249).

Vers 1186.

Nobilis est thesaurus scripturæ quæ immemorata suscitat et emergentibus occurrens calumniis, rei gestæ seriem sua incommutabili veritate loquitur. Innotescat igitur tam modernis quam sequentibus, quod ego Guillar Malleonensis ecclesiæ humilis minister, cum assensu totius capituli, damus Dionisiæ uxori Reginaudi Servent domum Gaufridi de Niolio cum hortis ad predictam domum pertinentibus usque ad stagnum, xvi denarios censuales abbatiæ annis singulis persolvendo ; et ne abbatia in aliquo jure suo defraudetur, predicta Dionisia abbatiæ tradit Elisabeth filiam Reginaudi Servent neptam suam in heredem ;

quæ cum nubilis fuerit et tempestiva, nulli copulabitur in matrimonio nisi homini abbatiæ et canonicorum qui serviat, uti alii homines serviunt. Et si heres iste qui modo traditur sine herede decederet, talis hæres qui serviret de genere traderetur. Huic spontaneæ concessioni multi idonei testes interfuerunt, Reginaudus de Malle Lepora prior et capellanus abbatiæ, Guillelmus Reigners sacrista, Guillelmus de Brulchocé præpositus, Petrus Chovins capellanus B. Petri, Raginaudus de Cheas cellerarius, Aimericus Ortolens vice decanus, Gaufridus Troipines ; de laicis : Girardus, Guillelmus Troipines, Airodus frater ejus, Martinus Hilareus, Petrus Gabars, Raginaudus Servent et plures alii.

XXV

Renonciation à la nomination du chapelain de Saint-Pierre de Mauléon par Raoul de Mauléon, en faveur de l'abbaye (P. Thieulin, p. 27. — D. Fonteneau, t. XVII, p. 253).

1189-1199.

Notum sit omnibus quod dominus Radulphus Malleonensis[1] in tempore suo de ecclesia B. Petri Malleonensis quorumdam impiorum suggestione quemdam querelam et controversiam movit, proponens quod nullatenus in predicta ecclesia poneretur capellanus nisi de consensu ejus et voluntate. Postmodum multorum sapientium testimonio et de carte patris sui domini Eblonis[2] veritate didicit non ita esse, et querelam predictam omnino dimisit et concessit quod per manum abbatis et per ipsum capitulum, absque laicalis personæ consensu, capellanus poneretur. Hoc autem ut firmum et inconcussum permaneret præsenti cartæ scripto et sigilli sui munimento firmiter

---

1. Raoul de Mauléon, fils d'Ebles, figure dans une charte de Richard Cœur-de-Lion pour le prieuré de Fontaines, 1183-1189, et mourut en 1199 (*Cartul. du Bas-Poitou*, LXX, 109).
2. Voir la charte de 1174.

corroboravit. His audientibus Stephano abbate in cujus manu hoc concessit et Guillelmo ejusdem ecclesie capellano, Guillelmo Renerio, Aimerico Malleo, Petro Morino canonicis, Rollando capellano sancti Melanii [1], Hugone de Montraversio. De laicis : Oliverio senescallo, Joanne de Chaceron, Simone de Mautravers, Basilio Chabot, Levreto, Guillelmo de Sordeis. Idipsum concessit dominus Guillelmus Malleonensis frater domini Radulphi. Hoc audierunt Guillelmus Renerius, Aimericus Mall., Aimericus Bonsamis, Gaufridus Trehepine. De laicis : Simon de Mautravers, Fulco de Ceresei, Petrus de Rocha et alii plures. Hanc denique concessionem dominus Radulphus confirmavit ad altare ejusdem ecclesie super missale, in manu Stephani abbatis qui eum ejusdem ecclesiæ beneficia investivit. His autem audientibus Guillelmo de Valentia, Petro de Volvire [2] et pluribus aliis.

XXVI

Donation au prieuré de Moulins par Geoffroi Vères (P. Thieulin, p. 34. — D. Fonteneau, t. XVII, p. 257).

1203.

In nomine sanctæ et individuæ Trinitatis, Patris et Filii et Spiritus sancti felicitatem, amen. Notum facio ego Gaufridus Veres tam presentibus quam futuris quod cum quædam controversia esset inter me et Guillelmum priorem B. Mariæ de Moulins supra molendino quod dicitur Ervia, tandem ad id pacis devenimus quod ego Gaufridus Veres, assensu et voluntate fratrum meorum et matris et uxoris meæ, dedi et concessi ecclesiæ B. Mariæ de Moulins et Guillelmo priori et successoribus ejus, medietatem mone-

---

1. Sainte-Melaine de Mauléon, église détruite.
2. Pierre de Veluire figure dans une charte de Boisgrolland de 1182, où il annonce son départ pour Jérusalem (*Cartul. du Bas-Poitou*, p. 273). Il existait encore en 1200 (*Id.* 262).

riæ predicti molendini libere et quiete ecclesiæ in perpetuum possidendam. Concessi etiam, assensu et voluntate predictorum fratrum meorum et matris et uxoris meæ, eleemosinam, quam Guillelmus de Sordeis senior et Guillelmus Martinis filii ejus predictæ ecclesiæ fecerunt supra jam dicto molendino, salvo quidem servitio meo et placito de manu mortuâ, si accidit, et reverentiis mihi de feodo debitis. Hoc etiam cautum esse volui quod sicut prior et ecclesia medietatem integre accipiunt de omnibus redditibus molendini, ita et medietatem ponent in expensis. Si vero pro defectu meo vel heredum meorum aliquid damni prior vel ecclesia in molendino pateretur, ego et heredes mei damnum pro defectu nostro illatum emendare tenemur. Ut autem pax illa et donatio et concessio nostra firma et inconcussa inperpetuum ecclesiæ habeatur, hanc paginam donationis et concessionis nostræ fieri feci et sub scriptis testibus roboravi. Testes autem sunt, Stephanus abbas in cujus presentia in capitulo Maleonensi pagina ista firmata est, Stephanus prior, Guillelmus Remers præcentor, Petrus de Bellosa sacrista prior Riomollii, Raginaudus capellanus, magister Almericus, Joannes Rolandus presbiter, et totus conventus. De laicis, Gaufridus filius Afredi miles, Aimericus de Roestais miles, Guillelmus Escoblais, Guillelmus de Rauca, Brient carnifex, Guienos Brito, Stephanus de Broca et plures alii. Datum anno ab incarnatione Domini mcciii feliciter. Amen.

XXVII

Acensement du pré Sorin par l'abbaye de Mauléon à André Sorin
(D. Fonteneau, t. XVII, p. 263).

Vers 1203.

Notum sit omnibus tam præsentibus quam futuris quod Stephanus abbas Malleonensis, et conventus ejus dederunt

Andreæ Sorini et heredibus suis pratum [1] quod Johannes Sorins dederat abbaciæ Malleonis, in canonicatu Laurentii Sorini fratris sui, ad censum quatuor solidorum qui reddendi sunt abbatiæ annuatim in Nativitate S. Johannis Baptistæ. Actum est hoc in capitulo, audientibus et videntibus ipso Stephano abbate, Willelmo priore de Celsis, Willelmo priore Niolii, Rolando capellano sancti Melani et omni conventu.

XXVIII

Donation de la dime du Poiron à l'abbaye de Mauléon par Aimeri d'Argenton (P. Thieulin, p. 38. — D. Fonteneau, t. XVII, p. 271).

Après 1203.

Universis tam presentibus quam posteris, verissimum compareat quod ego Aymericus de Argentonio [2] dedi, imo, ut verius loquar, quod indebite extorquere præsumpseram, quitavi et libere concessi taleiam scilicet decimæ quam abbatia Malleonensis propriam juste possidet in terram do Peiron. Huic autem concessioni testes affuerunt magister Stephanus Perereia [3] qui quondam prædictæ abbatiæ abbas [4] extiterat, in cujus manu facta fuit concessio, Guillelmus capellanus B. Petri de Mauritania, Rigaudus ibidem subcapellanus, magister Landricus presbiter, Raginaudus Boet miles, Guillelmus Boet, Simon Boet, Lucia de Beaprea domina et aliquot complures. Ne ergo in hac concessione posterorum presumptio quid audeat, dignum duxi presentem cartulam proprii sigilli presidio roborari. Valeat successio posterorum.

---

1. Le pré Sorin devait être situé à la Sorinière, commune de Nueil-sous-les-Aubiers.
2. Aimeri d'Argenton figure dans un acte de 1188 du vicomte de Thouars, en faveur de l'abbaye d'Airvault (D. Fonteneau, t. XXVI).
3. Peut-être la Perrinière, commune des Echaubroignes.
4. Etienne, abbé de Mauléon en 1203.

XXIX

Echange de biens entre Guillaume Meschin et le prieur de Réaumur
(D. Fonteneau, t. XVII, p. 265).

1220.

Universis presentes litteras inspecturis Johannes Chastegneres miles, dominus Chastenaigrie, salutem in Domino. Noveritis quod Guillelmus Meschillus homo meus fecit eschambium cum Johanne priore de Riaumur, videlicet in hunc modum, quod dictus Guillelmus quandam quarteriam quam habebat in terra de la Guimbaudiere sitam prope pratum beate Mariæ et juxta terram dicti prioris de Guimbaudia tradidit et concessit habendam dicto priori et suis successoribus in perpetuum, pro escambio quod sibi fecit dictus prior, scilicet quod idem prior tradidit eidem et concessit habendos sibi et heredibus suis in perpetuum quatuordecim sulcos terre, quos habebat in terra de Guimbaudia, sitos prope Barram à la Dame, et prope vineam dicti prioris que est juxta viam que ducit ad molendinum novum. Dedit etiam dictus prior tria quarteria siliginis que valebant tunc temporis quindecim solidos currentis monete. Et ego hoc eschambium factum in manu meâ concessi habendum dicto priori et suis successoribus in perpetuum pacifice et quiete, ita quod mihi et successoribus meis reddat dictus prior et sui successores terragium quartarie terre predicte, sicuti annuatim reddere solebat dictus prior de terra illa quam dictus Guillelmus tradidit in eschambium, anno MCCXX.

XXX

Confirmation par le vicomte de Thouars d'une transaction intervenue entre l'abbaye de Mauléon et le prieur de la Couture, d'une part, et Guillaume Salebo, d'autre part, au sujet de certaines donations (P. Thieulin, p. 46. — D. Fonteneau, t. XVII, p. 267).

20 mars 1224.

Omnibus presentes litteras inspecturis Aimericus vicecomes Toarcensis [1] salutem in Domino. Noscat universalitas vestra quod cum coram nobis et coram bonæ memoriæ Guillelmo Pictavensi episcopo [2], inter Guillelmum abbatem S. Trinitatis de Malleonio et Guillelmum priorem de Cultura ex una parte, et Guillelmum Salebo [3] ex altera, esset contentio super eleemosina data dictæ ecclesiæ de Cultura a Reg. Villano fratre patris. Aynor uxoris dicti Salebo, de hoc videlicet quod dictus Salebo dicebat illam eleemosinam excedere in immensum. Tandem, mediante proborum virorum consilio, fuit compositum in hunc modum, quod predictus Guillelmus Salebo dedit in eleemosinam nominatæ abbatiæ de Malleone decem libras turonenses redditus annuatim et ecclesiæ de Cultura unam lampadem ardentem die ac nocte in perpetuum, et insuper pratum Bertrandi cum omnibus suis pertinentiis et clausuris. Et sciendum quod pro centum solidis supradictis x libris et predicta lampade, dictus Salebo apud Culturam in feodo Maresii assignavit novem quarteria vinearum, voluntate et assensu Ainor uxoris suæ ex cujus parte dictum feodum Maresii et pratum nominatum jure hereditario accidebat, reservata tamen nobis tantummodo justa talleia nostra et alta justitia. Præterea totam eleemosinam quàm Hel. defunctus pater dictæ Ainor eidem ecclesiæ dederat, ipse Salebo et Aynor uxor ejusdem in perpetuum concesserunt. Pro residuis siquidem centum solidis redditus, dictus Salebo medietatem cujusdam masuræ terræ quæ vocatur Morveziniere, illam scilicet quam

---

1. Aimeri VII (1188-1226).
2. Guillaume IV Prévost.
3. Ce nom semble mal lu ; c'est plutôt Guillaume Chabot.

le Bugum tenet, cum herbergamento, pratis et pertinentiis, dedit predictæ abbatiæ in perpetuum possidendam liberam et immunem, excepta talleia Bercorii pro terris et comditia Mallebrarum, et hiis quæ ecclesiæ de la Fumaye [1] et de Bretignole habent ibi. Hanc vero eleemosinam in manu nostra concessit se defensurum et gariturum dictis ecclesiis in perpetuum a sororibus uxoris suæ et heredibus Aymerici Tabari et omnibus aliis ab omnibusque exactionibus, et servitiis, exceptis supra notatis. Hanc eleemosinam concesserunt A. Doinart et Forest milites in quorum feodis ipsa eleemosyna sita est et statuta, nullo ipsi servitio et suis heredibus reservato. Hoc autem factum est in manu et custodia nostra qui de mandato Gauf. Borsac et Aymerici Doinart, qui super feoda sua nos et successores nostros tenentur servare indemnes, tenemus defendere et garrire sub presenti testimonio litterarum. Et etiam idem Gaufridus Borsardi presentibus litteris sigillum suum apposuit in testimonium veritatis. Actum anno gratiæ M° CC° XXIV°, mense martii, die mercurii ante festum sancti Benedicti.

XXXI

Arrangement conclu devant l'archidiacre de Thouars, entre l'abbaye de Mauléon et celle de Saint-Jouin, au sujet du moulin d'Alard (D. FONTENEAU, t. XVII, p. 277).

13 novembre 1225.

Universis Christi fidelibus præsentes litteras inspecturis, P. humilis archidiaconus Thoarcensis salutem in auctore salutis. Ad universorum notitiam præsentium testimonio volumus pervenire, quod cum molendinum Alardi, super cujus medietatem dilecti in Christo abbas et conventus Sancti Jovini in mutatione cujuslibet heredis sexaginta solidos et unam anguillam duodecim denariorum.

---

1. Mot probablement mal transcrit, pour la Pommeraye.

vel duodecim denarios pro servitio habere dignoscuntur, propter defectum heredum vacasset diutius desolatum, dilecti in Christo abbas et conventus Sancti Jovini dilectis in Christo abbati et conventui ecclesiæ Malleonensis coram nobis, quantum in ipsos est, medietatem ipsius molendini liberaliter concesserunt, tali videlicet condicione, quod in mutacione cujuslibet abbatis ecclesiæ Malleonensis abbas Malleonensis infra mensem a die receptæ suæ in abbatia post benedictionem receptam, abbati S. Jovini sexaginta solidos currentis monetæ necnon et anguillam duodecim denariorum vel duodecim denarios reddere teneatur, et omnes reverentias et omnimoda servitia, quæ a possessoribus medietatis dicti molendini abbati et ecclesiæ S. Jovini impendi consueverunt, abbas et conventus Malleonensis eisdem teneantur similiter exhibere. Si quis autem super illius molendini medietate sibi justitiam fieri postulaverit, abbas et conventus Malleonensis tenentur super hoc in curia abbatis S. Jovini respondere et facere quod in sua curia mediante justitia fuerit judicatum. Si autem dictum molendinum fabrica indigere contigerit, et prior S. Jovini de Malleone ad quem spectat altera molendini medietas, pro parte sua ad molendini fabricam expensas monitus facere noluerit, per abbatem Malleonensem est abbas S. Jovini super hoc requirendus. Si vero abbas et prior S. Jovini requisiti ad fabricam molendini portionem suam reddere noluerint, abbas Malleonis omnimodas faciat expensas pro fabrica et reedificatione molendini superius nominati, nec de fructibus percipiendis nec de proventibus aliquod tenebitur computari in sortem expensarum, quousque dictus prior et abbas suam solverint portionem. Nos vero ad petitionem partium utrique monasterio præsentem cartulam dignum duximus indulgendam in testimonium veritatis. Actum anno gratiæ MCCXXV, in festo sancti Brictii, in capitulo Malleonensi.

XXXII

Permission accordée par l'évêque de Poitiers à l'abbaye de Mauléon de construire une chapelle à Bois-Brémaud, sous certaines conditions (P. Thieulin, p. 39. — D. Fonteneau, t. XVII, p. 273).

1225.

Philippus, Dei gratia episcopus Pictavensis, omnibus Christi fidelibus presentes litteras inspecturis salutem in eo qui est vera salus. Ad universorum notitiam volumus pervenire quod dilectus noster in Christo Guillelmus abbas et conventus S. Trinitatis Malleonensis a nobis humiliter postularunt, ut, apud Boscum Bremaut in parrochia S. Mariæ de Nigra terra [1] eisdem capellam construendi licentiam donaremus, quod nos eisdem concessimus cum consensu et voluntate Americi capellani de Nigra terra, in cujus parrochia capella memorata est constructa, ita tamen quod serviens in dicta capella parrochianos matris ecclesiæ de Nigra terra in solemnibus festivitatibus, nec apostolorum, nec in dominicis diebus, recipiet ad divina ; item deserviens in dicta capella, nec festivis diebus, nec aliis, milites ad divina recipiet in prædicta parrochia commorantes. Quod si aliquo casu aliæ oblationes venerint, deserviens in dicta capella præter duos denarios quos pro capellania habebit, tenetur in integrum reddere matris ecclesiæ capellano. Item deserviens in dicta capella tenetur reddere capellano de Nigra terra quinque solidos ad synodum Pentecostes annuatim. Præterea omnes oblationes, quæ ad festum S. Andreæ in cujus honore capella dedicata est oblatæ fuerint, ejusdem loci deservienti in integrum remanebunt; et ne dicta ecclesia de Nigra terra

---

1. Prieuré de Saint-André de Bois-Brémaud en la paroisse de Noireterre, canton de Bressuire (*Pouillé du diocèse de Poitiers*, par Beauchet-Filleau, p. 333).

læsa sit in aliquo, dominus Andreas de Escunboil [1] miles fundator dictæ capellæ, assignavit matri ecclesiæ de Nigra terra unum sextarium siliginis apud Taconeriam in tenemento Guillelmi Rossea annuatim percipiendum. Verumtamen deserviens in dicta capella et ejusdem successores proprio se astringent juramento, et tenebuntur ad omnia supradicta fideliter observanda, et illud juramentum alicui de mandato episcopi præstabunt. Ne autem super hoc in posterum aliqua possit dubitatio seu quæstio suboriri, præsentem cartulam fecimus sigilli nostri munimine roborari. Actum anno gratiæ m° cc° xxv°.

XXXIII

Règlement fait par l'abbé de Mauléon d'un différend existant entre les prieurs de Châteaumur et de la Flocellière, au sujet des limites de leurs paroisses (P. THIEULIN, p. 45. — D. FONTENEAU, t. XVII, p. 275. — Gall. Christ. t. II, p. 1393).

Vers 1225.

In nomine s^{tæ} et individuæ Trinitatis, Patris et Filii et Spiritus sancti, amen. Quam pulchri supra montes pedes annuntiantis bonum, annuntiantis pacem, predicantis salutem, dicentis : Sion regnabit Dominus tuus. Si autem montes ecclesiasticæ personæ bona opera illegenda sunt, merito illi in montibus Sion pacem annuntiant qui bonæ operationis studio inter dissidentes pacem reformant. Hoc siquidem zelo ductus, ego Guillelmus Malleonensis abbas, convocatis de discretioribus fratribus nostris, controversiam quæ inter dilectos fratres nostros priorem Castrimurii et R. priorem Flocellarii, vertebatur, ne ira cresceret in odium et animam facerent homicidam, bono pacis disposui terminare. Cum enim prior Castrimurii totum castrum

---

1. Nom qui semble mal transcrit ; c'est peut-être André d'Escoubleau ou des Combaudières, commune de Noireterre.

vetus, in quo ecclesia S. Nicolai sita est[1], prout fossa cingunt et alveolus aquæ, quæ ibidem stagna facit, ad jurisdictionem suam pertinere contenderet, et prior Flocellariæ hoc infra limites parrochiæ suæ esse contrario allegaret, tandem compositum est ut, quia ecclesia Castrimurii illud quidem longa prescriptione possidebat castrum vetus sicut vulgariter doa prætorium beati Nicolai a stagno in stagnum cingit, et predictus alveolus aquæ sic etiam dividit, cum ecclesia B. Nicolai, priori et ecclesiæ Castrimurii in perpetuum absque contradictione remanserit, et priori Flocellariæ de sex solidis, quos ei de annua pensione debebat, decem et octo denarios relaxaret. Ibi quædam pax, quæ ante archidiaconum Anfredum facta fuerat supra Guillelmo de Flocellaria[2] et domo sua, ut videlicet priori Castrimurii ab ipso velut domo sua acciperet suum êm post festum Nativitatis Domini et crastinam diem, festum Epiphaniæ, Purificationis, Palmarum, Annuntiationis, Paschæ cum sequenti die, Ascensionis, Pentecostes cum sequenti die, B. Joannis, Assumptionis, Nativitatis, Omnium festum Sanctorum cum crastina commemoratione defunctorum, hæc omnia erunt prioris Flocellariæ, sicut distincta sunt in hac cartula, et quæ ad jus pertinent, sicut baptisma, absolutiones, purificationes, sepulturæ. In recompensatione autem alterius officii dedit priori Flocellariæ quartenarium vineæ et duodecim denarios de prefata sex solidorum pensione. Ut autem omnis quæstio inter priores et ecclesias in perpetuum sopiatur, ego Guillelmus abbas sigillo et impressione munivi.

---

1. Notre-Dame des Châtelliers, aliàs de *Castro Veteri*, et Sainte-Marie-Madeleine do Châteaumur, aliàs de *Castello Muri Novo*, étaient deux prieurés-cures aujourd'hui réunis sous le nom de les Châtelliers-Châteaumur. Une confrérie de Saint-Nicolas existait à Châteaumur (D. Font. t. LXVI, p. 941. — *Pouillé du dioc. de Luçon*, par Aillery, p. 90. — *Ann. de la Soc. d'Ém. de la Vendée*, t. IV, p. 249).

2. Guillaume de la Flocellière, époux de Marie Chasteigner vers 1250, d'après Duchesne (p. 575).

XXXIV

Association religieuse entre l'abbaye de Mauléon et celle de Châtres en Saintonge (P. Thieulin, p. 44. — D. Fonteneau, t. XXVII bis, p. 695).

21 février 1237.

Universis Christi fidelibus præsentes litteras inspecturis Guillelmus, divina permissione, ecclesiæ S^{tæ} Mariæ de Castris, Santonensis diæcesis abbas, humilis et ejusdem ecclesiæ conventus salutem et pacem. Notum sit omnibus tam presentibus quam futuris quod nos Guillelmus abbas et conventus ecclesiæ de Castris, Santonensis diæcesis, statuimus in capitulo nostro cum consensu fratrum nostrorum quod canonici S. Trinitatis de Malonio recipiantur in ecclesia nostra, sicut canonici nostri, et quicumque canonici ad nos venerint liceat eos manere apud nos quamdiu voluerint, nisi excommunicati fuerint vel inobedientes, et cum dies obitus alicujus eorum nobis annuntiatus fuerit, triginta et septem diebus missa et vigiliæ pro eo celebrabuntur et conductus in refectorio pro eo pauperibus erogabitur, sicut pro canonicis nostris, et scribetur obitus ejus in calendario. In die autem habebit anniversarii officium in ecclesia et conductus in refectorio, sicut canonici nostri. Cum vero annuntiatus fuerit obitus abbatis Malleonensis, fiet pro eo in ecclesia et in refectorio, sicut pro abbate nostro. Vivianus vero ecclesiæ Malleonensis abbas idem constituit de abbate et canonicis de Castris, Santonensis diæcesis, cum omnium consensu fratrum suorum in capitulo suo, et hoc abbate præsente et canonicis præsentibus fuit, Dei gratia, confirmatum. Ut hoc vero firmius habeatur dedimus abbati et canonicis Malleonensibus nostras patentes litteras in testimonium veritatis. Actum nono kalendas martii, anno ab Incarnatione m°. cc°. xxxvii°.

XXXV

Donations de Marie de Mareuil en faveur de l'abbaye de Mauléon et autres établissements religieux de cette ville (P. Thieulin, p. 49. — D. Fonteneau, t. XVII, p. 279).

28 juillet 1246..

Universis Christi fidelibus presentes litteras inspecturis Joannes decanus S^{ti} Laurentii et Vivianus abbas S^{tæ} Trinitatis de Malleone et capellanus S^{ti} Jovini de Malleone salutem in Domino. Noveritis quod domina Maria de Mareuil bonæ memoriæ de rebus suis disponens, dedit et concessit in puram et perpetuam eleemosinam quinque solidos annui redditus ad faciendam charitatem defunctorum in crastino festi Omnium Sanctorum apud Malleonem, sitos super terra de la Saucelere reddendos in vigilia Nativitatis B. Mariæ. Item, domui leprosorum de Malleone tres solidos reddendos annuatim in eodem festo super terra sua de la Pecolee, quam terram ipsa et Aymericus de Mareuil primus sponsus suus acquisierunt. Item..... de Malleone tres solidos annui redditus super terra sua de la Bodiniere, reddendos in vigilia Nativitatis B. Mariæ. Item conventui S. Trinitatis de Malleone duos solidos, pro anniversario suo faciendo annuatim, quorum XII denarii reddentur annuatim de censiva Guillermi Mignum de Capella, in festo S. Joannis Baptiste, et alii XII de censiva Adæ Tenaper de Capella, in festo Pentecostes. Item confreriæ translationis B. Nicolai de Malleone XII denarios, sitos supra quodam essarto, in censiva de Capella, quod tenet abbas de Malleone, reddendos in Nativitate S. Joannis Baptiste. Item dedit et concessit ecclesiæ B. Petri IV denarios super censivam de Chalignec. Item voluit quod omnia et singula predicta sint annui et perpetui redditus. Quod in hujus rei testimonium, ad petitionem dictæ Mariæ, presentibus litteris sigillorum nostrorum robur apposuimus et munimen. Datum die sabbati post festum B. Mariæ Magdalene, anno Domini M^o CC^o XLVI°.

XXXVI

Consentement donné par Aimeri d'Argenton à un échange entre Pierre Godard et le prieur de Bois-Brémaud (D. Fonteneau, t. XVII, p. 281 [1]).

21 décembre 1250.

Universis presentes litteras inspecturis Aymericus dominus Argentonii [2], salutem in Domino. Noveritis quod Petrus Godardi homo vall., cum voluntate nostra et assensu, dedit, tradidit et concessit in perpetuum priori de Bosco Bormaudi [3] et successoribus suis quandam peciam terre sue de Cepeia [4] liberam et quittam ab omnibus, in permutationem et excambium cujusdam pecie terre, quam idem prior eidem Petro et Petronille uxori sue et heredibus eorumdem, prope Cepeiam, similiter dedit, tradidit et concessit in perpetuum possidendam. Dicte vero pecie terre per metas, de communi consensu dictorum Petri et prioris, ibidem positas et fixas plene apparent et liquido distinguuntur. Et ut hoc firmum, ratum et stabile in perpetuum perseveret, nos de mandato dicti Petri Godardi homini vallt. dicto priori et successoribus suis dedimus præsentes litteras sigillo nostro sigillatas, in testimonium veritatis. Datum in festo beati Thomæ apostoli, anno Domini millesimo ducentesimo quinquagesimo.

---

1. L'original avait un sceau représentant un cavalier, et sur le contre-scel des armes semblables à celles de messieurs de Meules. Ces armes sont celles des anciens seigneurs d'Argenton-Château (Note de D. F.).
2. Aimeri d'Argenton, fils de Guy, figure dans des actes de 1241 et 1245.
3. Prieuré de Bois-Brémaud, dépendant de l'abbaye de Mauléon.
4. Probablement Laspois, commune de Moutiers.

XXXVII

Donation d'Audéarde de la Saunerie à l'église de Rorthais
(P. Thieulin, p. 50. — D. Fonteneau, t. XVII, p. 283).

Vers 1260 [1].

Pretiosus est thesaurus paginæ quæ vivacis scripturæ testimonio est sancita. Hujus siquidem rationis dignum duximus memoriæ commendare, quod Audeardis Sauneria dedit in eleemosinam Deo et S. M. Virgini et S. Hilario de Roestais, pro remedio animæ suæ et parentum suorum tam vivorum quam defunctorum, filiis suis concedentibus Ayraudo et Raginaudo et filia sua Audeare concedente et viro suo concedente, terram de Fragneleria. Donum autem hujus terræ obtulit super altare S. Hilarii de Roestais cum missale, videntibus istis Joanne Boet tunc temporis ejusdem ecclesiæ existente capellano, Gauferio canonico, Audeberto clerico; de laicis vero : Guillelmo de Roestais [2], Joanne Sorin et fratre ejus Gaufrido, et Bernardo de Roestais et Stephano et Pagano et pluribus aliis. Sequenti vero die, prænominata Audeardis confirmavit hoc donum in manu Gallardi abbatis, in capitulo S. Trinitatis Malleonis, cum regula S. patris nostri Augustini, videntibus istis quorum nomina in presenti pagina subscribuntur : magistro Stephano, Raginaudo capellano, Guillelmo Servent, Guillelmo Driaumo, Petro Chavin. De laicis vero : Guillelmo de Roestais, Martino, Hilario, Joanne de Mautravers et Simone canonico puero et Laurentio puero et Petro puero et pluribus aliis. Hoc donum concessit Arenburgis de Chamiliaco de cujus feodo erat terra prænominata.

---

1. Cette charte serait de 1260 d'après le P. Thieulin, p. 50 ; elle doit être quelque peu postérieure.
2. Guillaume de Rorthays, s[r] de la Durbellière, figure dans un acte de 1280 (*Dict. des familles de l'anc. Poitou*, II, 635).

XXXVIII

Donation de rentes faite par Pierre de Chagnesois, de Mouilleron, au prieur de Réaumur, à titre de remboursement d'un prêt d'argent (D. Fonteneau, t. XVII, p. 285).

1266.

Universis presentes litteras inspecturis Petrus de Chagnesois, vingonsis de Mollerone, salutem in Domino. Noverint universi quod ego debeo et teneor reddere priori de Ralmodio septem libras et dimidiam monete currentis, ex causa mutui mihi a dicto priori facti, quas habui et recepi in pecunia sumata ; et volo et concedo quod dictus prior et ejus successores habeant, percipiant, possideant et explectent pacifice, libere et quiete, decem solidos annui census qui mihi debentur apud Realmodium, videlicet Aymericus Bietoti sedecim denarios, Aymericus Betaus tres solidos et tres denarios, Petrus Buchous quinque denarios, Guillelmus Sogoyns decem denarios, Guillelmus Botandus quinque denarios, Olivarius de Realmodio duodecim denarios, Martinus Doyt duodecim denarios, Petrus Textor duodecim denarios, dictus Mochez decem denarios, et omnia et singula complancta, seu les complans, quæ habeo seu habere possum et debeo in vineis seu fructibus vinearum feodorum de Podio Rouos et de Boyllarde et de la Penissionniere et in tota parochia de Realmodio, quocumque loco sint et quoquo nomine ; et quicquid juris, dominii, possessionis, potestatis et jurisdictionis et distractus habeo, habere possum et debeo, quacumque ex causa seu ratione, in rebus et super rebus omnibus et singulis superius nominatis ; quæ omnia et singula supradicta ego dictus Petrus tradidi et assignavi, trado etiam, concedo et assigno dicto priori et suis successoribus, in solutione predictæ pecuniæ habendæ, etc.

XXXIX

Donation de rentes faite à la confrérie de Notre-Dame de Mauléon par André de Baillou (P. Thibulin, p. 70).

Mars 1270 ou 1271.

Universis presentes litteras inspecturis et audituris Joannes humilis decanus Berchorii, salutem in Domino sempiternam. Noveritis quod Andreas d'Abeilluns [1] et Joanna Benevenata ejus uxor, coram nobis in jure personaliter constituti, confessi fuerunt se vendidisse fratribus confrariæ octabarum Assumptionis B. Mariæ de Malleonio, unum sextarium siliginis ad mensuram Malleonii et aliud sextarium siliginis. Confessi fuerunt dictis fratribus ad dictam mensuram se reliquisse seu donavisse in puram et perpetuam eleemosinam predicta duo sextaria siliginis, habenda et percipienda ad mensuram predictam a prædictis fratribus vel ab eorum mandato, singulis annis in perpetuum, pacifice et quiete in festo Assumptionis B. Mariæ, videlicet tres minas, unum sextarium ratione venditionis et unam minam ratione doni prædictæ eleemosinæ super terram de la Tremblaye sitam in parochia de Alberiis, in feodo Guillelmi de Flocellaria militis, et aliam minam residuam ratione dictæ eleemosinæ dictis fratribus a dicto Andrea factæ super terram suam do Magni in feodo Gaufridi Rigaut militis, in parochia dicta supra ; ita tamen quod dicti fratres reddent singulis annis Guillelmo Morea de la Soriniere vel hæredibus de la Tremblaye, in festo Assumptionis B. Mariæ, apud Malleonem, ratione guarimenti trium minarum siliginis de la Tremblaye prædictæ unum denarium census, et alium denarium reddent etiam dicti

---

1. Le Baillou, commune de Rorthays, ou bien Bailly, commune de Nueil-sous-les-Aubiers.

fratres singulis annis, nomine census, ratione guarimenti alterius minæ siliginis do Magni, dicto Andreæ du Beyllum apud Malleonem, et ejus heredibus seu successoribus et ab eo causam habentibus, in octavis Assumptionis prædictæ ; ita tamen quod Guillelmus dictus Moreas, vel ejus heredes predicti de la Tremblaye et dictus Andreas, vel ejus heredes seu successores vel ab eo causam habentes, debent et tenentur querere dictis fratribus apud Malleonem dictos duos denarios censuales, et si non quæsierint non possent duo denarii duplicari : juraverunt etiam dictus Andreas et ejus uxor coram nobis, tactis sacrosanctis evangeliis, quod contra prædictas venditionem et donationem, ratione dotis seu donationis propter nuptias, seu pro aliqua alia ratione per se, vel per alium, non venient nec venire de certo procurabunt, et ad predictas donationem seu venditionem in perpetuum et inviolabiliter observandas obligaverunt dictus Andreas et ejus uxor, se et heredes suos et omnia mobilia sua bona præsentia et futura, sub quocumque dominio et districtu existentia et quocumque nomine censeantur. Abrenuntiaverunt etiam omni jure auxilio canonici et civilis et exeptioni non numerate pecunie et juri Villiani et beneficio epistolæ divi Adriani et omnibus exemptionibus, consuetudinibus, constituti oneribus et statutis, factis et faciendis et omni cuivis privilegio indulto et indulgendo, et omnibus rationibus allegationibus quæ si possent prodesse et præsenti litteræ obviare. In cujus rei testimonium dedimus dictis fratribus ad petitionem dicti Andreæ et dictæ Joannæ ejus uxoris præsentes litteras sigilli nostri munimine roboratas. Datum mense martii, anno Domini M° CC° sexagesimo decimo.

XL

Transaction conclue entre l'abbaye de Mauléon et l'abbaye de la Reau, au sujet du pré Clos de la Sorinière, paroisse de Nueil-sous-les-Aubiers (P. Thieulin, p. 51. — D. Fonteneau, t. XVII, p. 287).

24 juin 1281.

Universis presentes litteras inspecturis vel audituris fratres Joannes et Simon, permissione divina, abbates monasteriorum S. Trinitatis de Malleonio et Beatæ Mariæ Regalis et eorumdem locorum conventus, salutem in Domino. Ad universorum memoriam volumus pervenire quod cum inter nos abbates et conventus predictos orta esset dissentio et materia quæstionis super eo videlicet quod nos abbas et conventus B. Mariæ Regalis predicti dicebamus et pro firmo asserebamus nos esse dominos cujusdam prati vulgariter appellati pratum Clausum de la Soriniere, seu le pré Clos, siti in parochia de Niolio, in riparia aquæ de Argentonio, prope molendinum Fulconis Sorin de la Vergnaye, et dictum pratum jure dominii ad nos pertinere et duos solidos annui census nos habere in eodem et nobis deberi dictos duos solidos, ratione dicti prati, ab explectantibus seu possidentibus dictum pratum; diceremus etiam unam quadrigatam feni de sex bobus nobis deberi annui redditus sub prato predicto, et predicta quadrigata et dictis duobus solidis nobis esse dictum pratum specialiter obligatum; nobis abbate et conventu de Malleonio opponentibus ex adverso et negantibus supra dicta, tandem, de proborum virorum consilio, nostra et monasteriorum nostrorum et ecclesiæ B. Petri de Malleonio utilitate perpensa et habita super hæc deliberatione quam decet, ad hanc pacis concordiam devenimus; videlicet quod nos abbas et conventus de Regali voluimus et concedimus quod dicti duo solidi et dictum pratum cum omni jure et domino juridictione et districtu et possessione eisdem abbati et conventui de Malleonio perpetuo remaneant liberi et immunes ab omni dominio censu et servitio, obligatione et onere ad nos spectanda generaliter et specialiter transferentes ex nunc per traditionem præsentium litterarum in dictos religiosos quidquid juris et dominii habeamus et habere poteramus in eumdem pratum, quacumque causa seu etiam ratione, dictam quadrigatam feni eidem specialiter dimittentes et transferentes quidquid juris habebamus et habere poteramus in eumdem et ratione ejusdem. Nos vero abbas et conventus de Malleonio prædicti, in recompensationem et liberalitatem premissorum quitavimus et adhuc quietos clamamus et in perpetuum dimittimus abbati et conventui de Regali, tres solidos annui redditus in quibus nobis et monasterio nostro tenebantur, ratione prioratus sui de Buxeria [1], ex causa legati nobis et monasterio nostro facti a defuncto Guillelmo de Roestais [2] milite, cui tenebantur in eisdem, ratione dicti prioratus. Item, cum assensu et voluntate domini Guillelmi de Bonamont concanonici nostri, nunc rectoris ecclesiæ nostræ parochialis B. Petri de Malleonio, quatuor solidos eidem rectori et ecclesiæ suæ predictæ debitos ab eis, de ratione prædictæ ecclesiæ B. Petri de Malleonio, sitos super terris et pertinentiis de Dorillet in parochia S. Jovini de Malleono, qui eisdem remanebunt in perpetuum et a quibus erunt perpetuo liberi et immunes. Ego vero prædictus Guillelmus rector supradictæ ecclesiæ S. Petri de Malleonio confiteor omnia præmissa esse vera et ad utilitatem et augmentum predictæ ecclesiæ meæ esse factæ et mihi ac predictæ ecclesiæ meæ a dictis abbate et conventu de Malleone de dictis quatuor solidis fuisse plenarie satisfactum et me recompensationem plenariam habuisse, transferentes nos predicti abbas et conventus de Malleone et ego Guillelmus supra nominatus rector predictæ ecclesiæ S. Petri de Malleonio in eosdem religiosos quidquid juris, proprietatis, possessionis et dominii

---

1. Prieuré de la Grande-Boissière, paroisse de Saint-Aubin-de-Baubigné, et dépendant de l'abbaye de la Reau dès 1248.
2. Guillaume de Rorthais, s^r de la Durbellière.

habebamus et habere poteramus in dictis septem solidis et eorumdem ratione, habendos, tenendos et perpetuo possidendos dictum pratum et quadrigatam quiete et pacifice a dictis abbate et conventu de Malleone, sine reclamatione aliqua, a nobis abbate et conventu de Regali predictis, sub simili forma penitus remanentibus sine reclamatione aliqua a nobis abbate et conventu de Malleonio, vel aliquo nostrorum eisdem similiter faciendus. Promittimus etiam nos abbas et conventus predicti de Malleonio sub generali et expressa obligatione bonorum monasterii nostri predicti, dictos septem solidos ab omnibus et universis omnes defendere et garire predictis abbati et conventui B. Mariæ Regalis et ipsos ac prioratum suum de Buxeria servare indemnes, si a dicto rectore ecclesiæ B. Petri de Malleonio, vel ab aliquo successorum ejusdem, futuris temporibus, ratione dictorum quatuor solidorum, contra ipsos controversia aliqua moveretur. Nobis abbate et conventui de Regali promittentibus eisdem abbati et conventui de Malleonio res a nobis traditas sub forma simili defendere et garire. Confitemur etiam nos, abbas et conventus de Regali predicti, pro præmissis, a predictis abbate et conventu de Malleonio triginta solidos monetæ currentis in numerata pecunia recepisse. Insuper nos abbates et conventus predicti volumus et communi assensu concedimus quod acquisitiones inde factæ usque ad datum præsentium in suo robore in perpetuum permaneant, salvis denariis consuetis et ipsas ac titulos quibus eas acquisivimus et possidemus perpetuo ad invicem, pro nostris ecclesiis, alii aliis approbamus, ratificamus ac etiam confirmamus. Obligantes nos abbates et conventus predicti nos et omnia bona nostra et monasteriorum nostrorum ad omnia præmissa fideliter et inviolabiliter obervanda et quolibet præmissorum promittentes bona fide quod eorum præmissa in aliquo non faciemus per nos, nec per alium, nec etiam veniemus, abrenuntiantes in præmissis omni actioni, pactioni et querelis quæ nobis ordinat a quocumque edictis et edendis et omni remedio nobis concesso seu etiam in posterum, concedendo ad veniendum extra tenorem præsentium litterarum, et per quæ seu per quod præsens instrumentum posset in toto vel in parte destrui vel infringi, et quæ uniparte possent prodesse et alteri nocere ; et ut predicta compositio rata et firma ac stabilis in perpetuum perseveret, nos abbates et conventus predicti eamdem sigillorum nostrorum munimine roboravimus et eam præsenti cartæ apposuimus in testimonium veritatis et ratificatione præmissorum. Datum in festo Decollationis S. Joannis Baptistæ, anno Domini M° CC° LXXXI°.

XLI

Transaction entre Geoffroi de Brézé et l'abbaye de Mauléon, au sujet des dimes novales de la paroisse de Brézé, pour lesquelles il paiera au prieur de Brézé une rente d'un muid de froment, et au sujet de la chapelle du château de Brézé, où il pourra faire célébrer la messe, sous certaines réserves (P. THIEULIN. — D. FONTENEAU, t. XVII, p. 289).

Janvier 1285.

Universis presentes litteras inspecturis et audituris Gaufridus de Brezeio, miles, dominus de Brezeio, salutem in Domino. Et habere notitiam rei gestæ adversorum et singulorum notitiam volumus pervenire quod cum inter religiosos viros abbatem et conventum S. Trinitatis de Malleonio, ratione prioratus seu ecclesiæ suæ de Brezeio moventis a monasterio suo predicto, Joannemque canonicum dicti monasterii priorisque seu rectoris prioratus sive ecclesiæ suæ predictæ, ex una parte, et me militem supradictum ex altera, orta esset dissensio et materia questionis super eo videlicet quod religiosi predicti a me milite supradicto et heredibus meis et aliis de parrochia antedicta terras de novo ad agriculturam redactas excolentibus in parrochia antedicta decimas novalium excrescentium in parrochia antedicta petebant et exigebant et exigere intendebant. Item super eo quod, in quadam capella in manerio meo de Brezeio a me de novo constructa non permittebant me libere facere ministrari divina officia cum infra fines predicti prioratus seu ecclesiæ constructa existeret in eorum præjudicium et non sine diminutione juris sui, et ab eis licentia non petita nec obtenta ut ad quem pertinet ; me milite supradicto in contrarium asserente et dicente me nec homines meos predictos teneri nec alios parrochiæ antedictæ ad solvationem decimæ antedictæ multiplici ratione et sine eorum licentia, cum a reverendo patre fratre Galtero episcopo Pictavensi [1] super hoc licentiatus existerem, me posse facere libere celebrari in capella mea antedicta neque ex hoc eisdem. Tandem vero, de proborum virorum consilio, supra premissis et de premissis ad hæc pacis fœdera devenimus et amicabilem compositionem inter nos inivimus modo et forma quæ sequuntur : videlicet quod ego miles predictus teneor et confiteor me teneri religiosis antedictis ad opus prioratus seu ecclesiæ antedictæ de Brezeio, pro decima novalium terrarum et locorum infra fines ecclesiæ predictæ existentium ad agriculturam de novo redactorum vel non redactorum, a me vel hominibus meis vel ab aliis quibuscumque possessoribus, de quibus novalibus non fuit hactenus eidem prioratus sive ecclesiæ decima persoluta, unum modium frumenti boni et legitimi, seu muid de frumento, ad mensuram de Monstrolio Berle, die dominica post festum B. Michaelis in monte Gargano, apud Brezeium, singulis persolvendum a me milite supradicto et a meis in manerio de Brezeio, priori qui erit pro tempore in prioratu predicto. De capella vero antedicta, inter me et religiosos prædictos tali modo extitit ordinatum et amicabili compositione compositum, quod

---

1. Gauthier de Bruges, évêque de Poitiers.

capellam antedictam habere mihi licebit et facere per quemcumque libere in ea celebrare ; ita tamen quod in dicta capella tintinnabulum, nec aliud intersignum habere potero, nec capellanus qui erit pro tempore capellæ antedictæ, nec aliquis alius in predicta capella aut alibi ad populum congregandum seu et convocandum pro missa in dicta capella et alio divino officio audiendo. Hoc acto et convento inter me et religiosos predictos quod omnes oblationes altaris a quocumque parrochiano et non ecclesiæ prædictæ facere in capella supranominata, prioris predictæ ecclesiæ de Brezeio erunt et sibi sine diminutione aliqua remanebunt, et eas sibi reservare, colligere ac reddere tenebuntur perpetuo capellani qui pro tempore in predicta capella fuerint successive. Item et quod capellanus dictæ capellæ qui erit pro tempore, diebus festivis cum clero et populo et in festis annualibus, missam poterit celebrare in dicta capella, janua tamen clausa a parte viæ et voce submissa nec alta et nullo parrochiano dictæ ecclesiæ ad missam admisso vel recepto, nisi in domo seu manerio meo de Brezeio predicto commoretur, vel nisi sit de illis progenie mea vel de affinibus in dicta parrochia de Brezeio manentibus. Item et quod panem benedictum in capella dicta non faciant capellani qui erunt pro tempore in capella predicta, populo concedente seu et rogante possunt in ecclesiis parrochialibus diebus dominicis fieri consuevit. Item promitto, promissione qua efficaciori valeo, me effecturum et curaturum quod primus capellanus instituendus in capella antedicta et quilibet alius successor ipsius in dicta capella successive compositionem predictam et omnia contenta in ea fideliter observabunt ac etiam adimplebunt, et quod infra dies octo à tempore receptionis suæ computandos et omnibus premissis et singulis fideliter observandis ac legaliter adimplendis rectori ecclesiæ de Brezeio predictus capellanus capellæ predictæ qui erit pro tempore præstabit corporale et faciet juramentum apud Brezé ; et si rector dictæ ecclesiæ morte vel aliter mutare contigit, infra octo dies a tempore receptionis novi rectoris computandum de præmissis et supra præmissis et sub forma prædicta dictum juramentum tenebitur dictæ capellæ capellanus ac denuo iterare eidem. Quod si ego successoresque mei vel capellanus capellæ qui erit pro tempore præmissa non observaverimus vel non adimpleverimus in toto vel in parte, ex tunc religiosi antedicti in dicta capella celebrantes et celebrare facientes impugne poterint impedire nec conventione præsenti abstringeritur, quo completo dicta compositio firma et stabilis permanebit. Item attendens ego Gaufridus predictus gratiam à dictis religiosis mihi factam in concessione predicta et quia liberaliter se erga me habuerunt, do et concedo eisdem abbati et conventui S. Trinitatis de Maleone et, pro bono pacis predictorum, dare promitto, pro me et meis successoribus, viginti solidos in pecunia numerata apud Brezeium, a me et a meis heredibus eisdem vel eorum certo nuntio, die dominica post festum S. Michaelis in monte Gargano, perpetuo annis singulis, persolvendos in manerio meo de Brezeio.

Ego predictus Gaufridus dedi abbati et conventui et priori seu rectori predictis has presentes litteras sigillo meo sigillatas in testimonium veritatis. Datum mense jan. anno Domini M° CC° LXXXIV°.

XLII

Donation d'un bois à l'abbaye de Mauléon par Maurice de Belleville, sire de Montaigu (D. FONTENEAU, t. XVII, p. 294).

30 janvier 1304.

A tos ceos qui veyrant e auyrant cetes presentes leytres Maurices de Belleville chevaler, sire de Muntagu e de la Guanache, e frere Denis, por la divine grace, abbes de l'abaye de seinte Trinité de Mauleon e li convens de celuy louc, salus en nostre Seignor por durable. Sachent tos presens e avenir que nos Maurices desus dis bailluns e otreuns a tosjors mes à l'abé et au convent.... un boys vulgaument apellé lou bois vert..... e sauve nostre mestivage e nostre aute veyrie, e demorra encores e sera audis religios la basse veyrie, etc. Doné lo mercredi avant la Chandelor l'an de grace mil e treis cens e treis.

XLIII

Confraternité des chanoines réguliers de l'abbaye de la Reau avec ceux de l'abbaye de Mauléon (P. THIEULIN, p. 50. — D. FONTENEAU, t. XVII, p. 293).

1305.

Religiosis et devotis Christi famulis Dyonisio divina permissione abbati monasterii S^{tæ} et individuæ Trinitatis de Maleonio, ordinis S^{ti} Augustini, diocesis Pictaviensis, cæterisque fratribus canonicis ejusdem, frater Simon, ejusdem ordinis, abbas de monasterio B. Mariæ de Regali, licet indignus, totusque ejusdem loci conventus, vobis omnium missarum, orationum, jejuniorum, abstinentiarum, vigiliarum, laborum, disciplinarum cæterorumque bonorum quæ per fratres ordinis nostri Dominus dederit fieri, participationem, tenore præsentium, concedimus specialem, volentes insuper et ordinantes ut post decessus vestros vestræ animæ in nostro capitulo generali devote ac specialiter commendentur et injungantur pro vobis missarum et specialium orationum suffragia; sicuti pro fratribus et familiaribus ordinis nostri defunctis fieri communiter consuevit, et multiplici suffragiorum præsidio et hic malis protegi et in futuro mereamini in æterna tabernacula feliciter introduci.

XLIV

Donation de la Roussière au prieur claustral de Mauléon par

Etienne Restaud, prêtre, pour la fondation d'une chapellenie en l'église de l'abbae (P. Thibulin. — D. Fonteneau, t. XVII, p. 297).

8 janvier 1320.

Universis præsentes litteras inspecturis frater Dionisius, miseratione divina, abbas humilis monasterii S^{tæ} Trinitatis de Malleone ejusdemque loci conventus ac frater Joannes Pide tunc prior claustralis prædicti monasterii, salutem in Domino sempiternam. Noveritis quod cum discretus vir dominus Stephanus Restaudus [1] presbiter rector ecclesiæ non curatæ B. Mariæ Malebrario constituit et assignavit, ordinaverit seu fundaverit ex nunc et in perpetuum, pro redemptione animæ suæ, parentum et benefactorum suorum, quamdam capellaniam desserviandam in monasterio nostro antedicto ad altare B. Jacobi. Assignavit et concessit idem rector prædictæ capellæ et priori claustrali dicti monasterii nostri in dicta capella per se, vel per alium Deo deservienda in dicta, herbergamenta seu villagia sua de la Roussiere [2] et de la Vueved [3] cum suis pertinentiis universis, sive sint terris cultis, sive non cultis, pratis, pascuis, domibus, nemoribus, curtilagiis, redditibus vel aliis quibuscumque et quocumque nomine censeantur. Item herbergamentum suum quod habet in burgo S. Jacobi de Thouarcio cum omnibus vineis suis quas habet ibidem et circa et omnia bona et ustensilia sua in dicto herbergamento existenda, et sex sextaria siliginis quod habet apud Puisson [4]. Item et quatuor alia sextaria siliginis quod habet apud magnum et parvum Poiron, annui et perpetui redditus ; retinuitque idem presbiter ante omnia usum fructuum in

---

1. Etienne Restaud, plus tard en 1323 sous-chantre de Notre-Dame de Poitiers.
2. La Roussière, commune de la Petite-Boissière, ou la Roussière, commune des Echaubroignes, ou la Roussière, commune des Aubiers.
3. Nom de lieu mal transcrit et inintelligible ; peut-être Liveau, commune des Aubiers.
4. Nom de lieu mal transcrit et inintelligible ; peut-être Ferson commune du Pin.

omnibus et singulis supradictis, quandiu vita duxerit in humanis. Nos abbas et conventus predicti, pensata et considerata evidente utilitate monasterii et prioris claustralis nostri, ac capellæ antedictæ, tradidimus et concessimus et adhuc tradimus et concedimus dicto presbitero, pro nobis et nostris, herbergamentum nostrum seu villagium de Marole situm in parochia de Niolio cum omnibus juribus et suis pertinentiis universis, sive sint terris cultis et non cultis, pratis, pascuis, domibus, nemoribus et omnibus aliis quibuscumque et quocumque nomine censeantur, nihil nobis et nostris retinentibus in præmissis. Item unam quadrigatam boni vini puri novi et receptabilis de Thouarcii, videlicet quinque modia ad mensuram dicti loci. Habenda, tenenda et expletanda omnia et singula prædicta a dicto presbitero quandiu viverit solummodo pacifice et quiete, in recompensatione excambio seu permutatione facta inter nos et dictum presbiterum de prædictis, cum usu fructuum aliorum sibi retentorum et permutatione in omnibus et singulis, fundatione dictæ capellæ suæ per eumdem ut ponendum, constituendum et assignandum promittit. Nos abbas conventus et prior claustralis prædicti contra præmissa vel aliquod præmissorum non facere vel venire casu aliquo contingente, et hæc omnibus quorum interest et interesse posset significantur per has presentes litteras sigillis nostris munimine roboratas. Datum et actum die martis post Epiphaniam Domini, anno ejusdem M° trecentesimo decimo nono.

XLV

Extrait du testament d'Etienne Restaud (D. Fonteneau, t. XVII, p. 298).

1 décembre 1323.

Testamentum Stephani Restaudi succentoris ecclesiæ beatæ Mariæ Majoris Pictaviensis et rectoris olim ecclesiæ curatæ beatæ Mariæ de Malebrario Malleacensis diocesis... Item, lego magnum pratum meum ad opus et etiam augmentationem capellaniæ a me fundatæ ad altare beati Jacobi S^tæ Trinitatis de Malleonio. Item, do et lego canonicis et clericis chori ecclesiæ beati Petri Puellarum Pictavensis tresdecim solidos annui et perpetui redditus quos habeo, videlicet septem solidos super domum Petri Foressi, clerici de Nidea, et sex solidos super domum magistri Guillelmi de Crota scriptoris.... pro anniversario meo in ipsa sua ecclesia, anno quolibet faciendo. Datum die veneris post festum b. Catherinæ virginis M° CCC° XXIII°.

XLVI

Fondation dans l'église de l'abbaye de Mauléon d'une messe dite messe des Chappes, par Guillaume Rostard, prieur des Aubiers, pour laquelle il donne une certaine quantité de drap et de toile destinés au vêtement des chanoines, plus tous ses biens acquêts et des rentes, sous réserve d'usufruit (P. THIEULIN, p. 59. — D. FONTENEAU, t. XVII, p. 299).

29 août 1337.

Universis presentes litteras inspecturis et audituris, frater Andreas, permissione divina humilis abbas monasterii S. Trinitatis de Malleone, Guillelmus Rostardi tunc temporis prior de Alberiis, totusque dicti monasterii conventus, salutem in Domino sempiternam. Noverint universi quod ego Guillelmus Rostardi prior de Alberiis prædictus, ad honorem et laudem Dei et B. Mariæ virginis S^tæ matris suæ ac pro salute animæ meæ, parentum meorum ac omnium canonicorum dicti monasterii, ordino et statuo quamdam missam de Beata Maria ultra missas consuetas, singulis diebus, exceptis diebus festorum Paschæ cum tribus precedentibus, Pentecostes, Omnium Sanctorum cum sequenti ac Nativitatis Domini, in monasterio prædicto cum cantu et conventu monasterii, ad majus altare, hora pulsationis primæ, a quolibet hebdomadario post hebdomadam suam completam, perpetuo celebrandam; ita quod antedictam pulsationem fiat sonitus de præcipua campana pro conveniendo conventu ad dictam missam, prout solet pulsari pro capitulo congregando, et quod celebrans dicere teneatur uno contextu et sub uno per omnia post orationem de Beata Maria, illam orationem : Deus qui Trinitatis et in singulari de famulo tuo ; et post decessum meum, illam : Beati apostoli, etc. Volens, donans et concedens de bonis à me et ex mea industria acquisitis, cuilibet canonicorum dicti conventus a minori usque ad abbatem inclusive domini et canore per annum steterit in ordine de biennio in biennium, in festo Exaltationis S. Crucis, pannum decentem pro una cappa ab ipsis canonicis annis singulis a festo B. Michaelis usque ad festum Paschæ in posterum deportanda ; ita quod ipsa cappa de biennio in biennium, ut predicitur, renovata, quilibet possit de antiqua suam facere voluntatem. Insuper do et concedo eisdem canonicis et cuilibet ipsorum septem ulnas panni linei decentis pro suppellicio et pannis lineis ; ita tamen observatione pro pueris, in Ramis palmarum, annis singulis persolvendi. Et insuper do et concedo in perpetuum cuilibet hebdomadario completa per eum septimana de missa B. Mariæ duos solidos in suis manibus concedendos. Item sacristæ dicti monasterii quatuor sextaria, ad mensuram de Maloleone, in quolibet festo Assumptionis Beatæ Mariæ sibi solvenda, pro duobus cereis in dicta missa pro omnibus exhibendis in perpetuum. Pro quibus omnibus et singulis adimplendis et perficiendis, do dictis abbati et conventui omnes conquestas meas, specialiter herbergamentum meum des Taillés prope Maleporam, vocatum vulgari lingua les Taillés Naudin cum omnibus pertinentiis suis, domum meam de Faya prope Thoarcem cum omnibus suis pertinenciis, locisque quantumvis per me acquisitis. Item quadraginta quinque solidos quos acquisivi a Prando lectore de Posteg [1]. Item quinque solidos quos acquisivi a domino Cheluc de S^{to} Laurentio supra Separim. Item unum sextarium frumenti et unum siliginis apud Lemoyer [2] in parochia de Alberiis. Item duo sextaria frumenti et unam minam. Item unum sextarium siliginis apud Legiore [3] in dicta parochia, ex conquestis meis. Et promitto sub obligatione omnium bonorum meorum mobilium prædictas conquestas facere valere quadraginta libras annui et perpetui redditus in pecunia numerata; ita tamen quod ipsas conquestas teneam, possideam et explectem nomine dictorum abbatis et conventus, quandiu et ubicumque et in quocumque statu vixero et mihi placuerit faciendo et reddendo per meam manum. Nos vero abbas et conventus prædictus, præfatas ordinationem, concessionem et cætera omnia superius descripta et acta hactenus approbamus et ratificamus, promittentes ipsa in perpetuum et immobiliter observare, et in quorum certionem, nos abbas conventus et prior præfatus sigilla nostra præsentibus duximus apponenda. Datum et actum die veneris in crastino B. Augustini, in nostro capitulo generali, anno Domini M° CCC° XXXVII° [4].

XLVII

Confirmation d'un traité passé au Puy-Béliart, entre Louis vicomte de Thouars, sieur de Talmont et de Mauléon, et l'abbaye de Mauléon (Pierre Rector, procureur de l'abbé et couvent), pour une rente de 15 livres pour chapelles fondées en l'église de Mauléon par le père du vicomte (*Arch. hist. du Poitou*, t. XVII, p. 76).

21 juillet 1351.

---

1. Nom de lieu mal transcrit et inintelligible.
2. Nom de lieu mal transcrit; c'est peut-être le Magny.
3. Encore un nom de lieu mal transcrit; c'est peut-être Ligners, commune des Aubiers.
4. Le P. Thieulin a copié 1339.

XLVIII

Fondation de la chapellenie de Saint-Hilaire en l'église de l'abbaye de Mauléon, par Heutesse Manceau, veuve de Jean du Verger (P. Thieulin, p. 55. — D. Fonteneau, t. XVII, p. 305).

17 décembre 1363.

Sachez tous presents et advenir, qu'en nostre cour Louis vicomte de Thouars, en droit, par devant nous personnellement establie Heutesse Mancelle jadis femme de Jean du Verger deffunct, paroissien de St Christophe de Beaulieu d'une part, et religieux et honneste frere Jean Auberton prieur du prieuré des cloistres du monastere de la Ste Trinité de Mauleon, comme procureur et au nom de procureur suffisamment fondé de religieux et honneste abbé et convent dudit monastere, d'autre part. Laquelle Heutesse Mancelle, par le plaisir de Dieu et meüe de tout son cœur servir à Dieu son createur et que les divins services ne soient pas diminuez mais crûs et augmentez, du consentement et volontez de Jean du Vergier son fils, a fondé et ordonné et encore fonde et ordonne à perpetuité et de sa bonne, pure et absolue volonté à l'honneur de Dieu et de la benoiste Vierge Marie et de Mr St Jean-Baptiste et de toute la compagnie du Paradis, par luy ou elle, son dict seigneur son fils, ses autres enfants, son pere, sa mere, Mr Jean Manceau son oncle deffunct, une chapelle audit monastère de la Ste Trinité de Mauleon, à l'autel de St Hilaire, à laquelle ditte chapelle, laquelle dame Heutesse a voulu et ordonné et encore veut et ordonne estre officié bien et deüement les divins services comme il appartient, et memement de trois messes chacune sepmaine perpetuellement, c'est à sçavoir le lundy une messe des morts, le mercredy une du St Esprit et le samedy une de Nostre Dame ; esquelles le celebrant icelles, la dite Heutesse et dessus nommez mette en son memento par exprez perpetuellement. Laquelle chapelle susdite ladite Heutesse, a l'assentement et volontez du dit Jean du Verger son fils, dotte et encore dotte, donne et encore donne à perpetuité à Dieu et à icelle chapelle et chapelains d'icelle qui seront par le dit temps advenir, c'est à sçavoir les vignes que le dit Jean son fils avoit et avoit accoutumé avoir ès bons territoires vulgairement appelez Chassays [1], tenans lesdites vignes à la riviere qui descend du Pressou Bachelier [2] et deux autres pièces de vignes tenantes des Goulards dont l'une etant devant le mur dudit Pressou, la voye entre deux et l'autre se tient à la voye par laquelle on va de la Garaudiere au carrefour dudit Pressou. De rechef la grande maison de Fontenay prez Thouars que tient le dit Jean son fils. De rechef y a encore donné et donne la dite Heutesse, à l'assentement devant dit, la terre, pré et pastureaux que ladite Heutesse et son fils ont et ont accoutumé avoir au Puy St Bonnet et es quartron du pont Bertrand, ensemblement o leur appartenances et dependances. Derechef deux septiers de seigle de rente perpetuelle fontiere, à la mesure de Bressuire, assis sur les Marais [3] en la paroisse de Nueil, o droit Moreau, o Blanchard et o Gorichon. Derechef la dite Heutesse Mancelle a assigné et baillé à la dite chapelle et an chapelain d'icelle deux autres septiers de rente à la mesure de Mauleon, lesquels elle a promis et promet encore rendre et payer par chacun an jusques à ce quelle les ait assis en la chastelenie de Bressuire ou de Mauleon sur convenables et suffisans lieux, à avoir, tenir, jouir, user, posseder, lever et exploitter dorenavant perpetuellement des dits chapelains de la dite chapelle qui seront par le temps à venir tout et chacun des choses dessus dites, en la maniere

---

1. La Chassée, commune des Hameaux près Thouars, désignée sous le nom de *Chacayuen* dans une charte de 1275 (chartrier de Thouars).
2. Le Pressouer-Bachelier, commune de Mauzé-Thouarsais, ainsi désigné dans une charte de 1379 (Chartrier de Thouars).
3. Peut-être les Marchais.

dessus dite sans empeschement, perturbation ny demande
que les susdits, ny leurs, puissent jamais faire, querir, demander ; cedans et transportans la susdite Heutesse et
Jean, pour eux et pour leurs hoirs et leurs successeurs par
qui cause aura d'eux dorenavant perpetuellement en droit
et en la dite chapelle et chapelain qui seront pour le temps
a venir, les dites choses et chacune d'icelle, et tous et chacuns les droits, noms, actions, raisons, proprietez, possessions, seigneuries vale et directe ou domaine qu'icelle ou
chascun d'eux avoient ou auroient et pouvoient et devoient
avoir et qui à eux pouvoit devoir appartenir, par quiconque
tittre ou raison que ce fut en icelle ou aucune d'icelle ; et
ay promis et encore promets la dite Heutesse par lie, par
ses hoirs, par successeurs et par qui cause aura d'eux, gar-
rantir et deffendre les dites choses données à Dieu et à
la dite chapelle, vers tous et contre tous, selon l'usage et
coutume du païs, rendans, payans, les chapelains de la
dite chapelle les devoirs, charges deües pour raison des
dites choses à ceux à qui elles sont deües ; lesquelles choses
dessus dites et chacune d'icelles de la dite Heutesse et le dit
Jean en nostre ditte cour presentement establis, present
à ce, voulant et consentant, louèrent et ratifièrent et approu-
verent et encore veulent, consentent, louènt et approu-
vent sans jamais venir encontre par eux ny par autre.
Laquelle dite chapelenie la dite Heutesse a ordonné et encore ordonne qui soit et perpetuellement en collation, provision et disposition du dit abbé et à donner et conferer
quand le cas y adviendra accause dudit couvent, separée,
distinguée et segregée, ensemble o la donation dicelle,
des biens du dit abbé et convent qu'ils ont ou auront con-
joincts ou divisez. Et le dit frere Jean Arberton, à presant
prieur des cloistres du dit monastere, procureur d'abbé et
convent dudit monastère, si comme il appert par une procuration scellée des sceaux d'abbé et convent dudit monastère de la quelle la teneur s'ensuit :

Universis præsentes litteras inspecturis et audituris, frater Gaufridus, Dei gratia abbas monasterii Sᵗᵃᵉ Trinitatis de Malleone ejusdemque loci conventus, salutem in Domino. Ad recipiendam pro nobis loco vice a nomine nostri fundatione capellaniæ ejusdem et dotationem ejusdem fundando et dotando in monasterio nostro ab Heultaquia resta defuncti Joannis de Viridario clerici et Joanne Viridario clerico ejus filio, et ad conveniendam suam fondationem et dotationem prædictam et nos obligandum et pro nobis et vice et loco nostri et nomine dictæ capellæ desservire et dicta officia celebrare, prout per fundatores ejusdem disponenda fuerint, seu et ordinaverint, et ad facta omnia et singula quæ circa promissa et singula promissorum nominata fuerint seu opportuna. Dilectum et fidelem fratrem nostrum Joannem Arbreton priorem claustralem monasterii nostri prædicti procuratorem nostrorum facientes et constituentes generalem et specialem, dantes et concedentes eidem procuratori omnia præmissa præmissorum singula facere conveniendi et condordandi et singula facere quod faceremus et facere possemus si præsentes essemus, et si mandatum exigit speciale, ratum habere et firmum habere quidquid prædictum procuratorem nostrum si præsens esse fuerit seu et potuerit supradicto procuratore nostro, sub hypotheca nostri monasterii. Datum et actum post festum Conceptionis B. M. Virginis anno Domini Mº CCCº LXIIIº.

Comme procureur des susdits et audit nom du procureur pour les dits abbé et convent, et au nom d'eux voulu, consenti, prist et accepté, et encore veux, consens, prends et accepte laditte fondation et dotation et l'ordonnance de l'office d'icelle et touttes et chacunes les choses dessus dites, ainsi comme elles sont dites, divisées et declarées, lesquelles dessusdits et chacune d'icelles lesdites parties, c'est à sçavoir la dite Heutesse et Jean son fils, pour eux, pour leurs heritiers et pour leurs successeurs et pour qui cause auront d'eux, et ledit procureur au nom et par nom de procureur, comme dit est, ont promis tenir, garder et accomplir sans jamais venir encontre par eux ny par autre. C'est à sçavoir ladite Heutesse et Jean, comme dit est, et ledit procureur pour les abbé et convent et leurs successeurs et tous et chacun leurs biens meubles et immeubles presents et advenir, et ledit procureur, au nom que dessus, oblige à ce le dit abbé, convent et leurs successeurs et leurs biens dudit monastere presents et advenir et jurent au saintes Evangiles Notre Seigneur qu'ils ne viendront, ny par eux, ny par autre ne feront venir contre lesdites choses, renonçant eux et chacun d'eux, partant comme à chacun touche, à toutes exceptions, deceptions de barat et de fraude et à plus fait et moins escrit et non escrit canon et civil, à tous privileges quelconques donnez et à donner, et à tout ce qui est de fait ou de droit, d'usage et de coutume de pays, jour pouroit et devroit ayder à venir contre la teneur de ces presentes lettres, ou pour quoy la teneur de ces presentes lettres pourront estre en tout ou en partie de soy destruite ou annullez et memement au droit de Veilleyen et à l'épitre d'Adrien, et ensemblement les dites parties à tout droit disant généralement renonciation non valoir. Et de tout ce que dessus ont esté lesdits Heutesse et Jean et le procureur, en nom et par nom que dessus, à leurs requestes jugez et condamnez par le jugement de nostre cour, et à leurs requestes avons fait apposer à ces presentes lettres le scel de nostre chastelenie de Touars duquel on usoit, en temoin de la verité. Ce fut fait et donné en double, du consentement des dites parties, le dimanche en après la Ste Luce l'an MCCCLXIII. Present à ce Me Aymeri Marillé, Me Damien Vaclers et Colin, valet, garens à ce appelez et requis. Signé Birot avec paraphe, MCCCLXIII.

XLIX

Décision prise en chapitre par l'abbé et les chanoines de Mauléon, par laquelle ils désunissent le prieuré de Saint-Jacques de Mortagne de l'infirmerie de l'abbaye de Mauléon (P. THIEULIN, p. 75. — D. FONTENEAU, t. XVII, p. 315).

9 janvier 1399.

Universis presentes litteras inspecturis et audituris Germondus, permissione divina abbas monasterii S^{tæ} Trinitatis de Malleonio, ordinis S^{ti} Augustini, Malleacensis diocesis, totusque ejusdem loci conventus, salutem in Domino sempiternam. Noveritis quod nos abbas et conventus predicti unanimes et concordes ac utilitatem dicti nostri monasterii pro viribus affectantes, volentesque divinum cultum potius augmentari quam minui, consilioque super hoc pluries habito diligenti, nonnullisque prioribus et tanquam majorum et seniorum parte priorum nostræ religionis ad ea quæ sequuntur specialiter convocatis, deliberavimus et ordinavimus quod, cum prioratus seu capella S^{ti} Jacobi de Mauritania, a dicto monasterio nostro dependens, olim per dominum Guidonem de Thouarcio tunc temporis comitem Britanniæ [1] ac dominum Camiliaci et Mauritaniæ fundatus fuerit pro uno capellano ibidem Deo deservienti, pro redemptione et salute animæ ipsius domini comitis et omnium fidelium defunctorum, per unum nostrum priorem in nostro prædicto monasterio prioratus solitus gubernari, et etiam ibidem faciendi residentiam personalem, ac in honore Dei, B. Mariæ et omnium sanctorum in divinis desservire, quam plures missas pro dictis fundatoribus ac benefactoribus dictæ capellæ cantare ac etiam celebrare, et propter unionem quam reverendus

---

1. Guy de Thouars, fils de Geoffroy IV, vicomte de Thouars, épousa en 1199 Constance de Bretagne, et devint comte de Bretagne à la mort d'Arthur en 1203 jusqu'à sa mort en 1213.

pater prædecessor noster bonæ memoriæ Gaufridus [1] quondam abbas dicti monasterii nostri, infirmariæ prefati nostri monasterii fecit et ordinavit, infirmarius non potest in dicto prioratu mansionem facere, nec etiam dicta divina officia celebrare, et etiam bona, res, redditus et hereditagia dicti prioratus in magnam ruinam corruerunt et domini temporales fundatores seu hæredes fundatorum dictas res et redditus impediunt et recusant dicto priori persolvendos, ipsum volentes capellanum compellere ad faciendam in dicto loco residentiam personalem. Hinc est quod nos attendentes et considerantes præmissa in nostræ religionis præjudicium devenire, nisi super his de remedio opportuno provideremus; quare visis, attentis, et consideratis præmissis, volumus, decernimus et ordinamus quod de cætero frater Guillelmus Guillotea infirmarius modernus, nec ejus successores ab hinc in antea, teneantur in aliquo in pitantium et aliis deveriis nostri monasterii et conventus fieri assuetis, ratione dicti prioratus, facere, maxime cum idem Guillelmus dictum prioratum in manu nostra tandem resignavit; quam resignationem, de consilio et assensu dicti nostri conventus, recepimus, approbavimus et approbamus, volentes quod officium dictæ infirmariæ teneat pacifice et quiete liberum ab omnibus oneribus, prout antiquitus prædecessores ipsius ante unionem dicti prioratus tenebant et tenere solebant, absque molestia eidem infirmario et ejus successoribus per nos et successores nostros in posterum facienda. Nos vero abbas et conventus prædictus in capitulo nostro specialiter propter hoc congregati, eidem fratri Guillelmo infirmario moderno præsentes nostras litteras dedimus sigillis nostris sigillatas. Datum et actum in capitulo nostro, die jovis post festum Apparitionis Domini, hora qua soliti sumus nostrum capitulum celebrare, MCCCLXXXXVIII.

---

1. Geoffroy, abbé de Mauléon en 1363.

L

Transaction et échange entre l'abbaye de Mauléon et le curé de Saint-Pierre dudit Mauléon (P. Thieulin, p. 64).

29 août 1412.

Notum sit omnibus quod, cum controversia seu contentio moveretur seu moveri pararetur inter nos frater Germundum, divina permissione modernum abbatem S^{tæ} Trinitatis de Mallione, ordinis S^{ti} Augustini, Malleacensis diocesis, ex una parte, et fratrem Joannem Jay canonicum nostrum ac rectorem S^{ti} Petri de Mallione a dicto monasterio dependens, nomine et ratione dictæ ecclesiæ suæ ex altera; videlicet quod dictus frater Joannes nomine quo supra dicebat et proponebat contra nos quod nos habebamus et tenebamus quamplures redditus, terras et possessiones quæ quondam datæ et legatæ dicto monasterio nostro a defuncto Joanne Fradelli tempore quo vivebat, super quibus dictus frater Joannes se dicebat habere quinque solidos monetæ currentis annui redditus in quolibet festo S^{ti} Joannis Baptistæ persolvendos. Nos e contra dicentes penitus istud ignorantes, tandem de proborum virorum consilio, de assensu nostro et capituli totius nostri, pacificatio extitit inter nos, videlicet quod nos abbas prædictus, pia monitione promotus ac de præmissis prædictum fratrem Joannem per relationem aliorum plurimorum fide dignorum integram ac firmatam volens insuper conscientiam nostram de præmissis exonerare, quod in recompensatione dictorum quinque solidorum, tradimus et in perpetuum concedimus, pro nobis et successoribus nostris, dicto fratri Joanni et ejus successoribus, quamdam oscham in se continentem quatuor bocellas, tenens ex una parte, itineri magno per quod itur de Mallione ad cimeterium S^{ti} Jovini, et ex alia, terris des Fosses[1], et ex alia, prato dicti fratris Joannis. Insuper dimittimus et in perpetuum quitamus totum jus et quidquid habemus et habere poteramus in dicta oscha ; quod dictam oscham dictus frater Joannes pro se et suis successoribus plenarie acceptavit et dictis quinque solidis penitus nos et successores nostros penitus quitavit isto modo. Nos abbas prædictus promittimus bona fide garire et defendere dictam oscham dicto fratri Joanni et ejus successoribus erga et contra omnes, sub hypotheca nostra et bonorum nostrorum et in contrarium omnium venire. In cujus testimonium rei sigillum nostrum his presentibus litteris apposuimus una cum nostri conventus sigillo, ad majorem rei confirmationem et testimonium præmissorum. Datum et actum in capitulo nostro generale, die crastina beatissimi Augustini patroni nostri, anno Domini M° quadragentesimo duodecimo.

LI

Assignation d'une rente de dix sous pour la fondation d'un anniversaire, faite par Geoffroy de la Roche, dans l'abbaye de Mauléon (D. FONTENEAU, t. XVII, p. 319.)

17 octobre 1413.

Notum sit omnibus.... quod cum Gaufridus de Rocha [2], valetus, dominus dicti loci, dedisset et legasset monasterio Sanctæ Trinitatis de Malleonio et specialiter abbati ejusdem monasterii quamplures redditus pro quadam capellania in dicto monasterio fundata, et de dictis redditibus ordinasset pariter et dedisset conventui dicti monasterii decem solidos... pro... anniversario animæ

---

1. Les Fossés, paroisse de Saint-Jouin-sous-Mauléon, appartenant au prieuré de Saint-Jouin. (D FONTENEAU, t. LXVI, p. 933.)
2. La Roche, commune de Saint-Aubin-de-Baubigné, ou la Roche, commune des Aubiers.

suæ parentumque suorum quolibet anno faciendum....
Nos frater Germundus divina permissione.... modernus
abbas præfati monasterii..... situamus dicto conventui
nostro dictos decem solidos super omnia tenamenta
Joannis Gastaut de parochia de Moulins.. Acta fuerunt
hæc in capitulo nostro, xvii° octobris mccccxiii.

LII

Arrentement de certains pacages en la paroisse d'Etusson, consenti par l'abbé de Mauléon et le prieur de Saint-Clémentin, au profit dudit prieuré, à Jean Marchant, d'Etusson (P. THIEULIN, p. 30).

29 août 1416.

Universis presentes litteras inspecturis et audituris Germundus, permissione divina abbas monasterii S^{tæ} Trinitatis de Maleonio, ordinis S^{ti} Augustini, Malleacensis diocesis, totusque ejus loci conventus in Domino salutem. His presentibus litteris nostris fidem ne dubiam adhibere, noveritis quod cum nos abbas aut nostri ministerii antedicti prædecessores, de assensu totius nostri capituli generalis ac voluntate fratris Guillelmi Champeza canonici nostri ac moderni prioratus nostri ac elemosinarie S^{ti} Clementini pariterque de Vacherasia prioris [1], in perpetuum tradidissemus Joanni Marifaut commoranti apud villagium de Brochemeule, situm in parrochia B. Petri de Etusson, quædam pascua vulgariter existentia in nemoribus, landis et pratis et in aliis agriculturæ pertinentiis, ad quatuor siliginis sextaria, nobis dictoque priori et ejus successoribus annuatim reddenda in dicto prioratu nostro, prout hic latius in litteris supra confectis continebatur; quare nos abbas et

---

1. L'aumônerie de Saint-Clémentin, à laquelle fut annexé le prieuré de la Vacheresse (les Aubiers), avait été fondée en 1343 par Étienne Galvant, prêtre de Saint-Clémentin, et la chapelle en fut consacrée en 1345 par Jean, évêque de Maillezais (D. FONTENEAU, t. LV, d'après le reg. du P. du Bois).

conventus predicti, de utilitate dicti prioratus maximeque de pluribus causis informati per relationem dicti prioris vobis.

Præmissa pascua penitus computavit, idcirco his visis et circumspectis nobis ad invicem more solito capitulantibus, dictum elemosinariæ prioratum cupientes pro posse augmentare, de assensu et voluntate dicti fratris Guillelmi Champezac dictæ elemosinariæ moderni prioris, tradidimus et nunc in perpetuum arrendavimus, pro nobis, successoribus nostris, Joanni Marchant Boutin, parrochiæ dicti loci de Etusson, successoribusque suis et ab eo causam habentibus, pro pretio seu somma quatuor sextarium siliginis, ad mensuram de Maleonio, dicto priori successoribusque suis in hospitio dictæ elemosinariæ, annuatim reddendorum, in quolibet festo Assumptionis B. M. Virginis, videlicet omnia et singula pascua supra notata habens, tenens et expletans, pacifice et quiete dicta pascua à dicto Joanne Boutin et ejus successoribus, absque ullis impedimentis pro nos dictumque priorem et ejus successores faciendis, cedentes et transportantes quidquid juris habebamus et habere poteramus in præmissa, reddendo et annuatim persolvendo a dicto Joanne et ejus causam habentibus dicto priori et ejus successoribus dicta quatuor siliginis sextaria, ad dictam mensuram, loco et termino prescriptis et antique signa sint ratione præmissorum debita persolvenda et isto modo. Nos abbas et conventus prædicti promittimus bona fide, dicta pascua domino Joanni et ejus successoribus sive causam habentibus, sub hypotheca et obligatione rerum et bonorum prioratus nostri antedicti dictæque elemosinariæ, garrire, guarentire et defendere contra omnes ac in posterum per nos successoresque nostros dictumque priorem ejusque successores in contrarium non redire ; ita tamen quod dictus Joannes pro se suisque successoribus non poterit quocumque modo supradictis rebus aliquid impedimentum per dictum Joannem quin

possint ad dictam eleemosinariam innovari et aplicari.
In cujus rei testimonium sigilla nostra præsentibus litteris
duximus apponenda. Datum et actum die crastina S^{ti} Augustini patroni nostri qua die sumus dictum nostrum capitulum generale solemniter celebrare, anno Domini millesimo quadragesimo decimo sexto.

LIII

Arrentement d'une maison située à Mauléon, consentie au prieur de Saint-Lambert par l'abbaye de Mauléon (P. THIEULIN, p. 79. — D. FONTENEAU, t. XVII, p. 321).

29 août 1421.

Universis præsentes litteras inspecturis et audituris Petrus Anchoti, miseratione divina, humilis abbas S^{tæ} Trinitatis de Mallione, ordinis S^{ti} Augustini, Malleacensis diocesis, ejusdemque loci conventus salutem in Domino sempiternam. Noveritis quod nos abbas et conventus prædictus in nostro capitulo congregati, utilitatem nostri monasterii prædicti pro viribus affectantes, de assensu omnium nostrorum, tradidimus et arrendavimus perpetuo tenore præsentium, tradimus et arrendamus perpetuo pro nobis et successoribus nostris futuris, religioso viro fratri Peyraut priori prioratus S^{ti} Lamberti prope Mallionem [1], Malleacensis diocesis, a monasterio B. Joannis d'Orbetier immediate dependentis, ordinis S^{ti} Benedicti, Lucionencis diocesis, et successoribuis suis affuturis, quemdam domum nostram existentem in villa Malleonensi, contingentem ex una parte, itineri per quod itur de molendino de Chaignea ad castrum, nuncupato le chemin d'Agroart, et ex altera

---

1. Le prieuré de Saint-Lambert, paroisse de Saint-Amand-sur-Sèvre, dépendait de l'abbaye d'Orbestier près les Sables (Vendée). Il avait été fondé en 1205 par Guillaume de Mauléon (Cartul. d'Orbestier, Arch. hist. du Poitou, t. VI).

parte, viridario Leoneli Escoubleau domini de Sordeis [1], et ex altera domus nostri conventus in qua nunc manet frater Mauritius Peisson capellanus B. Mariæ Magdalene [2], pretio firmo seu arrendatione perpetua quinque solidorum monetæ currentis, quolibet anno in quolibet festo B. Joannis Baptistæ, reddendorum et solvendorum a prædicto priore et successoribus suis, receptori nostro prædicti conventus ad hoc specialiter deputato in festo antedicto, habens, tenens, possidens et explectans prædictam domum et in perpetuum, pacifice et quiete, absque molestia per nos et successores nostros eidem priori et successoribus suis, prædictam domum defendere et garire versus et contra omnes, sub hypotheca et obligatione omnium et singulorum bonorum prædicti conventus ; ita tamen quod prædictus prior neque successores sui non poterunt dictam domum novis denariis onerare, absque nostra licentia nec non tenebuntur prior et successores sui solvere et reddere antiqua denaria, si qua sint, supra dictam domum, dominis feodalibus. In cujus rei testimonium præsentes litteras nostras eidem priori et successoribus suis dedimus sigillorum nostrorum abbatis et conventus sigillatas. Datum et actum in nostro generali capitulo die crastina B. Augustini patroni nostri qua die soliti sumus nostrum generale capitulum celebrare, anno Domini M° quadringentesimo XXI°.

LIV

Fondation de trois messes dans l'église Saint-Pierre de Mauléon par Clémence Constande, de Mauléon (P. Thieulin, p. 67. — D. Fonteneau, t. XVII, p. 323).

28 août 1438.

Universis præsentes litteras inspecturis et audituris

---

1. Léonnet d'Escoubleau de Sourdis. (*Dict. des fam. du Poitou*, II, 71.)
2. Eglise Sainte-Marie-Madeleine près Mauléon, réunie à la Trinité de Mauléon (*Pouillé du diocèse de Poitiers*, par Beauchet-Filleau, p. 245).

Petrus [1], permissione divina, humilis abbas monasterii S. Trinitatis de Mallione, ordinis S. Augustini, Malleacensis diocesis, totusque ejus loci conventus salutem in Domino sempiternam. Noverint omnes quod nos abbas et conventus in capitulo nostro ad sonum campanæ more solito congregati, unanimes et concordes tractantes et considerantes quod bonæ memoriæ defuncta Clementia Constandæ, uxor defuncti Nicolai Sapinaut, parochiana ecclesiæ parochialis S^{ti} Petri de Malleonio, in extrema sua voluntate, bono spiritu ducta, donavit et legavit Deo et priori curato prædictæ ecclesiæ S^{ti} Petri de Mallione duo sextaria bladi siliginis ad mensuram de Mauritania, quæ ipsa habebat et percipiebat annuatim redditus, in festo Assumptionis B. Mariæ Virginis redditura et solvitura, in villa Mallione, sita et situata supra quoddam villagium vulgariter appellatum la Peluchere, situm in parochia B. Mariæ de Thessoualia, in et pro tamen conditione quod prædictus prior prædictæ ecclesiæ et sui futuri successores celebrent vel faciant celebrare, quolibet anno, pro salute et redemptione animæ suæ et animarum Joannis Piquard et Nicolai Sapinaut suorum conjugum et parentum et amicorum suorum, solemniter tres missas cum tribus vigiliis mortuorum, in prædicta ecclesia in tribus diebus, videlicet prima in festo S^{ti} Clementis qua die prædicta Constande fuit sepulta, secunda in crastino festi Exaltationis S. Crucis qua die dictus Sapinaut fuit sepultus, et tertia in crastina die Commemorationis omnium defunctorum, et in his tribus diebus tenebitur prædictus prior et sui successores post missam pergere super tumulos prædictorum et facere recommandationem per unum responsum mortuorum, scilicet : Subvenite, aut Ne recorderis, vel aliud ad voluntatem rectoris ipsius cum orationibus sequentibus et ut etiam præna aliud sint et nominentur in

---

1. Pierre dit Oliveraut.

commemoratione defunctorum quando fit in prædicta ecclesia, et etiam sint participes in orationibus et eleemosinis prædictæ ecclesiæ; et quia desideria justa petentium quæ a tramite rationis non deviant non sunt deneganda immo favore congrua persequanda, nos igitur votis prædictæ Constande in perpetuum possumus annuentes, de consilio omnium capitulantium et expresse de consensu et voluntate viri religiosi fratris Joannis Saulner prædictæ ecclesiæ prioris sive capellani moderni, divina officia et diebus prænotatis promisimus et tenore præsentium promittimus, pro nobis et successoribus nostris futuris, celebrare vel facere celebrare et in contrarium non facere vel venire, sub hypotheca obligatione rerum et bonorum prædictæ ecclesiæ. In quorum fidem et testimonium præsentes litteras, appensione sigillorum nostrorum, fecimus communiri. Datum in capitulo nostro, die xxviii mensis aug., anno Domini m° quadragintesimo trigesimo octavo.

LV

Ordonnance du sénéchal de Poitou mandant de rétablir l'abbaye de Mauléon dans l'exercice de ses droits sur le prieuré de la Tessoualle, contre le prieur dudit lieu, et d'assigner les opposants aux assises de Poitiers (D. Fonteneau, t. XVII, p. 327).

3 février 1440.

Pierre de Braisé, seigneur de la Varenne et de Brechessac, chevalier conseiller chambellant du roy nostre sire, et son sénéchal en Poictou, au premier sergent du roy nostre sire ordinaire ou de baillage qui sur ce sera requis, salut. De la partie des RR. PP. en Dieu l'abbé du moutier et abbaye de la Trinité de Mauleon, de l'ordre de saint Augustin, nous a été exposé qu'en la dite abbaye il y a plusieurs beaux prieurés qui sont pricurez curez et sont dependants d'icelle, et esquels prieurez icelui révérend a plusieurs droits obedientiels, premierement et prérogativement et entre autres a droit de faire visitation et visiter tous et chacuns les dits prieurés dépendants de sa dite abbaye, selon qu'il est accoutumé faire en la dite religion de saint Augustin, et avec luy mener cinq personnes et leurs chevaux les quels les prieurs des dits prieurez qu'il visite sont tenus, doibvent et ont accoutumé recevoir et loger es dits prieurés et plus luy faire sa depense et de ses chevaux pendant un jour et demi; et si le dit complaignant après qu'il a notifié et fait sçavoir aux dits prieurs ou aux dits prieurés le jour qu'il veut faire sa visitation, il ne trouve les dits prieurs ou personnes suffisantes pour eux qui le reçoivent et qu'ils lui fassent les dépends de luy, ses dits gens et chevaux pour le dit jour et demi, iceluy complaignant a droit, peut et luy loist et est en bonne possession et saisine de prendre et mettre en sa main les fruits et revenus du dit prieuré et iceux fruits et revenus lever et traitter par et sous sa dite main jusques à ce qu'il soyt payé et satisfait des dites dépences qu'il auroit faites pour la dite visitation, et avec ce droit a accoutumé et est en possession et saisine de mettre à chacun des dits prieurez tel nombre de religieux obedientiels avec le prieur d'iceluy qu'il est accoutumé y en avoir, les quels le prieur du dit prieuré doit recevoir et nourrir, alimenter, vestir et chausser à ses depens, et si le dit prieur ne les vouloit recevoir et alimenter le dit complaignant a droit et est en bonne saisine et possession de saisir et mettre en sa main les fruits et revenus du dit prieuré et par sous sa ditte main les faire lever, amasser et en bailler ou faire bailler à son dit religieux obedientiel ce qui luy est necessaire pour son vivre et vestement, et avec ce, si aucuns domaines ou maisons ou héritages d'aucun prieuré chéent et tombent en ruine, ledit complaignant a droit, peut et doit et luy loist et est en bonne possession et saisine de saisir et mettre en sa main les fruits, profits et revenus et emoluments dudit prieuré, et iceux faire traitter et lever par et soubs sa dite main pour iceux emploier ès dites reparations ou service divin deü et accoutumé et à payer les charges du dit prieuré jusques à ce que les dites reparations soient faites. Et avec ce, touttes et quantes fois que les prieurs des dits prieurez dependans de son moutier s'absentent du pays sans congé et licence d'iceluy complaignant, et ils ne font pourvoir au gouvernement d'iceluy prieuré, par le dit complaignant d'aucuns de ses religieux, iceluy complaignant a droit, peut et doit et lui loist et a accoutumé et est en bonne possession et saisine de commettre aucun de ses religieux au dit gouvernement du dit prieuré, et pour faire en iceluy le service divin outre les obedientiels qu'il y auroit mis, et de prendre, saisir et mettre en sa main les fruits et revenus du dit prieuré et iceux bailler ou faire bailler et delivrer aux dits religieux par luy ainsi commis et aussi aux dits obedientiels pour leurs sustentations et alimentations, en possession et saisine que pendant sa dite main-mise, aucun des dits prieurs et autres quelconques ne peuvent, doivent ne leur le loient prendre, ne lever aucuns des dits fruits et revenus, ne contredire, ne empescher iceluy complaignant en ses droits, possessions et saisines dessus dits, ne en aucunes d'icelles, en possession et saisine, que s'ils faisoient ou s'efforçoient de faire le contraire des dites saisines et possessions, de les engarder, contredire et empescher, et faire et mettre par raison et justice au premier estat et deü ; et combien que des dits droits, possessions et saisines dessus dites et autres à ce appartenantes le dit complaignant ayt jouy et ses predecesseurs par tel et si long temps qu'il n'est en memoire du complaignant quelque ce soit par temps suffisant et vallable que ni en bonne possession et saisine ait acquiescé garder et entretenir par les ans et exploits derniers paisiblement et sans aucun empeschement, au veu et sceü de tous ceux qui l'ont voulu veoir et sçavoir, ce neantmoins le dit complaignant estant en ces dites possessions et saisines.

Frere Gabriel Prevost, prieur curé de la Thessouale, membre dépendant de la dite abbaye et au dit pour nom de luy et dont il a eu et a l'effet pour agreable ou autrement, ont pris et recueillis les fruits et revenus dudit prieuré de la Thessouale, les quels iceluy complaignant avoit saisi et mis en sa main pour les causes dessus dites et chacunes d'icelle depuis an et jour en çà, en troublant et empeschant le dit complaignant en sa dite possession et saisine, à tort et sans cause indument et de nouvel, depuis an et jour en çà, comme dit est, aux ces grands griefs, prejudice et dommage d'iceluy complaignant réquérant notre provision sur ce.

Pour ce est il que nous, ces choses considerées, vous mandons, commandons, et, si mettier est, commetons nonobstant qu'il ne soit en votre pouvoir, office ou bailliage que appelez à comparoir par devant vous devant la porte et entrée du dit prieuré pour toutes les choses contentieuses, le dit frere Gabriel et autres qui seroient appellez, tenus et gardez, de par le roy nostre sire et nous, le dit complaignant en sa dite saisine et possession et d'icelle l'y faistes et souffriez jouir et user paisiblement et sans aucun contredit et empêchement, en contraignant à ce, cesser dorenavant des dits troubles et empechements et à restablir le frere Gabriel et tous autres qui pour ce seront à contraindre par touttes voyes et manieres deües et raisonnables, et en cas de debat ou opposition, le debat et contentieuse prise et mise en la main roy nostre sire, la nouveleté, trouble et empeschement ostez et restablissement fait avant toute œuvre, adjournez les dits opposants ou faisant le dit débat par devant nous ou nostre lieutenant, aux assises de Poictiers, lors prochainement en suivant, du quel lieu ont dit les dites parties estre du ressort, pour venir dire et declarer les causes de leur opposition, repondre au dit complaignant sur les choses dessus dites, les circonstances et dépendances, ainsi qu'il appartiendra par raison. De ce faire vous donnons pouvoir et mandement spécial par ces presentes en nous certifiant suffisamment de ce que ferez. Sur ce mandons et commandons à tous les officiers et sujects du roy nostre sire que, à vous en ce faisant obéissent et entendent diligentement.

Donné à Poictiers sous le scel de la dite senechaussée, le tiers jours de febvrier l'an mccccxl. Signé N. Claveurier, avec paraphe. La dite sentence est scellée d'un sceau de cire.

LVI

Association religieuse entre les chanoines de l'abbaye d'Airvault et ceux de l'abbaye de Mauléon (P. Thieulin).

24 mai 1459.

Petrus, Dei gratia humilis abbas monasterii S. Petri Aureæ Vallis, ordinis S^{ti} Augustini, Malleacensis diœcesis, totus ejusdem loci conventus, salutem in Domino sempiternam. Notum omnibus tam præsentibus quam futuris quod nos et conventus ecclesiæ prædictæ nostræ, virtute charitatis, auditaque fama desiderio pariter et assensu religionis ac monasterii S^{mæ} Trinitatis de Maloleone, dicti Malleacensis diocesis, de consensu fratrum nostrorum in nostro capitulo propter hoc specialiter congregatorum, decrevimus, statuimusque ut canonici Malleonenses quacumque causa toties quotiesque ad monasterium nostrum declinaverent, sint quasi ejusdem ecclesiæ nostræ canonici et in eodem honorifice recipiantur. Pro canonicis vero nuperrime defunctis ecclesiæ prædictæ, ea die qua breve apportatum fuerit, campanæ pulsabuntur omnesque canonici conventus nostri prædicti in choro conveniant, more solito, et illic comendationem solitam faciant pro anima canonici defuncti et scribentur in calendario seu martyrologio nomen seu nomina canonicorum ecclesiæ prædictæ ab humanis decedentium ; insuper unum aniversarium singulis annis pro omnibus illis ecclesiæ canonicis defunctis, videlicet quinto octobris solemniter celebrabitur et ipsa die prædicta tribus pauperibus refectio dabitur. De abbatibus vero quidquid in una ecclesia fiet similiter et in alia, tam in vita quam in morte. Videlicet quod, in die qua apportatum fuerit breve ipso nobis præsentato, fiet commendatio in choro et dicentur vigiliæ solemniter, in crastinamque dicetur missa de mortuis, sicut pro nostris. Acta est etiam inter nos hæc sequens conjunctio, videlicet quod in nostra ecclesia recipietur abbas prædictæ ecclesiæ semel in vita solum processionaliter cum cappis, eidem obviam procedendo extra portam ecclesiæ et ibi dabitur locus honorabilior in choro capitulo et aliis locis, procurabiturque ipse dominus abbas prædictæ ecclesiæ per totum unum diem inclusive, cum octo equitibus et familia in nostro monasterio predicto ; si vero moram longiorem voluerit facere et à nobis recipiatur, hoc solum fiet de gratia et charitate et non ex debito.

Joannes vero abbas prædictæ ecclesiæ de Maloleone, de consensu fratrum suorum in capitulo specialiter propter hoc congregatorum, canonicis prædictis eadem quæ supra charitative concessit. Et, ut firmius habeatur, dedimus abbati et canonicis Malleonensibus antedictis has nostras præsentes litteras perpetuo duraturas, in testimonium veritatis, sigillis nostris sigillatas, die xxiv^a mensis maii anno MCCCCLIX.

LVII

Donation au prieuré de Faye, dépendant de l'abbaye de Mauléon, de droits d'usage dans les bois de Vauchrétien, faite par René de Fescal, pour fondation de messes, et consentement donné par l'abbaye de Mauléon (P. THIEULIN, p. 30).

30 janvier 1484.

Universis presentes litteras inspecturis et audituris

Petrus, permissione divina et sanctæ sedis apostolicæ gratia, abbas monasterii sanctissime Trinitatis de Maloleone ord. S. Aug. Malleacensis diocesis, totusque hujus loci conventus, salutem in Domino. Noverint vestri quod nos abbas et conventus prædictus, ad sonum campanæ more solito congregati in nostro capitulo, utilitatem ipsius monasterii tam in capite quam in membris, tam in spiritualibus quam in temporalibus affectantes, perhabita deliberatione super omnibus his quæ sunt in litteris quarum tenor sequitur :

Nous, René de Fescal, seigneur de Marbeu, de Poligné, de Vauxchrestien et damoiselle Jeanne de Chateaubriand son épouse, deüement encertenés des bons services et bonne prud'hommie de la personne de frere Guillaume de la Volle, prieur de la Magdeleine de Faye, membre dependant de la sainte Trinité de Mauleon, à iceluy avons donné et par ces presentes donnons en pure et loyale aumone son usage en nos bois et hayes usageres de Vauxchrestien et à ses successeurs, à cause de la chapelle de la dite Magdeleine du dit lieu de Faye, pour en user tant en chaufage que maisonnage et pour la reparation de la dite chapelle sise au cimetière de Faye et pour une maison et pourpris dependant de la dite chapelle etant et joignant les pressoirs, maison, ayraut de l'abbé de Mauleon et joignant de l'autre costé au petit clos de vigne appartenant au dit abbé de Mauléon et abutant d'un bout ès jardins et ouche de Jean des Vignes, pour en user tout ainsi que nos autres usagers en usent, c'est à sçavoir à la veue et montrée de nos officiers et sergent, et ne pourra le dit frère Guillaume vendre ne distribuer nul des dits bois du dit usage à nulle personne quelconque, et à cause de ce s'est obligé frere Guillaume et ses successeurs dire à chacun an, jour de la Magdeleine, une messe à basse voix et faire les prieres de nous et de nos predecesseurs et amis trepassez, en la dite chapelle de la Madeleine, et davantage faire consentir à l'abbé et couvent du dit monastere de la Trinité de Mauleon la messe pour ainsi estre faitte, comme dist est, sur peine de n'estre point usager deux ans prochains venans, si aucunement le consentement et decret n'étoit apporté du dit abbé et couvent par le dit frere Guillaume et baillé à nous ou à nos officiers. En temoignage de verité nous avons signé ces presentes de nostre main et sceelez de nostre sceel d'armes cy mis, le penultième jour de janvier MCCCCLXXXIII. Signé de Fescal et Chateaubriant et sceellez sur simple queue en cire rouge des armes du dit Fescal.

Præsens nostrum decretum est admissum omnia que et singula in his litteris contenta et specificata approbamus et laudamus ac etiam notificamus, promittentes fide bona pro nobis et successoribus nostris in monasterio nostro. In quorum fidem et testimonium his præsentibus litteris sigilla nostra duximus apponenda. Datum in capitulo nostro generali celebrato die S. Augustini patris nostri qua die soliti sumus nostrum generale capitulum celebrare, anno Domini millesimo quadragentesimo octuagesimo quarto.

LVIII

Enquête faite par les notaires de Mauléon sur les usages des prieurés dépendant de l'abbaye de Mauléon (P. THIEULIN).

30 janvier 1503.

A tous ceux qui ces présentes lettres verront et oiront, Gérard Bareau et Lucas Rageoux, nottaires jurez de la cour de Mauléon pour monseigneur du dit lieu, certifions avoir ouy par le serment, le pénultième jour de janvier l'an mil cinq cens et deus, frère François Barbot, curé de la Sainte Trinité de Mauléon, et frère Mathurin Auger, aumonier du dit lieu, les quels à nous ont dit et attesté par serment que l'usance de leur religion étoit, que touttes et quante fois qu'il y a bénéfices à charges de six messes par sepmaines qu'il y doit avoir un obédientiel avec le prieur, et si il y en a plus il y en doit avoir deux, et ainsi l'ont veü user à Saint André de Boisbrémaut et au prieuré de la Vacheresse, qui ne sont que simples chapelles au regard du dit Boisbrémaut et de la dite Vacheresse, et aussi au bénéfice de la Cousture où il y a deux obédientiels, moiennant que les dits bénéfices sont chargés de plus de six messes la sepmaine, et en plusieurs autres prieurez de leur religion, soit simple chapelle ou prieuré-cure.

Item, aussi le trèze febvrier l'an susdit, ouysme Estienne Girard qui pareillement nous a certifié et affirmé par serment, qu'au dit lieu et prieuré de Boisbrémaut, il y a veü deux obédientiels de la dite abbaye de Mauléon avec son frère Jacques de Beaumont lors prieur du dit lieu, et étoient les dits obédientiels feus f. Réné Girard et Jean de Saint Germain, religieux de la dite abbaye de Mauléon, et dit que vingt et cinq ans a, ou environ, il ouyt dire à un homme ancien mestayer de la mestayrie du dit lieu de Boisbrémaut qu'il ne fut jamais de son temps qu'au dit lieu de Boisbrémaut il a toujours veü avec le prieur du dit lieu deux obédientiels religieux de la dite abbaye de Mauléon ; et le xvIII^me jour de febvrier l'an que dessus, frère Estienne Escoubleau prieur de Mallièvre dit et atteste par serment que, vingt ans a ou environ, il fut obédientiel au prieuré du dit Boisbrémaut et avec luy estoit aussi obédientiel feu son frère Jean de Saint Germain en la compagnie du dit feu frère Jacque de Beaumont prieur du dit lieu, et durant ce qu'il fust à la dite obédience par le temps de deux ans, luy et son compagnon disoient de leur obédience chacun trois messes la sepmaine et trois autres messes que le dit prieur leur faisoit dire, dont ils étoient satisfaits par le dit prieur qui sont neuf messes par sepmaine ; dont et des quelles choses nous a requis acte sieur Jacque Berthonneau procureur du R. P. en Dieu frère Pierre de Vernou abbé de Mauléon, ce que luy avons octroyé par ces présentes signéez de nos sings manuels et fait sceller des scels establis aux contrats au dit lieu de Mauléon, les jours et an que dessus. Ainsi signé L. Rageoux et G. Bareau, avec paraphe.

LIX

Ordonnance et visite de l'abbaye de Mauléon par Henri d'Escoubleau, évêque de Maillezais (P. THIEULIN).

25 septembre 1623.

Henry, par la grâce de Dieu et du Saint Siège Apostolique, évesque et seigneur de Maillezais [1], estant en visite es eglises de nostre diocèze et après avoir veü et visité l'église abbatiale de la très sainte Trinité de Mauléon et considéré la restauration d'icelle par le soin, piété et moyens de monseigneur l'illustrissime cardinal de Sourdis, abbé de la ditte abbaye [2], désirant seconder ses desseins pour la perfection de la décence du service divin en la ditte abbaye, nous avons ordonné ce qui suit.

Premièrement pour ce qui concerne les ornements de la ditte église nous ordonnons qu'il y aura des autels portatifs sur les autels de la ditte église.

Qu'on aura des dalmatiques et une chappe de couleur verte pour joindre à la chasuble qui est de même couleur.

De plus une chapelle d'ornements violets. Item une autre chapelle d'ornements noirs avec un drap noir garni de sa croix blanche, des voiles de calice de la couleur des chasubles et des devant d'autel de même couleur et chappes

---

1. Henri d'Escoubleau de Sourdis, évêque de Maillezais, sacré le 19 mars 1623.
2. François de Sourdis, cardinal archevêque de Bordeaux, nommé abbé de Mauléon en 1607. Il était frère aîné du précédent.

pour servir aux chappiers aux festes semi doubles et doubles et des pavillons de même couleur pour couvrir le tabernacle du Saint Sacrement, selon l'exigence du temps et des festes.

Auront des bourses et des corporaux, scavoir une violette, verte et noire et aussy une navette de cuivre pour tenir l'encens et deux chandeliers de cuivre. Et pour tenir le Saint Sacrement avec révérence sera pendue une lampe d'airain devant le Saint Sacrement qui sera toujours ardente.

La sacristie sera meublée de genuflectoires, fontaine d'étain pour tenir de l'eau à laver, et de plusieurs petites images dévotes et pinturéez pour la préparation du prêtre avant d'entrer au saint autel, ensemble d'armoires capables de tenir tous les dits ornements et les conserver.

Et quant au corps de l'église, l'ayant trouvée en fort bon état et renouvelée, avons néantmoins trouvé qu'une muraille de la sacristie est sortie de son alignement de la charpante de dessus l'autel de Notre Dame et une pièce rompue qui en menace la ruine, et partant nous avons ordonné que les réparations nécessaires y seront faites, et après qu'étant en chapitre avec les religieux de la ditte abbaye, nous avons trouvé qu'ils ont tous le désir de vivre en commun, ordonnons qu'il sera représenté à monseigneur le cardinal abbé que le dortoir est à présent inhabitable, et peut néammoins se réparer et que le réfectoire et chambre qui est au dessus ont besoin d'estre promptement réparez pour en éviter la ruine, espérant de sa piété qu'il y pourvoira à l'effet de l'intention des religieux.

Quand aux offices de l'abbaye, sçavoir le prieur-curé de la Sainte Trinité, Frairie, l'infirmerie et le vechon qui sont toutes vacquantes, renvoyons à monseigneur le cardinal pour y pourvoir. Et sur ce qu'on nous a dit qu'outre treize officiers de la ditte abbaye, il y doit y avoir quatre novices, le laissons à sa dévotion. Quand au service, ayant sceû qu'étant une fois commencé il est continué sans intervalle, nous ordonnons pour le temps de l'été que matines commenceront à cinq heures du matin et en hyver à six heures et la grand messe ne se pourra commencer qu'à neuf heures du matin, et pour les jours de jeûne en esté, matines et la grande messe retarderont d'une heure, et pour le regard des vespres et complies garderont l'heure accoutumée.

De plus pour la bonne instruction des novices en la piété et dévotion, le prieur leur pourvoira de précepteur spirituel pour les former aux règles et institut du monastère.

Fait à Mauléon en visite, le vingt cinquième de septembre mil six cent vingt trois. Ainsi signé :

H. d'Escoubleau, évesque de Maillezais.

LETTRES

DE

M. BOULA DE NANTEUIL

INTENDANT DU POITOU

A M. BLACTOT

SON SUBDÉLÉGUÉ A BRESSUIRE

Les lettres de M. Boula de Nanteuil, qui font l'objet de cette publication, ont été trouvées parmi d'anciens papiers de famille aujourd'hui en notre possession comme arrière-petit-fils de M. Blactot, auquel elles sont adressées.

Antoine-François-Alexandre Boula de Nanteuil, chevalier, seigneur de Mareuil, Saint-Clair, Lignères, Saint-Denis, la Grange-Dumont, Nanteuil-les-Maux, Truet, Chermont et autres lieux, conseiller du roi en ses conseils, maître des requêtes ordinaire de son hôtel, conseiller honoraire en sa cour de Parlement de Paris, fut nommé intendant du Poitou en 1784, en remplacement de M. de la Bourdonnaye, comte de Blossac ; il exerça ces fonctions jusqu'en 1790, époque de la suppression des Généralités.

Pendant la durée de son administration, il sut mériter l'affection de ses administrés par des mesures pleines de sagesse, par sa bienveillance et son humanité.

Nous n'avons pas pensé qu'il y eût lieu d'entrer ici dans de plus longs détails à cet égard et de faire une biographie de cet intendant, une notice aussi exacte qu'intéressante lui ayant été déjà consacrée en 1868 par notre savant et regretté confrère M. Lecointre-Dupont, dans le tome XXXIII des Mémoires de la Société des Antiquaires de l'Ouest.

On peut également consulter à ce sujet le Dictionnaire historique, biographique et généalogique des familles de l'ancien Poitou (tome Ier, page 121).

Blactot (Jean-Marie), licencié ès lois, avocat fiscal de la baronnie de Bressuire, exerçait déjà la charge de subdélégué de l'intendant de la Généralité de Poitiers, au département de Bressuire, du temps de M. de la Bourdonnaye de Blossac.

Nous ne saurions préciser l'époque où il avait commencé ses fonctions de subdélégué, nous savons seulement qu'il avait succédé, dans l'exercice de celles-ci, à Pierre-Antoine Blactot, son père, avocat en Parlement et sénéchal de la baronnie de Bressuire, et qu'il les conserva jusqu'à la suppression des intendances, **en 1790.**

Les lettres ci-après partent du 21 octobre 1784 et s'arrêtent au 30 juillet 1786. Elles ne s'appliquent donc qu'à une période assez restreinte de l'administration de M. de Nanteuil, et ne représentent évidemment que la portion la moins nombreuse des lettres et instructions par lui transmises à son subdélégué ; mais il nous a été impossible, malgré les recherches les plus minutieuses, de retrouver le surplus, qui doit être considéré comme absolument perdu.

Nous avons trouvé, jointes à quelques-unes de ces lettres, les copies ou minutes des réponses faites par M. Blactot, et de procès-verbaux dressés par lui en exécution des instructions y contenues. Nous avons cru intéressant de publier ces diverses pièces (réponses et procès-verbaux) en suite des lettres auxquelles elles correspondent. L'intérêt de cette publication est de nous faire pénétrer dans le détail de l'administration provinciale, au moment même où celle-ci était si vigoureusement battue en brèche et sur le point de disparaître.

E. CESBRON.

LETTRES

DE

M. BOULA DE NANTEUIL

INTENDANT DU POITOU

A M. BLACTOT, SON SUBDÉLÉGUÉ A BRESSUIRE

I

Poitiers, ce 21 octobre 1784.

Je vous préviens, Monsieur, que le conseil a rendu un arrêt le 4 mars 1783, qui, conformément à l'article 7 du titre des droits sur le papier et le parchemin timbré de l'ordonnance de 1680, a ordonné que les registres des fabriques et paroisses de Noisy-le-Sec et de Bagnolet, ensemble ceux dans lesquels seront inscrites les délibérations prises par toutes autres communautés, administrateurs, sindics, marguilliers, fabriques et confrairies, ne pourront être tenus qu'en papier timbré, à peine de trois cent livres d'amende contre chacune contravention, desquels registres il sera donné communication, à toutes réquisitions, aux commis et préposés à la perception des droits établis sur les papiers et parchemins timbrés, sous les mêmes peines, en cas de refus, de trois cent livres d'amende contre les contrevenants. Vous voudrés bien donner connaissance des dispositions de cet arrêt aux communautés de votre subdélégation qui pourront avoir intérêt d'en être instruites.

J'ai l'honneur d'être très parfaitement, Monsieur, votre très humble et très obéissant serviteur.

DE NANTEUIL.

II

Poitiers, 24 octobre 1784.

M. le contrôleur général vient de me marquer, Monsieur, qu'il est informé que journellement il arrive à Lisbonne et en Espagne des ouvriers français destinés à travailler aux manufactures qui s'établissent dans ces deux royaumes. Il est bien intéressant d'arrêter une émigration qui peut devenir très préjudiciable au commerce national. La précaution la plus utile à prendre est de tâcher de découvrir les embaucheurs qui, en se répandant dans les fabriques, engagent les ouvriers à passer à l'étranger, en leur promettant des avantages plus grands que ceux dont ils jouissent dans leur patrie. L'intention de Sa Majesté est que ceux de ces embaucheurs qui seroient arrêtés, soient livrés à la justice, afin qu'ils soient punis suivant la rigueur des ordonnances; mais vous ne parviendrez à découvrir s'il y a de ces sortes de gens dans votre subdélégation, qu'en chargeant particulièrement quelques personnes adroites et intelligentes d'en faire la recherche. Je vous recommande de prendre à cet égard toutes les mesures que vous croirez les plus convenables. Si vous en découvrez quelques-uns sur qui vous ayez des soupçons fondés, vous voudrez bien m'en informer aussitôt, afin que je vous donne les instructions que les circonstances rendront nécessaires.

J'ai l'honneur d'être rès parfaitement, Monsieur, votre très humble et très obéissant serviteur.

DE NANTEUIL.

III

Poitiers, ce 28 octobre 1784.

Je désire, Monsieur, que vous ne remettiez aux employés des fermes ou aux cavaliers de maréchaussée les ordonnances par lesquelles j'aurai prononcé des condamnations à leur profit, pour contraventions aux dispositions de l'arrêt du Conseil du 28 décembre 1783 portant règlement sur le roulage, que huit jours au moins après que vous aurez prévenu les contrevenants, afin qu'ils ayent le temps de se rendre chez vous pour y payer en votre présence, aux employés des fermes ou aux cavaliers, les sommes auxquelles j'aurai définitivement réduit les condamnations. Ce nouvel ordre a pour objet d'éviter aux contrevenants les frais des poursuites qui sont faites contr'eux pour l'exécution de mes ordonnances. S'ils ne profitent pas de l'avis que vous leur donnerez dans le délai que vous leur fixerez, alors ce sera à eux qu'ils devront s'en prendre des poursuites de rigueur que leur silence occasionnera et des frais qui en seront la suite.

J'ai l'honneur d'être très parfaitement, Monsieur, votre très humble et très obéissant serviteur.

DE NANTEUIL.

IV

Poitiers, ce 27 octobre 1784.

On vient de m'assurer, Monsieur, que le syndic de la paroisse de la Chapelle-Saint-Laurent a donné des ordres à des habitants de cette paroisse pour conduire, par corvée, du village de Notre-Dame de Pitié à Bressuire, environ quatre cents boisseaux d'avoine que les cavaliers de maréchaussée de cette résidence ont achetés dans la paroisse de Secondigny, pour leur provision. Je désire que vous preniez à ce sujet les renseignements nécessaires, et que vous m'informiez du résultat de votre vérification. Si le fait dont il s'agit est constant, vous voudrez bien recommander au syndic de ne plus se permettre par la suite de pareils abus d'autorité : c'est aux brigades de maréchaussée à s'arranger comme elles le jugent à propos pour l'achapt et le transport de leurs provisions, et l'autorité ne doit être ni réclamée ni employée dans ces sortes de matières.

J'ai l'honneur d'être très parfaitement, Monsieur, votre très humble et très obéissant serviteur.

DE NANTEUIL.

V

Poitiers, le 29 octobre 1784.

M. le baron de Vareilles, Monsieur, commissaire provincial des guerres en cette généralité, vient de me communiquer une lettre par laquelle le gouverneur de l'hôtel royal des invalides, d'après les ordres du ministre de la guerre, demande que, pour obvier aux retards et difficultés dans l'envoy de l'habillement des officiers, bas officiers et soldats invalides retirés par grands congés ou pensionnés sur les fonds de l'hôtel, et afin de les suivre dans leurs divers mouvements, il en soit tenu des contrôles exacts et détaillés.

M. de Vareilles, déjà chargé de la police des pensionnaires, l'est encore de la formation et de la tenue de ces nouveaux contrôles, ainsi que de leur renouvellement de six en six mois. Il va vous adresser plusieurs exemplaires d'une instruction à distribuer aux dits invalides. Le bien du service exige que vous vous y conformiez.

Comme il est vraisemblable que vous ne connaissés pas tous les invalides de ces classes qui résident dans votre subdélégation, il est nécessaire que vous écriviés le plus promptement possible à tous les sindics d'en faire la recherche et de les avertir de vous apporter les titres de leur état que vous ferés ensuite passer à M. de Vareilles.

J'ai l'honneur d'être très parfaitement, Monsieur, votre très humble et très obéissant serviteur.

DE NANTEUIL.

P.-S. Je joins ici, Monsieur, les lettres que j'ai fait imprimer pour les sindics de votre subdélégation, vous voudrés bien les envoyer sans perdre de tems.

VI

Poitiers, le 3 novembre 1784.

Je vous envoye, Monsieur, la copie d'une lettre que M. le baron de Breteuil, ministre de la province, vient de m'écrire pour me faire connoitre les intentions de Sa Majesté relativement à la durée de la détention des personnes contre lesquels il a été ou sera, à l'avenir, expédié des ordres de renfermement.

Vous voudrés bien ne pas laisser ignorer aux personnes de votre subdélégation qui pourroient se trouver dans le cas de solliciter de semblables ordres, par la suite, les motifs qui ont déterminé Sa Majesté à ordonner, à cet égard, les distinctions que vous trouverés détaillés dans la lettre dont je vous adresse copie. Vous aurés soin aussi de bien circonstancier dans les diférens avis que vous pourrés m'adresser à l'avenir, les faits qui seront imputés aux sujets dont le renfermement sera demandé, afin que le ministre puisse, d'après les renseignements que je lui adresserai, juger de la durée que devra avoir la détention à ordonner.

J'ai l'honneur d'être très parfaitement, Monsieur, votre très humble et très obéissant serviteur.

de Nanteuil.

VII

Poitiers, le 7 novembre 1784.

L'art. 9, Monsieur, de l'ordonnance du 17 avril 1772 prescrit à M^{rs} les subdélégués d'adresser au commissaire des guerres de leur département un des trois états de payement de chaque classe des pensionnaires de leur subdélégation, qu'ils sont tenus de former au moins tous les six mois. Aucune disposition postérieure n'a dérogé à cet article, et cet officier étant spécialement et immédiatement chargé, sous mon administration, de la police et des revues de ces militaires, ce seroit compliquer et retarder ses opérations, que d'adresser ces états à d'autres qu'à lui.

Vous sçavés que M. de Vareilles, commissaire provincial des guerres en cette généralité, y est seul chargé de la police des invalides pensionnés sur les fonds de la guerre, et des militaires retirés avec solde, demi-solde et pensions de récompense. Le bien du service et l'ordre que je désire dans cette partie des détails de mon administration, exigent que conformément à l'ordonnance vous lui adressiés directement sous mon envelope, tous les six mois et au plus tard le 15 janvier et le 15 juillet de chaque année, vos états de payemens et les quittances à l'apui.

Je vous observe encore que lorsque vous serés informé de la mort de quelque pensionnaire dans un des cinq premiers mois d'un semestre, il sera nécessaire d'adresser sur le champ son extrait mortuaire à M. de Vareilles. Il a été reconnu que l'ignorance de ces événements a occasionné de faux envois d'habillemens.

Enfin, Monsieur, conformément à l'art. 20 de la susdite ordonnance, vous observerés de ne jamais payer les restes des pensions aux parens des morts, sans retirer les pièces sur lesquelles ils jouissoient de leurs traitemens, et les médaillons de ceux qui en étoient décorés. Vous adresserés le tout à M. de Vareilles. Quant aux brevets en vertu desquels ils portoient cette décoration, vous les laisserés aux familles qui désireront les conserver.

J'ai l'honneur d'être très parfaitement, Monsieur, votre très humble et très obéissant serviteur.

DE NANTEUIL.

VIII

Poitiers, le 8 novembre 1784.

Je vous prie, Monsieur, de m'adresser le plutôt possible l'état exact du nombre d'enfans des deux sexes, nés dans les différents hopitaux de votre arrondissement pendant l'année 1783. Vous voudrés bien y joindre celui des enfans exposés pendant la même année, soit que ceux-cy ayent été placés dans ces hopitaux, soit qu'ils soient nourris ailleurs au compte du Roi ou des seigneurs.

J'ai l'honneur d'être très parfaitement, Monsieur, votre très humble et très obéissant serviteur.

DE NANTEUIL.

IX

Poitiers, le 23 novembre 1784.

Je suis consulté, Monsieur, par M. le controlleur général sur la demande faite par le s^r Pierre Maupillier de la création d'un office de notaire royal à la résidence de Cerizai, et sur l'offre consignée dans son mémoire d'une somme de cent cinquante livres pour la finance de cet office. Je ne vous demande pas votre avis sur l'objet de cette demande relativement à l'établissement, mais je désire que vous me marquiez le plutôt possible si la somme offerte vous paroit proportionnée à la valeur de l'objet, et si les offices de notaires royaux déjà créés dans votre canton ne se vendent pas ordinairement beaucoup au-dessus du taux auquel le s^r Maupillier semble les estimer.

J'ai l'honneur d'être très parfaitement, Monsieur, votre très humble et très obéissant serviteur.

DE NANTEUIL.

X

Paris, ce 8 décembre 1784.

Je vous envoye, Monsieur, les ordonnances que j'ai signées, pour faire jouir ceux des habitants de votre subdélégation qui ont souffert des rigueurs et du froid de l'hiver dernier, de la portion à eux attribuée dans le secours extraordinaire accordé par Sa Majesté à sa province du Poitou pendant la présente année. Vous voudrés bien faire parvenir ces ordonnances à leurs destinations respectives, avec toute l'exactitude et la célérité que le bien du service exige.

J'ai l'honneur d'être très parfaitement, Monsieur, votre très humble et très obéissant serviteur.

DE NANTEUIL.

XI

Paris, le 25 décembre 1784.

La distribution des subdélégations de ma généralité, Monsieur, m'ayant paru exiger quelques changements, pour la facilité de la correspondance et la célérité du service, je me suis determiné à en supprimer quelques-unes et à former de nouveaux arrondissemens pour celle que je conserve. Je vous adresse en conséquence l'état des paroisses, qui composeront désormais la subdélégation de Bressuire dont vous êtes chargé, et je désire qu'à commencer du 1er janvier 1785, vous vous occupiez dans toutes les paroisses de votre nouveau département, des différentes parties de service, sans exception, qui appartiennent aux fonctions de MM. les subdélégués. Je suis convaincu d'avance de trouver en vous le zèle et l'activité que vous avez montrés jusqu'à ce jour, et je serai très aise de vous donner des marques de ma satisfaction et de ma confiance.

J'ai l'honneur d'être très parfaitement, Monsieur, votre très humble et très obéissant serviteur.

DE NANTEUIL.

Subdélégation de Bressuire.

1er janvier 1785.

1. Bressuire. — 2. Argenton-Château. — 3. Beaulieu. — 4. Bertignolles. — 5. Boëmé. — 6. Boesse. — 7. Breuil-Chaussée. — 8. Cerizaye. — 9. Chambroutet. — 10. Chanteloup. — 11. Chiché. — 12. Cirières. — 13. Clazaye. — 14. Courlé. — 15. Etusson. — 16. Faye-l'Abbesse. — 17. Geneton. — 18. La Chapelle-Gaudin. — 19. La Chapelle-Saint-Laurent. — 20. La Coudre. — 21. La Forest. — 22. La Ronde. — 23. Le Breuil-Pagny. — 24. Le Pin. — 25. Les Aubiers. — 26. Les Moutiers. — 27. Moncoûtant. — 28. Montigny. — 29. Moutiers. — 30. Nieuil-sous-les-Aubiers. — 31. Noireterre. — 32. Noirlieu. — 33. Sauzais. — 34. Saint-André-sur-Saivre. — 35. Saint-Aubin-du-Plain. —

36. Saint-Clémentin. — 37. Saint-Jean-de-Milly. — 38. Saint-Marsault. — 39. Saint-Porchaire. — 40. Saint-Sauveur. — 41. Terves. — 42. Ulcot. — 43. Voultegon. Total. — Quarante-trois paroisses.

XII

Paris, le 25 décembre 1784.

Sur les représentations, Monsieur, qui ont été faites par plusieurs brigades de maréchaussée de cette province, qu'elles éprouvent beaucoup de difficultés pour la translation de mendiants et vagabonds des prisons des lieux où ils ont été condamnés dans le dépôt de Poitiers, je me suis déterminé à consentir qu'il leur soit fourni des chevaux ou voitures toutes les fois qu'il sera question de sujets infirmes et hors d'état de marcher, ou que s'agissant de sujets valides, ils seront dans le cas de faire plus de cinq lieues dans un jour. Vous voudrés bien vous conformer à cette décision lorsque l'occasion s'en présentera, et faire faire ce genre de service par les préposés aux convois militaires.

J'ai l'honneur d'être très parfaitement, Monsieur, votre très humble et très obéissant serviteur.

DE NANTEUIL.

XIII

Paris, ce 5 janvier 1785.

Je vous envoye, Monsieur, une requête par laquelle les habitants de Courlay réclament contre la tentative que M. de Vaudoré fait de conserver l'exploitation en exemption de taille dans cette paroisse de différents objets qu'il y a acquis, quoiqu'il consomme ou soit censé consommer son privilège dans la paroisse de Saint-Jouin-de-Milly, lieu de son domicile.

Les représentations de ces habitants me paroissent on ne peut mieux fondées. En conséquence je désire que vous vérifiés s'ils ont arrêté leurs rôles et s'ils ont imposé M. de Vaudoré. Si le rôle n'est pas encore arrêté, vous vous ferés remettre le mandement et vous me l'enverrés, parce qu'alors j'ordonnerai une taxe d'office ; si au contraire le rôle est fait et que M. de Vaudoré n'y ait pas été compris, vous en garderés note, et vous me la représenterés lors du prochain département, afin que je puisse aviser au parti qu'il conviendra de prendre.

J'ai l'honneur d'être très parfaitement, Monsieur, votre très humble et très obéissant serviteur.

DE NANTEUIL.

XIV

Poitiers, le 9 janvier 1785.

J'ai l'honneur en l'absence de M. l'intendant, Monsieur, de vous envoyer un nombre d'exemplaires sufisant de l'ordonnance du Roi en date du 17 décembre dernier, portant amnistie en faveur des soldats de ses troupes, qui ont déserté avant le premier de ce mois. Je vous prie de vouloir bien les faire afficher dans les villes, bourgs, villages et hameaux de votre subdélégation.

Je dois vous observer, Monsieur, que les déserteurs qui seront mis en liberté des prisons seront porteurs de procès-verbaux d'élargissement signés des prévots généraux ou lieutenants de maréchaussée. Ceux porteurs de ces procès-verbaux qui passeront par votre ville, seront dans le cas de recevoir trois sous par lieues que vous voudrés bien leur faire toucher. Vous voudres bien aussi, Monsieur, en user de même pour les déserteurs libérés des chaines de Lille, Metz et Strasbourg, lesquels auront des certificats des lieutenants de Roi de la citadelle de chacune de ces places. Ce secours leur est accordé pour les mettre en état de se rendre chez eux.

J'ai l'honneur d'être avec un respectueux attachement, Monsieur, votre très humble et très obéissant serviteur.

DESCOSTILS.

XV

Paris, ce 3 février 1785.

Le syndic de Cerizais, Monsieur, m'a représenté que la totalité de la tâche de cette paroisse, pour l'année 1784 sur la route de Parthenay à Châtillon, avait été faite par les trois quarts seulement des habitants corvéables, apparemment que les autres ne se sont pas trouvés sur l'attelier le jour de la répartition des tâches. Vous voudrez bien m'envoyer l'état des délinquants avec la note de la portion de travail qui auroit dû être donnée à chacun d'eux, s'ils y avoient été présents, afin que je statue à ce sujet selon que les circonstances l'exigent.

J'ai l'honneur d'être très parfaitement, Monsieur, votre très humble et très obéissant serviteur.

DE NANTEUIL.

XVI

Paris, ce 9 février 1785.

Je vous envoye, Monsieur, un nombre suffisant d'exemplaires en placard et par extrait de l'ordonnance du Roi du 1er décembre 1774 avec mon ordonnance pour la levée à faire cette année des soldats provinciaux. Je vous prie de ne pas perdre un instant à les faire passer dans toutes les paroisses de votre arrondissement, et de donner de ma part aux maires et sindics les ordres les plus précis d'en faire ou faire faire la publication aussitôt la réception.

Vous devés avoir reçu présentement les diférens imprimés relatifs à l'opération de la levée. Du nombre de ces imprimés sont les modèles des procès-verbaux de tirages qui doivent être faits triples, dont un pour vous rester et les deux autres pour m'être envoyés : vous voudrés bien ne pas manquer de me les adresser immédiatement après la clôture de votre travail. Je vous prie aussi d'avoir soin de porter en chiffre à la tête de chaque procès-verbal le nombre des admis, exemts, absens et rejettés, ainsi que de désigner à la fin le lieu où vous aurés fait le tirage.

Je vous recommande, Monsieur, de n'admettre au sort que des sujets d'âge, de taille et de tournure convenables au service. Il ne suffit pas qu'un garçon ait 5 pieds et même plus, il faut encor que la bonne constitution réponde à sa taille. Vous ne permettrés d'autres substitutions que celles qui sont autorisées par mon instruction, et vous voudrés bien veiller à ce qu'il ne se fasse aucuns arrangements équivalents dans les paroisses par achapt d'hommes et autres expédients de cette espèce.

Vous en userés à l'égard des protestans de la même manière que les années précédentes ; c'est-à-dire que vous ne déclarerés point fuyards ceux qui seront connus pour être mariés. S'il s'élevoit quelques contestations à ce sujet de la part des garçons, vous aurés soin de m'en informer.

La maréchaussée doit se trouver au tirage conformément à l'ordonnance, mais il sera nécessaire que vous adressiés aux commandants des brigades à la portée des paroisses de votre département, au moins huit jours à l'avance, votre itinéraire au bas duquel vous indiquerés le lieu, le jour et l'heure où vous ferés tirer au sort dans chaque paroisse, et le nombre de cavaliers dont vous croirés avoir besoin pour le maintien du bon ordre pendant la levée. Vous aurés soin de ne viser les états que les cavaliers vous présenteront qu'après vous être assuré qu'ils n'y auront point employé de journées pour les tirages qui auront été faits dans les lieux de leur résidence, parce qu'ils ne doivent point en être payés. Vous aurés soin de rayer les articles qui pourroient se trouver dans ce cas.

Je vous enverrai incessamment l'état des soldats levés depuis et compris 1780, dans les paroisses qui composent l'arondissement actuel de votre subdélégation. Vous voudrés bien vous assurer de l'existence des sujets qui s'y trouveront compris, et faire mention en marge de ceux qui pouroient être décédés. Vous aurés soin, je vous prie, de me renvoyer cet état avec les autres pièces de tirage.

M. le maréchal de Ségur désirant avoir une liste des soldats provinciaux qui par leur taille et leur bonne tournure sont dans le cas d'être choisis pour les compagnies de grenadiers royaux, vous voudrés bien examiner si depuis l'année dernière il n'y a point parmi ceux de votre subdélégation des sujets qui ayent atteint la taille de 5 p^{ds} 3 p. et au-dessus, et qui soient propres à être incorporés parmi les grenadiers. Vous porterés tous ceux qui seront dans ce cas sur une feuille que je vous envoye à cet effet ; mais vous n'y ferés point mention des soldats de la levée de 1779, attendu qu'ils sont sur le point d'être licenciés, et que je compte vous adresser incessamment leurs congés.

Je ne saurois trop vous recommander, Monsieur, de dresser le plan de vos opérations de manière à ne déplacer les particuliers sujets au tirage que le moins possible, et surtout à ne jamais les mettre dans le cas de découcher. Vous voudrés bien aussi commencer la levée par la ville de votre résidence. Ce qui restera de garçons excédent le nombre de onze qui est le pied sur lequel ils tireront, sera renvoyé avec ceux de la paroisse dont le tirage sera fait immédiatement après celui de la ville. A la fin de vos opérations vous aurés soin de réunir tous les garçons qui pourront rester au-dessus du nombre fixé pour les faire tirer tous ensemble sur un billet noir, afin que personne ne se trouve exemt des risques du sort.

Je joins ici l'extrait de l'ordonnance en cahier pour votre usage ainsi que mon instruction. Vous voudrés bien vous conformer avec exactitude aux dispositions qu'elles contiennent.

J'ai l'honneur d'être très parfaitement, Monsieur, votre très humble et très obéissant serviteur.

DE NANTEUIL.

XVII

Paris, ce 10 février 1785.

Je me suis déterminé, Monsieur, d'après les observations que j'ai eu lieu de faire et les représentations qui m'ont été adressées, à refondre presque tout le travail du nouvel arrondissement des subdélégations de ma généralité. Je vous envoye en conséquence le tableau des paroisses qui désormais composeront invariablement celle que vous occupez : au moyen de quoi la liste que vous avez reçue dernièrement devient nulle. Vous voudrez bien, conformément à ma lettre du 25 décembre dernier, remplir sans exception dans toute l'étendue du département que je vous assigne, toutes les parties du service qui vous appartient en votre qualité de mon subdélégué.

J'ai l'honneur d'être très parfaitement, Monsieur, votre très humble et très obéissant serviteur.

DE NANTEUIL.

Subdélégation de Bressuire.

1785.

1. Ville de Bressuire. — 2. Argenton-Château. — 3. Beaulieu. — 4. Bretignolles. — 5. Boëmé. — 6. Boesse. —7. Breuil-Chaussée. —8. Cerizais. — 9. Chambroutet.— 10. Chanteloup. — 11. Chiché. — 12. Cirières. — 13. Clazaye.— 14. Courlé.— 15. Etusson. — 16. Faye-Labesse. — 17. Geays. — 18. La Chapelle-Gaudin. — 19. La Chapelle-Saint-Laurent. — 20. La Coudre. —21. Laregeasse. — 22. La Ronde. — 23. Le Breuil-Pugny. — 24. Le Pin. — 25. Moncoutant. — 26. Montigny. —27. Moutiers. — 28. Noireterre. —29. Noirlieu. —30. Sauzay. — 31. Saint-André-sur-Saivre. — 32. Saint-Aubin-du-Plain. — 33. Saint-Clémentin. —34. Saint-Jouin-de-Milly. —35. Saint-Porchaire. — 36. Saint-Sauveur. — 37. Terves. — 38. Voultegon.

Total trente-huit paroisses.

XVIII

Paris, ce 15 février 1785.

Je joins ici, Monsieur, les congés absolus des soldats provinciaux de la levée de 1779, qui sont dans le cas d'être licenciés cette année, ainsi que ceux des soldats des années antérieures qui, pour cause d'absence aux assemblées, avoient eu des prolongations de service. Vous voudrés bien les leur remettre en même temps que vous ferés vos tirages et les prévenir de les faire viser tout de suite à leur sindic. Si dans le nombre il s'en trouvoit pour des soldats qui ne fussent pas de votre département, il faudroit me les renvoyer ainsi que ceux des sujets qui seront morts.

J'ai l'honneur d'être très parfaitement, Monsieur, votre très humble et très obéissant serviteur.

DE NANTEUIL.

XIX

Paris, ce 18 février 1785.

Je vous envoye, Monsieur, copie du dispositif de l'arrêt qui vient d'être rendu au Conseil sur la contestation qui s'est élevée entre les enfants du sieur Fourestier et les habitants de la paroisse de Largeasse au sujet de l'acquisition à titre de bail à rente, faite au nom de la communauté du tuteur de ces enfants, d'une maison destinée à servir de presbitère. Vous verrés que les enfants Fourestier sont autorisés à rentrer en jouissance de cette maison, à la charge par eux de rembourser préalablement les sommes de 590[l] et de 750[l] imposées sur la communauté en 1767 et 1777 pour la dépense des réparations qui y ont été faites. Je vous prie de prévenir les parties de cette décision, et leur faire savoir que la minute de l'arrêt est déposée chez M. de Montaran, secrétaire du conseil.

Sa Majesté s'est déterminée à prononcer la nullité de l'acte, d'un côté sur ce que la communauté n'avoit point été autorisée à acquérir et sur ce que le bail à rente n'avoit pas même été homologué; et d'un autre côté sur ce qu'il n'y avoit eu ni affiches ni publications, comme cela s'observe lorsqu'il s'agit de l'aliénation des biens des mineurs, et sur ce que le ministère public n'avoit point été entendu.

J'ai l'honneur d'être très parfaitement, Monsieur, votre très humble et très obéissant serviteur.

DE NANTEUIL.

XX

Paris, ce 25 février 1785.

J'ai reçu, Monsieur, l'état que je vous ai demandé par ma lettre du 3 de ce mois, des habitants corvéables de la paroisse de Cerizais, qui n'ont point été employés sur la route de Parthenay à Châtillon, quoique présens à la répartition des tâches au mois de décembre 1783. Comme cette irrégularité est déjà un peu ancienne, il se pourroit qu'il en auroit été rendu compte dans le temps à mon prédécesseur ; du moins cela auroit dû être, et il seroit étonnant qu'on ne l'eût pas fait. Il est possible en conséquence que mon prédécesseur ait alors statué quelque chose à cette occasion. Je l'ignore, parce que je ne trouve rien dans mes bureaux qui y ait rapport. Vous voudrez bien savoir du syndic de Cerizais si effectivement il y a eu déjà des représentations à ce sujet, ou quels sont les motifs qui ont pu en empêcher. J'ai encore besoin de cet éclaircissement pour être en état de prononcer sur ce qui en fait l'objet, en connoissance de cause.

Je vous observe, Monsieur, que votre lettre du 18 de ce mois, à laquelle étoit joint l'état dont je viens de parler, traite en même temps d'une seconde affaire sur laquelle je vous fais par même courrier, une réponse particulière. Vous voudrez bien, à l'avenir, m'entretenir par des lettres séparées des affaires dont vous aurez à me rendre compte. Cette méthode est absolument nécessaire pour l'ordre de la correspondance.

J'ai l'honneur d'être très parfaitement, Monsieur, votre très humble et très obéissant serviteur.

DE NANTEUIL.

XXI

Paris, ce 25 février 1785.

Je vous envoye, Monsieur, une ordonnance que je viens de rendre contre le nommé Guinaudeau, voiturier, de la paroisse de Saint-Mesmin-le-Vieux, afin qu'il rembourse au sieur de la Foy, syndic de celle de Cerizais, la somme de 3¹ dont il a fait l'avance pour l'enfouissement du cadavre d'un cheval appartenant au dit Guinaudeau. Vous voudrez bien la faire remettre à ce syndic.

Le sieur de la Foy, dans la lettre qu'il vous a écrite à cette occasion et que vous m'avez renvoyée, annonce que plusieurs particuliers de la paroisse de Cerizais ont perdu depuis peu des chevaux attaqués d'une espèce de galle. Comme cette maladie pourroit s'étendre, il est intéressant d'en arrêter les progrès. Je vous prie de prendre le plus promptement possible les informations nécessaires sur ses symptômes et ses ravages, afin que je voye à envoyer sur les lieux un artiste vétérinaire, si les circonstances l'exigent.

J'ai l'honneur d'être très parfaitement, Monsieur, votre très humble et très obéissant serviteur.

DE NANTEUIL.

XXII

Paris, ce 9 mars 1785.

Il est dans la règle, Monsieur, que je vous donne mes pouvoirs pour l'exercice des fonctions de subdélégué dans l'étendue de la subdélégation de Bressuire. — Je vous envoye en conséquence la commission que je viens d'expédier en votre nom. Je vous serai obligé de m'en accuser la réception. Je lui ai donné une datte relative au tems où j'ai commencé d'être chargé de l'administration du Poitou. Je suis charmé que cette circonstance me mette à portée de rendre justice à votre zèle et de vous donner un nouveau témoignage de ma confiance.

J'ai l'honneur d'être très parfaitement, Monsieur, votre très humble et très obéissant serviteur.

DE NANTEUIL.

Antoine-François-Alexandre Boula de Nanteuil, chevalier, seigneur de Mareuil, Saint-Clair, Lignères, Saint-Denis, la Grange-Dumont, Nanteuil-lès-Maux, Truet, Chermont et autres lieux, conseiller du Roi en ses conseils, maître des requêtes ordinaire de son hôtel, conseiller honoraire en sa cour de Parlement de Paris, intendant de justice, police et finances, commissaire départi pour l'exécution des ordres de Sa Majesté en la généralité de Poitiers.

Sur les témoignages avantageux qui nous ont été donnés de la probité, de la capacité et des talents du sieur Blactot, et d'après la connoissance que nous avons de la considération dont il jouit parmi ses concitoyens et de son zèle pour le bien du service, nous nous sommes déterminés à faire choix de sa personne pour l'instruction et l'examen des affaires relatives à notre administration. En conséquence nous l'avons commis et député, commettons et députons dans toute l'étendue de la subdélégation de Bressuire, pour à compter de ce jour y faire et remplir les fonctions de notre subdélégué, l'autorisons en vertu des présentes à entendre les parties, dresser procès-verbaux de leurs dires et raisons et à faire tout raport, informations et actes nécessaires soit pour nous mettre à portée de rendre bonne et briève justice à qui elle appartient, soit pour assurer en la subdélégation l'exécution des ordres de

Sa Majesté et de ceux du conseil. Entendons qu'en notre absence pour les objets provisoires et qui intéressent le bien du service, notre dit subdélégué puisse donner tous ordres à ce nécessaires : et afin que foi puisse être ajoutée à la présente commission, après l'avoir signée de notre main, nous y avons fait apposer le sceau de nos armes et le contre-seing de notre premier secrétaire.

Fait en notre hôtel à Poitiers le 7 octobre 1784.

DE NANTEUIL.

Par Monseigneur :
DESCOSTILS.

XXIII

Paris, ce 9 mars 1785.

J'ai rendu compte à M. le contrôleur général des ravages que l'insecte connu sous le nom de papillon fait dans les grains des différents cantons du Poitou. Je viens de recevoir à ce sujet un précis d'expériences faites pour détruire les charensons. Vous en trouverez une copie ci-jointe. Si ce procédé indiqué est propre à préserver les grains des ravages du charenson, il doit être également un préservatif sûr contre le développement du papillon. Je désire que vous fassiés connoître ce procédé dans l'étendue de votre subdélégation, et je vous enverrai même une instruction imprimée pour vous en faciliter les moyens si vous le jugés nécessaire. Du reste il seroit bon de savoir si l'immersion du grain dans l'eau bouillante n'en altère point la qualité et ne détruit pas le principe de la germination. C'est un fait qui ne peut s'éclaircir que par l'expérience.

J'ai l'honneur d'être très parfaitement, Monsieur, votre très humble et très obéissant serviteur.

DE NANTEUIL.

A cette lettre était jointe une pièce manuscrite dont voici la copie littérale.

Précis d'experiences faites pour détruire les charensons dans le bled.

Les officiers municipaux d'une ville de Languedoc ont été invités au mois de septembre 1784 à se transporter chés un particulier qui leur a montré deux sacs de bled froment qu'ils ont vérifié être de même qualité et recueilli dans le païs.

Après quoi ce particulier a fait tremper dans l'eau bouillante, pendant quelques minutes, un des deux sacs de bled, puis l'a fait égouter et l'a exposé dans la cour, où le soleil donne environ pendant deux heures, pour le faire sécher. Il y est resté deux jours, l'autre sac a été mis sous clef.

Au bout de deux jours, le bled trempé ayant été trouvé assés sec, il en a été pris une mesure et autant de celui mis sous clef, pour les faire moudre et en faire du pain séparément.

Les deux moutures ont été ensuite portées séparément chés un boulanger de la ville ; la farine a été travaillée et la pâte mise au four. Toutes les opérations ont été faites en présence des officiers.

Le pain cuit et refroidi, il a été reconnu que celui provenant du bled lavé à l'eau bouillante étoit un peu plus blanc que l'autre, et avoit produit trois pains doubles et demi de plus, ce qui fait par sac quatorze pains du poids de deux livres chacun, et sur le taux alors courant du prix du bled une augmentation de 2^l 6^d par sac de 200^l.

Les officiers municipaux ont cacheté les sacs qui renferment le restant des deux qualités de bled et se proposent de faire une seconde et une troisième expériences pareilles à la première, l'une au mois de mai 1785 et l'autre en août suivant.

En attendant le particulier assure, dans un mémoire qu'il a envoyé à la fin du mois de novembre 1784, qu'il visite souvent les deux sacs qui lui ont été déposés, qu'il n'a point encore aperçu un seul ver sur le sac de bled lavé, tandis que l'autre en est surchargé.

Si, comme il l'espère, le succès couronne ses espérances, l'on pourra dorénavant préserver les grains du charenson, par une pratique qui ne sera ni dispendieuse ni difficile.

L'on a, ajoute-t-il, dans tous les ménages, les instruments nécessaires à cette opération. Il voudroit seulement que le panier d'osier dont on se servira pour plonger le bled dans la cuve, fut couvert. Le grain ne pouroit alors sortir aucunement. L'immersion doit être répétée trois ou quatre fois rapidement, par le moyen d'un chaudron posé sur le foyer, on auroit soin d'entretenir l'eau au même degré de chaleur. Au sortir du cuvier le froment seroit jetté sur une toile, il en seroit retiré demie heure après. Il a à peu près besoin de ce tems pour pouvoir être ensuite remué avec un râteau sur d'autres toiles qu'on disposeroit tout près de celles qui l'auroient d'abord reçu, et il seroit possible qu'une seule personne donnât dans une journée cette dernière façon à cent sacs de bled.

XXIV

Paris, le 9 mars 1785.

Je vous envoye, Monsieur, la requête par laquelle les habitants taillables de Courlay demandent que je les autorise à défendre à l'action intentée contre eux par Mʳ de Vaudoré, dans l'effet d'obtenir la décharge de la taille à laquelle ils l'ont imposé à raison des prairies qu'il y fait valoir.

La demande de ces habitans ne soufre aucune difficulté ; mais comme la requête n'est censée présenter que le vœu de ceux qui l'ont signée et non celui de la communauté, il convient qu'ils prennent une délibération dans une assemblée régulièrement convoquée et qu'ils m'en envoyent ensuite une expédition afin que je puisse la viser.

L'expédient que vous me proposez n'est pas praticable, parce que les officiers de l'élection ne peuvent se dispenser de faire droit sur la demande de M. de Vaudoré. Comme la prétention de ce gentilhomme est contraire aux principes, si les habitants sont condamnés par les élus, vous leur recommanderez de ne point appeler de la sentence, mais de m'en envoyer aussitôt l'expédition, parce que j'en rendrai compte au conseil, qui vraisemblablement ne fera aucune difficulté d'en ordonner la cassation.

J'ai l'honneur d'être très parfaitement, Monsieur, votre très humble et très obéissant serviteur.

DE NANTEUIL.

XXV.

Paris, ce 15 mars 1785.

Je suis informé, Monsieur, que grand nombre de personnes au profit desquels j'ai expédié des ordonnances de secours sur le fonds extraordinaire de cent cinquante mille livres, accordé par Sa Majesté, ne savent point signer, et par conséquent ne peuvent toucher le montant de ces ordonnances par l'impossibilité où ils sont d'en donner quittance. Pour remédier à cet inconvénient, je viens d'autoriser le receveur général des finances de l'exercice 1784 d'acquitter les ordonnances dont il s'agit sur les reçus ou quittances de mes subdélégués dans chaque chef-lieu d'Élection. Vous voudrez bien prévenir de cette décision les personnes intéressées, afin qu'elles puissent se régler en conséquence.

J'ai l'honneur d'être très parfaitement, Monsieur, votre très humble et très obéissant serviteur.

DE NANTEUIL.

XXVI

Paris, ce 18 mars 1785.

Sa Majesté, Monsieur, vient de fixer à cinquante mille livres la remise en moins imposé qu'elle a bien voulu accorder aux habitants de ma généralité sur leurs tailles de la présente année.

Il est indispensable que vous me fassiez passer le plutôt possible les états des pertes que peuvent avoir essuyées les taillables de votre subdélégation pendant l'année 1784 et que vous y joigniez les requêtes et les autres pièces propres à en constater la réalité et l'objet.

Vous voudrez bien rédiger autant d'états que vous aurez de paroisses qui dépendront d'élections différentes. Comme les remises ne doivent point excéder le montant des impositions, il sera nécessaire que vous fassiez mention dans ces états des sommes auxquelles seront imposés, tant pour principal de taille qu'accessoires, les particuliers que vous croirez devoir y comprendre.

J'ai l'honneur d'être très parfaitement, Monsieur, votre très humble et très obéissant serviteur.

DE NANTEUIL.

XXVII

Paris, ce 24 mars 1785.

Je vous adresse, Monsieur, un état en blanc, que vous voudrez bien remplir des renseignements relatifs à la population, qui y sont demandés pour l'année 1784, dans toute l'étendue de votre subdélégation. Vous ajouterez à la colonne des hopitaux, où il est question de marquer par qui ils sont tenus, le nombre des personnes des deux sexes, soit religieuses, soit laïques, qui les desservent. Vous demanderez également le nombre des habitants de chaque monastère, soit religieux, soit pensionnaires, soit domestiques. Vous ferez aussi mention des chapitres. Vous vous ferez fournir par les supérieurs des maisons religieuses et des hopitaux qui sont dans l'usage d'avoir des registres de baptêmes et de sépultures, un relevé de ces registres pour la même année 1784, et seulement, quant aux sépultures, de celles de ces maisons religieuses ou hopitaux où il y auroit un cimetière particulier, afin de ne pas faire un double emploi avec celles qui se font dans les cimetières des paroisses. Je vous demande aussi un état particulier des enfants exposés pendant l'année et nourris à la charge du Roi ou des seigneurs. Vous formerez également un état de toutes les personnes qui ont pu s'être noyées ou qui seroient péries de quelqu'autre manière violente, et qui auroient été inhumées par ordonnance du juge. Comme j'ai besoin de connoitre aussi le nombre des bannis hors du royaume et des suppliciés, vous vous procurerez ce dernier renseignement dans le greffe du siège royal de votre ressort.

S'il y a des protestans en assez grand nombre dans quelques paroisses de votre arrondissement, et que malgré les ordonnances du Roi ils continuent de faire baptiser leurs enfants et d'inhumer leurs morts dans des lieux particuliers, il est à présumer qu'ils en tiennent des registres. Ceux des sépultures au moins devroient être déposés dans les greffes des sièges royaux. Vous leur demanderez un relevé des uns et des autres, et vous en ferez un état particulier par paroisses que vous m'adresserez. Je sais que dans plusieurs subdélégations de ma généralité ils ne se sont fait aucune peine de fournir ci devant ces relevés quant aux morts. Rien ne les empêche de le faire encore, ainsi que pour les naissances, d'autant que je n'ai besoin de connoitre le nom de personne, mais seulement le nombre dans les deux classes.

Vous voudrez bien aussi, Monsieur, faire tenir par la voie la plus sûre et la plus prompte, à MM. les curés de votre arrondissement, la lettre que je vous adresse pour eux, avec les deux états qui y sont joints, afin que chacun d'eux puisse les remplir en conséquence. Je ne doute point que vous ne répondiez à mes vues avec toute l'exactitude et la célérité que les circonstances exigent.

J'ai l'honneur d'être très parfaitement, Monsieur, votre très humble et très obéissant serviteur.

DE NANTEUIL.

XXVIII

Paris, ce 8 avril 1785.

Je pense, Monsieur, qu'il est impossible de prendre des mesures plus sûres que celles qui ont été mises en pratique jusqu'à ce jour, pour procurer avec toute la célérité possible les secours des médecins et des chirurgiens aux pauvres habitants de la campagne, qui ont le malheur d'être attaqués de maladies épidémiques.

Il me paroit que jusqu'à présent, il n'y a eu qu'un seul médecin par subdélégation qui ait été chargé du traitement des maladies populaires, et que c'est à luy qu'on s'en est rapporté pour le choix des chirurgiens.

On peut continuer à laisser aux médecins le choix des chirurgiens dont ils croient devoir de préférence employer le ministère. Mais comme souvent un seul médecin est dans l'impossibilité de se rendre aussitôt que le besoin l'exige, dans différentes paroisses où le mal se manifeste, et qui sont fort éloignées les unes des autres, il me semble qu'il y auroit lieu d'en nommer plusieurs pour le traitement des épidémies dans une même subdélégation, et de leur assigner à chacun un arrondissement fixe qui seroit formé d'un nombre déterminé de parroisses.

Cet arrangement, qui seroit connu des curés des communautés, les mettroit à portée de sçavoir à qui s'adresser lorsque le besoin l'exigeroit, et les secours de l'art seroient d'autant plus efficaces, qu'ils n'éprouveroient aucun retard. D'un autre côté cet arrangement n'occasionneroit point d'augmentation de dépenses, puisque les gratifications des médecins et des chirurgiens se règlent d'après leur travail et le nombre de leurs déplacements.

Vous voudrés bien me faire part de vos observations, sur le projet dont je viens de vous entretenir, et si l'exécution vous en parroit avantageuse pour votre subdélégation ; vous me ferés connoistre le nombre d'arrondissemens que vous croirés convenables d'établir, et vous me donnerés en même tems les noms des médecins qu'il faut charger du service, dans chacun de ces arrondissements.

J'ai l'honneur d'être très parfaitement, Monsieur, votre très humble et très obéissant serviteur.

DE NANTEUIL.

A cette lettre est jointe la copie suivante, littéralement reproduite, de la réponse faite par M. Blactot.

Bressuire, le 18 avril 1785.

MONSEIGNEUR,

Il est certain qu'un seul médecin ne suffiroit pas pour voir tous les malades d'une subdélégation si toutes les paroisses à la fois étoient affligées d'une maladie épidémique, et procurer les secours qui sont toujours pressans en pareille circonstance ; mais il est sans exemple que toutes les paroisses ny mesme un grand nombre soyent atteintes à la fois de la mesme maladie. Quand il y en auroit 5 à 6, ce qui n'est encore pas commun, j'estime qu'un seul médecin est suffisant, d'autant plus que quand la cause du mal est une fois découverte, c'est aux chirurgiens, préposés par les médecins, à administrer les remèdes, sauf néanmoins à commettre deux médecins dans le cas où le mal deviendroit général.

Cependant j'ay divisé en deux classes les paroisses qui forment l'arrondissement de la subdélégation de Bressuire, en cas que l'intention de Votre Grandeur fut d'occuper les deux médecins que nous avons icy (ce qui seroit me semble multiplier les êtres sans nécessité) à moins que les circonstances l'exigent en quelques occasions et en certains temps.

Première classe des paroisses désignées pour M. Berthelot, médecin de la faculté de Montpellier : Chambroutet — Noirlieu — La Chapelle-Gaudin — Moutiers — Sauzay — Argenton-Château — Etusson — Boesse — La Coudre — St-Aubin-du-Plain — St-Clémentin — Voultegon — Beaulieu — Bretignolles — Le Pin — Cirières — Breuil-Chaussée — Breuil-Pugny — Courlay.

Seconde classe des paroisses destinées pour M. Bagot, médecin de la faculté d'Angers : St-Porchaire — Noireterre — Geays — Faye-Labbesse — Saint-Sauveur — Chiché — Boismé — La Chapelle-Saint-Laurent — Largeasse — Chanteloup — Terves — Clazais — Moncoutant — La Ronde — Montigny — St-André-sur-Sayvre — Cerizais — St-Jouin-de-Milly.

XXIX

Paris, ce 8 avril 1785.

Vous savés, Monsieur, que les remèdes qui sont distribués annuellement dans les provinces par ordre du Roi, sont uniquement destinés pour les pauvres habitants de la campagne qui sont affligés de maladie.

Il convient de prendre les mesures nécessaires pour que les vues de bienfaisance de Sa Majesté à ce sujet, soient exactement remplies, et il sufit pour cela de mettre ceux qui ont des droits à ces remèdes, en état de s'en procurer lorsqu'ils en ont besoin.

Il a été d'usage jusqu'à présent de remettre les boëtes à des personnes que le désir d'être utiles aux pauvres avoit déterminé à s'en charger ; mais il est souvent arrivé que quelques-unes de ces personnes se sont persuadées ne devoir délivrer de ces remèdes qu'aux habitants de leurs paroisses, et que d'autres n'en ont point refusé à des malades, qui, à raison de leur fortune et de leur état, étoient à portée de se procurer tous les secours que leur situation exigeoit. De là il est arrivé nécessairement que les intentions de Sa Majesté n'ont été qu'imparfaitement remplies.

Afin de remédier à ces inconvéniens je me propose d'envoyer à mes subdélégués des boëtes de remèdes en nombres sufisants pour les besoins de leurs subdélégations, mais je désire qu'ils en fassent la distribution par arrondissement de sorte qu'une seule boëte soit destinée au traitement des habitants de huit communautés. Si cependant il y avoit des cantons plus sujets aux maladies que d'autres, on pourroit resserrer les arrondissements dans ces cantons et les étendre dans les autres.

En général il est à désirer que ce soient les curés qui soient chargés du dépôt de ces remèdes et que les boëtes soient placées dans le centre de chaque arrondissement. Tous les pauvres malades des communautés formant chaque district auront également droit à la distribution, et les remèdes dont ils auront besoin leur seront délivrés sur les certificats des curés des paroisses de leur domicile. Vous sentés qu'il sera nécessaire de prévenir ceux-ci du nouvel arrangement, afin qu'ils sachent où leurs paroissiens devront s'adresser au besoin.

Je conçois qu'il y aura des cantons où la consommation sera plus abondante que dans d'autres ; mais au moyen de la correspondance que mes subdélégués entretiendront avec les curés dépositaires ils connoitront les endroits où les remèdes seront épuisés et ceux où ils ne le seront pas : ils pourront faire repasser d'un dépôt dans une autre partie des remèdes qui paroitroient inutiles dans le premier, pour être employés dans le second. D'ailleurs si les circonstances l'exigent, je procurerai des remèdes par suplément et par ce moyen les pauvres malades des campagnes seront toujours dans le cas d'être secourus.

Vous voudrés bien m'envoyer un état d'arrondissement formé d'après les vues que je viens de vous développer, et m'indiquer les noms des curés à qui vous croirés à propos de confier les boëtes. Il est inutile que je vous observe qu'il faut choisir de préférence ceux qui sont connus pour se livrer avec le plus de zèle et de charité au soulagement des malheureux.

J'ai l'honneur d'être très parfaitement, Monsieur, votre très humble et très obéissant serviteur.

DE NANTEUIL.

XXX

Paris, le 22 avril 1785.

Les derniers états, Monsieur, que les concierges des différentes prisons de ma généralité m'ont adressés, des fournitures par eux faites aux mendiants et vagabonds qui ont été confiés à leur garde l'année dernière, m'ont fait connoître que ces concierges ne suivoient d'autre règle que leur caprice dans la fixation du prix des fournitures. Comme il est intéressant d'établir de l'ordre et de l'uniformité dans cette partie du service, je viens de faire imprimer un modèle d'état, dont je joins ici un nombre suffisant d'exemplaires, pour que vous puissiez en faire passer à tous les concierges de votre arrondissement. La récapitulation qui se trouve au pied, fera connoître au juste ce qui doit être accordé pour l'eau et la paille et pour la fourniture de pain. Vous voudrez bien prévenir les concierges que cet état n'est fait que pour les mendians, et que par conséquent ils ne doivent y porter ni prisonniers poursuivis par les juges ordinaires, ni déserteurs, ni galériens. Je vous prie en conséquence de n'arrêter aucun des états qui vous seront présentés, qu'après vous être assuré qu'ils sont conformes aux règles que je viens d'établir.

J'ai l'honneur d'être très parfaitement, Monsieur, votre très humble et très obéissant serviteur.

DE NANTEUIL.

XXXI

Paris, le 3 mai 1785.

Je conçois, Monsieur, que la disette de fourages et le mauvais état où se trouvent les chevaux, bœufs et mulets dans le Poitou, occasionnent nécessairement du retard dans l'exécution des ouvrages de corvées de la présente année pour lesquels diférentes circonstances ne m'ont pas permis d'adresser aux communautés mes mandements aussitôt que je l'aurois désiré. Ces diférentes considérations m'engageront à accorder des prolongations de délai pour la perfection des tâches, lorsqu'il sera reconnu juste de le faire, et je vous recommande de m'adresser à ce sujet pour les paroisses de votre subdélégation, les observations que le bien du service vous paroîtra exiger. J'aurai même égard à la situation des communautés qui auront particulièrement été attaquées d'épidémie, en les déchargeant de tout ou partie de leurs tâches, suivant qu'elles auront plus ou moins souffert.

J'ai l'honneur d'être très parfaitement, Monsieur, votre très humble et très obéissant serviteur.

DE NANTEUIL.

XXXII

Paris, ce 3 may 1785.

J'ai reçu, Monsieur, la lettre que vous m'avés écrite le 26 du mois dernier, pour me faire part des motifs que vous avés de croire qu'il est de toute justice de diminuer les impositions de la ville de Bressuire. Je prendrai vos observations en considération aussitôt que le moment en sera venu; mais en attendant il seroit bon que les officiers municipaux m'adressassent un mémoire dans le même objet, à l'appui duquel ils citeroient les faits raportés dans votre lettre et les autres de pareille nature qui peuvent être parvenus à leur connoissance.

J'ai l'honneur d'être très parfaitement, Monsieur, votre très humble et très obéissant serviteur.

DE NANTEUIL.

A cette lettre est jointe la pièce suivante, écrite en entier de la main de M. Blactot :

Avril 1785.

MONSEIGNEUR,

Rien ne peut mieux prouver la justice et la bonté des sentiments de Votre Grandeur, que l'ordonnance que vous venez de rendre au sujet de l'inégalité des tailles.

J'ay fait passer vos mandements dans les paroisses qui sont de mon arrondissement. J'ignore quelles seront les représentations qui vous seront faites à cet égard ; tout ce que je sçay, c'est que les paroisses de l'Élection de Thouars qui sont situées dans le Bas-Poitou sont extrêmement chargées. Mais sans entrer dans le général, je me borneray à vous observer, Monseigneur, que Bressuire depuis longtemps gémit sous le poids d'une imposition exhorbitante. Les droits du tarif y sont devenus si considérables, qu'ils ont occasionnés la désertion de plusieurs habitans, ce qui fait que la consommation n'est plus la mesme, et que la perception des entrées ne peut faire face aux impositions.

Témoin la veuve Cousseau de la Richardière, adjudicataire du tarif, qui, à la fin de son bail, s'est trouvé en déficit d'une somme de plus de 7.000 livres, dont vous avés eu la charité de luy obtenir la remise au mois de janvier dernier, sans quoy cette veuve et sa nombreuse famille composée de dix enfants auroit été réduite à la mendicité.

Il seroit de l'équité et de la justice du Conseil d'avoir égard à la situation des lieux. Il y a cent ans que Bressuire étoit en état de payer ses impositions ; il y avoit plusieurs bons commerçans ; la manufacture de petites étoffes qui s'y fabrique étoit pour lors en vigueur, et faisoit vivre tous les artisans ; mais depuis longtemps elle est tombée dans un discrédit total ; il ne s'y fait pas le quart de ce qui s'y fabriquoit autrefois, ce qui fait que ces artisans y sont dans la plus grande détresse, au point que dans une si petite quantité d'habitans on y compte 800 pauvres. Aussi ne voit-on que masures partout : il s'en faut près de moitié qu'il y ait autant de maisons qu'il y en avoit enciennement.

Il est donc intéressant, Monseigneur, si on veut que Bressuire subsiste, de jetter un œil de commisération sur cette malheureuse ville, et puisque Votre Grandeur s'occupe de l'égalité de la répartition des tailles dans sa Généralité, il vous est bien facille de la soulager, en considérant que plusieurs paroisses de l'Élection qui sont aux environs de Parthenay ne payent rien en proportion des paroisses de ce pays cy de l'Élection de Thouars. En voicy la preuve bien sensible.

Le sieur Belliard, que j'ay connu très particulièrement, tenoit à ferme la terre de Beaurepaire, paroisse de Terves, Élection de Thouars, dont il payoit à Mme la comtesse de la Chapelle 1.500 livres. Il étoit fermier en mesme temps de la Chapelle-Bertrand, près Parthenay, Élection de Poitiers, dont il donnoit 2.400 livres de ferme. Il m'a dit qu'il payoit près de moitié plus de taille pour Beaurepaire affermé 1.500 livres, que pour la Chapelle-Bertrand affermée 2.400 livres. Je sçay encore, de bonne part et à n'en pas douter, que Clessé, Neuvy et autres circonvoisines, qui sont aussi de l'Élection de Poitiers, ne payent presque rien. Quand on osterait sur l'Élection de Thouars 10 à 12.000 livres pour les porter sur l'Élection de Poitiers, il s'en faudroit encore de beaucoup qu'elle fût aussy chargée que l'Élection de Thouars, car les paroisses de ce canton payent des taux considérables, ce qui est douloureux, tandis qu'on est à la porte d'autres paroisses du même canton qui ne payent presque rien.

Il vous seroit facille, Monseigneur, d'obtenir un ordre du Conseil pour opérer ce changement, et, de la diminution qui seroit faite sur l'Élection de Thouars, en appliquer 2.600 livres à Bressuire, qui paye 5.600 livres du principal de la taille et les impositions accessoires en proportion.

XXXIII

Paris, ce 3 mai 1785.

J'ai reçu, Monsieur, la lettre que vous m'avés écrite au sujet de l'épidémie qui règne dans la paroisse d'Argenton-Château. Les pauvres malades sont effectivement à portée d'être secourus, puisqu'il y a un hôpital dans cette paroisse, mais il seroit possible que les administrateurs ne remplissent pas exactement leurs devoirs, et en conséquence je désire que vous envoyés dans cette paroisse le médecin des épidémies établi près de vous, ou tout autre médecin qui peut mériter votre confiance, afin qu'il puisse s'assurer par lui-même du soin que l'on y prend des malades, et ordonner le traitement que les circonstances lui paroîtront exiger. Vous pouvés même autoriser le curé à faire fournir le bouillon et la viande aux pauvres qui ne seront pas en état de s'en procurer. J'aurai soin de le rembourser de ses avances sur l'état qu'il m'en adressera. Vous voudrés bien me faire part du résultat de la visite du médecin que vous chargerez de la mission dont je viens de vous parler.

J'ai l'honneur d'être très parfaitement, Monsieur, votre très humble et très obéissant serviteur.

DE NANTEUIL.

XXXIV

Paris, ce 17 mai 1785.

D'après ce que vous me marqués, Monsieur, je vois que les habitants de la paroisse d'Argenton-le-Château qui ont été attaqués de l'épidémie ont eu tous les secours que leur état pouvoit exiger ; vous avés bien fait cependant d'y envoyer le sieur Berthelot.

A l'égard de la paroisse de Moutiers, j'approuve les dispositions que vous avés faites pour procurer aux pauvres malades de cette paroisse les soulagements dont ils avoient besoin. Vous aurés soin de me marquer quels sont les progrès que la maladie peut avoir fait dans cette communauté.

J'ai l'honneur d'être très parfaitement, Monsieur, votre très humble et très obéissant serviteur.

DE NANTEUIL.

XXXV

Paris, ce 17 mai 1785.

Les suites fâcheuses de la sécheresse qui continue de régner en Poitou, Monsieur, m'ont déterminé à demander à M. le controlleur général de m'autoriser à suprimer les ouvrages neufs de corvées que j'ai donnés en tâche aux communautés de ma Généralité pour la présente année, et à ne faire exécuter que ceux qui sont relatifs à l'entretien des routes. Je ne tarderai vraisemblablement pas à être instruit de ses intentions, et à être en état de vous en faire part. En attendant, il convient que vous difériés de procéder aux adjudications. Si le ministre approuve le projet que je lui ai proposé, il n'en sera fait que pour les ouvrages d'entretien, et le prix total de ces adjudications sera imposé sur toutes les communautés sans exception, au marc la livre de la tâche.

J'ai l'honneur d'être très parfaitement, Monsieur, votre très humble et très obéissant serviteur.

DE NANTEUIL.

P.-S. Dans le cas où vous auriez déjà procédé à quelques adjudications, ou que des communautés eussent opté pour faire leurs tâches elles-mêmes, vous voudrés bien donner les ordres et les instructions nécessaires pour la suspension provisoire des travaux.

XXXVI

Paris, ce 24 mai 1785.

Il est vraisemblable, Monsieur, que le défaut de fourages et les maux qui en sont nécessairement la suite ont occasionné, et occasionnent encore journellement, la mort de beaucoup de bestiaux dans la province du Poitou.

Vous concevés qu'il est de la dernière importance de veiller à ce que ces animaux soient mis en terre à un degré de profondeur convenable, afin de prévenir les maladies que la corruption ne manqueroit pas d'occasionner s'ils étoient jettés à la voirie.

En conséquence, je vous recommande d'aporter le plus grand soin à ce que les corps des animaux qui sont morts, et qui mourront, dans les différentes paroisses de votre subdélégation, soient enfouis sans délai, et recouverts d'une couche de terre assez épaisse pour empêcher toute exhalaison malfaisante de s'échapper des fosses.

Si quelques personnes se refusoient à faire enterrer les corps morts des animaux qui leur ont apartenu, il faudroit que les sindics fissent faire cette opération par des journalliers dont les salaires seroient payés par ces mêmes propriétaires, en vertu d'ordonnances que j'expédierai à cet effet.

J'aurois pu rendre une ordonnance générale pour renouveller les dispositions de celles rendues par mon prédécesseur sur cette partie du service, mais j'ai eu crainte d'augmenter les inquiétudes des habitants de la province, et, d'ailleurs, les précautions nécessaires ont été prescrites, et il ne s'agit plus que de tenir la main à leur exécution. Je compte beaucoup sur votre zèle et votre exactitude.

J'ai l'honneur d'être très parfaitement, Monsieur, votre très humble et très obéissant serviteur.

DE. NANTEUIL.

XXXVII

Paris, ce 27 mai 1785.

J'ai eu plusieurs fois occasion de remarquer, Monsieur, que la manière de procéder à la nomination des sindics n'est pas la même dans les diférentes Élections de cette Généralité. Dans les unes, l'usage est de les nommer d'office ; dans d'autres, ce sont les communautés qui les choisissent ; mais, dans l'un comme dans l'autre cas, le tems de leur exercice ne paroit limité ni par l'usage ni par aucun règlement.

La même diversité se fait remarquer par raport aux

préposés du recouvrement des vingtièmes. Dans quelques Élections, ce sont les collecteurs sortant d'exercice qui en sont chargés; dans d'autres, ce sont les paroisses qui les élisent, par des délibérations prises à cet effet ; enfin, dans d'autres, ce sont les receveurs particuliers des finances qui les choisissent, en remplissant du nom des particuliers qu'ils désignent pour ce service les rolles qui leur sont envoyés.

Vous jugerés sûrement comme moi, qu'il ne peut être qu'avantageux d'établir des règles uniformes, tant pour la nomination des sindics que pour celle des préposés au recouvrement des vingtièmes, et c'est un travail dont je compte m'occuper très incessamment.

Les sindics sont les hommes des communautés ; ils sont particulièrement chargés du service public, de la surveillance de tout ce qui a raport à l'intérêt commun des habitans. Il est par conséquent dans l'ordre que ce soient les communautés qui les choisissent, et que leurs commissions ne soient expédiées que sur le vu de la délibération qui contiendra leur nomination. Si quelques communautés faisoient un mauvais choix, il ne pourroit en résulter d'inconvénient, parce que j'aurois soin de n'expédier les commissions qu'après avoir consulté mes subdélégués sur le personnel des sujets, et j'obligerois les paroisses à faire une nouvelle élection lorsque les circonstances paraîtroient l'exiger.

Il me paroit convenable aussi de fixer à trois années seulement le tems de la gestion des sindics. Si l'exercice des fonctions de cet état offre des avantages, il est juste que chaque habitant qui se trouvera avoir les qualités nécessaires en jouisse à son tour ; si au contraire on ne peut la considérer que comme une charge, elle doit être suportée de la même manière.

Au surplus, à l'expiration de ces trois années, rien n'empêcheroit que le sindic ne continuât à faire le service, s'il étoit nommé de nouveau et qu'il consentît à rester en fonctions.

A l'égard des préposés au recouvrement des vingtièmes, il me semble qu'il ne pourroit être qu'avantageux de réunir leur service à celui des sindics. Cette réunion opéreroit une diminution dans le nombre des privilégiés ; elle procureroit aux sindics des taxations qui les indemniseroient, au moins en partie, des frais des voyages qu'ils sont obligés de faire à la ville ; enfin il y auroit plus de sûreté pour les deniers du Roy, en ce qu'ordinairement on ne nomme pour les sindics que les principaux habitans des paroisses et ceux dont la conduite est la plus régulière.

Je vous prie de me faire part le plutôt possible de vos observations sur l'objet de ma lettre, afin que je puisse faire les dispositions relatives au nouvel ordre que je me propose d'établir.

Il sera à propos que vous vous expliquiés aussi sur la nature et l'étendue des exemtions dont il conviendra de faire jouir les sindics.

Jusqu'à présent il a été d'usage de leur accorder annuellement des gratifications en argent, mais, indépendamment de ce que cet usage n'a point été autorisé par le Conseil, et qu'il est contraire à ce qui se pratique dans les autres provinces du royaume, c'est que la modicité des fonds qui sont à ma disposition me met dans l'impossibilité, malgré le désir que j'en aurois, de laisser subsister cet article de dépense, dont l'ensemble ne laisse pas d'être considérable.

Je sçais, d'après des représentations qui m'ont été déjà faites, que quelques-uns des sindics ont menacé de remettre leurs commissions, et que quelques-uns de mes subdélégués craignent que le service ne souffre du retranchement des gratifications dont il s'agit ; mais un sindic n'est pas le maître d'abandonner à volonté le service dont il est chargé, et, s'il s'en trouvoit qui négligeassent de remplir leur devoir par la raison de la supression d'une rétribution qu'ils n'ont jamais droit d'exiger, je saurois les punir d'une manière à ôter aux autres le désir de les imiter.

Par mon mandement des corvées, j'ai fixé l'exemtion de contribution des sindics jusqu'à concurrence de 20 l. du principal de leur taille. Il peut être juste d'augmenter ce taux, eu égard aux fréquents voyages que les sindics sont obligés de faire pour cette partie du service, et c'est pourquoi je vous serai obligé de me donner votre avis. Je vous observe que mon intention n'est pas d'accorder une exemtion pleine et entière, parce qu'alors, les sindics n'étant pas tous également imposés à la taille ne jouiroient pas du même sort, et parce que, d'un autre côté, je veux connoître quel est l'objet annuel de l'exemtion. En exemtant les sindics de contribuer jusqu'à concurrence de 40 l. du principal de la taille, l'exemption sera de 10,000 l. par an. Elle sera de 15,000 l., si la fixation est de 60 l. et ainsi de suite, et ce dernier taux me paroit bien considérable.

Les règlements des tailles n'accordent point le privilège de la taxe d'office aux sindics ; ils en jouiroient s'ils étoient en même tems chargés du recouvrement des vingtièmes, et c'est encore un avantage que produiroit pour eux la réunion des deux places.

J'espère que vous ne tarderés pas à m'adresser votre réponse. Vous voudrés bien y entrer dans tous les détails que vous jugerés nécessaires au développement des motifs de votre façon de penser sur les objets dont je viens de vous entretenir.

J'ai l'honneur d'être très parfaitement, Monsieur, votre très humble et très obéissant serviteur.

DE NANTEUIL.

A cette lettre est jointe la pièce suivante, contenant la copie de la réponse faite par M. Blactot :

A Bressuire, le 6 juin 1785.

Monseigneur,

Je pense comme vous qu'il seroit fort à propos de réunir dans la même personne les fonctions de sindic et de préposé des vingtièmes des paroisses, parce que les exemptions en seroient moins multipliées ; mais à quel genre de bénéfice les fera-t-on participer, quelle sera la récompense due à leurs peines et à leurs soins ? il y a bien de la question.

Si on ne fait que les taxer d'office, il n'en résultera aucun avantage, parce que les taxes d'office étant toujours ordinairement de la mesme cotte que l'on est imposé sur le rolle, ils n'en payeront ny plus ny moins la mesme somme qu'ils payoient auparavant.

L'exemption d'une partie de leur corvée ne me paroit pas non plus suffisante pour faire convoiter de pareilles charges ; car j'ay vue bien des sindics qui m'ont dit qu'ils aimeroient mieux faire la totalité de leurs corvées que d'avoir l'embarras de commander toute une paroisse. Le privilège qu'ils ont d'exempter de la milice leur fils aîné est un objet assés flatteur pour ceux qui ont des enfants ; mais combien y en a-t-il qui ne sont pas dans ce cas ?

Je veux bien que les préposés des vingtièmes ayent les 4 deniers pour livre de remise de leur recouvrement, mais cela est-il suffisant pour les dédomager des frais de voyages qu'ils sont obligés de faire pour porter leur argent à la recette de Thouars, surtout pour ceux de ce pays cy, dont il y en a qui sont à plus de douzes lieues ?

Je conviens que la charge de sindic est une charge publique ; il faut qu'il y en ait, mais *nemo suis stipendiis militare debet*. Les sindics sont chargés de la nomination des collecteurs ; il faut qu'ils se transportent à Thouars pour les faire enregistrer au greffe de l'Élection ; et lorsque les communautés ont des procès à soutenir, ils ont bien des voyages à faire; et tout cela est compté pour rien.

Quel traitement donc proposer pour remplir tout à la fois l'office de sindic et de préposé des vingtièmes ? Pour moy, je serois d'avis qu'il leur fût accordé, non-seulement l'exemption de la totalité de leurs corvées, mais encore une pistolle sur le principal de leur taille sans diminution des accessoires.

On dira sans doute : voilà dix livres de moins des impositions de la paroisse ! J'en conviens, mais il faudroit joindre ces dix livres aux accessoires, et cette augmentation seroit peu de chose pour chacune ; d'ailleurs, si on veut que la paroisse ne ressente aucune sorte d'augmentation, ne pourroit-on pas diminuer les impositions accessoires de ces 10 li. ?

De cette manière il n'y auroit plus aucune sorte de gratification à accorder, parce que les 10 li. de diminution sur le principal de la taille, qui seroit annuelle, tiendroit lieu de toute gratification.

Je pense que cet expédient seroit plus propre que tout autre, pour procurer des sujets en état de bien s'acquitter de la charge de sindic et d'assurer le recouvrement des vingtièmes, lesquels seroient nommés dans une assemblée des habitants de la paroisse et ensuite confirmés par vous, Monseigneur, par une commission qui leur seroit expédiée.

J'ay l'honneur d'estre avec un profond respect, Monseigneur, votre très humble et très, etc.......

XXXVIII

Paris, ce 27 mai 1785.

Vous devez, Monsieur, avoir reçu plusieurs exemplaires, que j'ai donné ordre de vous faire passer, d'un arrêt du

Conseil du 17 de ce mois, qui permet aux habitants des campagnes d'envoyer leurs chevaux et bêtes à cornes pâturer dans les bois de Sa Majesté et dans ceux des communautés séculières et régulières, aux exceptions portées dans l'article 1ᵉʳ. Je ne doute point que vous ne l'ayez déjà fait distribuer dans toutes les paroisses de votre subdélégation, et que vous ne l'ayez rendu public dans votre ville par la voye de l'affiche.

J'ai écrit à l'administration de S. A. R. Mᵍʳ le Comte d'Artois, pour demander que les bois du Prince soient exemtés de l'assujetissement porté par l'arrêt, et je ne doute point que les instructions qui seront données à ce sujet ne soient telles que je le désire.

Vous avez vu, Monsieur, par les termes dans lesquels l'arrêt du Conseil est conçu, que Sa Majesté se propose d'accorder des secours à ses provinces, sur les mémoires qui seront envoyés par Mʳˢ les Intendans. Je désire que vous me fassiez passer le plustôt possible des détails sur la situation de votre subdélégation, et que vous me fassiez connoître le genre et l'étendue des secours dont elle peut avoir besoin.

Ce n'est pas seulement pour le moment actuel que la disette des fourrages est à craindre. Il est évident que si la pénurie est aussi complette qu'il y a lieu de le présumer, la pluspart des propriétaires et cultivateurs ne pourront pas conserver leurs bestiaux pour l'hyver prochain; que, par conséquent, il sera impossible de faire les labours et d'ensemencer les terres, etc.

Peut-être seroit-il possible, dès le moment actuel, de se livrer à quelque genre de culture qui pourroit supléer au défaut des fourages. Dans plusieurs provinces, en Limousin par exemple, on cultive des raves, des navets, qui servent de nourriture aux moutons, aux bœufs pendant l'hyver; il me semble que l'on pourroit faire d'autant plus facilement usage de cette ressource en Poitou, que l'on ne sème ces sortes de plantes que dans le courant des mois de juillet et août. Je vous prie de me faire part de vos réflexions à ce sujet. Si cet expédient est praticable, je ferois venir des graines, je les délivrerois gratis, et j'accorderois même des récompenses aux personnes qui se livreroient à ce genre de culture.

Il est encore un autre article sur lequel je serai bien aise d'avoir votre avis. Dans diférents cantons de la province, il y a des marais communs, où les diférentes paroisses qui y ont droit mettent leurs bestiaux à pâturer. Il est hors de doute que, d'ici à quelque temps, il tombera des pluies qui ranimeront la végétation. Il me semble qu'il seroit avantageux de mettre quelques parties de ces biens communaux en réserve, et de défendre aux communautés d'y envoyer leurs bestiaux, parce que le foin qui y viendroit et qu'ils récolteroient dans l'arière-saison assureroit la nourriture de leurs bestiaux pendant l'hyver.

Vous voudrez bien, Monsieur, m'adresser votre réponse le plustôt possible. Vous sentez que les circonstances exigent célérité.

J'ai l'honneur d'être très parfaitement, Monsieur, votre très humble et très obéissant serviteur.

DE NANTEUIL.

XXXIX

Paris, ce 3 juin 1785.

Sa Majesté, Monsieur, sur le compte qui luy a été rendu par M. le contrôleur général du mauvais état des bestiaux dans la province du Poitou, occasionné par le défaut de fourages, a bien voulu dispenser les communautés de l'exécution des tâches de corvées, qui leur ont été assignées en ouvrage neuf pour la présente année, et approuver que les travaux soient réduits au simple entretien des routes déjà faites. J'ay rendu à cette occasion une ordonnance, dont il vous a été envoyé de mes bureaux un nombre suffisant d'exemplaires, pour qu'elle puisse être affichée dans toutes les parroisses de votre subdélégation.

Je ne tarderai pas à vous adresser un état des ouvrages d'entretien, qui doivent s'exécuter dans votre district, afin que vous puissiés procéder aux adjudications au rabais. Vous m'envoirés ensuite la liste de ces adjudications. Elle me sera nécessaire pour en connoître le prix et les noms des adjudicataires, ainsi que pour régler les contributions respectives des communautés. J'ay demandé à l'ingénieur en chef des ponts et chaussées de faire vérifier l'objet des ouvrages déjà exécutés, afin de tenir compte aux communautés de ce qu'elles peuvent avoir fait à compte des tâches qui leur auront été données, et de régler de quelle manière il sera pourvu au payement des entrepreneurs qui avoient déjà commencé les ouvrages lorsqu'ils ont eu connoissance de l'ordre de suspension. De votre côté, Monsieur, il est à propos que vous m'adressiés un état des adjudications que vous avés faites pour les ouvrages d'entretien. Cet état doit contenir les noms des paroisses auxquelles les tâches avoient été assignées, ceux des adjudicataires, le montant de l'évaluation, le prix de l'adjudication et la datte de cette même adjudication. Vous voudrés bien m'adresser cet état le plustôt possible ; si par hasard vous n'avez fait aucunes adjudications, vous aurés soin de me le marquer.

J'ay l'honneur d'être très parfaitement, Monsieur, votre très humble et très obéissant serviteur.

DE NANTEUIL.

XL

Paris, ce 15 juin 1785.

Vous devez, Monsieur, avoir reçu de mes bureaux des imprimés d'une instruction sur les moyens de supléer à la disette des fourages. Il vous en a été envoyé un nombre sufisant pour que vous puissiez en faire passer un exemplaire dans toutes les paroisses de votre subdélégation. Vous voudrez bien donner les ordres nécessaires aux sindics pour qu'ils en fassent la publication chacun dans sa paroisse, et pour qu'ils en donnent communication à toutes les personnes qui désireroient en prendre connoissance.

Je compte que je ne tarderai pas à avoir du maïs et de la graine de turneps, dont je chargerai mes subdélégués de faire la distribution aux habitants les moins aisés de la campagne qui seront dans l'intention de cultiver ces deux genres de plantes. Ce secours doit d'autant moins empêcher les propriétaires, laboureurs et fermiers qui sont en état de se procurer ces deux espèces de semences d'en faire l'emplette à leurs propres frais, que la distribution gratuite dont je viens de vous parler ne doit naturellement pas les regarder.

J'ai l'honneur d'être très parfaitement, Monsieur, votre très humble et très obéissant serviteur.

DE NANTEUIL.

XLI

Paris, ce 25 juin 1785.

Toutes les communautés, Monsieur, qui composent votre subdélégation, ont un rolle particulier pour leurs impositions, et cependant il y en a plusieurs qui ne sont que des hameaux ou annexes dépendantes d'une autre paroisse, et où il n'y a point de curé particulier. Je vous prie de m'envoyer, sans perdre de temps, un état nominatif de ces diférentes annexes, afin que je les fasse suprimer de la nomenclature de cette province qui sert à former l'état général de la population. Je vous serai obligé aussi de m'en envoyer une des paroisses de votre arrondissement où il y a des hôpitaux ou maisons religieuses. Vous aurés soin de raporter les noms de ces différents établissements, et de faire connoître duquel ordre sont les maisons religieuses.

J'ai l'honneur d'être très parfaitement, Monsieur, votre très humble et très obéissant serviteur.

DE NANTEUIL.

Je joins la liste des paroisses dont les curés ne m'ont pas encore adressé leur état pour 1784, avec des lettres que je vous prie de leur faire passer.

A cette lettre est jointe la copie suivante de la réponse de M. Blactot :

A Bressuire, le 11 juillet 1785.

MONSEIGNEUR,

Toutes les paroisses de mon arrondissement ont chacune leur curé particulier, et il n'y a, dans ces paroisses, aucuns hameaux qui y soient annexés dépendans d'autres paroisses où il n'y a pas de curé ; de sorte que le rolle de la taille de chaque paroisse comprend généralement tout ce qui en dépend et en fait partie, et rien qui luy soit étranger par annexe ou autrement.

Quant aux maisons religieuses, il n'y en a point d'autres qu'à Bressuire, sçavoir une maison de religieuses de Saint-François, et une de religieux du mesme ordre.

J'ay, etc., etc...

XLII

Paris, ce 5 juillet 1785.

Je vous envoye, Monsieur, des ordres du Roy, par lesquels Sa Majesté fait défenses aux religieuses cordelières de la ville de Bressuire de recevoir aucune novice, et d'admettre à la profession aucune de celles qui peuvent être à présent dans leur maison. Je vous prie de le remettre à la supérieure, d'en prendre sa reconnoissance au pied de la copie de ce même ordre, et de tenir la main à son exécution. Vous aurez soin de m'adresser la reconnoissance de la supérieure le plutôt possible, afin que je puisse l'envoyer à M. le baron de Breteuil.

J'ai l'honneur d'être très parfaitement, Monsieur, votre très humble et très obéissant serviteur.

DE NANTEUIL.

XLIII

Paris, ce 12 juillet 1785.

Je joins ici, Monsieur, un certain nombre d'exemplaires d'un mémoire, que je viens de faire imprimer, pour indiquer ce que les gentilshommes qui sollicitent l'admission à l'école royale militaire pour leurs enfans doivent observer, pour assurer le succès de leur demande. Je joins ici des imprimés du mémoire de questions auxquelles les gentilshommes doivent répondre. Vous en trouverés de différentes classes. Lorsqu'un gentilhomme vous en demandera, vous serés dans le cas de lui en donner de la classe où il se trouvera, et vous le préviendrés en même tems qu'il faudra qu'il m'envoie son mémoire après qu'il l'aura répondu, avec les diférentes pièces qui sont exigées, afin que je puisse envoyer le tout, suivant l'usage, au ministre de la guerre.

J'ai l'honneur d'être très parfaitement, Monsieur, votre très humble et très obéissant serviteur.

DE NANTEUIL.

XLIV

Paris, ce 26 juillet 1785.

M. le curé de St-André-sur-Sèvre vient de me prévenir, Monsieur, qu'il a essayé de donner de la fougère à ses bestiaux et qu'il a remarqué qu'ils la mangeoient avec appetit, surtout les chevaux, lorsqu'elle étoit *grolée*, c'est-à-dire à moitié sèche, ou coupée de la veille. Je désire que vous fassiez répéter cette expérience dans plusieurs paroisses de votre subdélégation, afin que j'en rende le résultat public dans toutes, s'il se trouve conforme à ce que me marque M. le curé de S*t*-André-sur-Sèvre. Vous concevez qu'il est important de constater promptement un fait si intéressant, parce que si la fougère étoit propre à la nourriture des bestiaux, il seroit possible d'en recueillir dans les campagnes et de la conserver pour l'hyver dans l'état où elle doit être pour servir de fourage. Vous voudrez bien me répondre à ce sujet avec toute la célérité possible.

J'ai l'honneur d'être très parfaitement, Monsieur, votre très humble et très obéissant serviteur.

DE NANTEUIL.

XLV

Paris, ce 28 juillet 1785.

On est parvenu, Monsieur, à rétablir la raison de quelques-uns des insensés qui sont renfermés dans les hôpitaux et maisons de force. Ce succès, si doux pour l'humanité, a excité la sollicitude compatissante du gouvernement. Il vient, en conséquence, de publier une instruction sur la manière de gouverner et de traiter ces êtres malheureux, dans les aziles qui leur sont destinés. Je vous en envoye un exemplaire. Comme l'intention du Roi est que l'on s'y conforme, autant que les lieux et les circonstances le permettront, je vous prie de m'informer quels sont les hôpitaux et autres maisons situées dans votre arrondissement où il peut y avoir quelques insensés de renfermés, afin que j'adresse aux administrateurs et officiers de santé de ces établissements un exemplaire de cette même instruction. Vous prendrez en même tems des renseignements sur la situation actuèle de ces insensés, l'époque de leur détention, la cause présumée de leur démence, la manière dont ils sont logés, nourris et traités. Vous joindrez à tous ces détails vos observations particulières sur la localité de ces hôpitaux et autres maisons, afin de juger si leur distribution intérieure convient aux moyens que le gouvernement recommande d'employer pour soigner et traiter ces insensés, soit qu'ils soient susceptibles d'être guéris, soit que leur situation actuèle ne permette pas de l'entreprendre. Je vous serai bien obligé de me faire attendre le moins possible ces différens éclaircissemens.

J'ai l'honneur d'être très parfaitement, Monsieur, votre très humble et très obéissant serviteur.

DE NANTEUIL.

XLVI

Paris, ce 30 juillet 1785.

Je vous prie, Monsieur, de demander à MM. les curés des paroisses de votre subdélégation dans lesquelles l'épidémie s'est manifestée : 1° quel a été le nombre des personnes qui en ont été attaqué ; 2° combien il y a eu de sujets qui ont succombé; 3° quel étoit l'âge et le sexe de ces sujets ; 4° s'ils ont été traité ou non ; 5° combien il y a eu de chefs de familles emportés par le mal ; 6° quel a été, pendant l'épidémie, le nombre de personnes qui sont mortes, soit des maladies ordinaires, soit de la petite vérole ; 7° quel est le nombre des habitants ; 8° quelles sont les circonstances topographiques du lieu qui peuvent avoir contribué aux progrès du mal, ou les avoir retardé.

Comme ces renseignements sont nécessaires à la rédaction d'un mémoire qu'un médecin zélé et fort instruit du Poitou se propose de faire sur l'épidémie qui vient d'affliger cette province, je vous prie de ne rien négliger pour me les procurer le plutôt possible.

J'ai l'honneur d'être très parfaitement, Monsieur, votre très humble et très obéissant serviteur.

DE NANTEUIL.

XLVII

Paris, ce 30 juillet 1785.

Je vous prie, Monsieur, de m'informer s'il y a, dans l'étendue de votre subdélégation, quelques messagers commissionnés par la régie ou par le directeur des messageries à Poitiers. Vous voudrez bien vous faire représenter leurs commissions, et remarquer si elles fixent le prix de transport que ces messagers peuvent ou doivent exiger depuis tel lieu jusqu'à tel lieu désigné. Vous vous assurerez en même temps s'ils se font payer au dessus de cette taxe. Vous concevez qu'il faut joindre à ces détails, dont je vous demande un état exact, le nom du lieu de la résidence de ces messagers et celui de tous les endroits pour lesquels ils se chargent de transporter des paquets. Si vous pouvez indiquer les jours de départ et d'arrivée dans les lieux de leur entrepôt, ce sera encore très bien. Je souhaite d'avoir tous ces renseignemens, parce que je me suis aperçu qu'ils étoient incomplètement marqués dans l'almanach du Poitou, et que même plusieurs y étoient obmis.

J'ai l'honneur d'être très parfaitement, Monsieur, votre très humble et très obéissant serviteur.

DE NANTEUIL.

XLVIII

Paris, ce 12 août 1785.

Il paroît, Monsieur, qu'on est généralement persuadé que la récolte des grains est mauvaise en Poitou, et qu'il est nécessaire de prendre des précautions pour assurer la subsistance des habitans de la campagne qui se nourrissent d'orges et de baillarges. Je désire, en conséquence, d'être instruit de huitaine en huitaine du prix des grains dans les principaux marchés de votre subdélégation, et je vous serai obligé de m'en envoyer une notte exacte tous les huit jours. Vous voudrés bien faire mention, dans la première que vous m'adresserez, du poids ordinaire des boisseaux en usage dans chaque marché, afin que je puisse les comparer les uns aux autres. Je vous serai aussi obligé d'entrer dans des détails sur les prix ordinaires des diférentes espèces de grains dans chaque marché, sur le taux qu'il seroit à désirer qu'elles n'excédassent pas pour que l'intérêt des consommateurs pût se concilier avec celui des vendeurs, et sur les moyens dont il sera possible de faire usage, dans votre canton, pour y ramener l'abondance, en cas que la disette s'y fît sentir. Vous concevés que les circonstances actuelles sont peu favorables pour le transport des grains par terre, et que les frais qui en résulteroient pourroient même excéder le prix de la denrée.

Vous me ferés plaisir de me donner un état des variations survenues sur le prix des grains dans les principaux marchés de votre subdélégation depuis et compris le mois de janvier dernier. Il sufira d'y indiquer le prix commun de chaque mois seulement.

J'ai l'honneur d'être très parfaitement, Monsieur, votre très humble et très obéissant serviteur.

DE NANTEUIL.

XLIX

Paris, ce 16 août 1785.

J'ai prié, Monsieur, les officiers des diférentes Élections de ma Généralité de prévenir ceux de mes subdélégués qui ont dans leurs arrondissemens des paroisses dépendantes de leurs ressorts respectifs, du jour où ils s'occuperont du travail préliminaire du département des tailles, afin qu'ils puissent s'y trouver et y faire les observations qu'ils croiront intéresser le bien des communautés de leurs subdélégations. Je ne doute point que, pour ce qui concerne votre arrondissement, vous ne remplissiez mes vues à ce sujet avec votre zèle et votre bonne volonté ordinaire.

J'ai l'honneur d'être très parfaitement, Monsieur, votre très humble et très obéissant serviteur.

DE NANTEUIL.

L

Poitiers, ce 4 septembre 1785.

Je vous ai envoyé et vous devez avoir reçu, Monsieur, sept boëtes de remèdes, que j'ai destinées aux besoins de votre subdélégation. Vous voudrez bien en faire la distribution en conformité des instructions que je vous ai précédemment données à ce sujet. Le nombre en est suffisant pour que vous puissiez former des arrondissements de six paroisses seulement, et il vous en restera encore une pour les besoins des pauvres habitans de votre ville.

J'ai l'honneur d'être très parfaitement, Monsieur, votre très humble et très obéissant serviteur.

DE NANTEUIL.

LI

Poitiers, ce 26 septembre 1785.

Je vous préviens, Monsieur, que je compte me rendre à Thouars le 2 du mois prochain pour y faire le département des tailles le lendemain matin. Je désire que vous puissiés y assister, pour donner des détails sur la situation des paroisses dépendantes de cette Élection qui font partie de votre subdélégation. Vous voudrés bien ne pas oublier d'apporter avec vous les requêtes présentées par des communautés ou par des particuliers taillables, que je vous ai renvoyées pour en faire la vérification, et qui sont encore entre vos mains, afin de donner votre avis sur les égards dont elles vous paroîtront susceptibles. Si vous ne pouvés vous rendre à Thouars, vous aurés soin de prendre les mesures nécessaires pour me les y faire parvenir, et vous n'oublirés pas de joindre un rapport ou avis à chacune d'elles.

J'ai l'honneur d'être très parfaitement, Monsieur, votre très humble et très obéissant serviteur.

DE NANTEUIL.

LII

Poitiers, ce 27 septembre 1785.

Les taxations qui sont accordées, Monsieur, à messieurs les subdélégués, à leurs greffiers et aux experts qu'ils sont dans le cas d'employer dans les opérations auxquelles donnent lieu les affaires contentieuses dont la connoissance m'est attribuée, varient dans presque toutes les subdélégations. Comme je pense qu'il est convenable que l'objet de ces taxations soit déterminé et qu'il soit uniforme dans toute ma Généralité, je viens de projeter un règlement qui fixe le montant de tous les frais qui peuvent être occasionnés par les affaires de ma compétence où il y a de ces dépends à adjuger. Vous en trouverez ci-jointe une copie. Je vous prie de vouloir bien en prendre lecture, et de me faire part des observations dont vous le croirés susceptible. Je n'ai rien voulu décider à cet égard avant de vous avoir demandé votre avis.

J'ai l'honneur d'être très parfaitement, Monsieur, votre très humble et très obéissant serviteur.

DE NANTEUIL.

Comme il est des cas, dans les matières contentieuses dont le jugement nous est soumis, où il y a lieu d'adjuger des dépens à l'une des parties, ce qui arrive le plus ordinairement dans les contestations d'entre les habitans des paroisses, leurs curés actuels et les héritiers des derniers titulaires, nous avons cru devoir (sic) à nos subdélégués une instruction sur la partie de ces frais qui peut les regarder, et aux parties un avertissement sur ceux que nous allouerons seulement pour certains actes de procédure, afin qu'elles prennent, à l'égard des officiers du ministère desquels elles se serviront, des précautions pour qu'il ne leur en coûte pas plus qu'il ne pourra leur être alloué, et qu'au contraire les choses se fassent avec le plus d'économie qu'il sera possible pour celle qui fait l'avance des frais et celle qui pourra être condamnée à les rembourser, car nous prévenons que si le prix accordé pour les frais surpassoit celui qu'il paroîtroit convenable d'accorder, alors la taxe seroit déterminée selon les circonstances.

Art. 1er.

Nos subdélégués ne pourront, pour tout ce qui peut se rapporter aux matières contentieuses, se transporter hors de leurs résidences pour des opérations relatives à l'exécution de nos ordonnances s'ils n'y sont autorisés par leur commission.

Art. 2.

Dans le cas où il y aura lieu à ce transport, il sera payé pour chaque journée, à nos dits subdélégués 18 li., et à leur greffier, s'il y a nécessité qu'ils s'en assistent, 12 li. Le procès-verbal fera mention du nombre des jours employés, et si l'opération n'emportait avec le transport qu'une demi-journée, dans ce cas, il ne sera exigé que la moitié des sommes ci-dessus.

Art. 3.

Lorsqu'aux procès-verbaux qui se font par les subdélégués dans leur hôtel, ou dans le lieu où ils se transporteront, soit pour nommination d'expers ou acceptation de leur commission, il y assistera, pour l'intérêt des parties, un procureur, il sera taxé par nos dits subdélégués, pour chaque vacation du procureur, s'il l'est au présidial, 4 li. ; s'il l'est dans un siège royal inférieur, 3 li. ; s'il l'est dans une justice seigneuriale, 2 li. ; et s'il arrive qu'il y ait lieu à un transport, la taxe sera pour chaque journée des deux tiers de celle de notre subdélégué.

Aux experts sera taxé pour leur vacation à accepter leur commission, si le procès-verbal est fait dans la ville ou bourg de leur résidence, aux maîtres architectes, entrepreneurs, 3 li., aux maçons et charpentiers, 2 li. ; et s'il y a transport d'une ou de deux lieues, sera taxé aux premiers pour une demi journée, 5 li., aux seconds, 3 li. ; s'il y a plus grand transport, sera taxé pour la journée entière.

Art. 4.

Aux greffiers, pour la grosse de leurs procès-verbaux délivrés sur papier non timbré, il sera payé 12 s. par rôle, à raison par page de 28 à 32 lignes.

Art. 5.

Aux experts qui seront nommés ou par nous ou par nos subdélégués en vertu de notre commission, pour la visite des maisons curiales ou comme le préalable de quelques travaux, il sera payé par jour 10 li. lorsque les expers pourront se qualifier de maîtres architectes ou entrepreneurs, et six livres seulement s'ils ne sont que des maîtres charpentiers ou maçons, et soit qu'ils soient résidans en ville ou en campagne, sans que ceux de cette dernière classe, lorsqu'ils vaqueront avec un maître architecte ou entrepreneur puissent s'en prévaloir pour être payé plus de 6 li. par jour.

Art. 6.

Pour les actes d'assemblées de paroisses sur la convocation des syndics, il ne sera alloué de remboursement au syndic, si le notaire qui a rédigé l'acte est de la ville ou bourg ou de la distance d'une lieue, que 4 li., outre la grosse à raison de 25 s. par rôle en petit papier, le contrôle et le papier.

S'il y a un plus long transport du notaire, il sera alloué, pour une journée, 10 li., outre la grosse et les autres déboursés, sauf néanmoins une plus faible allocation, s'il paroît qu'il a été moins payé au notaire à raison de son transport, qui ne peut guère être de plus de trois lieues, et duquel le syndic aura attention d'exiger un reçu au bas de la grosse.

Art. 7.

On ne pourra, pour les assignations qui seront données en vertu ou par suite de l'exécution de nos ordonnances, se servir du ministère d'huissiers éloignés de plus de deux lieues, à moins qu'il n'y en eût pas, ni de sergents de justice seigneuriale, à cette distance; et, pour les actes qu'ils feront, il ne sera alloué de remboursement, si l'huissier ou sergent est du bourg où il instrumentera, que 10 s. pour droit de délaissé, et, pour transport et délaisssé, 30 s., s'il est à la distance d'une lieue, 50 s., s'il est à la distance de deux lieues.

Pour le rapport et la copie, il sera alloué 15 s., et s'il est signifié des pièces, les copies en seront allouées à raison de 10 s. par rôle, et, dans ce cas, 8 s. pour le rapport, le tout outre le contrôle et le papier.

Si c'est d'un sergent d'une justice seigneuriale dont on

s'est servi, alors il n'entrera en remboursement, soit pour délaissé, transport et copie, que les deux tiers de ce qui est porté ci-dessus.

Art. 8.

A l'égard des requêtes qui nous seront présentées, si elles sont faites et signées par le procureur des parties, nous en déterminerons la taxe à ce qui nous paroîtra juste, sans avoir égard à ce que la partie pourroit prétendre avoir payé, et toujours sans aucun droit de Conseil sur ces requêtes.

LIII

Poitiers, ce 12 novembre 1785.

J'ai vu, Monsieur, par l'avis que vous m'avés donné sur la requête par laquelle les syndics et habitants de la paroisse de Bretignolles se plaignent des inégalités qui subsistent dans la répartition des impositions de leur paroisse, qu'effectivement plusieurs métayers ne payent pas le taux de taille auquel ils devroient naturellement être cotisés. Cette considération me détermine à nommer un commissaire pour faire le rolle d'office. Vous voudrés bien, en conséquence, vous faire remettre le mandement pour les collecteurs et me l'adresser ensuite, afin que je puisse mettre au pied l'ordonnance que les circonstances exigent. Il sera bon que vous me fassiés connoître la personne que je pourrois nommer commissaire et qui auroit la bonne volonté et les connoissances nécessaires pour bien s'acquitter de cette opération.

J'ai l'honneur d'être très parfaitement, Monsieur, votre très humble et très obéissant serviteur.

DE NANTEUIL.

LIV

Poitiers, ce 12 novembre 1785.

Sa Majesté, Monsieur, a bien voulu accorder à ma Généralité un secours extraordinaire de 200,000 li. pendant la présente année, sur lequel doivent être prélevées les dépenses faites pour le traitement des épidémies et pour l'achapt des graines de turneps qui ont été distribuées aux cultivateurs de la campagne. Je me propose de prendre aussi sur ce fonds une somme de cinquante mille livres pour être employée à l'établissement d'atteliers de charité; l'excédant sera distribué pour procurer aux habitans de la campagne les secours dont ils pourront avoir besoin.

Vous sentez que si l'on faisoit participer toutes les communautés de la province à la distribution de cet excédent, la portion de chacun seroit si peu considérable que les habitans n'en retireroient presqu'aucun soulagement. Cette considération me porte à croire qu'il faut se restreindre à comprendre dans l'état de distribution les paroisses qui ont le plus souffert de l'épidémie, de la disette des fourages et de celle des grains.

En conséquence, Monsieur, je vous prie de m'envoyer le plutôt possible un état des paroisses de votre subdélégation qui se trouvent dans quelqu'un de ces cas, et de proposer l'objet du soulagement que vous croirez devoir convenir pour chacune d'elle.

Quant à la manière d'employer les secours que je destinerai aux communautés comprises dans cet état, je désire que vous vous concertiez à ce sujet avec les curés, parce qu'en général, ils connoissent mieux que personne les besoins de leurs habitans. Je pense qu'au lieu de faire la distribution de la main à la main, il seroit plus avantageux d'employer les sommes qui seront accordées à l'exécution de quelques ouvrages utiles aux communautés, comme des réparations de chemin, par exemple, parce que ce régime préviendroit le désœuvrement et la mendicité, en même tems qu'il assureroit la subsistance des habitans qui seroient dans le besoin. Peut-être encore seroit-il prudent d'employer une partie de la somme en achapts de grains, qui seroit converti en pain à fur et à mesure que les circonstances pourroient l'exiger. Le travail seroit payé, partie en pain, partie en argent, et l'on auroit moins à craindre que la disette se fît sentir dans les campagnes.

Je ne puis que m'en rapporter à votre prudence et à votre zèle, sur les moyens d'emploi que je viens de vous indiquer ou sur ceux qui vous paroîtront préférables. Je vous demande seulement, dans ce moment-ci, de m'en adresser le plutôt possible l'état qui fait l'objet de ma lettre, et de donner tous vos soins pour qu'il soit rédigé avec toute l'exactitude que les circonstances exigent.

J'ai l'honneur d'être très parfaitement, Monsieur, votre très humble et très obéissant serviteur.

DE NANTEUIL.

LV

Poitiers, ce 21 novembre 1785.

Je vous envoye, Monsieur, une ordonnance de la somme de 96 li. que je viens de faire expédier pour les frais de voyage des deux frères Petit, de votre ville, que j'ai agréés pour être admis à l'école royale vétérinaire d'Alfort, près Paris, où ils seront entretenus aux frais de ma Généralité pendant la durée de leur instruction. Vous voudrez bien faire l'avance de cette somme, qui vous sera remboursée par M. Dauvilliers à la présentation de mon ordonnance. Vous leur remettrez aussi la lettre ci-jointe, que j'écris à M. Chabert, directeur de l'école d'Alfort, pour lui annoncer ces deux jeunes gens, qui lui présenteront eux-mêmes ma lettre; au moyen de quoi, ils peuvent partir tout de suite pour leur destination.

J'ai l'honneur d'être très parfaitement, Monsieur, votre très humble et très obéissant serviteur.

DE NANTEUIL.

LVI

Poitiers, ce 24 novembre 1785.

Je désire, Monsieur, de pouvoir expédier dans les quinze derniers jours de février, ou dans les quinze premiers jours de mars prochain au plus tard, les ordonnances pour la répartition de la remise en moins imposé que Sa Majesté accorde sur les tailles de l'année 1786.

Pour que je puisse remplir mes vues à ce sujet, il est nécessaire que j'aye pour chaque Élection l'état des pertes et calamités, qu'il est d'usage de rédiger d'après les mémoires et requêtes qui me sont présentées et la vérification qui en a été faite.

Je viens d'écrire à ce sujet à mes subdélégués dans les chefs-lieux d'Élections, aux officiers des Élections et aux receveurs particuliers des finances. Je leur ai fait passer toutes les pièces relatives au travail dont il s'agit qui étoient entre mes mains; s'il en reste entre les vôtres qui concernent quelques paroisses de votre subdélégation, je vous serai obligé de me les adresser le plutôt possible avec le résultat des renseignements que vous aurés pris, afin que je puisse les leur envoyer. Vous aurez soin de faire une seule liasse des pièces et mémoires qui concernent les paroisses d'une même Élection.

J'ai l'honneur d'être très parfaitement, Monsieur, votre très humble et très obéisssant serviteur.

DE NANTEUIL.

LVII

Poitiers, ce 25 novembre 1785.

Je vous ai déjà prévenu, Monsieur, que le fond libre de la capitation de ma Généralité n'étoit pas suffisant pour satisfaire au payement des différentes dépenses dont il est grevé, et que cette circonstance me mettroit dans l'impossibilité de continuer aux sindics les gratifications qu'il avoit été d'usage de leur accorder. Comme il est juste cependant de les indemniser des faux frais qu'ils font relativement à l'exercice de leurs fonctions, j'employerai pour les dédommager un moyen que plusieurs de mes subdélégués m'ont proposé; ce sera d'accorder à chacuns d'eux, au département, un rejet sur la communauté proportionné à l'objet de leurs déboursés. Il faudra à cet effet que le montant de ces déboursés soit arrêté par mes subdélégués, et que l'état m'en soit remis lorsqu'il s'agira de procéder au département. Je vous recommande, pour ce qui vous concerne, de réduire ces sortes de frais à leurs véritables taux, et de faire en sorte qu'ils n'excèdent pas le montant de la gratiffication qu'il étoit d'usage d'accorder. Vous voudrés bien prévenir les sindics de votre subdélégation de ce que je vous marque, afin qu'ils se dispensent de me faire des demandes à fin de gratiffication sur lesquelles je ne pourois statuer.

J'ai l'honneur d'être très parfaitement, Monsieur, votre très humble et très obéissant serviteur.

DE NANTEUIL.

LVIII

Poitiers, ce 27 novembre 1785.

M. le maréchal de Ségur, Monsieur, vient de me prévenir qu'on l'a informé, que la pluspart des soldats ou déserteurs qui sont arrêtés et mis dans les prisons vendent leurs effets d'habillement pendant le séjour qu'ils y font, soit par la facilité qu'ils trouvent dans les concierges pour s'en défaire, soit que ceux-ci achettent eux-mêmes ces effets ; d'où il résulte que, lorsqu'ils sortent de prison pour être conduits à leurs destinations, ils sont absolument nuds, et que l'on est obligé de les habiller complettement. Pour réprimer un abus aussi préjudiciable aux intérêts du Roy que répréhensible de la part des geôliers, il convient que vous donniés des ordres aux concierges des prisons de votre département de surveiller plus exactement les soldats prisonniers qui leur sont confiés, et de les prévenir en même temps que si on s'aperçoit qu'ils leur permettent par la suite de vendre des effets d'habillement, non seulement ils seront contraints de leur fournir ceux qui leur manqueront, mais même qu'ils seront privés de leur place. Les cavaliers de maréchaussée ont ordre de faire un inventaire exact des effets que chaque soldat aura lors de sa capture, et d'en remettre un double aux geôliers des prisons où ils seront détenus, afin que ceux-ci puissent le représenter à première réquisition. Vous voudrés bien encore donner connoissance des précautions qui seront prises à ce sujet aux concierges des prisons de votre arrondissement.

J'ai l'honneur d'être très parfaitement, Monsieur, votre très humble et très obéissant serviteur.

DE NANTEUIL.

LIX

Poitiers, ce 29 novembre 1785.

D'après un arrêt du Parlement de Paris en forme de règlement du 28 février dernier, Monsieur, les habitants des paroisses dans lesquelles il y a un pâtre commun sont obligés de mettre leurs bestiaux sous la conduite de ce pâtre, et ne peuvent les faire conduire dans les champs à garde séparée.

J'ignore s'il se trouve dans votre département des paroisses où il soit d'usage d'avoir un pâtre commun, si le règlement dont il s'agit y est connu et s'il a son exécution.

Quoiqu'il en soit, vous voudrés bien me mander si vous pensés que ce règlement soit susceptible d'inconvénient, ou s'il est intéressant pour les paroisses et pour le bien des troupeaux en général qu'il ait son exécution.

Il paroit avoir été motivé sur ce que le pâtre commun répond du dommage que les bestiaux confiés à sa garde peuvent faire aux terres ensemencées, au lieu que quand les bestiaux sont conduits dans les champs à garde séparée, les propriétaires et cultivateurs sont presque dans l'impossibilité d'exercer de recours pour le dommage qui leur a été fait, dans l'incertitude s'il provient des bestiaux conduits par le pâtre commun ou de ceux conduits à garde séparée.

Il serait cependant possible de découvrir la vérité en entendant le pâtre commun et le pâtre particulier, et dès lors l'exécution de l'arrêt du 28 février dernier ne produiroit pas un effet bien essentiel.

Mais l'objet principal de ma lettre est de savoir, si les propriétaires de nombreux troupeaux peuvent espérer qu'ils seront aussi bien surveillés étant confiés à la garde du pâtre commun, que s'ils l'étoient à celle d'un homme particulièrement attaché à ces mêmes propriétaires, et si ce n'est pas exposer davantage les bestiaux à des maladies fréquentes et favoriser la dégradation et l'abâtardissement des espèces. C'est sur ces objets que je vous prie de me faire connoître particulièrement votre façon de penser, afin que je puisse faire part au ministre des éclaircissements qu'il demande à ce sujet.

J'ai l'honneur d'être très parfaitement, Monsieur, votre très humble et très obéissant serviteur.

DE NANTEUIL.

A cette lettre est jointe la copie suivante de la réponse de M. Blactot :

A Bressuire, le 2 décembre 1785.

Monseigneur,

L'arrêt en forme de règlement que le Parlement a rendu le 28 février dernier n'a aucune application pour ce pays-ci, parce que toutes nos terres dans le pays de bocage étant séparées et renfermés de hayes, nul n'a droit d'y faire paître que le propriétaire, ce qui fait que chacun a son pâtre particulier, et ne communique point son troupeau avec celuy d'un autre.

Il n'en est pas de mesme dans les pays de plaine, où les terres étant sans clôture, tous les bergers d'un hameau réunissent toutes leurs bergeries ensemble et les laissent paitre *promiscui*, et n'en font le tri que lorsqu'il les rendent le soir au bercail.

Mais de dire que cette façon de mesler tous les troupeaux ensemble soit la meilleure, je suis d'avis bien opposé, parce que, comme l'on dit, il ne faut qu'une brebis galleuse pour infecter tout un troupeau, ce qui peut en opérer la destruction totale.

En effet, j'ay remarqué que plusieurs particuliers de ce pays-cy, qui vont achepter des moutons soit à Thénezay, à Villiers ou autres pays de plaine, lorsqu'il s'en trouve quelques-uns de galleux, ce qu'ils nomment la vérolle, les autres avec qui ils communiquent sont bientôt attaqués de la mesme maladie, dont plusieurs meurent malgré tous les soins et les remèdes qu'on emploit en pareille circonstance.

Ainsy il y a lieu de croire que l'arrêt du 28 février dernier, qui enjoint de metre tous les troupeaux sous la conduite d'un pâtre commun, a été rendu dans des circonstances particulières, car il est contraire à la déclaration du Roi du 20 juillet 1764, registrée au Parlement le 9 aoust suivant, raportée par Denisart en sa collection des loix civilles, *verbo* bergers. C'est ce qui s'observe d'autant mieux dans ce pays-cy que nous n'avons point de communaux, et que chacun est obligé de faire paistre sur son territoire particulier; au moyen de quoy chacun a son pâtre séparé. Je suis encore d'autant plus surpris que le Parlement ait rendu cet arrêt, que, par un autre du 10 janvier 1767, rendu sur les conclusions de M. Barantin, avocat général, il a été laissé à la liberté des propriétaires des bestes à laine de choisir un berger pour la garde de leurs troupeaux, conformément à la déclaration cy-dessus, et j'estime que cette manière de faire garder séparément est la plus avantageuse pour empescher la contagion de se communiquer.

J'ai l'honneur, etc.....

LX

Poitiers, ce 30 novembre 1785.

Je me suis apperçu, Monsieur, par les diférents procès-verbaux de visite des réparations à faire aux presbitères et aux églises de quelques paroisses de ma Généralité, que la manière d'opérer n'étoit pas partout la même. Comme je désire que ces opérations soient régulièrement faites, et que les charges des parties intéressées soient bien spécifiées et légalement constatées, j'ai cru devoir vous rappeler les formalités dont il est essentiel qu'on ne s'écarte pas, lorsqu'il s'agira de procéder à la visite et au devis estimatif des réparations du presbitère ou de l'église d'une paroisse.

1° On doit indispensablement appeller à la visite toutes les parties intéressées ; ainsi, lorsqu'il est question des réparations d'un presbitère, les habitans, qui, d'après la loi, doivent un logement convenable à leur curé, ce qui leur impose l'obligation d'y faire toutes les réparations nécessaires, ne peuvent pas se dispenser d'appeler l'usufruitier ou ses héritiers pour être présents à la visite qui doit constater les réparations à la charge des uns et des autres. Si les usufruitiers dûment assignés ne comparoissent pas, il en doit être fait mention, et les experts convenus ou nommés d'office procéderont à la visite en présence des commissaires de la paroisse, et en l'absence des usufruitiers.

2° Les experts, sur le choix desquels il ne faut pas être indiférent, doivent, en procédant à cette visite, désigner les réparations qui peuvent provenir du défaut d'entretien ou de vétusté, et bien distinguer par articles ou colonnes particulières celles qui sont à la charge des habitans de celles dont les usufruitiers peuvent être tenus, avec une estimation à chaque article.

Les experts feront aussi dans leur rapport une description sommaire des bâtiments et de leur usage, et ne feront aucun détail ni estimation d'autres bâtiments que de ceux qui sont nécessaires à l'habitation et usage personnel du curé, sans y comprendre ceux qui auroient été construits par le curé actuel ou ses prédécesseurs pour leur agrément, ou ceux qui ne seroient utiles qu'à l'exploitation des dixmes ou du domaine de sa cure, si ce n'est qu'il en eut été ordonné autrement.

S'il s'agit des réparations d'église, les experts auront attention de distinguer celles qui sont à la charge des seigneurs ou gros décimateurs, desquelles cependant ils ne feront nul détail ni estimation s'ils n'en sont requis par les dits seigneurs ou gros décimateurs avec offres de contribuer à proportion aux frais du devis, dans le cas seulement où les dites réparations seront communes aux dits habitans et biens tenants, comme peuvent être celles du clocher lorsqu'il porte partie sur le cœur partie sur la nef.

Et toutes les fois qu'ils comprendront dans le devis les réparations du clocher comme étant à la charge des habitans, en tout ou partie, ils auront soin d'en distinguer clairement la situation, la construction et la liaison avec la nef.

Quelquefois il se trouve des chapelles à côté de la nef, les experts doivent encore distinguer si elles ont été construites avec le corps de la nef, ou si elles l'ont été depuis, parce que, si elles ont été construites avec le corps de la nef, elles sont à la charge des habitans.

Dans tous les cas les experts énonceront les diférentes réparations article par article, les toisés des diférens ouvrages, l'espèce et la qualité des matériaux à employer, ceux des anciens dont on pourra tirer parti, et mettront le prix à chaque article.

Vous concevés, par là, Monsieur, qu'il faut que les parties choisissent des experts entendus et capables d'opérer de la sorte. Je vous prie de veiller attentivement et de leur recommander l'exécution de toutes ces formalités, que les règlements prescrivent lorsqu'il s'agit de procéder à la visite et devis estimatif des réparations d'un presbitère ou d'une église, et qui tendront d'ailleurs à conserver les droits de toutes les parties.

J'ai l'honneur d'être très parfaitement, Monsieur, votre très humble et très obéissant serviteur.

DE NANTEUIL.

LXI

Poitiers, ce 4 décembre 1785.

Voici le moment, Monsieur, où je vais m'occuper à pourvoir au payement du loyer des maisons qui ont servi de casernes, tant aux troupes qui ont été en garnison dans cette Généralité qu'à la maréchaussée. Je vous prie en conséquence de m'envoyer le plutôt possible un état des maisons qui ont pu être employées à cet objet dans votre département. Vous aurés soin de désigner par cet état les noms des personnes à qui appartiennent ces maisons, ainsy que les sommes qui doivent leur être payées.

J'ai l'honneur d'être très parfaitement, Monsieur, votre très humble et très obéissant serviteur.

DE NANTEUIL.

LXII

Poitiers, ce 7 décembre 1785.

Je vous envoye, Monsieur, le mandement de la taille de la paroisse de Bretignolles, au pied duquel vous verrez que j'ai ordonné que l'assiette seroit faite devant mon subdélégué à la Chataigneraye. Vous voudrez bien le faire passer aux collecteurs, en leur recommandant de prendre jour avec M. Mallet pour commencer leurs opérations. Je lui écris à ce sujet.

J'ai l'honneur d'être très parfaitement, Monsieur, votre très humble et très obéissant serviteur.

DE NANTEUIL.

LXIII

Poitiers, ce 11 décembre 1785.

Le but du gouvernement, Monsieur, en faisant publier les différents arrêts et règlements que rend le Conseil, et en faisant répandre les mémoires et instructions qui tendent à perfectionner les arts et l'agriculture, à assurer les subsistances et à prévenir ou réparer les accidents, est de faire connoître à tous les sujets les devoirs qu'ils ont à remplir, et de leur communiquer des lumières qui peuvent accroître leur propriété et leur industrie.

Pour me conformer à ses vues, j'ai toujours envoyé à chacun de MM. les subdélégués un nombre assez considérable de ces arrêts ou instructions pour qu'il en fût remis un à chaque sindic. Cependant, dans la tournée que je viens de faire dans ma Généralité, il m'a été représenté que plusieurs sindics n'avoient pas reçu les exemplaires qui leur étoient destinés.

Comme il est intéressant pour le bien du service que ces arrêts et instructions soient connus, et que je présume que, s'ils ne sont pas toujours parvenus aux sindics, cela provient de la négligence des commissionnaires qui peuvent en avoir été chargés, je vous recommande, Monsieur, de ne vous servir désormais pour ce que vous aurés à faire passer dans les communautés de la part de l'administration, que de commissionnaires sur l'exactitude desquels vous puissiés compter, et d'exiger de chaque sindic de vous accuser par un billet signé de lui la réception de ce qu'il aura reçu.

En conséquence, vous voudrés bien avertir sans délai tous les sindics de votre arrondissement, que mon intention est qu'à l'avenir ils vous accusent sur le champ, par un billet signé, la réception des différents arrêts ou instructions que vous leur aurés envoyés. Si quelque sindic manquoit de s'y conformer, vous voudrés bien me le faire savoir, pour que je statue à son égard ce que les circonstances exigeront.

J'ai l'honneur d'être très parfaitement, Monsieur, votre très humble et très obéissant serviteur.

DE NANTEUIL.

LXIV

Poitiers, ce 2 décembre 1785.

J'ai demandé, Monsieur, à M. le contrôleur général, un secours de cinquante milliers de riz, que ce ministre vient de m'accorder. Les ordres sont donnés pour leur expédition, et ils arriveront incessamment à Niort ; comme je désire d'en faire la distribution le plutôt possible, je vous prie de me faire connoître, sans délai, la quantité de livres que vous croirez avoir besoin pour le soulagement des pauvres de votre subdélégation, et de m'adresser en même temps l'état, par paroisse, de la répartition que vous vous proposerez d'en faire. Vous aurez soin d'y indiquer les noms des personnes qui seront chargés de la préparation de ce riz, et de la distribution qui en sera faite gratuitement aux pauvres habitans. Je ne puis que m'en rapporter à ce sujet au choix que vous croirez devoir faire ; mais en général les curés devant connoître mieux que personne les besoins de leurs paroissiens, il seroit à désirer que ce fussent eux qui se chargeassent de ce soin. J'espère que vous trouverez les moyens de faire parvenir dans les paroisses de votre subdélégation la quantité de riz que je vous ferai passer, sans qu'il en coûte aucuns frais de transport à l'administration.

J'ai l'honneur d'être très parfaitement, Monsieur, votre très humble et très obéissant serviteur.

DE NANTEUIL.

LXV

Poitiers, ce 11 décembre 1785.

Plusieurs de MM. vos confrères, Monsieur, m'ont adressé des observations sur les inconvéniens qui résultent de la manière dont se fait la levée des soldats provinciaux dans cette Généralité. Comme elles m'ont paru mériter attention, j'ai cru devoir vous en faire part, afin que vous pussiés me dire si vous croyés que les abus qui me sont dénoncés aient lieu dans votre subdélégation, et que les moyens qui sont proposés pour y remédier soient propres à remplir cet objet.

On me représente qu'en faisant faire le tirage à raison

d'un soldat sur un nombre déterminé de sujets, presque toujours les communautés qui seroient dans le cas de fournir deux ou trois miliciens, font faire leur liste de manière qu'elle ne présente d'individus qu'autant qu'il en faut pour la levée d'un seul homme. La pluspart de ceux qui sont propres au service n'y sont point employés, et le subdélégué est d'autant plus facilement induit en erreur, que le déguisement est l'effet d'un concert entre tous les habitants, et que les listes quoiqu'infidèles sont certifiées par le curé et le sindic.

Je conçois que dans ce cas, si le subdélégué n'a pas de connoissances particulières de la population de la paroisse, ou s'il n'a pas des relations avec des personnes de confiance qui lui fassent connoître le véritable état des choses, il lui est d'autant plus dificile de découvrir les surprises qu'on lui fait que le tirage n'occasionne aucune réclamation, parce que tout est convenu entre les hommes qui forment le milicien et ceux qui n'ont pas été employés sur la liste. De pareils abus, s'ils existent réellement, méritent l'attention particulière de l'administration : ils sont tout à la fois contraires au service de Sa Majesté, en ce qu'ils tendent par des voies frauduleuses à dispenser du service militaire des personnes qui y sont sujettes, et préjudiciables aux communautés qui agissent de bonne foi, en ce qu'ils détruisent l'égalité qui doit régner entre toutes celles de la province, pour le nombre de miliciens qu'elles doivent fournir dans la proportion de leur population respective.

On me propose, pour y remédier, de faire la levée en raison du nombre des feux en réunissant plusieurs communautés ensemble, ainsi que cela se pratique aujourd'hui. On supose que les 957 paroisses qui sont sujettes à la milice contiennent 148,424 feux, nombre que présente le dénombrement général du royaume imprimé à Paris chés Saugrin en 1720 ; or, en levant un homme sur 250 feux, le tirage de chaque année donneroit 593 sujets, ce que l'on pense revenir à un homme sur 25 ou sur 30, parce que ceux qui seroient admis à tirer seroient intéressés à déclarer les hommes qu'on voudroit cacher, et à dénoncer les fuyards.

Je vous prie, Monsieur, de me faire part le plutôt possible de vos réflexions sur ce qui fait le sujet de ma lettre. Vraisemblablement vous savés quel est le nombre des feux de chaque paroisse de votre subdélégation; dans ce cas, je vous serai obligé d'en joindre l'état à la réponse que vous me ferés.

J'ai l'honneur d'être très parfaitement, Monsieur, votre très humble et très obéissant serviteur.

DE NANTEUIL.

LXVI

Poitiers, ce 18 décembre 1785.

Je vous prie, Monsieur, de vous informer si dans l'étendue de votre subdélégation il existe une famille noble du nom de Fornette, et, dans ce cas, de lui faire savoir que c'est à M. le commandeur de Saint-Sulpice à Poitiers qu'elle doit s'adresser, pour connoître la décision de l'ordre de Malthe sur la demande qu'elle a faite pour une demoiselle du même nom d'une place dans le chapitre des chanoinesses, qui vient d'être formé par cet ordre en faveur des demoiselles nobles des différentes langues dont il est composé. Vous voudrez bien me faire part du résultat des renseignemens que vous aurez pris à ce sujet. Je vous prie d'en prendre de semblables sur la famille de Fontenille, et de me les faire également connoître.

J'ai l'honneur d'être très parfaitement, Monsieur, votre très humble et très obéissant serviteur.

DE NANTEUIL.

LXVII

Poitiers, ce 7 janvier 1786.

Le désir que j'ai, Monsieur, de connoître tout ce qui est relatif à l'économie rurale dans la Généralité dont l'administration m'est confiée, m'engage à vous faire les questions suivantes :

Quelles sont les précautions générales ou particulières que les cultivateurs de votre arrondissement ont prises pour supléer à la disette des fourages ? et quel a été le résultat de ces précautions dans chaque canton ?

Quelles mesures ont-ils pris pour se procurer des engrais que la disette de fourages a du rendre rares ?

La police a-t-elle interdit pendant l'été dernier aux bestiaux l'entrée des prairies immédiatement après la coupe des herbes, afin que ce repos momentané pût produire des regains ?

S'est-on déterminé par convention ou autrement à arrêter les moulins pendant plusieurs heures de la journée, afin que l'eau destinée à les faire marcher fût employée pendant cet intervalle à arroser les prairies ?

Les cultivateurs ont-ils pris le parti de semer sur la jachère de la vesce, du trèfle, de la luzerne, du maïs, des navets et turneps, du sarrazin et autres menus grains ou légumes, pour faire ce qu'ils appellent du coupage ou prairies artificielles en verd ?

Y en a-t-il qui se proposent d'introduire ces différentes méthodes dans leurs exploitations, afin de se prémunir à l'avenir contre les suites d'une pareille arridité, qui peut se renouveler, quoiqu'il n'y en ait jamais eu d'aussi constante ni d'aussi générale ?

Quelles sont les ressources du plus grand nombre des

cultivateurs pour la nourriture de leurs bestiaux pendant le reste de l'hiver?

Un autre objet non moins intéressant, c'est d'assurer les productions des ensemencements prochains dans les cantons où les avoines peuvent avoir entièrement manqué. Il est possible que les petits cultivateurs ne soient pas en état de se procurer des semences à cet égard, et que les avoines soient tellement rares dans quelque partie de votre subdélégation, que les fermiers n'en trouvent pas même à acheter; je vous prie encore, dans le cas où ce genre de disette seroit à craindre, de me proposer les moyens que vous croiriés les plus convenables pour empêcher que les terres ne restent en friche, soit en substituant l'orge à l'avoine, soit en semant tout autre grain dont la culture réussiroit le mieux dans votre arrondissement !

Je souhaiterois, Monsieur, recevoir de votre part, vers le 20 de ce mois au plus tard, une réponse à ces différentes questions, qui sont particulièrement déterminées par les circonstances actuelles. Vous voudrés bien me donner les connoissances les plus exactes, et les aperçus les moins incertains. Ne craignés point d'entrer dans tous les détails qu'exige une matière aussi importante. Vous ferés bien aussi de consulter les curés et les agriculteurs les plus éclairés qui seront en état de vous donner les renseignements nécessaires, généraux ou locaux, pour avoir été à portée de voir par eux-mêmes les moyens auxquels le besoin a forcé les cultivateurs de se livrer, selon leur industrie et leurs facultés.

J'ai l'honneur d'être très parfaitement, Monsieur, votre très humble et très obéissant serviteur.

DE NANTEUIL.

A cette lettre est jointe la pièce suivante, écrite en entier de la main de M. Blactot:

Réponses aux questions de Monseigneur l'Intendant, portées par sa lettre du 7 janvier 1786.

1re QUESTION.

Quelles sont les précautions que les cultivateurs ont prises pour suppléer à la disette des fourages ?

RÉPONSE.

Les précautions que l'on a prises pour suppléer à la disette des fourages a été le soin de faire beaucoup de choux et de navets, qu'on est dans l'usage de faire dans le pays. La graine de turneps n'a pas si bien réussi que celle de naveaux du canton, qui sont venus beaucoup plus gros que les turneps, excepté que les feuilles de ces derniers etoient un peu plus longues ; c'est des feuilles de ces productions dont on a nouri les bestiaux jusqu'au moment des gelées, et à présent on leur coupe les naveaux par quartiers qu'on leur fait manger ; d'autres ont eu soin de faire des patates qui sont employées au mesme usage. Il est vray qu'il en reste peu à présent de l'une et l'autre espèce, mais on fait manger de la paille, et peu encore ont commencé à faire manger du foin, que l'on conserve pour l'arrière saison et pour couvrir les terres au printemps. L'hyver n'ayant pas été à beaucoup près si rude que l'année dernière, les bestiaux ont toujours été aux champs, ce qui a beaucoup épargné la pasture.

2e QUESTION.

Quelle mesure ont pris les cultivateurs pour se procurer des engrais que la disette des fourages a rendu rares ?

RÉPONSE.

On a ramassé le peu de chaumes qui étoient dans les champs. Ceux qui ont eu de la lande et du genêt en ont coupés pour faire de la litière; mais on peut dire en général qu'il s'en faudra beaucoup qu'on ait la mesme quantité d'engrais qu'à l'ordinaire, ce qui pourra influer sur la récolte de 1787.

3ᵐᵉ QUESTION.

La police a-t-elle interdit pendant l'été dernier aux bestiaux l'entrée des prairies immédiatement après la coupe des herbes ?

RÉPONSE.

Il n'a été rendu aucune ordonnance pour interdire l'entrée des bestiaux dans les pascages ; chacun en a usé comme bon luy sembloit. Ceux qui n'avoient pas de quoy nourrir leurs bestiaux ont bien été obligés de les envoyer dans leurs prés, et peu de personnes à ce moyen ont été dans le cas de faucher des regains.

4ᵐᵉ QUESTION.

S'est-on déterminé par convention ou autrement à arrêter les moulins pendant plusieurs heures de la journée, afin que l'eau destinée pour les faire tourner fût employée pendant cet intervalle à arroser les prairies ?

RÉPONSE.

Le cours des ruisseaux ou petites rivières du canton sur lesquelles sont situés les moulins ayant été interrompu pendant longtemps, il n'a pas été possible de faire refluer l'eau dans les prairies circonvoisines, et personne n'a pu profiter de cet avantage.

5ᵐᵉ QUESTION.

Les cultivateurs ont-ils pris le parti de semer sur la jachère de la vesce, du trèfle, de la luserne, du maïs, des navets et turneps, du sarazin et autres menues graines ou légumes pour faire ce qu'ils appellent du coupage ou prairies artificielles en mode ?

RÉPONSE.

On a semé dans ce pays-cy, ny vesse, ny treffle, ny luserne, ny maïs; on a semé que de la graine de navets et de turneps, mais on n'a ressenti l'avantage de ces derniers que parce qu'ils ont fourni une plus grande quantité de graines.

Il y a quelques paroisses où l'on fait du bled sarazin, mais c'est pour produire du grain et le récolter au mois de septembre, et non pas pour le faire manger en mode.

Le treffle est connu depuis longtemps ; il y en a qui en font quelques carrés dans leurs jardins, et d'autres qui n'en font point ; il n'est pas de longue durée dans ce pays-cy parce que la terre y est trop maigre et trop sèche. On sème le plus communément du sègle pour faire du coupage et le faire manger en verd au printemps, et tous nos cultivateurs ne manquent pas d'en faire tous les ans.

6me QUESTION.

Y en a-t-il qui se proposent d'introduire ces différentes méthodes dans leurs exploitations, etc... ?

RÉPONSE.

Je n'ay pas appris que personne se propose de faire des prairies artificielles, nos païsans auroient bien de la peine à changer leur méthode ; la coutume de faire est pour eux une loy inviolable, d'autant plus que les prairies artificielles demandent un terroir plus gras que le nôtre, qui consommeroient tous leurs fumiers qu'ils gardent pour faire venir du bled.

7me QUESTION.

Quelles sont les ressources du plus grand nombre des cultivateurs pour la nourriture de leurs bestiaux pendant le reste de l'hyver ?

RÉPONSE.

Cette ressource consiste dans le ménagement et l'économie de la consommation du peu de foin et de paille qu'ils ont recueillis ; la question est de sçavoir s'il leur en restera assés pour joindre jusqu'à la pousse des herbes.

Les avoines ont été fort rares et fort chères, puisque la charge a vallu jusqu'à 28 et 30 li. ; cependant il y en a qui en ont fait, et comme l'hyver se porte assés doux, il y a lieu d'espérer qu'il s'en trouvera à la récolte prochaine.

A Bressuire, le 18 janvier 1786.

BLACTOT.

LXVIII

Poitiers, le 11 janvier 1786.

Les besoins des diférentes parties de la province, Monsieur, ne m'ont permis de comprendre votre subdélégation dans la distribution du secours extraordinaire accordé par Sa Majesté en 1785 que pour la somme de trois mille livres. Comme vous pouvez vous être procuré de nouveaux renseignements sur la situation des paroisses de votre subdélégation qui ont le plus soufert, je vous prie de m'envoyer l'état de celles au profit desquelles vous pensez qu'il est convenable d'appliquer la somme dont il s'agit, et de m'indiquer les personnes au nom desquelles vous croirez qu'il est à propos que mes ordonnances soient expédiées. Je vous ai déjà fait connoître que mon intention n'étoit que de subvenir aux communautés qui ont le plus soufert. Le secours que je vous annonce ne produiroit aucun effet s'il étoit trop divisé ; je me réfère donc aux instructions que je vous ai précédemment données à ce sujet. Il est inutile que je vous répète qu'il est à désirer que les sommes accordées soient employées de la manière la plus propre à soulager les malheureux dans chaque communauté.

J'ai l'honneur d'être très parfaitement, Monsieur, votre très humble et très obéissant serviteur.

DE NANTEUIL.

LXIX

Paris, ce 21 janvier 1786.

Il résulte, Monsieur, des réponses que j'ai reçues de presque tous mes subdélégués, que les abus dans le tirage de la milice, au sujet desquels je vous ai écrit le 11 du mois dernier, n'ont jamais eu lieu dans leurs arrondissemens ; que, dans les subdélégations où ils peuvent s'être introduits, il est aisé d'y remédier avec du zèle et de l'attention ; qu'enfin la nouvelle forme proposée seroit susceptible d'inconvéniens plus considérables que ceux qui m'ont été dénoncés.

D'après ces diférentes considérations, je me suis décidé à ne rien changer à la forme du tirage qui a eu lieu jusqu'à ce jour ; mais je vous invite à redoubler de soins, pour qu'il soit fait dans l'étendue de votre subdélégation avec toute l'exactitude que le bien du service exige. Si quelques sindics donnent des listes infidèles, si des particuliers sujets au sort négligent de se présenter, je ne balancerai point à prononcer contre eux les peines portées par l'ordonnance. De pareils exemples feront sûrement rentrer dans le devoir les personnes qui tenteroient de s'en écarter.

Voici le moment de s'occuper de la levée de l'année courante ; pour vous mettre en état de la faire dans votre subdélégation, je vous envoye les imprimés d'usage en nombre sufisant. Ces imprimés consistent : 1° dans les procès-verbaux, qui comme vous savés doivent être faits triples, l'un pour vous rester et les deux autres pour m'être envoyés ; 2° dans les certificats d'admission que l'on délivre aux hommes qui sont tombés au sort ; 3° dans les avis aux sindics des paroisses, pour leur indiquer le lieu, le jour et l'heure de tirage ; 4° enfin, dans l'ordonnance du Roi du 1ᵉʳ décembre 1774, en placards et par extrait. Comme je n'ai rien changé à l'ordonnance ni à l'instruction que j'ai rendu l'année dernière, je n'en ai point fait imprimer en cahier cette année ; les exemplaires imprimés dans ce dernier format que je vous ai envoyés l'an dernier auroient rendu inutiles ceux que je vous aurois fait passer pour l'année actuelle.

Je n'entrerai point avec vous, Monsieur, dans de nouveaux détails sur l'opération que vous aurés à faire ; je me réfère à la lettre que je vous ai écrite à ce sujet l'année dernière. Je vous recommande cependant de n'admettre au sort que des sujets d'âge, de taille et de tournure convenable au service, et de vous conformer exactement à ce que je vous ai marqué relativement aux protestants et au service de la maréchaussée, qui doit se trouver au tirage.

Plusieurs de mes subdélégués ont obligé, l'année dernière, des paroisses éloignées de cinq à six lieues de se rendre dans le chef-lieu de la subdélégation. Ces sortes de déplacements sont contraires aux intentions de l'administration, et sont fort à charge aux habitants de la campagne. Je vous recommande donc de disposer votre travail de manière à ce qu'une communauté ne soit jamais dans le cas de s'éloigner de plus de trois lieues, ni obligée de découcher. Je vous recommande pareillement de veiller avec la plus grande attention à ce que les commis que vous employerés et les cavaliers de la maréchaussée qui assisteront à votre travail ne reçoivent aucunes sommes, sous quelque prétexte que ce soit, des particuliers sujets au sort, de leurs parents, ou de personnes de leur connoissance.

Je joins ici l'état des soldats levés depuis 1781. Vous voudrés bien vous assurer de leur existence et en faire mention en marge, ainsi que la mort de ceux qui pourroient être décédés. Vous me le renverrés ensuite avec les autres pièces du tirage, auxquelles vous joindrés l'état des sujets qui, depuis l'année dernière, sont dans le cas d'être incorporés dans les grenadiers.

Je vous prie de faire en sorte que vos opérations soient terminées avant la fin du mois de mars prochain, afin de détourner le moins possible des travaux de la campagne ceux qui y sont employés.

Vous n'oublierés pas aussi de porter en chifre à la tête de chaque procès-verbal le nombre des sujets admis, celui des absents, celui des exemts, et celui des sujets qui auroient été rejetés. Vous ne confondrés pas, comme on l'a mal à propos fait dans plusieurs subdélégations lors du dernier tirage, les sujets infirmes avec ceux qui ont été rejetés par défaut de taille.

J'ai l'honneur d'être très parfaitement, Monsieur, votre très humble et très obéissant serviteur.

DE NANTEUIL.

LXX

Paris, ce 21 janvier 1786.

Je viens, Monsieur, de faire expédier les ordonnances relatives au payement des loyers des maisons qui ont servi l'année dernière de cazernes aux brigades de maréchaussée de ma Généralité. Je joins ici celle pour le propriétaire de la cazerne de Bressuire. Je vous prie de la lui faire remettre le plutôt possible et de m'en accuser réception.

J'ai l'honneur d'être très parfaitement, Monsieur, votre très humble et très obéissant serviteur.

DE NANTEUIL.

LXXI

Poitiers, ce 26 janvier 1786.

Je vous serai obligé, Monsieur, de m'adresser l'état des diférens établissements de poste qui se trouvent dans l'étendue de votre subdélégation, du nombre de chevaux dont chacun est ordinairement composé, du nombre effectif de ceux qui existent réellement, et des nouveaux établissements que vous croiriés convenable de former.

Vous voudrés bien indiquer sur cet état le nom du maître de poste de chaque établissement, donner la notte des pertes qu'il peut avoir éprouvées par l'effet des calamités de la dernière année, proposer les encouragements que vous croiriés juste d'accorder pour remettre sur un pied convenable les diférents établissements qui sont présentement en mauvais état.

Je vous recommande de veiller avec votre zèle ordinaire à l'exécution des règlements rendus sur le fait des postes aux chevaux, et à ce que les maîtres de postes ne soient pas troublés dans la jouissance de leurs privilèges et exemptions. Au surplus vous voudrés bien me faire part des moyens dont vous croiriés qu'il seroit à propos de faire usage pour améliorer le service des postes aux chevaux dans l'étendue de votre arrondissement.

J'ai l'honneur d'être très parfaitement, Monsieur, votre très humble et très obéissant serviteur.

DE NANTEUIL.

LXXII

Paris, ce 26 janvier 1786.

J'ai destiné, Monsieur, un fonds de 1200 li. à l'établissement d'un attelier de charité dans votre ville, mais cet établissement ne pourra avoir lieu, qu'autant que les officiers municipaux consentiront à contribuer sur les revenus communs d'une somme de 600 li. à la dépense de cet établissement, qui a essentiellement pour objet de procurer de l'occupation et des moyens de subsistance aux pauvres. Vous voudrez bien les voir à ce sujet, et me faire part de leurs intentions le plutôt possible. Je n'ai accordé aux villes de Saint-Maixent, Niort, les Sables, etc., de fonds de charité que sous cette condition, et je me suis conformé en cela aux intentions du Conseil.

J'ai l'honneur d'être très parfaitement, Monsieur, votre très humble et très obéissant serviteur.

DE NANTEUIL.

LXXIII

Paris, ce 26 janvier 1786.

Je vous envoye, Monsieur, sept ordonnances que je viens d'expédier au profit des paroisses de la campagne dénommées dans la lettre que vous m'avez adressée le 18 de ce mois. Vous voudrés bien les faire parvenir à leur destination le plus tôt possible.

Mon intention n'est point d'appliquer à la ville de Bressuire les 1,050 li. que vous avez réservées pour cette destination ; c'est aux habitans à aviser au moyen de subvenir aux besoins de leurs pauvres, et la ville de Montmorillon vient de leur donner dans ce genre un fort bel exemple, en formant un bureau de charité, qui, par voie de contribution volontaire, a déjà réuni une somme de plus de 5,000 li. Si votre ville, comme je l'espère, se porte à donner les mêmes preuves de zèle et d'humanité, alors je serai très disposé à seconder ses efforts, et vous pourés voir à ce sujet Messieurs les officiers municipaux, auxquels je vous charge de faire connoître mes intentions.

Vous voudrés bien m'envoyer par le premier courrier un projet d'état de répartition pour les 1,050 li. qui sont restées en arrière, et n'y comprendre que les paroisses de la campagne qui sont le plus dans le besoin.

J'ai l'honneur d'être très parfaitement, Monsieur, votre très humble et très obéissant serviteur.

DE NANTEUIL.

A cette lettre est jointe la pièce suivante, contenant la copie de la réponse faite par M. Blactot aux deux lettres qui précèdent :

A Bressuire, le 6 février 1786.

J'ay communiqué aux officiers municipaux de Bressuire la lettre que vous m'avés fait l'honneur de m'écrire le 26 du mois dernier ; ils m'ont dit qu'ils n'avoient aucuns deniers en caisse et qu'au contraire la ville est endettée ; en conséquence qu'ils ne pouvoient joindre ny 600 li., ny aucune somme quelconque aux 1,200 li. que Votre Grandeur destine pour former un attelier de charité.

Il n'est pas plus possible d'établir un bureau de charité par la voye des contributions volontaires. Nous n'avons pas icy quinze maisons qui soyent en état de donner seulement deux louis chacune : que produiroit une si modique somme à huit cent pauvres qui vont à l'aumône ? Cela ne les empescheroit pas de mandier comme ils font journellement, de sorte que chacun a dit qu'il donneroit suivant ses facultés, qu'il feroit ce qu'il pouroit, et que la providence feroit le reste.

Il ne faut pas argumenter des villes de Niort, Saint-Maixent et autres, où il y a siège royal, élection, receveurs des tailles et quantité d'habitans riches ; à Bressuire, où il n'y a rien qui puisse y attirer l'étranger, les bonnes maisons au contraire en sortent, pour ne pas être assaillies par les pauvres et se soustraire aux entrées exhorbitantes du tarif, de sorte que, si on ne réduit pas à 3,000 li. au moins, comme j'ay eu l'honneur de vous le marquer, le principal de la taille de Bressuire, il est certain que la ville ne tardera pas à devenir déserte. Je vous seray obligé, Monseigneur, de la prendre en commisération pour le département prochain, et cependant de faire passer les 1,200 li. que vous destinés pour faire un attelier et procurer du pain à quantité de gens qui n'ont point d'ouvrages.

LXXIV

Paris, ce 27 janvier 1786.

Je vous envoye, Monsieur, une ordonnance en vertu de laquelle vous toucherés une somme de 600 li., que j'ai destinée à l'établissement d'un attelier de charité dans la paroisse de Courlai. M. de la Fenêtre, sur la demande duquel j'ai accordé cette somme, s'est obligé de contribuer de 300 li. à la dépense des ouvrages, et je ne doute point qu'il ne vous fasse incessamment remettre cette contribution. Vous conviendrés avec lui du lieu de l'établissement de l'attelier et des ouvrages qui en feront l'objet. Il sera même à propos que vous en fassiés dresser un état estimatif et que vous me l'envoyés, afin que je puisse porter cet article sur l'état général qui se tient dans mes bureaux. A l'égard des païements, vous les ferés d'après les feuilles de dépenses qui seront arrêtées par la personne qui sera chargée de la conduite des ouvrages. Vous aurés soin de réunir ces feuilles, afin de pouvoir justifier de l'emploi des deniers après qu'ils auront été entièrement consommés.

J'ai l'honneur d'être très parfaitement, Monsieur, votre très humble et très obéissant serviteur.

DE NANTEUIL.

LXXV

Paris, le 27 janvier 1786.

Je vous envoye, Monsieur, deux ordonnances, l'une de 400 li. et l'autre de 200 li. Ces deux sommes sont destinées à l'établissement de deux atteliers de charité dans les paroisses de Saint-Jouin-de-Milly et de Cerizay. M. de Vaudoré s'est obligé à fournir une contribution volontaire de la moitié de ces sommes, de sorte que le fonds de l'attelier de la paroisse de Saint-Jouin-de-Milly sera de 600 li., et celui de l'attelier de Cerizay de 300 li. Je ne doute point qu'il ne vous remette incessamment le montant de cette contribution. Vous voudrez bien vous concerter avec lui sur les lieux de l'établissement des atteliers de charité, et sur les ouvrages qu'ils auront pour objet. Il sera à propos que vous m'en adressiez à l'avance un état estimatif, afin que je puisse faire porter ces articles sur l'état général qui se tient dans mes bureaux. Vous serez chargé des payements, et vous les ferez d'après les états des dépenses qui seront arrêtés par la personne que vous et M. de Vaudoré chargerez de la conduite des ouvrages. Vous aurez soin de conserver ces états, afin que l'on puisse établir l'emploi des fonds après qu'ils auront été entièrement épuisés.

J'ai l'honneur d'être très parfaitement, Monsieur, votre très humble et très obéissant serviteur.

DE NANTEUIL.

LXXVI

Paris, ce 8 février 1786.

Je joins ici, Monsieur, les congés absolus des soldats provinciaux de la levée de 1780 qui sont dans le cas d'être licenciés cette année, ainsy que ceux des soldats des années antérieures qui, pour cause d'absence aux assemblées, avoient eu des prolongations de service. Vous voudrés bien les leur remettre en même temps que vous ferés vos tirages, et les prévenir de les faire viser tout de suite par leur sindic.

J'ai l'honneur d'être très parfaitement, Monsieur, votre très humble et très obéissant serviteur.

DE NANTEUIL.

LXXVII

Paris, ce 10 février 1786.

Je vous prie, Monsieur, de m'envoyer le plutôt possible l'état des atteliers de charité que vous croiriez avantageux d'établir dans l'étendue de votre subdélégation, afin que, lors de la répartition du fonds que Sa Majesté vient d'accorder pour ces sortes de travaux pendant l'année présente, je tâche de concilier vos demandes avec celles de MM. vos confrères. Je vous observe que l'intention de l'administration est qu'il ne soit accordé de ces sortes de secours, qu'autant que les personnes intéressées ou les communautés consentiront à fournir une contribution volontaire égale à la moitié de celle qu'elles obtiendront. C'est un point qu'il ne faut pas perdre de vue dans l'état que vous m'enverrés, et je vous serai obligé de ne pas oublier d'y faire mention des contributions qui seront offertes, non plus que des noms des personnes ou des communautés qui s'obligeront à les fournir. Du reste ces contributions pourront avoir lieu en transport de matériaux, lorsque les circonstances l'exigeront; mais elles devront être évaluées en argent, afin de servir de baze à la fixation des fonds qui seront accordés. Comme je désire de faire la répartition du fonds accordé par Sa Majesté dans les quinze premiers jours du mois de mars, je désire que vous m'envoyés l'état que je vous demande pour la fin du mois courant au plus tard.

J'ai l'honneur d'être très parfaitement, Monsieur, votre très humble et très obéissant serviteur.

DE NANTEUIL.

LXXVIII

Paris, ce 14 février 1786.

M. Mallet ayant déjà pris connoissance, Monsieur, des

parties de chemin auxquelles M. de Vaudoré désire que l'on employe les fonds de charité que je lui ai accordés sous la condition qu'il contribueroit d'un tiers aux dépenses, il est dans l'ordre que ce soit lui qui soit chargé de veiller à leur exécution ; je vous prie en conséquence de me renvoyer l'ordonnance de 600 li. que je vous ai adressée le 27 du mois dernier, afin que je puisse la suprimer et en expédier une autre au nom de votre confrère. Dans le cas où vous en auriez déjà touché le montant, vous voudriez bien le lui faire passer le plutôt possible par une occasion sûre. La réception qu'il vous en accusera vous vaudra de décharge.

J'ai l'honneur d'être très parfaitement, Monsieur, votre très humble et très obéissant serviteur.

DE NANTEUIL.

LXXIX

Paris, ce 14 février 1786.

Je vous envoye, Monsieur, les ordonnances que j'ai expédiées, d'après votre état, pour la répartition des 1,050 li. destinées au soulagement des paroisses de votre subdélégation qui ont le plus souffert des calamités de la dernière année. Je vous prie de les envoyer à leurs destinations respectives, et de recommander aux curés d'en faire un usage conforme aux instructions que je vous ai données précédemment.

J'ai l'honneur d'être très parfaitement, Monsieur, votre très humble et très obéissant serviteur.

DE NANTEUIL.

LXXX

Paris, ce 14 février 1786.

D'après les observations, Monsieur, contenues dans votre

lettre du 6 de ce mois, je vous envoye mon ordonnance pour le paiement des 1,200 li. que j'ai destinées à l'établissement d'un attelier de charité aux abords de votre ville. Vous voudrés bien le mettre en activité aussitôt que vous croirés avantageux de le faire.

J'ai l'honneur d'être très, parfaitement, Monsieur, votre très humble et très obéissant serviteur.

DE NANTEUIL.

LXXXI

Paris, ce 20 février 1786.

Je vous envoye, Monsieur, une requête, que l'adjudicataire des droits de tarif de Bressuire vient de me présenter, contre les prétentions que le s^r Branger paroit avoir d'être exemt des droits d'entrée, attendu sa qualité de receveur des droits d'affirmation de voyages de plusieurs hautes justices situées dans les environs de Bressuire. J'ai ordonné que les parties seroient entendues devant vous sur l'objet qui les divise. Vous voudrez bien remettre au sieur Gendreau sa requête et mon ordonnance, après que vous aurez indiqué par écrit au pied de cette même ordonnance le jour où le sieur Branger pourra être assigné à comparoître devant vous. Je désire que vous me fassiez repasser les pièces de cette affaire aussitôt que l'instruction sera faite, et que vous n'oublïez pas d'y joindre votre avis.

J'ai l'honneur d'être très parfaitement, Monsieur, votre très humble et très obéissant serviteur.

DE NANTEUIL.

A cette lettre sont annexées les deux pièces suivantes :

1re PIÈCE.

Aujourd'huy quatrième jour du mois de mars mil sept cent quatre-vingt-six,

Pardevant nous, Pierre Antoine Blactot de la Baillargère, subdélégué de Bressuire, commissaire en cette partie suivant l'ordonnance de Monseigneur l'Intendant de Poitiers du vingt février dernier, signée : de Nanteuil,

A comparu Joseph Gendreau, adjudicataire du bail des droits d'entrée par tarif de la ville et baronnie de Bressuire, lequel a dit que M. Branger, notaire et procureur de cette ville, luy auroit fait signiffier par exploit de Chevreau, huissier royal, du onze dudit mois de février dernier, tant sa commission de receveur particullier des droits d'affirmation de voyage dans les justices seigneurialles de Noirlieu, Saint-Clémentin, Saint-Porchaire, la Chapelle-Gaudin et Courlé et autres adjassantes en date du quatre du même mois, dont il a été pourvu par monsieur de Julie, directeur de l'administration générale des domaines du roy, que de son acte de prestation de serment par devant nous en datte du onze ; par laquelle signification il a conclu à ce que le comparant ait à le faire jouir des exemptions des droits d'entrées par tarif qu'il prétend luy estre accordées ; pourquoy ledit comparant auroit donné sa requête à mondit Seigneur l'Intendant, par laquelle il a exposé que ledit sieur Branger ne peut jouir des exemptions qu'il prétend luy avoir été accordées, attendu que, pour jouir des privilèges atribués aux employés des dommaines du roy, il faut qu'ils n'exercent aucun autre état que la perception de leur recette ; que la commission cy dessus dattée n'est accordée audit sieur Branger que pour les juridictions de la Chapelle-Gaudin, Noirlieu et autres justices seigneurialles et non pour cette ville ; à l'effet de quoy il auroit requis qu'il plût à Sa Grandeur renvoier ledit sieur Branger de sa prétendue demande, et qu'en conséquence il soit assujetti comme cy devant au droit d'entrées par tarif de cette ville, conformément à l'ordonnance de mondit Seigneur l'Intendant du douze novembre dernier, par laquelle le sieur Ardant, controlleur des actes de cette ditte ville, a été maintenu dans son privilège tant qu'il n'exercera point d'autre état étranger dans son emploi; sur laquelle dite requête est intervenue ladite ordonnance de mondit Seigneur l'Intendant dudit jour vingt février dernier, par laquelle il a été ordonné que les parties seront entendues par devant nous contradictoirement, et, sur le procès verbal succainct de leurs dires et raisons, ensemble sur notre avis, estre ensuitte ordonné ce qu'il apartiendra; laquelle ditte requette et ordonnance cy dessus ledit comparant auroit fait signiffier audit sieur Branger, avec assignation par devant nous à ce présent jour, lieu et heure, ainsy qu'il l'a justifié par le raport de Chevreau, huissier royal, en date de la matinnée de ce jour, duement controllé et en forme, requiérant de luy comparution, synon deffault; dont il a requis acte, et a signé avec ledit M⁰ Chauvin son procureur. Signé : Gendrault, adjudicataire; Chauvin, procureur.

A comparu, M. Pierre-Jean-Baptiste Branger, receveur particulier des droits d'afirmation de voyages des justices seigneurialles de Saint-Porchaire, Noirlieu, Saint-Clémentin, la Chapelle-Gaudin, Saint-Aubin-du-Plain, Courlé et autres adjassantes de cette ville de Bressuire, y demeurant paroisse de Notre-Dame, lequel a dit qu'il a reçu communication de la requête du sieur Gendreau, adjudicataire des droits de tarif de cette ville, et de l'ordonnance de Monseigneur l'Intendant de Poitiers mise au bas de la ditte requête portant qu'elle lui seroit communiquée pour y répondre; en conséquance, qu'il a l'honneur de nous observer que les raisons qu'objecte le sieur Gendreau ne détruisent en rien les privilèges qui luy sont accordés par sa commission de greffier et receveur particullier des justices seigneurialles cy dessus dénommées, et qui sont les mêmes que ceux des employés de l'administration des dommaines.

Le sieur Branger, dit l'adjudicataire, ne réside pas dans les

juridictions où on a établi des registres : mais, suivant le dispositif de l'art. 3 de l'arrest du 11 novembre 1784, le commis n'y est nullement astraint, pourvû que les droits soient exactement perçus en conformité des règlements ; ainsy s'explique cet arrest, art. 3 : « Poura ledit Jean Vin-
« cent René choisir, s'il le juge convenable, les greffiers
« desdittes justices seigneurialles, pour remplir les fonc-
« tions de greffier des afirmations et pour percevoir les
« droits atribués auxdits greffiers et à leur controlleur. A
« cet effet, enjoint Sa Majesté, en tant que de besoin, aux-
« dits greffiers des seigneurs, d'accepter les commissions
« qui leur seront données par ledit René, et de se charger
« des registres qui leur seront fournis pour l'enregistre-
« ment desdits actes d'affirmation et des droits qui en sont
« le sallaire, desquels droits lesdits greffiers compteront aux
« préposés dudit René toutes fois et quantes ils en seront
« requis, et en la forme qui sera établie par ledit René ou
« ses cautions. »

D'ailleurs, d'après l'objection du sieur Gendreau, il s'en suiveroit qu'étant greffier de plusieurs juridictions, que le commis seroit tenu de résider dans chacune. Quelle inconséquence ! Le sieur Bâcher, controlleur des actes de la Chapelle-Saint-Laurent et notaire royal et greffier de Châtaumur, ne résidoit point dans cette juridiction et jouissoit cependant d'une portion de ces privilèges, quoique la plus grande partie de ces dommaines ne fussent point situés à la Chapelle-Saint-Laurent ; le sieur Demége, controlleur des actes à Thouars, possédant l'office de notaire et ayant des biens fonds, jouissoit en entier des privilèges de ses droits d'entrée, ainsy que le sieur Rigault, controlleur à Bressuire et notaire, en jouissoit aussy en entier, quoique possédant maison en ville et dommaines ès environs ; au surplus, en admettant même cette raison, ledit Branger, comparant, nous démontre qu'il réside dans une de ces mêmes juridictions, puisque pour celle de Saint-Porchaire, comprise dans la commission à luy délivrée, le greffe en est établi dans la ville même et le parquet de cette juridiction est situé dans le deddans des limittes et à trante pas tout au plus de l'une des portes de ville ; enfin, ce qui lève toute difficulté à cet égard, c'est que les juges de toutes les juridictions dans lesquelles ont été établis des registres sont les mêmes que ceux de la baronnie de Bressuire résidant audit Bressuire ; ledit Branger est greffier et notaire dans ces mêmes juridictions ; il a plu à Mᵉ Jean Vincent René de luy donner une commission de receveur particullier d'affirmation de voyage dans ces juridictions ; par cette commission il luy est accordé les mêmes privilèges qu'aux employés de l'administration ; il seroit étonnant que le sieur Gendreau voulût l'asujettir à résider dans chaque juridiction pour qu'il pût jouir de ces privilèges, ce que n'exige pas sa commission ni les règlements cy dessus.

Le sieur Gendreau ajoute que ledit Branger, commis préposé, est procureur et notaire, et que conséquament exerçant d'autre état, ces privilèges de receveur des affirmations de voyages ne luy sont d'aucune utilité : ledit Branger convient qu'il ne peut jouir entièrement de ces privilèges, mais conformément à l'art. 11 de l'ordonnance du mois de juillet 1681, édit de mars 1696, autre du mois de décembre 1703, arrest du 24 avril 1722 et autres règlements rendus en faveur des employés aux recouvrements des deniers du Roy, il doit jouir d'une portion ; et en effet, les droits d'entrée tiennent lieu de la taille ; quoyque procureur et notaire de Bressuire ledit Branger ne possède aucuns biens sujets à laddite imposition ; conséquamant il doit jouir des exemptions de portion des entrées, puisque sy au lieu d'entrée la taille étoit établie, il n'en payeroit pas. Ledit Branger, recevant, aprouve très fort que le sieur Gendreau soit surpris de ce que le Roy a établi des greffes d'affirmation de voyages dans des justices où il n'y en a jamais eu ; le sieur Gendreau ou soit son conseil devroit même estre plus surpris qu'on ne l'aye pas consulté, mais sans doute, dans cet aveuglement, il n'a pas lu l'arrest du 11 novembre 1784, ou il n'en a pas compris le sens, et les ordonnances, arrests, édits et règlements d'après lesquels il est rendu.

D'après les observations que ledit Branger comparant a l'honneur de nous faire, il ose espérer que Monseigneur l'Intendant voudra bien luy accorder ces entrées libres au moins pour un tiers, et les deux autres tiers à sa charge comme possédant les offices de notaire et procureur, ainsy que le décharger de la totalité des corvées, s'en raportant entièrement sur sa justice et ses bontés ; Et la cause du recevant paroit d'autant plus juste que, s'il n'étoit attaché aucuns privilèges à sa commission, elle luy deviendroit plus onéreuse que profitable des mêmes frais qu'il luy faut faire pour se transporter au besoin du public dans les diverses juridictions les jours d'audiances ; Et sans avoir égard aux plaintes dolantes du sieur Gendreau sur la perte qu'il dit faire dans son tarif, qui sont d'autant plus hors de leur place que luy et ses associés ont dit à qui a voullu l'entendre qu'ils avoient un bénéfice assez honneste ; requérant acte de sa comparution, dire et observation, et a signé. Signé : Branger.

Ledit Joseph Gendreau, assisté comme dessus dudit Chauvin son procureur, sans s'arrester aux longs détails insérés dans le dire cy dessus et en lui répondant, dit qu'il se renferme en un seul point pour convaincre ledit sieur Branger, qui est que sa qualité de notaire et procureur doit le renvoyer de sa demande, puisque tous les employés à la perception des dommaines du Roy ne peuvent jouir des privilèges à eux accordés par Sa Majesté, qu'autant qu'ils n'exerceront aucun autre état étranger à leur emploi. Dans cette circonstance il a tout lieu d'espérer que Sa Grandeur ne fera pas la moindre dificulté à cet égard. Dont acte. Et a signé avec ledit M⁰ Chauvin, son procureur. Signé : Gendreau, adjudicataire; Chauvin, procureur.

Ledit Branger, répondant au dernier dire cy-dessus, dit qu'il eût été fort inutile d'ajouter dans sa commission du quatre février dernier qu'il jouiroit des privilèges et exemptions attribués aux employés de l'administration générale des dommaines par les ordonnances, édits, déclarations, arrests et règlements, si, comme le prétend ledit Gendreau, il étoit exclu de ces privilèges à cause de ses états de notaire et procureur; mais il soutient toujours que, conformément à l'article onze de l'ordonnance du mois de juillet 1681 et autres qu'il a cité en son premier dire, il doit jouir d'une portion. D'ailleurs, seroit-il, encore une fois, juste qu'il fût obligé de se transporter au jour d'audiance dans les diférentes juridictions où il ne peut se dispenser de faire des dépenses sans jouir d'aucuns privilèges ? Non sans doutte l'intention de Sa Majesté n'est pas telle. Enfin il se renferme dans son premier dire, et s'en raporte entièrement à la justice et aux bontés de Monseigneur l'Intendant pour le faire jouir d'un tiers au moins de ces entrées, qui tiennent, comme on l'a démontré, lieu de la taille, et il ne cessera d'ofrir des vœux à Dieu pour la santé et la prospérité de Sa Grandeur. Et a signé. Signé : Branger.

Fait clos et arresté le présent procès-verbal par nous commissaire susdit, à Bressuire, les jours et an que dessus.

BLACTOT, subdélégué.

2ᵐᵉ PIÈCE.

Le soussigné, qui a vu copie signiffiée de la commission de greffier des actes d'affirmations de voyages des justices de Noirlieu, la Chapelle-Gaudin, Courlay, Saint-Clémentin, Saint-Porchaire et autres juridictions circonvoisines, accordées au sieur Branger, notaire et procureur à Bressuire, le 4 février dernier, la requête du sieur Gendreau, adjudicataire des droits par tarif de la ville de Bressuire, au bas de laquelle est l'ordonnance de Monseigneur l'Intendant du vingt dudit mois, et le procès-verbal des dires des parties du quatre de ce mois,

Est d'avis que la commission dont il s'agit n'est qu'un titre fictif, incapable de produire dans la position où se trouve le sieur Branger les exemptions accordées à ceux qui sont employés à la perception des droits du roi. Cette commission n'est qu'un estre d'imagination, totallement inutille pour l'exercice des juridictions auxquelles elle est attribuée. Le peu d'affaires qu'il y a dans ces juridictions ne mérite pas une pareille commission, puisqu'elle ne produiroit peut-estre pas trente sous par an.

D'ailleurs, le sieur Branger est notaire et procureur dans toutes ces justices, et en mesme temps greffier des chastellainies de la Chapelle-Gaudin et de Noirlieu; au moyen de quoy, s'il se trouvoit quelques affaires dans les juridictions où il est officier, il ne luy en cousteroit rien pour son transport, parce que, comme procureur, il seroit indemnisé des droits de la plaidoirie de sa cause, et, comme greffier, du coût et levée de la sentence ; mais on n'est point du tout dans l'usage, dans ces sortes de justices, d'allouer des frais de voyages aux parties, qui, la majeure partie du tems, sont domiciliés dans le lieu mesme. Le produit de ces sortes de droits seroit si modique, que, de tems immémorial, il n'a été délivré, dans ces sortes de justices, aucun acte d'affirmation de voyage; au moyen de quoy il étoit fort inutile d'accorder une pareille commission au sieur Branger, puisqu'elle est tout à fait infructueuse; d'où il résulte que ce n'est qu'un titre mandié pour se procurer l'exemption des droits du tarif.

L'objection de l'adjudicataire paroît même un moyen sans réplique pour le faire déchoir de sa prétention. Le sieur Branger ne réside dans aucune des juridictions de sa commission ; il est domicilié dans la ville de Bressuire, où il n'a droit de délivrer aucun acte d'affirmation de voyages, puisque c'est le contrôleur des actes qui a cette commission. Un officier qui veut jouir des privilèges attachés à son office doit résider dans le lieu où s'en fait l'exercice ; il ne peut l'attirer d'un lieu à un autre ; or le sieur Branger, ne résidant dans aucune des paroisses où doit se faire l'exercice de sa commission, ne peut attirer à Bressuire le privilège qu'il pouroit avoir s'il résidoit dans quelqu'une des paroisses de sa commission.

Mal à propos invoque-t-il l'exemption du sieur Bâcher, contrôleur au bureau de la Chapelle-Saint-Laurent ; il n'en a jamais eu aucune comme greffier de la baronnie de Châteaumur ; tout le privilège qu'il a eu, c'est d'être taxé d'office pour les biens qu'il faisoit valloir à la Chapelle-Saint-Laurent, où il faisoit sa résidence ; mais c'étoit en qualité de controlleur, et si le sieur Demège, contrôlleur au bureau de Thouars, a joui de l'exemption de quelques droits de tarif, ce n'est aussi qu'en la mesme qualité.

Si le sieur Branger veut profiter du mesme avantage, c'est à luy à se retirer dans l'une des paroisses où doit se faire l'exercice de sa commission ; alors il fera valloir, s'il y a lieu, son privilège dans cette paroisse.

Il ne demande l'exemption que d'une partie de ses droits d'entrée, parce qu'en qualité de notaire et procureur il n'en est pas exempt ; mais un privilège ne va pas point à partie, il faut qu'il produise son effet tout entier ou rien du tout.

C'est ce qui résulte de l'art. 33 de l'instruction de Monseigneur l'Intendant pour la levée des soldats provinciaux, par lequel il est dit, « Que les gardes-chasse et des bois
« des seigneurs haut justiciers seront dispensés de tirer,
« pourvu qu'ils ne fassent point de commerce, métier et
« exploitation, et qu'ils se renferment uniquement dans

« leurs fonctions de gardes, et qu'ils soient domiciliés
« dans la paroisse des seigneurs dont ils sont gardes ».

La décision rendue en faveur du sieur Ardant, controlleur au bureau de Bressuire, le 12 novembre dernier, contre l'adjudicataire du tarif paroît conforme à cette disposition, puisqu'il est dit qu'il sera exempt de ses droits d'entrée tant qu'il ne fera point d'autre état. Dans ces circonstances et par ces considérations, le soussigné n'estime pas que le sieur Branger puisse jouir d'aucune exemption, à moins qu'il ne réside dans l'une des paroisses où doit se faire l'exercice de sa commission, et qu'il ne se restraigne à la seulle perception des droits d'actes d'affirmation de voyage.

A Bressuire, le 15 mars 1786.

BLACTOT.

Par ordonnance de Monseigneur l'Intendant du 1ᵉʳ avril 1786, le sieur Branger a été déclaré non recevable dans sa demande ; en conséquence ordonné qu'il demeure assujetti aux droits du tarif et condamné aux dépens.

LXXXII

Paris, ce 24 février 1786.

Je vous envoye, Monsieur, une ordonnance de la somme de 600 li., première moitié d'un fonds de 1,200 li. que j'ai destiné, sur la demande de M. le marquis des Dorides, à l'établissement d'un attelier de charité pour la réparation du chemin de Saint-Clémentin à Argenton-le-Château. Je vous ferai toucher la seconde aussitôt que les circonstances l'exigeront. De son côté, M. le marquis des Dorides vous remettra sa contribution volontaire, qui est de 600 li. Ces sommes seront employées au paiement de la dépense des ouvrages, d'après les feuilles de dépenses arrêtées par la personne qui dirigera l'exécution des ouvrages.

J'ai l'honneur d'être très parfaitement, Monsieur, votre très humble et très obéissant serviteur.

DE NANTEUIL.

LXXXIII

Paris, ce 2 mars 1786.

L'intention du Roy étant, Monsieur, qu'il n'y ait à l'avenir par province qu'un seul entrepreneur de la fourniture de bois, paille et lumières, tant aux troupes de passage qu'à celles qui y seront en garnison, je joins ici un certain nombre d'imprimés pour annoncer le jour où il sera procédé devant moi à Poitiers à une adjudication pour toute ma Généralité. Je vous prie de les faire afficher le plutôt possible dans les principaux endroits de votre subdélégation. Vous aurés soin de me faire passer les soumissions que vous recevrés, huit jours au moins avant celui que j'ai fixé pour l'adjudication.

J'ai l'honneur d'être très parfaitement, Monsieur, votre très humble et très obéissant serviteur.

DE NANTEUIL.

LXXXIV

Paris, ce 25 avril 1786.

Je vous ai envoyé depuis peu de jours, Monsieur, plusieurs exemplaires d'un arrêt du Conseil du 24 mars dernier, par lequel Sa Majesté a autorisé MM. les Intendans et commissaires départis dans les diférentes Généralités du royaume, à nommer un préposé pour aposer, jusqu'au 1er juillet prochain, une empreinte sur les toiles nationales, peintes et imprimées, qui se trouveront dépourvues de plombs, dans les magazins des négocians et marchands. Je ne doute point que vous n'en ayez fait faire l'affiche dans les principaux lieux de votre subdélégation.

Je viens, pour l'exécution de cet arrêt dans l'étendue de ma Généralité, d'expédier une commission au nom du sieur Contenceau, qui se rendra successivement dans les diférentes villes et lieux de la province, et qui y fera, chez les marchands qui auront en magasin des toiles de l'espèce de celles dont je viens de vous parler, les apositions d'empreinte prescrites par Sa Majesté.

Ce préposé ne manquera pas de vous voir lors de son arrivée dans votre ville. Je vous prie de lui procurer toutes les facilités qui pourront dépendre de vous, pour le mettre à portée de remplir la mission dont il est chargé en conformité des vues du Conseil. Il est bon que vous preniez à l'avance des renseignements sur les lieux dépendans de votre subdélégation où le bien du service exigera qu'il se rende. Si de petits marchands des campagnes avoient quelques pièces de toile dans le cas de recevoir l'empreinte, il seroit plus convenable qu'ils les apportassent dans votre ville pour le moment où le préposé s'y trouve, et dont il aura soin de vous prévenir à l'avance, que de l'obliger à se rendre chez eux, ce qui seroit souvent impraticable.

J'ai l'honneur d'être très parfaitement, Monsieur, votre très humble et très obéissant serviteur.

DE NANTEUIL.

LXXXV

Paris, ce 2 mai 1786.

Je vous envoye, Monsieur, l'état des sommes que j'ai destiné aux atteliers de charité qui seront établis dans votre subdélégation pendant la présente année. L'emploi de ces sommes ne doit avoir lieu qu'autant que les contributions volontaires qui ont été offertes seront réellement fournies. C'est une condition essentielle, et sur l'exécution de laquelle je vous prie de veiller avec soin.

Plusieurs de mes subdélégués ont mal saisi le sens de la

lettre que je leur ai écrite pour leur demander leur avis sur les atteliers à établir dans leurs départements respectifs. Je leur ai marqué que je n'autoriserais l'établissement des atteliers qui seroient jugés utiles, qu'autant que les communautés ou les personnes intéressées fourniroient une contribution égale à la moitié de la somme que j'accorderois. Au lieu de cela, ils ont annoncé que j'accorderois le double des contributions qui seroient offertes. Cette méprise a donné lieu à des offres d'un objet trop considérable pour que j'aye pu les accueillir. Au reste, en assignant les fonds qui sont accordés, j'ai réduit à la moitié de ces fonds les contributions volontaires qui avoient été proposées. S'il se trouve des atteliers dans ce cas pour votre subdélégation, vous voudrez bien prévenir les personnes ou les communautés intéressées des motifs qui m'ont déterminé à n'accepter qu'une partie de leurs offres, afin qu'elles se règlent en conséquence.

En demandant des éclaircissements sur les ateliers qu'il seroit avantageux d'établir dans chaque subdélégation, mon intention n'a point été que mes subdélégués écrivissent circulairement dans toutes leurs paroisses, comme plusieurs d'entr'eux ont fait. Ces sortes de démarches provoquent des demandes sans nombre, auxquelles il est impossible de satisfaire, et occasionnent, par une suite nécessaire, les plaintes des personnes auxquelles on a donné des espérances qui ne peuvent se réaliser. Je vous prie de ne point perdre cette observation de vue pour l'avenir. En général, messieurs les subdélégués doivent s'attacher à connoître les forces des paroisses de leurs subdélégations, les ressources plus ou moins étendues qu'elles peuvent avoir, et les événements heureux ou malheureux qu'elles éprouvent, pour être en état de rendre compte de leur situation à la première demande qui leur est faite, sans être obligé de prendre des renseignements publics, qui ont toujours le mauvais effet de porter les communautés à compter sur des secours que souvent les circonstances ne permettent pas de leur accorder.

Je vous adresserai, par le premier courier, les ordonnances pour le paiement du premier à compte sur les sommes comprises dans l'état que je vous envoye aujourd'hui. Comme j'ignore les personnes qui seront dépositaires de ces fonds, ainsi que des contributions volontaires, je laisserai leur nom en blanc dans ces ordonnances. Vous aurez soin de l'y porter avant de les remettre à leur destination, et de m'envoyer aussi l'état à Poitiers. Je vous observe qu'il seroit à désirer que l'emploi de ces fonds se fît avec assez de lenteur pour qu'il en restât encore une moitié à consommer vers la fin de l'année, dans le temps où les habitants de la campagne sont le plus exposés à manquer d'ouvrages.

Vous voudrez bien vous concerter avec les personnes et les communautés intéressées, pour l'emploi, tant des fonds du Roi que des contributions volontaires, à la réparation des chemins qui intéresseront les habitants des paroisses où les atteliers seront établis. Il sera nécessaire que vous me fassiez connoître à l'avance les parties d'ouvrages que l'on se proposera de faire exécuter, en indiquant d'une manière précise le lieu de leur situation. Lorsque les fonds seront entièrement consommés, vous m'adresserez des états détaillés des dépenses qu'ils auront occasionnés.

J'ai chargé les ingénieurs des ponts et chaussées, dans chaque département, de prendre connoissance des ouvrages de charité qui s'y exécuteront, de donner les instructions nécessaires sur la meilleure manière de procéder à leur confection, et d'en adresser même des devis et détails estimatifs ; mais je conçois que le grand nombre d'établissements de cette nature qui auront lieu pendant la présente année, et le peu d'objet de chacun d'eux, obligeront les ingénieurs à borner leurs soins aux principaux atteliers ; d'ailleurs, les besoins des habitants des campagnes peuvent exiger de prompts secours, ainsi vous pouvez provisoirement faire ouvrir les attéliers aussitôt que vou le désirerez.

J'ai l'honneur d'être très parfaitement, Monsieur, votre très humble et très obéissant serviteur.

DE NANTEUIL.

LXXXVI

Paris, ce 3 mai 1786.

Je vous préviens, Monsieur, que le Roy vient de décider qu'il ne seroit admis à l'avenir dans ses écoles militaires et dans le collège de la Flèche, que des enfants qui auront eu la petite vérole naturellement ou par inoculation. Vous voudrés bien, en conséquence, faire connoître les intentions de Sa Majesté à cet égard à toutes les personnes qui s'adresseront à vous pour vous demander des imprimés du mémoire des questions à répondre pour proposer leurs enfans, et vous les préviendrés en même temps qu'il est indispensable qu'elles joignent aux pièces d'usage un certificat d'un médecin et d'un chirurgien de leur résidence, légalisé par le premier magistrat du lieu, qui constatera que l'enfant proposé a réellement eu la maladie dont il s'agit.

J'ai l'honneur d'être très parfaitement, Monsieur, votre très humble et très obéissant serviteur.

DE NANTEUIL.

LXXXVII

Paris, ce 12 may 1786.

Je vous envoye, Monsieur, un exemplaire d'une ordonnance que M. le duc de Polignac a rendue le 3 avril dernier pour la police intérieure et le service des postes aux chevaux. Vous voudrés bien tenir la main à son exécution dans l'étendue de votre département.

J'ai l'honneur d'être très parfaitement, Monsieur, votre très humble et très obéissant serviteur.

DE NANTEUIL.

LXXXVIII

Paris, ce 24 may 1786.

Je vous envoye, Monsieur, les ordonnances que je viens d'expédier pour la répartition du moins imposé que j'ai accordé à celles des paroisses de votre subdélégation au nom desquelles les ordonnances sont expédiées.

Vous voudrés bien faire de ces ordonnances l'usage que je vous ai indiqué par la lettre que je vous ai écrite le 10 mars dernier, en vous envoyant mes mandements pour l'imposition relative à l'entretien des routes pendant l'année 1785.

Afin de procéder à l'émargement d'une manière qui prévienne toute espèce de surprise, vous manderés les collecteurs de chaque paroisse pour qu'ils viennent vous trouver avec leurs rôles de taille et de corvée. Vous ferés en même temps prévenir par le sindic les diférents particuliers nommés dans l'ordonnance, de se rendre auprès de vous le même jour que vous aurés assigné aux collecteurs. Vous ferés en présence des uns et des autres l'émargement des articles du rôle des tailles. Les sommes accordées à titre de remise doivent d'abord être employées à l'acquit de la taille, des impositions accessoires et de la capitation ; le surplus sera employé au paiement de tout ou partie de la contribution à l'imposition pour les routes, ce qui exigera un nouvel émargement ; et l'excédent, s'il s'en trouve, sera payé par les collecteurs aux contribuables.

Vous pourrés éviter la perte d'un jour, tant aux collecteurs qu'aux taillables, en choisissant un jour de dimanche ou de fête pour l'opération dont il s'agit.

Comme il seroit possible que les collecteurs des tailles n'eussent point de fonds sufisants entre les mains, soit pour payer le montant de la contribution aux corvées, soit pour solder ce dont la remise excéderoit les impositions des contribuables, vous aurés soin dans ce cas de leur faire signer deux états, l'un des sommes qu'ils doivent remettre aux commissaires chargés du recouvrement de l'imposition relative aux routes, l'autre de celles qui reviendroient aux contribuables, et de leur recommander d'en faire le paiement sur les premiers fonds qui proviendroient de leur recouvrement.

Au surplus, je vous recommande de veiller à ce que les sommes que toucheront les préposés au recouvrement de l'imposition pour les routes, en conséquence de vos émargements, soient aussitôt remises par eux entre les mains de la personne établie près de vous pour la recette de cette imposition.

J'ai l'honneur d'être très parfaitement, Monsieur, votre très humble et très obéissant serviteur.

DE NANTEUIL.

LXXXIX

Poitiers, ce 8 juin 1786.

Vous verrez très incessamment auprès de vous, Monsieur, le sieur Filouzeau, artiste vétérinaire demeurant à Montaigu, et vous voudrez bien lui donner toutes les indications nécessaires pour qu'il se transporte sur les lieux de votre subdélégation affligés de l'épizootie dont vous informez M. l'Intendant par votre lettre du 6 de ce mois. Si le sieur Texier, de Saint-Maixent, n'étoit pas dans ce moment en courses pour le même fait, je lui aurois proposé, en raison de ce qu'il est un peu plus près de vous, d'exécuter la mission donnée au sieur Filouzeau.

Au reste, j'espère que cette maladie aura peu de suite, si on veut provisoirement employer la recette ci-jointe, qui a déjà été éprouvée avec le plus grand succès pour la maladie dont il s'agit. Vous voudrez bien, Monsieur, faire remettre une copie de cette recette le plutôt possible à tous les syndics de votre arrondissement, afin qu'ils la fassent connoître.

J'ai l'honneur d'être avec un respectueux attachement, Monsieur, votre très humble et très obéissant serviteur.

Descostils.

XC

Paris, ce 14 juin 1786.

Vous savez, Monsieur, que, par mon ordonnance du 30 mai 1785, j'ai réduit les ouvrages relatifs aux grandes routes de ma Généralité pendant la dite année au simple entretien de celles déjà faites, et que j'ai réglé que la dépense de cet entretien seroit imposée sur les communautés sans exception.

Il s'est trouvé plusieurs paroisses qui avoient exécuté alors partie des tâches dont l'assignation leur avoit été faite, et, comme il étoit juste de leur tenir compte de ce travail, la somme à laquelle il a été évalué a été ajoutée au montant des adjudications, pour régler celle à laquelle l'imposition doit être fixée.

Je vous envoye aujourd'hui les ordonnances que je viens d'expédier pour qu'il soit tenu compte aux paroisses de votre subdélégation qui se sont trouvées dans ce cas de la dépense des ouvrages dont il s'agit. Vous voudrez bien les leur faire parvenir le plutôt possible. Je vous observe, au reste, que ce n'est point proprement au bénéfice de ces paroisses que mes ordonnances sont expédiées, mais bien à celle des habitans par qui les travaux ont été exécutés, et c'est pourquoi j'ai ordonné qu'il en seroit dressé un état dans une assemblée de la communauté, que cet état et le rôle vous seroient représentés, etc., etc...

Vous voudrez bien observer au receveur établi près de vous, que ces ordonnances devront lui être remises pour être jointes à l'appui de son compte. Les collecteurs reconnoîtront qu'il leur a été tenu compte des sommes dont j'ai ordonné le remboursement aux habitants qui ont travaillé ; au moyen de quoi le receveur portera la totalité de ces sommes en dépense dans son compte, dont, au surplus, je vous ferai passer un modèle lorsque le moment en sera venu.

J'ai l'honneur d'être très parfaitement, Monsieur, votre très humble et très obéissant serviteur.

DE NANTEUIL.

XCI

Paris, ce 30 juin 1786.

Je vous préviens, Monsieur, que Sa Majesté, d'après le compte que M. le controlleur général lui a rendu de mes représentations sur la détresse dans laquelle les communautés de ma Généralité se sont trouvées jusqu'à ce jour, a bien voulu permettre que les ouvrages de corvées qui auroient dû leur être distribuées en tâche pendant l'année courante, fussent réduits au simple entretien des routes déjà faites, et qu'il en fût passé des adjudications au rabais dans la même forme que l'an dernier. Je vous ferai passer, en conséquence, sous peu de jours, une ordonnance à peu près semblable à celle que j'ai rendue le 30 mai 1785, afin que vous la fassiez parvenir et publier dans toutes les paroisses de votre subdélégation. Je vous adresserai aussi très incessamment les devis et détails estimatifs des ouvrages qui seront exécutés dans votre subdélégation, afin que vous puissiez procéder aux adjudications, après que vous aurés fait aposer les affiches d'usage en pareil cas. Je vous recommande d'avance d'accélérer la passation de ces adjudications le plus qu'il vous sera possible, afin que les adjudicataires puissent s'occuper de l'aprovisionnement de leurs matériaux avec la célérité que le bien du service exige. Je désire que vous fassiés tout ce qui dépendra de vous pour augmenter la concurrence, parce que c'est le seul moyen d'obtenir de la diminution sur le prix des ouvrages.

J'ai l'honneur d'être très parfaitement, Monsieur, votre très humble et très obéissant serviteur.

DE NANTEUIL.

XCII

Paris, ce 14 juin 1786.

J'ai remarqué avec surprise, Monsieur, que le receveur de l'imposition faite sur les communautés de votre subdélégation pour l'entretien des routes pendant l'année 1785 ne m'a envoyé aucun état de la recette par lui faite jusqu'à ce jour. Il seroit d'autant plus étonnant qu'il ne lui eût point été encore fait de payement par les collecteurs, que le recouvrement est déjà avancé dans la plupart des autres subdélégations. Vous voudrés bien constater le montant de son recouvrement dès la réception de ma lettre, et me marquer aussitôt, d'une manière précise, quelle est la somme qu'il a entre les mains.

Si quelques paroisses n'avoient point encore arrêté leurs rôles, vous aurez soin de m'en envoyer l'état, mais il seroit nécessaire que vous vous assurassiez si le retard où elles se trouveroient à cet égard seroit l'effet de la négligence des syndics qui auroient négligé de publier mon mandement, ou des paroisses qui ne se seroient pas conformées. Dans le premier cas, je délivrerois des ordonnances contre les syndics pour les obliger à payer personnellement sauf leur recours, et, dans le second, j'ordonnerois que le montant de l'imposition seroit avancé par un nombre déterminé des plus haut cotisés à la taille, qui seroient remboursés après le recouvrement fini.

Pour éclaircir le fait dont il s'agit, il suffit que vous fassiés demander aux syndics un certificat de la publication de mon mandement, en cas qu'ils l'ayent réellement fait.

Comme l'imposition pour l'entretien des routes pendant une année commencée du premier de ce mois va être ordonnée très incessamment, vous sentés qu'il est intéressant de presser le recouvrement de l'imposition de l'année 1785, afin que les communautés ne se trouvent pas arriérées.

J'ai l'honneur d'être très parfaitement, Monsieur, votre très humble et très obéissant serviteur.

DE NANTEUIL.

XCIII

Paris, ce.....

Je vous envoye, Monsieur, les relevés des naissances, mariages et sépultures de la paroisse de Saint-Jouin-de-Milly, dépendant de votre subdélégation, pour les années 1783 et 1784. La comparaison que vous en ferés vous mettra à portée de juger qu'il y a entre ces relevés une disproportion dont le Conseil désire de connoitre la cause. Vous voudrés bien demander à ce sujet les éclaircissemens nécessaires au curé, et m'en faire ensuite connoître le résultat. S'il s'étoit glissé quelqu'erreur dans le relevé de l'année 1783 ou de l'année 1784, il seroit à propos qu'il vous l'indiquât, afin que vous puissiez la corriger.

J'ai l'honneur d'être très parfaitement, Monsieur, votre très humble et très obéissant serviteur.

DE NANTEUIL.

XCIV

Paris, ce 8 juillet 1786.

On vient d'introduire, Monsieur, par ordre de Sa Majesté, dans les hôpitaux militaires et de la marine, l'usage d'une poudre anti-hémoragique inventée par le sieur Faynard, et dont l'efficacité paroît avoir été constatée par des expériences multipliées. Il a été décidé également qu'il en seroit usé de même dans les hôpitaux civils. Je vous envoye, en conséquence, une boëte de cette poudre, que vous voudrez bien remettre à l'administration de l'hôpital principal de charité de votre ville. Cet envoi a pour but de faire connoître la poudre du sieur Faynard, et s'assurer en même tems si l'emploi qu'on en fera sera jugé avantageux et préférable aux autres moyens dont on s'est servi jusqu'à présent dans les hémoragies. Dans ce cas, ce sera aux hôpitaux à s'en pourvoir à l'avenir à leurs frais. Vous les en préviendrez. Vous chargerez aussi les officiers de santé qui desservent celui de votre ville de m'instruire des effets qu'aura produit l'usage de cette poudre, et de joindre à ce détail leurs observations et leurs avis. Je vous recommande singulièrement cette dernière disposition de ma lettre, afin qu'elle soit remplie avec exactitude.

J'ai l'honneur d'être très parfaitement, Monsieur, votre très humble et très obéissant serviteur.

DE NANTEUIL.

XCV

Paris, ce 14 juillet 1786.

Je viens, Monsieur, d'expédier une seconde ordonnance d'à compte au profit de chacun des entrepreneurs de l'entretien des routes de ma Généralité pendant l'année 1785. J'en expédierai une troisième à la fin de ce mois, et ainsi successivement, de manière que j'espère qu'ils seront entièrement payés dans les premiers jours du mois d'octobre prochain. Vous voudrez bien prévenir ceux qui résident dans votre subdélégation de ce que je vous marque à ce sujet.

J'ai l'honneur d'être très parfaitement, Monsieur, votre très humble et très obéissant serviteur.

DE NANTEUIL.

XCVI

Paris, ce 18 juillet 1786.

Je vous ai envoyé, Monsieur, dans les premiers jours d'avril dernier, des exemplaires d'une ordonnance du Roi du 4 février précédent, par laquelle Sa Majesté a ordonné à tous rouliers, voituriers et autres, de céder le pavé et de faire place à tout courier et voyageur allant en poste, sous peine contre les contrevenans d'une amende de 30 li., payable sur le champ, et applicable, un tiers aux pauvres, et les deux autres tiers aux cavaliers de maréchaussée qui auront été employés à faire cesser ou à constater ces contraventions. Je vous préviens que l'intention du Roi, pour assurer l'emploi des fonds provenans des amendes dont il s'agit, est que les sommes qui auront été payées par les délinquans soient déposées au greffe des subdélégations, afin que la répartition puisse en être faite ensuite en conséquence des ordres des Intendans, de manière qu'il en soit remis un tiers au curé le plus voisin du lieu où le délit aura été commis, et les deux autres tiers aux cavaliers qui auront arrêté les contrevenans. Vous voudrez bien vous conformer aux règles établies à ce sujet, toutes les fois que les circonstances se présenteront, et me donner avis des amendes qui pourront être déposées à votre greffe, afin que je puisse en ordonner la distribution sur le champ.

J'ai l'honneur d'être très parfaitement, Monsieur, votre très humble et très obéissant serviteur.

DE NANTEUIL.

XCVII

Paris, ce 21 juillet 1786.

Le sieur René Tonnet le jeune, Monsieur, demande la création d'un office de notaire royal à la résidence de Faye-l'Abbesse, sénéchaussée de Poitiers. Je vous prie de me marquer si ce lieu est assez considérable pour exiger un pareil établissement, et s'il n'existe point dans les lieux voisins des offices de même nature qui rendissent celui-ci inutile. Je vous serai obligé de me donner en même temps des renseignements sur l'âge, la conduite, la capacité et la fortune du sieur Tonnet, qui fait sa demeure dans la paroisse de Chiché.

J'ai l'honneur d'être très parfaitement, Monsieur, votre très humble et très obéissant serviteur.

DE NANTEUIL.

XCVIII

Paris, ce 29 juillet 1786.

Je joins ici, Monsieur, une ordonnance de la somme de soixante quinze livres, qui vous revient pour les frais de levée de quinze soldats provinciaux que vous avés fait cette année, à raison de cent sols par homme. Vous voudrés bien m'en accuser réception.

J'ai l'honneur d'être très parfaitement, Monsieur, votre très humble et très obéissant serviteur.

DE NANTEUIL.

XCIX

Paris, ce 30 juillet 1786.

Vous m'apprenés, Monsieur, par la lettre que vous m'avez écrite le 26 de ce mois, qu'il s'est manifesté dans la paroisse de Cerizais une maladie à laquelle on soupçonne un caractère épidémique.

Vous avez sans doute chargé le médecin commissionné dans votre département de s'y porter, afin d'y donner tous les soins qui dépendent de son art.

Vous voudrez bien dire à ce médecin d'adresser sur le champ à M. Pallu, médecin en chef, toutes les observations que cette maladie lui donnera occasion de faire, conformément aux instructions contenues dans ma lettre du 24 avril dernier. Vous en userez et il en usera de même, chaque fois que les circonstances l'exigeront. Je ne puis qu'approuver les mesures provisoires que vous avez prises pour faire donner aux pauvres malades de la commune de Cerizais le soulagement indiqué qui leur est nécessaire.

J'ai l'honneur d'être très parfaitement, Monsieur, votre très humble et très obéissant serviteur.

DE NANTEUIL.

TABLE

DES AFFAIRES ADMINISTRATIVES TRAITÉES DANS LES LETTRES CI-DESSUS

AGRICULTURE; fourrages, disette, 139, 142, 143, 145; — grains, disette, 148; — insectes nuisibles, 117; — questionnaire, 171.

ALIÉNÉS; traitement, 146.

ASSISTANCE PUBLIQUE; bureaux de charité, 181, 182; — remèdes, 125, 150, 208; — riz, 167; — secours, 104, 120, 140, 156, 176, 181, 186.

ATELIERS DE CHARITÉ, 180, 182, 183, 185, 186, 196, 198.

CASERNEMENT des troupes et des brigades de maréchaussée, 165, 179.

CORRESPONDANCE administrative, 114.

CORVÉE; délai, 128; — délinquants, 108; — entretien des routes, 141, 206, 208; — omis, 114; — ouvrages neufs (suppression des), 132, 141, 204, 205.

DÉSERTEURS, 107, 159.

DISETTE. Voy. *Agriculture.*

DROITS D'ENTRÉE de la ville de Bressuire; diminution, 129; — exemption, 187.

ECOLE ROYALE MILITAIRE; admission, 145.

ECOLE ROYALE VÉTÉRINAIRE d'Alfort; bourses, 157.

EGLISES; réparations, 163.

ENFANTS ASSISTÉS, 103.

EPIDÉMIES; médecins et chirurgiens, 123, 131, 211; — statistique, 147; — à Argenton-Château, 131, 132; Moutiers, 132; Cerizay, 211.

ETAT CIVIL, 207.

INVALIDES, 100, 102.

LETTRES DE CACHET, 101.

MALTE (ordre de), 170.

MARÉCHAUSSÉE; approvisionnements, 99. Voy. *Casernement.*

MENDIANTS ET VAGABONDS; translation dans le dépôt de Poitiers, 106; — fournitures en prison, 127.

MESSAGERIES, 148.

MILICE. Voy. *Soldats provinciaux.*

MINEURS; aliénation d'immeuble, 113.

NOTAIRES ROYAUX (offices de); prix, 103; — création, 103, 210.

OUVRIERS; émigration, 98.

PAROISSES; actes de la vie civile, 113, 119; — annexes, 143; — assemblées, 154; — pâtre commun, 160; — transmission des actes du pouvoir central, 166.

PENSIONS MILITAIRES, 100, 102.

POLICE INTÉRIEURE, 201.

POLICE SANITAIRE; enfouissement des bestiaux, 115, 133; — gale, 115.

POPULATION; statistique, 121.

POSTES AUX CHEVAUX, 179, 201.

PRESBYTÈRES; réparations, 163.

PRISONS; concierges, fournitures, 127, 159.

PROTESTANTS, 109, 122.

RELIGIEUSES; Cordelières de Bressuire, 144.

ROULAGE; police, contraventions, amendes, 99, 209.

SOLDATS PROVINCIAUX; levée, 108, 168, 177, 210; — congé, 112, 184.

STATISTIQUE. Voy. *Épidémie, Population.*

SUBDÉLÉGATIONS; taxations, 151; — subdélégation de Bressuire; circonscription, 104, 111.
SUBDÉLÉGUÉ; commission, 115.
SYNDICS DES PAROISSES; nomination, durée des fonctions, avantages, 134; — faux frais, 159.
TAILLE; contentieux, 119; — département ou répartition, 149, 150, 155, 166; — péréquation, 129; — privilège d'exemption, 106, 119; — remise, 121, 158, 202.

TARIF des frais et dépens en matière contentieuse administrative de la compétence des intendants, 151.
TIMBRE (impôt du), 97.
TOILES NATIONALES; empreinte, 197.
TROUPES; fournitures, 197.
VACCINATION; écoles militaires, collège de la Flèche, 201.
VINGTIÈMES (préposés au recouvrement des); nomination, réunion de leurs fonctions à celles des syndics, 134.

MISCELLANÉES

I

Fragments d'un sermon ancien, dirigé contre certaines pratiques païennes ou superstitieuses.

Sans date.

Le document ci-dessous a été emprunté à un manuscrit du xie siècle, communiqué autrefois à M. Rédet par M. le curé de Saint-Aubin-de-Baubigné (Deux-Sèvres). Ce manuscrit, composé de deux feuillets seulement, petit in-folio à deux colonnes, et incomplet, servait de couverture à l'un des anciens registres de l'état civil de la paroisse de Saint-Aubin-de-Baubigné. M. Rédet, dont nous utilisons la copie, a pu déchiffrer à peu près complètement toute la partie intérieure, c'est-à-dire le verso du 1er feuillet et le recto du 2e; mais la partie extérieure, c'est-à-dire le recto du 1er feuillet et le verso du 2e, ayant eu naturellement à souffrir davantage des injures du temps, est demeurée presque entièrement illisible. Au recto du 1er feuillet, dans la 1re colonne, on distingue les mots *philac... aruspices;* dans la 2e colonne, 5e ligne, *in sanctis et trinitate choros duc... cantica turpia et luxuriosa proferendo.* Il semble permis d'en inférer qu'il y était déjà question de pratiques réprouvées, sujet qui se serait continué au verso. Au verso du 2e feuillet, on ne déchiffre que quelques mots ; nulle trace de pratiques païennes ou superstitieuses, pas plus, d'ailleurs, qu'au recto de ce même feuillet.

..... vatione remansit. Videte autem qualis ille est christianus, qui ad ecclesiam venit orare, et, oratione neglecta, sacrilegia paganorum non erubescit ex ore proferre. Considerate tamen diligentius, fratres, si justum est ut, ex ore christiani, ubi corpus Christi et sanguis ingreditur, luxuriosum ac diabolicum canticum proferatur. Ante omnia, enim, quod et sacra continet pagina, dicens quicquid vultis vobis ab aliis fieri, hoc et vos aliis facite, et quod vobis fieri non vultis, aliis non feceritis. Qualem si facere volueritis, ab omni peccato potueritis animas vestras liberare, quia et qui litteras nescit, istas duas sententias, cum Dei adjutorio, et debet et potest implere.

R. Oravit Jacob et dixit : Domine, qui dixisti michi revertere in terram nativitatis tue, erue me de manu fratris mei, quia valde eum timeo ; Deus, in cujus conspectu ambulaverunt patres nostri, Domine, qui parcis me a juventute mea, erue me [1].

Et, licet credam quod illa infelix consuetudo, que de paganorum observatione remansit, jam, vobis castigantibus, de locis istis fuerit, Deo inspirante, remota, tamen, si adhuc cognoscitis illos aliquos illam miserabilem turpitudinem de anicula vel de cervulo aliquid exerceri, ita durissime castigate, ut eos peniteat tam sacrilega comisisse. Aut si quando lunam quando (sic) jubente, certis temporibus obscuratur, clamoribus suis ac maleficiis, sacrilego ausu, se defensare posse confidunt, aut si aliquos videtis ad fontes vel ad arbores vota reddentes, sicut jam dictum est, charaios et divinos, vel precantatores inquirere, philacteria, characteres, herbas vel succinos sibi aut suis in collo suspendere, durissime increpantes, dicite eis : quia quicumque hoc malum fecerit perdit baptismi sacramentum, et qui audivimus quod aliquos viros ac mulieres ita diabolus circumveniat quinta feria, nec viri... (Verso du premier feuillet).

.... Simus solliciti de futuris. Nam quando michi dicis quod predico, ego implere volo. Accusas quidem me, sed non accusas te. Ego enim et si non faciam, tamen vel ammoneo. Nolo, in die judicii, dupplicati criminis reus esse. Ad mensam cordis vestri offero legem divinam, quasi domini mei peccuniam. Christus, cum venerit, ipse

---

[1]. Avec notation grégorienne.

exacturus erit usuram. Nam de negligentibus sacerdotibus, qualis ego sum, ipse Dominus dicit : Que dicunt vobis, facite ; que autem faciunt, nolite facere. Dicunt enim et non faciunt. Ego enim, et si quod bonum est ipse non facio, in aures vestras tamen precepta Domini Salvatoris insinuo. Sed potens est Deus orationibus vobis, qui et vos tribuat libenter audire que dicimus, et nobis concedat vobiscum implere quod predicamus, adjuvante Domino nostro Jesu Christo, cui est honor et imperium in secula seculorum. Amen.

R. Dixit angelus : Dives ille guttam aque peciit, qui micas panis Lazaro negavit. Bened.. Amen [1].

Da, quesumus, omnipotens Deus, ut, sacro nos purificante jejunio, sinceris mentibus ad sancta nos facias pervenire. Per Dominum.

Malos male perdet, et vineam suam locabit aliis agricolis, qui reddent ei fructum temporibus suis. Mag.. Amen. Or. [2].

Fac nos, quesumus, Domine, accepto pignore salutis eterne, sic tendere congruenter ut ad eam pervenire possimus. Per. Or..

Da, quesumus, Domine, populo tuo salutem mentis et corporis, ut, bonis operibus inherendo, tue se virtutis mereatur protectione defendi. Per. Sabbato lc. 1.

Licet nobis, dilectissimi, appropinquante Pascha, jejunium quadragesime ipse legitimi temporis cursus indicet, cohortatio tamen etiam nostri sermonis adhibenda est, que, auxiliante Deo, nec inutilis sit pigris, nec onerosa devotis. Nam cum omnem observantiam nostram ratio istorum dierum poscat augere, nemo est, ut confido, de nobis, qui ad opus horum non gaudeat. In natura enim nostra adhuc in vite mortalitate mutabilis... (Recto du deuxième feuillet).

1-2. Notation grégorienne.

II

LES CHARTES DE LA COMMANDERIE DU SAUZE.

1208-1238.

Les maisons de Saint-Remy en Gâtine et du Sauze furent au nombre des premiers établissements que les Hospitaliers de Saint-Jean-de-Jérusalem fondèrent en Poitou. Saint-Remy a duré jusqu'à la fin de l'ancien régime, tandis que le Sauze n'a eu qu'une existence éphémère. Dès 1223 les deux commanderies n'avaient qu'un même précepteur, Aemer, et au milieu du siècle elles étaient réunies.

Du reste, la commanderie du Sauze n'a été signalée nulle part, et son existence n'est encore aujourd'hui constatée que par les 13 pièces de 1208 à 1238, que nous avons retrouvées dans le fonds de la commanderie de Saint-Remy, conservé aux Archives de la Vienne, série H³, l. 869. L'inventaire des titres de cette commanderie, dressé en 1692, nous donne en plus l'indication d'un autre acte aujourd'hui perdu.

Le Sauze est un village de la commune de Clavé (Deux-Sèvres), situé sur le plateau de Gâtine, dans un terrain humide, d'où le nom qu'il porte. On voit, d'après les terriers de Saint-Remy, remontant au XIVe siècle, que les Hospitaliers s'étaient dessaisis de presque tout ce qu'ils y possédaient, et qu'ils n'y percevaient que des cens et rentes ; le souvenir du chef-lieu de la commanderie nous semble toutefois avoir été conservé dans l'appellation d'Aumônerie, donnée à une maison du village dans une déclaration roturière du 23 mai 1568 (l. 887). Le moulin et l'étang du Sauze avaient été, probablement en vertu de confiscations, réunis dès avant 1328 au domaine royal de la châtellenie de Saint-Maixent.

Alfred Richard.

I

Giraud Berlais, de Montreuil, donne à l'hôpital du Sauze ce qu'i possédait dans les fiefs de Laussepée et du Néron [1].

1208.

Que geruntur in tempore, ne labantur cum tempore, curamus voci testium et scripture memorie comendare. Innotescat ergo presentibus et futuris, quod nobilis vir Giraudus Berlais, de Mostereo, divino motus intuitu, pro redemtione anime sue et parentum suorum, dedit et concessit domui hospitalis de Sauze omnem terram que continetur in feodis de Laucepee et dau Nerum, tam vastam quam cultam, quocumque nomine censeatur, qualibet occasione remota, sine aliqua talleia et censu duplo et sine aliquo augmento in perpetuum possidendam, ad XIII solidos census et semis et II solidos et semis, de la Lobertera, in vigilia Nathalis Domini reddendorum in domum suam, apud Parteniacum. Factum est hoc, videntibus et audientibus Dionisio Quarter, sacerdote, Arveo, capellano Sancti Bardulphi, Johanne Borllie, Tibaudo de Bugnun, Radulpho de Foillos, militibus, Blanchardo Roberto, clerico suo, Matheo de Sauze, Lamberto Amiet, Memin Verguineau, Gauterio Anglico, fratre Eulardo, preceptore Sancti Remigii, fratre Ademaro, priore de Sauze, anno ab Incarnatione Domini M° CC° VIII°.

II

Transaction entre Seebrand Chabot et Acmer, prieur du Sauze, au sujet du partage des terres de Laussepée et de la Macognère.

1246.

Universis fidelibus qui presens scriptum inspexerint

---

1. Tous les titres de la commanderie du Sauze sont sur parchemin ; les sceaux qu'ils portaient autrefois ont disparu.

Seebranz Chaboz, salutem. Presentis scripti attestacione vobis volo notum fieri, quod, cum controversia verteretur inter me, ex una parte, et Aemerium, priorem dau Sauze, ex altera, super eo quod ego, nolens ratas habere porciones illas que facte fuerant de terra de Laucepee et de la Macognere, petebam, pro P. Legger, meo preposito, super predictis terris indifferenter, quartam partem eorum qui ex illis terris consuetudinario redduntur, et prefatus Aemerius quartam partem predicte terre, quam tenebat pro hospitali, immunem ab omnibus serviciis reclamaret, tandem ad concordiam devenimus in hunc modum. Videlicet, quod Johannes Poparz et Vivianus Poparz, milites, et Willelmus Poparz, clericus, frater eorumdem, satisfacerent mihi super illis serviciis que petebam pro P. Legger, meo preposito, de illa quarta parte predictarum terrarum, quam dictus Aemerius tenebat pro hospitali; et si contingeret mihi injuriam fieri super serviciis illius quarte partis, protestor pro nullis injuriis me ad dictam quartam partem hospitalis amodo recursurum, dum ad feodos predictorum militum et clerici prefati possem recurrere. Volo etiam vobis notum fieri, quod quicquid juris habere in prato de la Reaute solebam, legavi domui hospitalis, pro redemptione animarum mei patris et mee matris. Et ne hec omnia versuciis aliquorum possent in posterum revocari, ob hoc, feci presentem cartam mei sigilli munimine roborari. Facta autem sunt hec, videntibus et audientibus J., archipresbitero Sancti Maxencii, G. de Clave et P. de Sancto Medardo capellanis, R. de Faie, J. de Faie, Willelmo de Faie, Willelmo Ermenjo, J. Borgle, militibus, et pluribus aliis. Actum est hoc anno ab Incarnacione Domini nostri Jeshu Xristi m° cc° xvi°.

III

Ratification par P. de Rochefort de la donation de l'hébergement de Luisselière, faite par Hugues de Rochefort, son frère ainé, à Raoul Escariot.

1246.

P. de Ruperforti, omnibus presens scriptum inspecturis, salutem in Domino. Noverit universitas vestra, quod dominus Hu. de Ruperforti, frater meus primogenitus, dedit atque concessit herbergamentum de Luisseleire, cum pertinenciis ipsius herbergamenti, Radulfo Escariot, in augmentum lijancie sue, sibi et heredibus suis quiete et pacifice possidendum, ad duos denarios de censu et quinque solidos de conduma, singulis annis in festivitate sancti Michaelis persolvendos. Precedente vero tempore, cum idem herbergamentum mihi contigisset in ratione hereditatis mee, tandem, post multas lites, ratum habui quod a fratre meo factum fuerat, et concessi predicto R. et heredibus suis in perpetuum predictum herbergamentum, in augmentum lijancie sue, ad duos denarios de censu et ad quinque solidos de conduma, et alias terras suas quas sub me possidet quiete et pacifice, salvo jure meo de cetero, possidendas. Actum publice, me ipso teste, videntibus et audientibus Briccio milite, G. de Regne, Nicolao, monacho Castellariorum, Seguino, Savarico Callun, Willelmo de Mota, A. de Mota, Willelmo Taforea et multis aliis, anno ab Incarnacione Domini M° CC° XVI°, Philippo regnante in Francia, J. in Anglia, Willelmo episcopo Pictavensi. Atque, ut firmius teneat, dedi ei presentem cartulam, sigilli mei munimine roboratam.

IV

Ratification par G. d'Argenton de la donation faite par Giraud Berlais à l'hôpital du Sauze.

1218.

Notum sit omnibus, tam presentibus quam futuris, quod,

cum G. Berlais, pro salute anime sue, dedisset domui hospitalis dau Sauze quartam partem de Laucepee et dau Nerun, quam pro indiviso tunc temporis possidebat, tandem convenit inter fratrem Ademarum, priorem domus hospitalis dau Sauze, et alios participes dicte terre, quod illam terram partiti sunt ad invicem; ita, quod dictus frater Ademarus diu possedit, cum concessione domini S. Chaboz et aliorum dominorum, quartam partem suam pro diviso. Deinde vero G. de Argentonio, ad quem postea, ratione matrimonii, devenit pars illa quam dominus S. Chaboz habebat in Sazina, particionem illam, que prius facta fuerat inter dictum priorem et alios participes, ratam habuit et concessit in perpetuum inviolabiliter permansuram, sine aliqua violencia, ab eodem in quarta parte dicte domus hospitalis inferenda. Concessit etiam omnes res, quas domus hospitalis dau Sauze diu possedit in Sazina et adhuc possidet, se bona fide inviolabiliter servaturum. Actum anno gracie M° CC° XVIII°, videntibus et audientibus Symone Maengoti et S. de Rocha Vinosa, militibus, P. Gorbeiller, et fratre Ademaro, tunc temporis priore dau Sauze; et, ad majorem hujus concessionis firmitatem et certitudinem, dictus G. de Argentonio presentem cartulam sigilli sui munimine roboravit.

V

Ratification par Guillaume, vicomte de Melun, de la donation faite par Giraud Berlais à l'hôpital du Sauze.

1218.

Innotescat presentibus et futuris, quod nobilis vir Giraudus Berlais, de Mosterolio, divino motus intuitu, pro redempcione anime sue et parentum suorum, dedit et concessit domui hospitalis do Sauze omnem terram qe continetur in feodis de Laucepee et dau Nerun, tam vastam quam cultam, quocumque nomine censeatur, qualibet occasione remota, sine aliqua talleia et censu dupplo, et sine aliquo augmento in perpetuum possidendam, ad XIII solidos census et semis et II solidos et semis, de Losbertere, in vigilia Natalis Domini reddendos in domum suam, apud Partiniacum. Postmodo vero, tempore Willelmi vicecomitis Meleunii, orta est contencio super terra à la Rosse, que in dictis feodis continetur. Quam, idem Willelmus vicecomes Meleunii, veritate cognita, predicte domui hospitalis, quiete in perpetuum possidendam concessit, et predictum donum, quod domui nominate supradictus Giraudus fecerat, similiter voluit et concessit, et hec sigilli sui munimine confirmavit. Actum Partiniaco, anno Domini M° CC° XVIII°, hiis testibus : Arnaldo, abbate de Asneriis, Symone de Jeorre, Pagano de Serrea, Arveo de Volvire, J. Borle, militibus, Giraldo, capellano de Clave, J. Blanchart, clerico, P. Quarter et pluribus aliis.

VI

Confirmation par Geoffroy d'Argenton de la donation faite à l'hôpital du Sauze par Guillaume Poupart, et donation par le même de ce qu'il possède à Laucepée et au Néron.

Juillet 1223.

Omnibus presentes litteras inspecturis, Gaufridus de Argentun, miles, salutem in eo qui est vera salus. Noverit universitas vestra, quod ego concessi et concedo bona fide illam elemosinam, quam Willelmus Popardi, miles, fecit fratribus hospitalis dau Sauze à Laucepeie e au Neirun, in quo territorio idem Willelmus dedit in elemosinam dictis fratribus quicquid ibidem habebat. Ego vero, divine pietatis intuitu, et pro salute anime domine Aenordis, uxoris mee defuncte, que erat consoror confratrie hospitalis Jerosolimitani, dedi et concessi in puram elemosinam fratribus ejusdem hospitalis dominium et quicquid habebam in illo territorio de Laucepeie et dau Neirun. Hec omnia concessit Aimericus, meus filius, de cujus consensu, ad peticionem prefati Willelmi Popart, presentem cartulam mei sigilli munimine roboravi. Actum anno ab Incarnacione Domini m° cc° xx° tercio, mense julii, videntibus et audientibus Guidone de Argentun, milite, fratre Aimaro, preceptore tunc temporis dau Sauze et Sancti Remigii, et P. Lo Jone et multis aliis.

VII

Raoul Acariot et ses fils donnent à l'hôpital du Sauze la terre de la Revelière.

1224.

Universis presentes litteras inspecturis, Radulphus Acariot et filii sui G. et P., salutem. Noverit universitas vestra quod nos, pro redemptione animarum nostrarum, dedimus et concessimus, in puram et perpetuam helemosinam, domui hospitalis dau Sauze, terram de la Revelere, que est sita inter talliatam de Noine et arbergamentum Arvei Rater quod vocatur la Sauguere. Concessimus etiam fratribus hospitalis, in manu domini P. de Rupeforti, de cujus feodo est dicta terra, quod nos, super aliam terram nostram quam habemus in eodem feodo, conservabimus et gariemus, nos et heredes nostri, erga dominum Campidinarii, totam terram prefate domui hospitalis, inmunem et liberam ab omni mestiva et comandiza et ab omni servicio, quodcunque dictus dominus Campidinarii solebat et debebat accipere in jamdicta terra. Et similiter concessimus eisdem fratribus hospitalis, nos conservaturos et garituros, erga dominum P. de Ruperforti, sepedictam terram, inmunem et liberam ab omni placito et ab equo de servicio, super aliam partem feodi, inposito honere istorum serviciorum et aliorum predictorum que debebantur domino Campidinarii alteri parti terre quam nobis in eodem feodo retinemus. Concessimus etiam, cum voluntate et consensu dicti P. de Rupeforti, nos conservaturos et garituros predictam terram dicte domui hospitalis a ructuariis [1], et a quolibet homine nostri generis et ab omni petente aliquid juris in ea. Actum anno gratie M° CC° XX° IIII°, fratre Ademaro priore dau Sauze ; et quia sigilla non habemus, sigillis domini Calonis de Rupeforti et domini P. de Rupeforti fecimus presentem cartulam sigillari.

VIII

Chalon et Pierre de Rochefort donnent à l'hôpital du Sauze tout ce qu'ils possédaient dans la terre de la Revelière.

1228.

Universis presentes litteras inspecturis, Calo de Rupeforti et P. de Rupeforti, salutem. Noverit universitas vestra, quod ego, Calo de Rupeforti, dedi et concessi et quiptavi in perpetuum, in puram et perpetuam helemosinam, domui hospitalis dau Sauze, quicquid juris et dominii habebam, vel habere debebam, tam in talliatis quam aliis serviciis, in terra de la Revelere, que est sita inter talliatam de Noine et arbergamentum Arvei Rater quod vocatur la Sauquere, preter quinque denarios de comandiza, mihi et heredibus meis in festo sancti Maxencii reddendos annuatim, quos prior dicte domus mihi statuit in eadem terra, pro ipsa ab omni inferente violenciam garienda. Ego vero, P. de Rupeforti, dedi similiter, concessi et quiptavi in perpetuum, in puram et perpetuam helemosinam, dicte domui hospitalis, quicquid juris habebam, vel habere debebam, in terra superius nominata, et concessi fratribus hospitalis nc, ratione placiti vel alicujus servicii, mihi et heredibus meis pro jamdicta terra faciendi, vel ratione delicti

---

1. Ce mot, qui ne se trouve pas dans le Gloss. de Ducange, est mis pour *ruptariis*, et s'applique aux nobles ou gens de guerre qui exigeaient des gens de la campagne des devoirs ou des services qu'ils ne devaient pas ; ce furent plus tard des routiers.

possessoris feodi, aliquid capiam in jamdicta terra, imposito honere omnium serviciorum quecunque mihi ratione dominii debebantur ibidem, alteri parti terre que in eodem feodo remanet R. Acariot et filiis suis, ex eorum consensu et propria voluntate. Si vero dominus Campidinarii, pro mestiva, vel comandiza, vel aliquo servicio pro jamdicta terra sibi debito, aliquid in ea caperet, ego, de precepto R. Acariot et filiorum suorum G. et P., essem predictis fratribus hospitalis auxiliator et defensor super reliquam partem feodi que remanet R. Acariot et filiis suis. Et insuper, de jamdicta terra sasivi priorem dicte domus hospitalis, precepto R. Acariot et filiorum suorum G. et P., qui se, de jamdicta terra, in manu mea dissasiverunt. Concessi etiam, precepto eorumdem, dictis fratribus hospitalis, me conservaturum eisdem et gariturum prefatam terram, ab omni petente aliquid juris in ea, super aliam partem feodi, que remanet R. Acariot et filiis suis, quam mihi et heredibus meis, et etiam dictis fratribus hospitalis, super hoc garimento et aliis predictis faciendis, penitus obligarunt. Actum anno gratie M° CC° XX° IIII°, Ademaro priore dau Sauze ; et, ad majorem hujus donationis et concessionis atque quiptationis certitudinem, presentem cartulam, sigillorum nostrorum munimine, nobis placuit insignire.

IX

Pierre de Rochefort, chevalier, se démet en faveur de l'hôpital du Sauze, de tous les droits de seigneurie qui lui appartenaient sur une terre et un pré donnés par Geoffroi Acariot.

1226.

Universis presentes litteras inspecturis, P. de Rupeforti, miles, salutem. Noverit universitas vestra, quod Gaufridus Acariot, cum voluntate et concessione R. Acariot, patris sui, et Peraudi, fratris sui, dedit, in puram et perpetuam

helemosinam, domui hospitalis dau Sauze, terram et pratum
cum pascuis, sicut hec ostensa fuerunt fratribus hospitalis
in presencia mea, habenda in perpetuum et tenenda. Ego
vero, qui sum dominus feodi, dedi et concessi et quiptavi in
perpetuum, dicte domui hospitalis, quicquid juris et dominii habebam, vel habere debebam, in prefata terra et prato et
pascuis, excepto uno boissello siliginis, pro comandiza de
Campidinario; ita tamen quod servicia, inde mihi debita,
ego percipiam in residuo feodi quod habet de me prefatus
Gaufridus Acariot, et Maria, soror sua, ipso G. Acariot et
patre et fratre ejusdem istud volentibus et concedentibus. Et, ut hoc firmum et ratum habeatur, dedi, de precepto
dictorum G. Acariot et patris et fratris sui, predictis fratribus hospitalis, presentem cartulam, sigilli mei munimine
roboratam. Actum anno gratie M° CC° XX° VI° [1].

X

Guy de Rochefort donne aux hospitaliers du Sauze treize sous de
rente, à prendre dans son fief de Clavé.

1227.

Universis Christi fidelibus presentes litteras inspecturis,
Guido de Rupeforti, salutem. Noverit universitas vestra,
quod ego dedi Deo et fratribus hospitalis dau Sauze, in
puram et perpetuam helemosinam, XIII solidos, annuatim
accipiendos et habendos in meo feodo de Clave, pro salute
animarum patris mei et matris mee, et pro redemptione

---

[1]. L'inventaire des titres de la commanderie de Saint-Remy
mentionne en ces termes, p. 707, une pièce qui ne se retrouve plus
dans le fonds de Saint-Remy :
« Plus une donation faite par Pierre de Rochefort à l'hôpital du
« Sauze, de tout le droit de fief qu'il avoit dans la terre de Luisse-
« lère, que Pierre Benoist et sa femme avoient donné aud. hôpital
« et commanderie du Sauze du consentement de leurs enfants, ainsi
« que Pierre Acariot l'avoit donnée en mariage à la femme dud.
« Benoist, de 1228, et paroist avoir été scellée : cottée 1986. »

anime mee parentumque meorum. Et, ut hoc donum ratum et firmum in posterum habeatur, presentem cartulam dedi predictis fratribus, sigilli mei munimine roboratam. Actum anno gratie m° cc° xx° vii°.

XI

Ratification par Pierre de Rochefort, chevalier, de la donation de la dime et du terrage de la terre au Perveire, en la paroisse de Noiné, faite à l'hôpital du Sauze par Hilarie, fille de Raoul Acariot.

1230.

Universis Christi fidelibus presentes litteras inspecturis, P. de Rupeforti, miles, salutem. Noverit universitas vestra, quod, cum Radulphus Acarioz dedisset in maritagio Hylarie, filie sue, cum Pagano Pilot, decimam et terragium et quoddam receptum, in terra que vocatur terra au Perveire, quam tenet li Poverea, in parrochia de Noine, prefata Hylaria, cum consensu et voluntate dicti Pagani, viri sui, dedit, in puram et perpetuam helemosinam, domui hospitalis dau Sauze, dictam decimam et terragium et receptum. Preterea prefati, videlicet Hylaria et vir ejus, et etiam G. Acarioz, frater dicte Hylarie, de cujus garimento sunt dicta decima et terragium et receptum, concesserunt, interposito juramento, prefatam donationem se ratam et firmam in perpetuum habituros. Ego vero, P. de Rupeforti, qui sum dominus feodi ad quod pertinet dicta decima et terragium et receptum, volui et confirmavi prefatam donationem, ad peticionem dictorum Hylarie scilicet et Pagani, viri sui, et G. Acariot, et etiam concessi bona fide me et meos fore defensores hujus donationis et tutores. Et, ne premissa valeant in irritum revocari, ego dedi super hoc fratribus hospitalis Jerosolimitani presentem cartulam, sigilli mei munimine roboratam. Actum anno gratie m° cc° xxx°.

XII

Guy de Rochefort, chevalier, confirme les acquisitions faites dans son fief, en la paroisse de Noiné, par les hospitaliers du Sauze.

1232.

Universis Christi fidelibus presentes litteras inspecturis, Guido de Rupeforti, miles, salutem. Noverit universitas vestra, quod ego, in puram et perpetuam helemosinam, concessi, quiptavi et confirmavi fratribus domus hospitalis dau Sauze, tam presentibus quam futuris, omnes acquisiciones quas ipsi acquisierunt a Radulpho Acariot et a suis, tam tempore meo quam tempore domini Calonis de Rupeforti, patris mei, in tribus borderiis terre, scilicet, la Linguandere, la Revelere, Luisselere, que sunt in parrochia de Noene, in feodo meo, inmunes et liberas ab omnibus in perpetuum quiete et pacifice possidendas, excepto quod, in prato quodam, sito ante domum G. Acariot, et in duabus peciis terre, eidem prato contiguis, quod pratum et quas terre pecias dicti fratres hospitalis emerunt a G. Acariot viginti et sex libras et uno sextario bladi, retinui mihi sex solidos de talliata et altam justiciam ; preterea retinui mihi quinque denarios de comandiza super terram de la Revelere. Si vero aliquis de genere G. Acariot vellet preferri dictis fratribus hospitalis in empcione prati et dictarum peciarum terre, que dicti fratres emerunt a jamdicto G. Acariot, ipse teneretur reddere, pro jamdicto prato et pro duabus peciis terre, omnia servicia, mihi et domino Campidenarii debita pro totali feodo, scilicet pro tribus borderiis superius nominatis. Super his autem omnibus, concessi et constitui me fore defensorem dictis fratribus et tutorem, in omnibus supradictis, salvo meo dominio prout est superius declaratum. Et, ad majorem hujus rei firmitatem, dedi dictis fratribus presentem cartulam, sigilli mei munimine roboratam. Actum anno Domini M° CC° XXX° secundo.

XIII

Guillaume Péroart et Pétronille, sa femme, donnent aux hospitaliers du Sauze une pièce de terre appelée le Bouchau.

Février 1238.

Universis presentes litteras inspecturis, R., archipresbiter Sancti Maxencii, salutem in Domino. Noveritis, quod Willelmus Peroarzs et Petronilla, uxor sua, dederunt, in puram et perpetuam helemosinam, Deo et sancte domui hospitalis Jerosolimitani dau Sauze, unam peciam terre, que appellatur terra dau Bochau, cum pratis et pascuis, dicte terre continuis, retentis tamen sibi, ratione dominii, uno denario de censu et duodecim denariis de coduma, singulis annis reddendis in festo sancti Micahelis, et decem denariis de collecta, quando in feodo, in quo dicta terra sita est, collectam fieri continget, et duabus partibus unius boisselli siliginis, quas ecclesia de Clave percipit singulis annis in terra predicta. Hanc autem donationem juraverunt dictus Willelmus et Petronilla, uxor sua, super sacrosancta evangelia, observare et garire in perpetuum domui dau Sauze antedicte, sub ypotheca rerum suarum. Petrus vero et Johannes et Johanna, filii eorumdem, se observaturos et garituros donationem predictam juraverunt. Nos vero, ad peticionem dicti Willelmi, uxoris et filiorum, presentes litteras sigillo nostro reddidimus roboratas. Actum anno Domini M° CC° XXX° VII°, mense februario.

III

LE SERMENT DE FIDÉLITÉ DES HABITANTS DE LA ROCHELLE AU ROI DE FRANCE EN 1224.

Dans sa curieuse étude historique intitulée *Niort et la Rochelle en 1224*, M. A. Bardonnet a raconté les incidents qui ont accompagné le passage de la ville de la Rochelle des mains du roi d'Angleterre dans celles du roi de France. Il songeait à faire suivre cette étude de la publication des deux pièces ci-dessous, qu'il avait pris soin de faire transcrire aux Archives nationales. Diverses causes l'en ont empêché. Nous le suppléons aujourd'hui, heureux de pouvoir à la fois poursuivre son dessein et divulguer un document véritablement précieux.

Il y a de bonnes raisons de croire que la Rochelle s'est constituée, au XIe siècle, par l'immigration de nombreux étrangers, attirés de points très divers, et souvent assez éloignés, par les privilèges de ses habitants et la prospérité croissante de son commerce. C'est un fait que notre second document paraît sérieusement confirmer. Les noms qu'il déroule longuement (il n'y en a pas moins de 1,751, sous la réserve de certaines répétitions), sont communément suivis de l'indication du pays d'origine de ceux qui les portent. Un très grand nombre même ne sont que des prénoms complétés de cette manière. La Saintonge et le Poitou ont naturellement fourni un fort contingent à la nomenclature; mais on remarque beaucoup de désignations empruntées à d'autres pays, dont quelques-uns fort éloignés, tels que la Flandre, l'Angleterre ou l'Espagne. D'ailleurs ce n'est pas le seul intérêt de ce rôle considérable. Nous nous contenterons de mentionner les renseignements qu'il peut fournir, et les réflexions auxquelles il peut prêter, par l'indication de la profession, qui se rencontre aussi à la suite d'un grand nombre de noms.

M. Marchegay a signalé déjà les caractères particuliers de la population rochelaise dans sa publication des chartes de Fontevraud concernant l'Aunis et la Rochelle. (Biblioth. de l'École des Chartes, 1857, p. 140, 159-160). Les noms qu'il a relevés à l'aide de ces chartes sont à rapprocher de ceux du rôle que nous publions, selon la remarque que lui-même en a faite.

Bien qu'il ait donné, à cette occasion, la charte originale de prestation de serment, dans une note, en attendant, y est-il dit, la publication du rôle, nous la reproduisons ici, comme constituant avec celui-ci un tout vraiment indivisible.

I

Acte de prestation de serment des habitants de la Rochelle au roi de France. (Orig. parch.[1]; Arch. nat., J 627, n° 6.)

12 août 1224.

Littere majoris et universitatis de Ruppella de juramento fidelitatis.

Universis presentes litteras inspecturis major et universitas communie de Ruppella, salutem. Universitati vestre notum facimus, quod nos juravimus karissimo domino nostro Ludovico, regi Francorum illustrissimo, et heredibus suis in perpetuum, fidelitatem contra omnes homines qui possunt vivere et mori, et quod nos honorem, vitam et membra et jura domini regis et heredum suorum bona fide conservabimus, et ballivos suos, et gentes suas, ad totum posse nostrum, contra omnes homines, et quod non receptabimus aliquos in Ruppella de inimicis domini regis qui super nos habeant potestatem de villa Ruppelle. Et sciendum, quod quittavimus ipsum dominum regem et heredem suum de conventione veniendi ad locum qui est inter villam que vocatur Burgus Novus Templi et abbaciam Sancti Leonardi, Cistercensis ordinis, prope Ruppellam, in vigilia instantis Nativitatis Domini, infra horam vesperarum. Ad majorem vero hujus rei certitudinem, nostras patentes litteras, sigillo communie nostre roboratas, domino regi dedimus. Actum apud Ruppellam, tercia feria ante festum Assumptionis beate Marie, mense augusti, anno M° CC° XX° quarto.

---

1. Scellé sur simple queue.

II

Rôle des habitants qui ont prêté serment. (Orig. parch.[1]; Arch. nat. J. 626, n° 135.)

Nomina hominum de Ruppella [2]
qui fecerunt fidelitatem domino regi.

Petrus Fulcherii, major,	Daniel Blanchardi,
Petrus de Faya,	Remundus, tallandier [3],
Johannes Galerne,	Petrus Maupetit,
Richardus Bataille,	Johannes de Bona Villa,
Girardus Herberti,	Ricaudus de Perroc,
Pascaudus,	Matheus de Marcilliaco,
Helyas Gasquet,	Petrus Barbe,
Guillelmus Regis,	Radulphus de la Garnache,
Guillelmus Tiaudi,	Nicholaus Morsure,
Guillelmus Toupinel,	Bartholomeus le Mercier,
Petrus Guerini,	Helyas Touberti,
Dyonisius de Parisius,	Petrus de Roffeac,
Philippus de Valle Menier,	Remundus de Campis,
Nicholaus Sanctii,	Petrus li Anvaiz,
Petrus Bonimonta,	Petrus de Acier,
Lambertus de Ypra,	Jocelinus de Chalmas,
Hamericus Bonimonta,	Bertinus de Bituris,
Hamericus Giraudi,	Remundus Bidau,

---

1. Le rôle est sur quatre peaux de vélin, dont chacune comporte cinq colonnes de noms, et qui ont été cousues et roulées ensemble après coup.

2. Il s'agit uniquement de la principale agglomération ou bourg du roi. La commune comprenait trois autres bourgs beaucoup moins importants, celui des Templiers, celui des Hospitaliers et celui de Sainte-Catherine (Marchegay, Biblioth. de l'Ecole des Chartes, loc. cit.). Ils ont ici leur nomenclature à part.

3. Nombre de mots, dans ce document, peuvent indifféremment faire partie du nom ou n'énoncer qu'une pure qualité. Il s'agit surtout de ceux qui rappellent une profession ou un pays d'origine. Devant l'impossibilité d'établir la distinction que la vérité eût probablement réclamée, on en a fait de simples adjectifs. Ce parti l'a emporté comme exposant à moins d'erreurs que l'autre, car c'est par exception évidemment que les qualités ont servi à la formation des noms de famille. On a cru devoir cependant faire un sort particulier à certaines expressions rares ou moins communes que les autres.

Petrus de Faillinac,
Girbaudus de Bituris,
Guillelmus de Sancto Dyo- nisio,
Guillelmus de Mausi,
Constantinus de Mausi,
Guillelmus Fulconis,
Gaufridus Brunelli,
Hamericus de Catulcis,
Guillelmus Houdri,
Gaufridus de Feritate,
Stephanus de Costa,
Remundus de Perroc,
Haymardus Pascaudi,
Helyas Martini,
Robinus Bell[icadri],
Johannes Savarici,
Gervasius Savarici,
Ricardus Fierebrace,
Gaubertus de Capella,
Petrus, tabernarius,
Gaufridus Mathei,
Girardus de Camera,
Philippus Leodegarii,
Alexander Toloupe,
Bartholomeus de Moutel,
Gilebertus, pelliparius,
Bernardus Buisson,
Petrus de Ervi,
Herbelinus de Sancto Sal- vatore,
Philippus Auberti,
Rigaudus de Monteforti,
Petrus Ascii,
Guido de Valnem[ore],

Herveus de Rivedonne,
Gaufridus, brito,
Guillelmus Has,
Petrus Giraudi,
Jordanus de Insula,
Johannes Blanchardi,
Rogerius Brisoii,
Radulphus de Veteri Vico,
Rainaldus de Laverne,
Guillelmus de Coignes,
Petrus de Burs,
Petrus de Turonis,
Guillelmus Comptus,
Alanus, cordubanarius,
Galterius, francus,
Stephanus Mathei,
Thomas Niger,
Guillelmus Niger,
Marchus Fulcaudi,
Michael de Tornoerre,
Renaldus Haldrici,
Joinus, brito,
Guillelmus li Mesgeiciers,
Thomas, francus,
Johannes de Parisius,
Alexander Trenche-Pois- son,
Guerinus ad Barbam,
Johannes de Jardo,
Bertinus, carpentarius,
Guillelmus Chauche-Pot,
Andreas de Turonis,
Michael Sanus,
Ricardus Joce,
Bidaudus de Riparia,

Girardus de Sarragoce,
Johannes, cordubanarius,
Symon de Duaco,
Petrus de Faya, junior,
Petrus de Verrines,
Guillelmus Meschin,
Renerus de Sancto Audomaro,
Balduinus de Anchora,
Guarinus li Oseliers,
Godefridus Pulli,
Stephanus Maquerelli,
Guillelmus, brito,
Rogerus de Bavant,
Petrus de Valle Coloris,
Ramundus de Borderis,
Petrus Bertranni,
Petrus Essore,
Gaufridus Bigot,
Johannes de Duaco,
Guillelmus de Perusa,
Petrus de Bagacille,
Renerus Rex,
Bertherius de Mathaz,
Galterius, buticularius,
Helyas Johannis,
Helyas Grossus Oculus,
Ernaudus Pipinus,
Renaudus de Blesis,
Garnerius de Chevetonne,
Petrus de Fronteneio,
Mauricius de Augo,
Guillelmus Bastardus,
Galterius de Bosco,
Henricus Brule,

Jocelinus,
Constantinus Ferroni,
Stephanus de Autisiodoro,
Symon de Bavan,
Johannes de Lond[onis],
Petrus, barbarius,
Guillelmus Filiaster,
Johannes Remundi,
Ernaudus de Sancto Johanne,
Johannes Coniardi,
Riolandus, brito,
Gaufridus, mercerius,
Hugo de Fulcheron,
Johannes de Dorat,
Andreas de Noviomago,
Guillelmus de Nowico,
Bernardus de Acri,
Ernaudus, ferron,
Evrardus, sellarius,
Adam, piscionarius,
Hemardus, panetarius,
Guillelmus Chauvel,
Guillelmus Guichardi,
Gaufridus Hasart,
Ivo, portator,
Petrus Bogrin,
Petrus, asinarius,
Guillelmus, anglicus,
Johannes de Redon[ibus],
Johannes Talebot,
Gaufridus, lemov[icinus],
Johannes, francus,
Cariotus,
Johannes Evrardi,

Stephanus Hylarii,
Petrus Bochardi,
Robinus de Greve,
Petrus de Greve,
Robertus, villanus,
Ricardus de Anton[iaco],
Petrus de Panpelune,
Robertus Hardi,
Petrus de Templo,
Symon Givet,
Johannes de Macheco,
Robertus, filius Galterii,
Robertus de Cadomo,
Johannes Filioli,
Johannes Pacis,
Renaudus de Mataz,
Bernardus de Rocamador,
Amicus, barbarius,
Petrus de Boies,
Guillelmus, brito,
Martinus, mesgeiciers,
Petrus, anglicus,
Domingue de Gacon,
Gilles Porte Farine,
Hamericus de Verac,
Guillelmus, villanus,
Stephanus de Foresta,
Ernaudus, barillier,
Rogerus de Donoiz,
Andreas Poincete,
Guillelmus Orrion,
Johannes, pictavis,
Petrus de Bello Loco,
Guillelmus de Blo,
Guillelmus Eschaudi,

Petrus Martini,
Henricus, lemovicinus,
Stephanus Boneti,
Renerus de Pruvinis,
Johannes de Pelliborel,
Johannes de Monte Regis,
Costantinus Gaschet,
Guillelmus Maignen,
Laurentinus, speciarius,
Helyas Audebert,
Saborinus, piscionarius,
Johannes de Casa,
Petrus de Suession[ibus],
Hugo de Boet,
Odo de Senonis,
Plummer Helyas
Guillelmus Lomec,
Petrus Tecelini,
Sequinus de Blandac,
Lambertus, asinarius,
Gaufridus de Aurelianis,
Guillelmus Martini,
Guillelmus, tabernarius,
Martinus, limovicinus,
Petrus de Matat,
Herveus de Minagio,
Guillelmus de Laval,
Thomas de Templo,
Gregorius,
Thomas Urrici,
Michael de Boet
Laurentius Galloz,
Petrus Servanz,
Petrus de Roca,
Bonetus de Aupoal,

Robertus de Luçon,
Petrus Ren[eri],
Gaufridus de la Cossee,
Gaufridus Fulcaudi,
Robertus, anglicus,
Helyas [de] Perroc,
Guillelmus Profite,
Thomas de Fulcheriis,
Petrus de Filun,
Radulphus de Losduno,
Johannes de Castro Eraudi,
Johannes de Fonteneio,
Giraudus Josbertinus,
Laaute, pelliparius,
Guillelmus de Fonteneio,
Guillelmus Quinquenel,
Helyas de Blanzac,
Petrus Florentie,
Petrus Baudri,
Petrus Baldi,
Philippus de Aupes,
Guillelmus de Forti,
Gaufridus de Fulcheriis,
Lucas Barrelli,
Remundus Servant,
Guillelmus de Angolisma,
Lucas, cordubanarius,
Guillelmus, piperarius,
Guinganz, brito,
Guillelmus Gaidre,
Clemens de Turonis,
Guarinus Morsure,
Galterius, piscionarius,
Guillelmus Marescot,
Guillelmus Ogeri,
Guillelmus, olearius,
Johannes Empestre Vile,
Andreas Poliment,
Guiomarz, furnarius,
Johannes, medietarius,
Rogerius, anglicus,
Guincher Jorden,
Petrus Aliger,
Ligerius,
Laurentius de Bituris,
Johannes Bardet,
Robertus de Ambazia,
Petrus Quintan,
Bernardus de Laval,
Helyas de Limues,
Radulphus, barbarius,
Guillelmus de Parteneio,
Petrus Bonin,
Johannes de Vallebere,
Petrus de Rofio,
Guillelmus de Coignac,
Ricardus de Laval,
Daniel Marescalli,
Radulphus de Sancto Ma-
   donio,
Petrus de Losduno,
Ricardus Brueria,
Guillelmus, presbyter,
Petrus Borrel,
Renaldus de Perragues,
Symon de Campania,
Bernardus de Sygnan,
Odo, tabernarius,
Girardus Olivarius,
Johannes, portator,

Gaufridus de Sancto Saviniano,
Guillelmus de Turoneio,
Johannes Cantau,
Petrus de Rofflac,
Guillelmus Bataille,
Johannes, tabernarius,
Robertus ad Jus,
Girardus Morsure,
Johannes Martini,
Guillelmus, unguentarius,
Rogerius de Corbolio,
Petrus de Carnotis,
Gaufridus Geneal,
Henricus de Valencia,
Guillelmus Ruffus,
Petrus Pignon,
Guillelmus, brito,
Bernardus, taillandier,
Lucas de Losduno,
Haymo de Landernel,
Petrus Martini,
Guillelmus Ridane,
Johannes Rossel,
Hugo de Sancto Maixentio,
Henricus Raimbaudi,
Robertus de Attrebatibus,
Petrus Bos,
Hamelinus, cordarius,
Johannes de Sancto Johanne,
Guinganz Lagadec,
Petrus de Molendino,
Johannes Burguet,
Johannes de Maran,

Robertus de Brurol[io],
Petrus Grassins,
Johannes de Nevolor,
Johannes de Sancto Jorio,
Johannes de Alençonio,
Johannes de la Jarria,
Johannes Quatuor Genua,
Stephanus, doridiers,
Johannes, villanus,
Stephanus Villardi,
Petrus Pelois,
Johannes Veillon,
Renaldus, pascarius,
Johannes, pictavensis,
Johannes de Meriaco,
Petrus, rotarius,
Bartholomeus Jasquelini,
Michael de Bergues,
Geraldus Gormonz,
Petrus Gasquet,
Vitalis, panetarius,
Guillelmus de Foresta,
Petrus de Aubrandis,
Renoudus Bordois,
Hugo de Aubrandis,
Galterus Chaudel,
Thomas Edentatus,
Guillelmus de Londonis,
Johannes Bos,
Johannes Caligue,
Helyas Andree,
Guillelmus Paaler,
Remundus de Brivignac,
Guillelmus Helye,
Hemericus Gormont,

Stephanus de Angommois,
Johannes Girardi,
Bartholomeus, ganterius,
Helyas Perart,
Rogerus, taillandiers,
Ivonetus de Sancto Paulo,
Alexander de Valenceniis,
Helyas Guilleri,
Stephanus de Vallibus,
Johannes Benedicti,
Johannes, aculearius,
Symon, anglicus,
Bertrannus, tabernarius,
Petrus de Losduno,
Guillelmus, brito,
Ivo de Huerto,
Guillelmus Teste,
Petrus Dacus,
Ricardus Dacier,
Galterius de Ruppeforti,
Haymo, brito,
Ernaudus Giraudi,
Radulphus de Ponte Audomari,
Petrus Abbas,
Guillelmus Dumus,
Johannes de Puteo Erardi,
Stephanus Gonnella,
Bartholomeus de Lilens,
Remundus de Trecis,
Symon, regretiers,
Guillelmus Tacrier,
Guerinus Torneor,
Lucas, chevalier,
Guido, taillandiers,
Petrus, doridier,
Hamericus de Suggeries
Robertus, normannus,
Guillelmus de Brantamo,
Johannnes de Suggeres,
Guillelmus de Suggeres,
Stephanus de Suggeres,
Guillelmus de Varanne,
Ernaudus dau Perier,
Haymardus de Brantome
Ernaudus Maigniens,
Helyas Johannis,
Guillelmus Rembaudi,
Johannes Maigniens,
Petrus Marmat,
Ivo, molendinarius,
Petrus Blanchart,
Renoudus de Fronteneio,
Renoudus de Cordon,
Pascaudus, piscionarius,
Maximinus,
Aubertus Angebert,
Guillelmus Quatuor Valet,
Robertus [de] Dampetra,
Rivalan, piscionarius,
Willelmus de Sancto Bartholomeo,
Nicholaus, barbarius,
Riolandus,
Amicus Dulcis,
Guillelmus de Sancto Sandre,
Guillelmus Blondel,
Guillelmus Parvus,
Bertinus Gauberti,

TOME XX.

Radulfus de Castroduni,
Martinus Comptus,
Hugo de Coignes,
Petrus Bogrin,
Gaufridus de Rarego,
Johannes Chorlei,
Robertus de Losduno,
Guillelmus Giraudi,
Robertus, piscionarius,
Ernaudus Dautoron,
Laurentius Vallant,
Petrus de Romanno,
Hemericus Couse,
Blanchardus Batelou,
Paterinus,
Guillelmus Lagadec,
Guillelmus de Cadono,
Radulfus, normannus,
Andreas, portarius Sancti Nicholai,
Petrus Caput Blavum,
Johannes de Briva,
Matheus, forbitor,
Gilebertus, frenarius,
Guillelmus Oberti,
Petrus Bataille,
Ivo Potardi,
Stephanus de Suggeres,
Guillelmus de Sancta Ermina,
Petrus Bogrin,
Johannes Herberti,
Nicholaus Bosci,
Johannes de Boet,
Petrus de Vissel,
Matheus de Cornubia,
Petrus Comes,
Hugotus de Attrebatibus,
Petrus Manselli,
Gilo Patrenoutre,
Herveus li Flos,
Petrus Audebert,
Patinus,
Guillelmus de Ballis,
Johannes de Castro Maillenti,
Guillelmus Rosic,
Salomon, brito,
Guillelmus de Faut,
Giraudus de la Fonz,
Renoldus li Bratiers,
Sanctius,
Guillelmus de Mara,
Henricus de Campania,
Johannes Filiolus,
Eustachius de Abbatis Villa,
Baldoinus de Bergues,
Petrus Mayi,
Petrus Engebert,
Ernoldus Engebert,
Renaldus de Giemo,
Gaufridus de Vissello,
Helyas de Cenomannis,
Johannes Nicholai,
Martinus de Roci,
Herveus de Lambal,
Petrus de Maalor,
Guillelmus de Aurelianis,
Robertus de Alodio,

Benedictus de Sancto Audero,
Rogerus,
Stephanus Roberti,
Guillelmus de Ybernia,
Imardus, brito,
Gaufridus de Carnotis,
Hugo, piperarius,
Ricardus de Rothomago,
Hamericus, mercerius,
Petrus de Vernolio,
Gaufridus, corniers,
Daniel, tabernarius,
Guillelmus de Mougon,
Michael de Redonis,
Guillelmus Gaschet,
Helyas Verdois,
Johannes de Fonte Dulci,
Gaufridus Imberti,
Galterus Staquepole,
Guiardus,
Herbertus, tabernarius,
Petrus, balistarius,
Robertus Talebot,
Sanson Cluter,
Guillelmus Abel,
Guido Palmarius,
Guillelmus Gigon,
Angerrannus, cordarius,
Guinganz, cordubanarius,
Galterus, flamandus,
Herveus Corre,
Viventius, judeus,
Nicholaus, brito,
Petrus Johannis,
Giraudus, regratiers,
Johannes de Foresta,
Giraudus de Lousduno,
Durandus, carnifex,
Albinus, piscionarius,
Theobaldus, panetarius,
Robertus de Mausi,
Robertus de Abevile,
Gaufridus Brisie,
Stephanus de Turonis,
Larderus,
Johannes de Sauzei,
Stephanus Cofierii,
Bernardus Johannis,
Odo de Parisius,
Rogerus de Belvaco,
Petrus Laure,
Guinganz Lippus,
Helyas de Creval,
Daniel de Aumaria,
Petrus de Laval,
Johannes Becede,
Helyas Foucaudi,
Helyas, carpentarius,
Guillelmus de Visello,
Arnulfus Bidardi,
Petrus de Verac,
Helyas de Pierregort,
Hemericus de Portu,
Guillelmus, carpentarius,
Guillelmus de Sancto Johanne,
Iterius, tabularius,
Benedictus de Sancto Angelo,

Rogerus Poufart,
Helyas de Atreio,
Constantinus de Rofflac,
Guillelmus, asinarius,
Balduinus de Sancto Salvatore,
Renerus Chauche-Pot,
Savale de Belvaco,
Symon, anglicus,
Bernardus, portitor,
Johannes Geneal,
Savaricus de Catulcis,
Adam, piscionarius,
Guillelmus de Auviller,
Radulphus Macart,
Robinus, carnifex,
Guillelmus, filius Gileberti,
Robertus de Jardinis,
Guillelmus Frater,
Martinus de Louduno,
David, piscionarius,
Renerus, anglicus,
Gaufridus, arcuarius,
Ricardus, pistor,
Renerus Surdus,
Petrus de Laval,
Bernardus Pascaudi,
Radulphus de Vernolio,
Johannes Martini,
Guillelmus, olearius,
Symon, brito,
Guillelmus, oblearius,
Guillelmus li Taillander,
Hugo Tortus,
Johannes, anglicus,

Rolandus Basoin,
Petrus Gaudin,
Johannes Mayi,
Gaufridus de Ponte Audomari,
Giraudus Escorraille,
Petrus Servanz,
Giraudus de Marolio,
Johannes de Cormenerio,
Ernandus, lumbardus,
Petrus de Mataz,
Giraudus, ferpier,
Petrus de Communia,
Giraudus Vitalis,
Ernaudus Richerant,
Guillelmus, burgondus,
Ferrandus,
Guillelmus Comptus, junior,
Huguetus, taillander,
Thomas de Rotis,
Johenninus de Mogon,
Guillelmus de Anthiochia,
Guinganz Rossel,
Gaufridus, brito,
Helyas Brisie,
Petrus, bursarius,
Mauricius Pauperculus,
Bernardus, balisterius,
Petrus [ad] Clavem,
Nicholaus de Mausi,
Tangui, brito,
Ivo Monoculus,
Petrus Borrelli,
Guillelmus Eraudi,

Guillelmus Larderius,
Martinus, barrillier,
Johannes de Rogo, barillier,
Petrus Pucellus,
Johannes de Chitri,
Ivo Quatuor Oculos,
Guillelmus de Niorto,
Giraudus li Blois,
Guillelmus de Pertico,
Ivo li Guerrandier,
Hemericus Ursionis,
Johannes Ursionis,
Thomas Bigorrel,
Radulphus Boet, anglicus,
Petrus Vitalis,
Nicholaus Sanctii,
Johannes Galingue,
Johannes Brunet,
Petrus de Costa,
Galterius de Sancto Amando,
Ivo, brito, carnifex,
Durandus de Bellovidere,
Guillelmus de Britoco,
Grahalandus, cordarius,
Radulphus, cordarius,
Stephanus, barriliers,
Petrus de Sancto Johanne,
Renodus de Mathaz,
Guillelmus, burgondus,
Helyas Brus,
Ricardus Toguel,
Galterus, tabernarius,
Ivo Noblez,
Robinus,
Ricardus Longus,
Silvester,
Robinus de Turonis.
Guillelmus Grossus,
Guillelmus Frumentinus,
Gobinus,
Johannes de Aubrandis,
Ivo Garornon,
Petrus Orenov,
Girardus, mercerius,
Mauricius, brito,
Rogerius Barate,
Hamericus Christiani,
Robertus Staquepole,
Johannes, judeus, piscionarius,
Ernaudus Parpaillau,
Petrus Popel,
Petrus, pelliparius,
Guillelmus de Porta, faber,
Johannes Bernoinus,
Petrus de Cande,
Johannes Vicini,
Guillelmus Auberti,
Guillelmus Longus,
Johannes, lavandarius,
Symon, cordarius,
Guillelmus Joscelini,
Gaufridus Servant,
Johannes David,
Petrus Nivi,
Gaufridus de Lagort,
Helyas de Pierregues,
Guillelmus Absolutus,

Petrus de Angolisma,
Ernaudus de Castroduni,
Petrus de Macheco,
Petrus Anches,
Johannes Absolutus,
Robertus de Labatut,
Johannes de Laval,
Johannes, carpentarius,
Petrus de Roffio,
Alexander, loquetier,
Robinus, brito,
Ricardus, doridier, de Rothomago,
Andreas Bechet,
Guillelmus Palmarius,
Ricardus Landri,
Yvo, cordarius,
Petrus de Mausi,
Aufredus de Pratellis,
Petrus de Sancto Quintino,
Ricardus, tabernarius,
Guillelmus, ferron,
Aufredus Gigon,
Helyas, mazelier,
Hylarius, monetarius,
Ernaudus, ferrier,
Petrus de Syvrai,
Stephanus Guerrici,
Matheus, panetarius,
Robertus de Mauritania,
Laurentius Baudinot,
Guillelmus, brito,
Petrus Benignus,
Rogerus, pelliparius,
Johannes Charrox,

Guarinus Hodin,
Hemardus, divinus,
Guillelmus Perier,
Johannes de Gonac,
Philippus, cordarius,
Alnulfus, cordarius,
Guillelmus de Niorto,
Stephanus, mesteier,
Vitalis, carpentarius,
Guillelmus de Angulo,
Johannes de Riparia,
Ernaudus de Ruppeforti,
Petrus Poilechesne,
Nigellinus,
Dyonisius de Ruppe,
Giraudus, miles,
Ernaudus, cementarius,
Ernaudus de Columbis,
Michael de Perroc,
Hamericus de Au Dorat,
Petrus de Au Dorat,
Petrus Pinaudi,
Guillelmus de Pictavis,
Nicholaus, cordarius,
Guillelmus, anglicus,
Guillelmus,
Judicellus, arcuarius,
Herveus Bogrin,
Guillelmus de Sancto Albano,
Petrus de Stampis,
Judicellus, brito, cordubanarius,
Judicellus Sarrant,
Guillelmus Jocort,

Stephanus de Losduno,
Guillelmus Gaufridi,
Alardus, auriga,
Constantinus de Niorto,
Stephanus Conninus,
Paganus de Asenois,
Gaufridus, brito, tabernarius,
Benedictus de Boet,
Laurentius Sarrant,
Regerus, speciarius, de Rothomago,
Guillelmus, cordubanarius,
Guillelmus Rossel, carpentarius,
Ernaudus, lemovicinus,
Johannes de Sancto Dyonisio,
Petrus Baart de Rohan,
Petrus Peset,
Guillelmus de Aulis,
Guillelmus de Caturco,
Petrus Guesdun,
Guillelmus Cholle,
Johannes de Briva,
Guillelmus de Tartas,
Galterius Foace,
Roussellus, brito,
Johannes de Sancto Andrea,
Hugo de Vardi,
Richardus, marinarius,
Alexander Gauchet,
Jonetus, oblearius,
Daniel, brito,
Guillelmus, anglicus,
Jocelinus, regretarius,
Parvus Comes,
Iterus, admissor equorum,
Guillelmus Barbatus,
Radulphus, doridier,
Guillelmus, normannus,
Petrus Filiolus,
Renaldus, circularius,
Johannes, brito, piscionarius,
Herbertus, normannus,
Mauricius, tailendier,
Guillelmus, piscionarius,
Nicholaus Hibernus,
Petrus Vitalis,
Guillelmus de Sancto Vincentio,
Gralandus, piscionarius,
Bricius Quavailliau,
Johannes, oblearius,
Girardus Audeer,
Rogerus, serviens majoris,
Ernaudus, oblearius,
Michael, oblearius,
Guillelmus, cordarius,
Petrus Constantini,
Ludovicus,
Stephanus de Vales,
Guillelmus Arnaat,
Guillelmus, brito,
Allerinus de Parisius,
Philippus de la Germanie,
Hamericus de Thalart,
Guillelmus de Sedane,

B., vacher,
G. Meschin,
P. Turpin,
J. Galegue,
Guillelmus Remundi,
Radulfus de Partenaio,
Alanus, pantor,
J. de Ispania,
Baude d'Aire,
Guillelmus Laize,
Michael de Ponte Audomari,
G. de la Graveile,
Rollandus,
Guionetus Beençun,
Stephanus de Berri,
P. Rigaut,
P. Barcaut,
R. de Chitre,
J. Lo Coc,
W. Petort Pesons,
Michael de Parisius,
R. de Chartres,
Stephanus, carpentarius,
Reno Gunberti,
J., alemannus,
W. Arbert de Mastaz,
J. li Monz,
P. de Mastaz,
Guarinus de Abbatis Villa,
Symon Pequin,
G. de la Boche,
Martinus li Restis,
H. le Monzi,
W. Sarracenus,

P., taillendier,
Guillelmus Sain,
Haymardus de Peguis,
Helyas Burgensis,
Guillelmus de Leron, junior,
J., pessoniers,
Guillelmus Cloer,
Guillelmus Cortois,
P. Mace,
Radulfus de Tors,
P. Daudoet,
Radulfus Goudart,
B. de Vaus,
Rivalendus, carpentarius,
Hylarius Enjobert,
Hugo de Salmurio,
Baldoinus Res, de Sancto Audomar,
Helyas Brunatest,
Helyas Teste d'Ane,
Helyas de Pairac, fornerius,
Helyas de Brantasme,
Raimundus, cordoannerius,
R. de Losduno,
Durandus, cordoannerius,
Stephanus de Sarlat,
R. de Carnotis,
Arbertus de Francia,
Robertus de Castello Airaut,
Juail, brito,
Guido de Lomaria,
J. li Borgueignons,

G. Gauguart,
Gimes de Bituris,
G. Roille,
Ivo Blanchart,
H. Blanc.
Moysen, tabernarius,
Olivierus, tabernarius,
Rogerus, faber,
G. de la Coste,
Stephanus, normannus,
Hugo, anglicus,
P. Roman,
J., charretier,
Haimericus Guadras,
Radulphus, filius Richardi,
Galterius li Loeren,
J., mimus,
Roine,
Guillelmus Evrat,
Galterius, anglicus,
Guillelmus d'Anguines,
Iterus de la Garde,
A., guagier,
J., brito,
Richardus Ruffus,
H. Gifart,
P. de Verdelaio,
Robertus de Parlun,
Alexander, sellarius,
J. Amblart,
G., brito,
Guiomardus,
Guillelmus Judau,
J. Cabater,
Homundus,

Martinus Roer,
A. Aramunt,
P. de Lalou,
P. Viau,
P. Bos,
A. Mace,
Guillelmus Pelivea,
Baudricus,
Henricus de Leiron,
Fromin Brammerçun,
Adam de Paice,
R. Leherice,
G., normant,
Kario, brito,
G. de Ruppefequaut,
J. de Sineai,
Guillelmus Mignun,
P. Roalendus,
A. de Pulchra Insula,
Jodoinus de Carnotis,
G. de Talamunt,
P. de Mastaz,
Morea lo Bedea,
Gauterius de Pratellis,
Guillelmus, barbitonsor,
Helyas, fornier,
G. de Bosco Florido,
Jacobz Tolez,
Helyas li Courierres,
Robinus Pegner,
J., alemanz,
Mauricius Berlant,
Guillelmus de Brive,
G., anglicus, codurer,
Renaudus de Macheco,

P. dau Poi,
Ferrandus Burseir,
Hugo Forea,
Guillelmus de Nantes,
Renaudus, pelliparius,
Galterus Rossigno,
P. Bataille,
W. Gumberti,
Helyas Borset,
J. de Ville,
Andreas, faber,
Philippus de Faia,
Faveta,
Laurentius Poigneor,
J. de Rofet,
Guinguanz, panetarius,
Y. Leger,
Y. Chaviner,
H. de Monboer,
P. Jutet,
W. de Mauserchun
Radulfus de Rie,
Maitre B...
Jaquez,
Helyas de Seint, regretier,
Y. Bone,
B. lo Tort,
A. Bongrin,
Humbertus,
Richerus Malebat,
Herveus Vachart,
Borgueignons,
Godofredus de Coluns,
W. de Lalo,
Hinbertus, tabernarius,

Helyas, doridier,
Bobertus Bertun,
Fulco, clerz,
Ar. Boquerin,
Michael Angeter,
Mausen,
Andreas, cordarius,
J. Gratin,
J. Vilains,
J. Vilains,
J. de Sancto Hier[onymo],
Domingius,
M. Ped...,
Chinenz do...,
R. Adure,
R. Rigauz,
D. Quatravent,
Y. Cotet,
Guarinus de Gravilla,
Y. Armoin,
Robertus de Surgeres,
Guilloz Poritet,
Raimundus dau Dorat,
W. Mechin li Vel,
J. Teset,
J. de Mais[un] Teset,
R. li Bediaus,
Robertus de Nichole,
Sauvetea,
Paumerius,
Bancetus de Vermetis,
P. de Chançun,
Jacobus,
Baude Daut,
Baude de Lundres,

J. Aimers,
R., miroerer,
J. de Baes,
Robertus de Cadomo,
Guillelmus Bortillet,
R. de Chertre,
Bernardus Doton,
Rivalendus, tabernarius,
Bonins Ive,
W. Gicun,
Y. Cloin,
Stephanus Guiart,
W. Arbert,
Pascaudus de Rofflet,
Lucas Bienvenuz,
Herveus de Ribedo,
Michael Sanctus,
Hemericus de Marcilliaco,
Petrus Greller,
Guillelmus Bataille,
Savaricus de Caors,
Johannes Veillun,
Gaufridus Mathei,
Nicholaus Sanctus,
Doinus Tanderus,
Petrus de Mathaz,
Johannes Blanchardi,
Ricardus Fiere Brace,
Johannes de Laval,
Robertus Bellus,
Helyas Gunberti,
Petrus de Voisines,
Vivianus Audigier,
Guillelmus Columbelli,
Johannes Rufellus,
Stephanus, barillier,
Radulfus Grunmalun,
Helyas Martini,
Bartholomeus de Montolio,
Philippus de Aupes,
Ramundus de Quillebeu,
Helyas, bladiarius,
Guillelmus de Leone,
Hemardus de Petragort,
Gaufridus Brunelli,
Girbaudus de Bituris,
Joceaumes de Abbatis Villa,
Hugo de Attrebatibus,
Gaterus Flamandi,
Guillelmus de Sancto Dyonisio,
Hugo Guarrelli,
Petrus Costet,
Gimus de Bituris,
Robertus de Attrebatibus,
Guillelmus de Bauz,
Robertus de Attrebatibus,
Guillelmus Comptus,
Hemericus Beriforti,
Renerus Baudri,
Johannes de Bona Villa,
Guillelmus Baquillou,
Laurentius Judelli,
Petrus Hamonii,
Henricus, vaccarius,
Hemardus Pascaudi,
Girardus de Camera,
Petrus de Pampelune,
Lambertus de Ypra,

Guillelmus de Angolisma,
Helyas, cementarius,
Johannes de Aubrandis,
Henricus Brulez,
Helyas Andree,
Bernardus de Montboer,
Bertinus de Bituris,
Thomas de Janua,
Theobaldus de Duaco,
Johannes Gallicus,
Boninus, cordubanarius,
Gaufridus Himberti,
Guillelmus de Londonia,
Petrus de Burs,
Gilebertus, pelliparius,
Petrus Bataille,
Petrus de Laval,
Domingius de Gocon,
Radulfus, filius Richardi,
Petrus de Acier,
Hardoinus de Sancto Salvatore,
Robertus de Abbatis Villa,
Nicholaus de Pruvinis,
Guillelmus de Mathaz,
Robertus de Alodio,
Vitalis, panetarius,
Ernaudus de Montboier,
Renerus de Laverna,
Johannes Fromundi,
Hugotus de Attrebatibus,
Jacobus de Turneio,
Petrus de Valenceniis,
Radulfus de Anchora,
Guerinus de Abbatis Villa,
Leupillon, balistarius,
Remundus de Chalmis,
Petrus Barba,
Ferrandus de Stella,
Baudricus de Bituris,
Gaufridus, brito,
Guido de Sancto Viviano,
Ernaudus de Thoron,
Helyas Gasquet,
Alexander Tolope,
Stephanus, aurifaber,
Clemens, aurifaber,
Johannes de Baiocis,
Alexander Tremche - Poisson,
Guillelmus, brito,
Guillelmus, brito, barbarius,
Petrus de Mausi,
Gaufridus de Aurelianis,
Hamericus Bogrin,
Petrus de Molendinis,
Guillelmus li Doridiers,
Galterus Lornus,
Gaufridus, cornier,
Giraudus de Coraille,
Petrus Gasquet,
Odo de Parisius,
Guillelmus Dextratus,
Petrus de Perardis,
Petrus Fouchier, major,
Sanctius de Helleu,
Petrus de Faie,
Johannes Galerne,
Richardus Bataille,

Guillelmus Toupinelli,
Guillelmus Houdri,
Guillelmus de Mausi,
Guillelmus Tiaut,
Constantinus de Mausi,
Rigaudus de Monteforti,
Stephanus Babelin,
Petrus Bonimunta,
Remundus li Taillender,
Gaufridus de Feritate,
Guillelmus Herberti,
Philippus de Val Maiennier,
Guillelmus Gastinel,
Gaufridus, corniers,
Helyas de Valle Menier,
Johannes Savariei,
Johannes de Gaart,
Giraudus Herberti,
Bertinus, carpentarius,
Hamericus de Caors,
Stephanus Guiardus,
Bernardus Boisson,
Hylarius, monetarius,
Guillelmus de Turonis,
Gervasius Savarici,
Petrus de Roffeaco,
Renerus de Sancto Audomaro,
Renaudus de Gyemo,
Gaubertus de Capella,
Philippus Auberti,
Galterus Bos,
Helyas Grossus Oculus,
Bartholomeus, mercerius,
Rogerus, normannus,
Johannes, judeus, piscionarius,
Petrus Morelli,
Salomon, brito,
Helyas Maheliers,
Guillelmus Fulconis,
Guillelmus Bos,
Petrus, tabernarius,
Ricardus Joce,
Petrus Giraudi,
Helyas Bochier,
Stephanus de Navarre,
Renerus de Pierregors,
Petrus de Cruce,
Helyas de Pierregors,
Girardus de Marolio,
Bernardus Piscaudi,
Petrus Labes,
Petrus Maupetit,
Guillelmus le Barrillier,
Renerus Bordois,
Gaufridus de Bagas,
Gaufridus, brito, cordubanarius,
Johannes, brito, piscionarius,
Judicellus, brito,
Stephanus de Suggieres,
Johannes, piscionarius,
Cariotus, piscionarius,
Robertus de Caors,
Bernardus de Seignac,
Guillelmus, anglicus,
Benedictus de Boet,

Renerus de Abbatis Villa,
Stephanus de Sarlat,
Girardus Gormont,
Johannes Empestreville,
Bernardus d'Aigre,
Hugo, anglicus,
Guillelmus Coignes,
Symon Hequins,
Ricardus Bataille,
Helyas, brunetier,
Guillelmus Comptus,
Robertus de Dompetra,
Petrus Lauduernerii,
Michael Berardi,
Julianus, serator,
Petrus, aurifaber,
Petrus de Ruppe,
Renaudus de Andeliacis,
Johannes de Parisius,
Petrus Pitie,
Nicholaus Morsurao, de Duaco,
Johannes de Valenceniis,
Nevelons de Bendies,
Guillelmus Reimbaudi,
Stephanus de Sancto Mauricio,
Andreas Soliment,
Guillelmus Meschin,
Jodoinus de Carnotis,
Johannes de Londonis,
Gilo de Compendio,
Michael de Bergues,
Garsio Rossignel,
Guillelmus de Mausi,
Ernaudus, ferrer,
Anquetinus, anglicus,
Guillelmus Remundi,
Rogerus de Denois,
Hermandus de Tilleio,
Petrus de Salinac,
Petrus Dacus,
Johannes, medietarius,
Petrus de Bello Loco,
Petrus Borrel,
Johannes de Parisius,
Benedictus de Santonge,
Robertus, brito,
Bartholomeus, gantarius,
Rigaudus Perrot,
Petrus Poele Chesne,
Martinus Spinose,
Rogerus Brisie,
Jordanus de Insula,
Helyas Brisie,
Petrus Florentie,
Giraudus de Sarragoce,
Thomas Urcici,
Thomas de Sancto Johanne,
Jobertus, carpentarius,
Renaldus de Mirabel,
Johannes de Niorto,
Petrus Ace,
Helyas Bursois,
Petrus Garat,
Matheus de Panpelune,
Radulphus de Castroduni,
Johannes de Dourat,
Helyas, plumbarius,

Bartholomeus Jacquelini,
Philippus de Chinone,
Petrus Envaiz,
Martinus li Restis,
Guillelmus de Britou,
Stephanus de Vallibus,
Ivo Parvus,
Bernardus, furnarius,
Stephanus de Foresta,
Hugo Godrifas,
Guillelmus de Laval,
Guillelmus de la Faie,
Alexander de Turonis,
Andreas, loquetarius,
Guillelmus de Thartais,
Petrus Baucenz,
Petrus de Audoral,
Petrus de la Carre,
Johannes Caillier,
Petrus Caviel,
Ivonetus de Sancto Paulo,
Rogerus, pelliparius,
Ricardus, normannus,
Petrus de Grin,
Johannes Herberti,
Petrus de Communia,
Domingue de Pampelune,
Helyas Crenal,
Guillelmus Absolutus,
Hugo de Novo Burgo,
Johannes Gualingue,
Johanninus Columbel,
Guerinus li Oseliers,
Girardus li Regratiers,
Petrus Baudri,
Guillelmus li Cortois,
Garnerius, portarius,
Helyas de Pierregues,
Ernaudus, barbarius,
Petrus, bursarius,
Guillelmus Tacrier,
Bernardus, balisterius,
Gaufridus, lemovicensis,
Aubertus, normannus,
Girardus,
Petrus de Losduno,
Guillelmus, presbyter,
Galterus, francus,
Michael de Redonis,
Johannes Blanchardi,
Johannes de Aurelianis,
Bernardus de Augustiduno,
Robertus Adurez,
Giraudus de Rocha,
Guillelmus Pelivel,
Guillelmus, vaccarius,
Johannes Grassin,
Adam de Paciaco,
Johannes Maignens,
Johannes Tonsus,
Petrus de Alodio,
Hugo de Aquila,
Girardus Guaignart,
Henricus Giraudi,
Guido de Laumariau,
Arnaudus, lemovicensis,
Thebaldus, panetarius,
Robertus de Boet,
Johannes Pacis,

Giraudus Diert,
Nigellus,
Iterus, tegularius,
Guillelmus Ernaudi,
Amicus, barbarius,
Gaufridus Hasart,
Guillelmus, clavarius,
Johannes de Machecol,
Robertus de Gravia,
Radulphus de Trecis,
Nicholaus de Rothomago,
Petrus Bouchardus,
Petrus de Bais,
Henricus de Campania,
Radulphus de Aurelianis,
Ernaudus Grenuz,
Bernardus de Caturcis,
Guillelmus de Forti,
Giraudus, miles,
Remundus Bidaudi,
Petrus Pignon,
Daniel de Laumaria,
Radulphus de Viezvi,
Guillelmus, anglicus,
Jordanus Pinardi,
Galterius, buticularius,
Guido, brito,
Petrus de Obrandis et pater ejus,
Johannes Bos,
Renerus de Machecou,
Guillelmus de Turneio,
Hoidinus Rex,
Ernaudus Parpillarz,
Guillelmus Peregrinus,
Guillelmus Tortus,
Johannes Audier,
Guinguanz Roussel,
Stephanus Bonet,
Borderus,
Ernaudus Arramudi,
Hamericus de Verac,
Petrus Grassin,
Stephanus Roberti,
Petrus Borrel,
Petrus Baucent,
Johannes Botin,
Guillelmus Bonet,
Guido de Aubonet,
Thomas, cordarius,
Rogerus Biaupié,
Guillelmus de Maura,
Robertus Talebot,
Petrus de Coignac,
Johannes Guerini,
Philippus Levis,
Galterius, piscionarius,
Guillelmus Evrat,
Gaufridus Brisie,
Helyas de Illande,
Christianus la Dobeor,
Guillelmus Durans,
Stephanus de Turonis,
Johannes li Galois,
Guillelmus, anglicus,
Riolandus, brito,
Ernaudus Maignien,
Guillelmus, tripier,
Petrus Bertrandi,
Johannes, cordubanarius,

Robertus Estaquepole,
Petrus Mauriun,
Furcaudus, cementarius,
Remundus de Bordis,
Johannes de la Laigne,
Guillelmus de Niorto,
Renerus, circularius,
Hugo Sorelli,
Martinus Petri,
Ingerrannus, cordarius,
Herveus de Minagio,
Hamericus de Surgeres,
Petrus Martini,
Gaufridus Tortelli,
Johannes de Verron,
Guillelmus de Piro,
Gilebertus,
Petrus li Doridier,
Ivo, cordarius,
Helyas de Mathaz,
Ernaudus, barrillier,
Johannes de Foresta,
Johannes, carpentarius,
Richardus de Colonia,
Giraudus Jobertini,
Morellus,
Thomas, cordubanarius,
Ernaudus Brunet,
Ernaudus Pipini,
Petrus Godin,
Nicholaus de Mausi,
Petrus de Angolisma,
Hugo, piperarius,
Johannes, oblearius,
Guillelmus de Perusa,
Jordanus, carpentarius,
Johannes, aculearius,
Guillelmus de Brantomo,
Ricardus de Rothomago,
Guinganz, panetarius,
Hamericus Cose,
Robertus de Brueroliis,
Petrus Caillardi,
Johannes Talebot,
Hamelinus, cordarius,
Judicellus de Vannis,
Stephanus Mathei,
Bernardus Furcheriis,
Petrus de Verac
Ernaudus Mathei,
Ernaudus Bidau,
Renerus Thomas Calvellus,
Guillelmus, portator,
Guillelmus, faber,
Hugo, lemovicensis,
Gaufridus de Fulgeriis,
Henricus Ruffus,
Ivo, tabernarius,
Guillelmus de Coignac,
Symon, cordarius,
Johannis de Maraant,
Lucas li Barrilliers,
Guillelmus Longus,
Petrus Bogrin,
Morvent, brito,
Naamont, brito,
Guillelmus Calvellus,
Guillelmus Braorez,
Guillelmus Otrehel,
Renerus, caprarius,

Robinus de Aurelianis,
Renerus, textor,
Richardus, anglicus,
Petrus de Sancto Rogatiano,
Hugo de Coignes,
Johannes, mestivarius,
Lucas, miles,
Petrus Borrelli,
Bertinus Geuberti,
Helyas, furnarius,
Guillelmus Poincet,
Barthelotus de Blesis,
Guillelmus Johannis,
Henricus Dolerens,
Guillelmus Auberti,
Herveus de Lamballe,
Guillelmus de Caturcis,
Ernaudus de Pirario,
Albinus, anglicus,
Rogerus, faber,
Laurentius li Vaillenz,
Bernardus de Rocamador,
Johannes, villanus,
Constantinus, carpentarius,
Guillelmus Bastarz, barriller,
Petrus Bataille,
Hamericus Fortis,
Paganus de Agenois,
Hemericus de au Dorat.
Johannes de Sub Oliva,
Symon Givet,
Petrus Engirberti,
Guillelmus, brito,
Guillelmus Profite,
Baudes de Lumbres,
Nicholaus de Turonis,
Petrus Bone,
Radulfus de Ganapia,
Guillelmus, normannus,
Johannes de Briva,
Ernaudus Gagis,
Sevales de Belvaco,
Petrus, serviens,
Petrus Absolutus,
Guillelmus Fiere Brace,
Helyas, coutelier,
Petrus de la Gastillere,
Laurentius de Bituris,
Herbertus de Francia.

Homines Templi.

Hemericus Jociomi,
Gaufridus Tortelli,
Johannes de Corcellis,
Vivianus Audiger,
Ernaudus de Mathaz,
Humbardus, molendinarius,
Petrus Bonet,
Petrus Grossus,
Guillelmus de Voerte,
Helyas Hemerici,
Petrus Pinardi,
Petrus Viviani,
Ricardus, clericus,
Johannes Foillous,

Guillelmus Clemens,
Martinus Amoil,
Johannes Amoil,
Radulfus Helye,
Stephanus de Lagreve,
Ernaudus Jarron,
Ernaudus de Angolesma,
Petrus Bodin,
Petrus Peletier, de Angolesma,
Riolandus, brito,
Remundus Odeberti,
Petrus Boet,
Johannes de Nanthiac,
Ernaudus Faurel,
Renerus, clericus,
Herveus, cordubanarius,
Johannes Vidau,
Ernaudus Radulfius,
Gaufridus de Bello Loco,
Petrus, tector,
Bernardus Claveurer,
Guillelmus Poincete,
Benedictus de Caturcis,
Guillelmus Peregrinus,
Guillelmus de Albeterre,
Durandus de Marmontere,
Gaufridus, brito,
Rogerus Bel Pié,
Guillelmus, anglicus,
Renoldus, clericus,
Rogerus, normannus,
Johannes de Montefalconis,
Judicellus, carpentarius,
Riolandus, carpentarius,
Guillelmus Raque,
Gillebertus Audeborc,
Petrus de Alodio,
Ascius, normannus,
Guillelmus, portitor,
Guillelmus Rex,
Ivo filius Ogeri,
Petrus de Talemont,
Guido de Sancto Bibiano,
Petrus Bordon,
Benedictus de Mauritania,
Petrus de Jarria,
Domingues de Pampelune,
Guillelmus de Estei,
Petrus de Malevaus, carpentarius.
Radulfus li Mansiaus,
Guillelmus Porté Joie,
Johannes Mouclere,
Renaudus, tabernarius,
Radulfus, anglicus,
Bernardus de Saugon,
Jordanus Espinardi,
Galterus Bos,
Godefridus, pelliparius,
Rogerus Hure,
Guillelmus de Mota,
Ricardus de Colonia,
Gauterius, pelicier,
Petrus de Riparia,
Pasquot, tabernarius,
Matheus de Pampelune,
Chevaliers de Sancto Nicholao,
Robertus, decimarius,

Petrus de Exolduno,
Daniel de Atrio,
Hugo, bursarius,
Johannes de Cormener,
Petrus Cailliau,
Symon, tabernarius,
Bernardus de Nortonia,
Guillelmus Pastoret,
Guillelmus Veron,
Magister Hugo, carpentarius,
Guinganz,
Henricus Ruffus,
Guillelmus Tortus,
Robertus Longus,
Guillelmus, anglicus,
Renondus de Gornei, qui facit malas,
Magister Johannes,
Gaufridus, pictavensis,
Petrus, piperarius,
Bonus Amicus de Pampelune,
Johannes Audier,
Philippus, aurifaber,
Guillelmus Marquis,
Ricardus Nepotis et fratre ejus,
Petrus, coifarius,
Borderus de Pelliborel,
Johannes de Roffio, serviens majoris,
Petrus Barrauz,
Petrus de Fais, junior,
Guerinus de Gravella,
Thomas de Fougeriis,
Gregorius,
Guillelmus li Aesyez,
Robertus Hardi,
Rogerus de Bavant,
Thomas Niger,
Guillelmus Niger,
Gaufridus, tabernarius,
Robertus Ridelli,
Ricardus, tabernarius,
Clemens de Augo,
Johannes de Sancto Hiero,
Mauricius de Augo,
Petrus Tecelini,
Gaufridus de Columbis,
Ricardus Brueria,
Petrus Bogrin,
Radulphus li Envaiz,
Maximinus, serator,
Bernardus, serator,
Guillelmus Mignon,
Herveus de Redoni[bus],
Johannes Ursionis,
Hemericus Ursionis,
Robinus Tortus,
Guillelmus Quinquenel,
Johannes de Meriaco,
Thomas, francus,
Leodegarius, portator,
Martinus, rotarius,
Johannes, anglicus.

Homines Hospitalis.

Aldebertus de Monmoreillun,
Galterius li Anglois,
Symon Aufroi,
Symon, anglicus,
Thomas Niger,
Giraudus de Fulgeriis,
Guillelmus, filius Ricardi,
Robinus de Bavant,
Guillelmus, tabernarius,
Guillelmus Aufroi,
Constantinus, furnarius,
Robertus de Augo,
Laurentius, tincturarius,
Constantinus Pulcher.

Homines Sancte Katherine.

Stephanus, vaccarius,
Giraudus Copelli,
Petrus de Roncéio,
Ernaudus Daon,
Helyas de Maran,
Hugo de Mausi,
Guillelmus Constantini,
Petrus de Tivier,
Bernardus, mercerius,
Symon Fiere Brace,
Johannes Helye,
Herveus de Lanion,
Helyas de Roffee,
Hemericus Helyas,
Hemericus Remundi,
Menardus de Luco.

IV

Concession par Hugues de Lusignan, comte de la Marche et d'Angoulême, à l'abbaye de Valence, d'une foire annuelle avec ses produits, le jour de la Saint-Denis, affranchie de toute redevance envers lui. (Orig. parch., appartenant à la Société des Archives.)

Octobre 1239.

Universis presentem cartulam [1] inspecturis Hugo de Leziniaco, comes Marchie et Engolisme, salutem in

---

1. Cette charte se trouve reproduite dans le *Gallia christ.*, t. II, col. 1359, mais avec une lacune et quelques inexactitudes.

Domino. Noveritis quod ego, pro salute anime mee et parentum meorum et liberorum meorum, dono et concedo abbatie beate Marie de Valentia, quam propriis meis sumptibus edificavi, singulis annis, nundinas cum pedagio et vendis, in festo beati Dionisii, per tres dies continuos duraturas, circa abbatiam, ubi abbas ejusdem loci et conventus constituerint in re sua, liberas et immunes ab omni exactione, ut proventus illarum nundinarum in usus oratorii, et non alias, integre refundantur. Actum anno Domini millesimo ducentesimo tricesimo nono, mense octobri.

V

Vente par Guillaume, Pierre et Geoffroi de Larrajace, à Gui de Monléon, du deffend, droit de possession et droit de propriété de la Creuse, depuis Buxeuil jusqu'à la Vienne. (Orig. parch. [1]; Arch. du château de la Roche-Amenon.)

1280.

Saichent tuit, presenz e avenir, que mon seignor Guillaume de Larrajace, e mon seignor Pierre de Larrajace, chevaliers, e Gefrei de Larrajace, leur frère, vallet, ont confessé en droit, en la cort mon seignor lou roi de France à Chinon, que il ont vendu e vendent, par commun acort, e otroient par meniere de vention, e livrent par cest escript, à mon seignor Gui de Monlion, chevalier, e à ses hers, tot le deffays e tot le droit de possession e de proprieté que feu Pierre de Larrajace, chevalier, jadis pere as diz vendeors, ne Playsance, leur mere, ne aux maimes, avoient e tenoient, e espleitoient, ne par leur main ne par autrui, en tote la riviere de Crueuse, si cumme ele se comporte

---

1. Scellé sur double queue du sceau rond en cire brune de la cour de Chinon, portant trois châtelets, un et deux, et trois fleurs de lis, dont deux flanquent le châtelet du chef et la troisième en pointe; légende fruste; le contre-scel porte les mêmes armoiries et cette légende : † SECRETU PPOSITURE KAINON.

en lonc e en lé, de çà e de là, e dedenz la dite riviere, dès à l'androit dou moutier dou Bussueil jusqu'en la Vianne, à avoir, à tenir, à possaer, e à espleiter la dite riviere au dit acheteor, e à ses hers, e à ceus qui cause l'auroit d'aux, à tot fere e à tot prandre, e par tens de crehue d'eyves, e par autres tens, en quelque estat que la dite riviere soit, grant ou petite, o tot droit, seignorie, juridition, destroit et joustice, que les diz vendeors, ne la dite Playsance, leur mere, ne aucun d'aux, i avoient, et avoir devoient, e de droit, e de coustume, e d'espleit, paisiblement, enterinement e perdurablement, par meniere e par titre d'achet ; e tot por le pris de quarante livres de tornois, que les diz vendeors ont euz et receuz, en bons deniers contenz, par la main dou dit acheteor, e s'en tienent por bien paiez, et des deniers, e dou pris, e de la vention, si que il transportent en dit acheteor tote la possession, la proprieté, le demeine de la dite ayve, si cumme ele a, e aura, son cours en toz tens, dès la bonne desus dite jusqu'en Vianne, quite, e delivre, e deschargiée de totes vieilles obligations par la baille de cestes letres, cessans, quitanz e delaissanz absoluement au dit acheteor, e à ses hers, totes les actions, les droiz et les demandes, que les diz vendeors e leur dite mere, e chascun d'aux, avoient e devoient avoir, ou atendoient à avoir, contre quiconques persones, pour raison de la dite ayve e de toz les emolumenz qui i avendront. E einsi les diz vendeors se consentent e vuelent, que li hers de la Haye receive à fey e à homage le dit Gui des choses desus dites. E obligent les diz vendeors, eus e leur hers e toz leur biens, ou que il saent, presenz e avenir, à prandre, se mestiers estoit, à garantir et à deffendre la dite ayve, et tot le dit deffays, et toz les emolumenz qui i avendront audit acheteor et à ses hers, vers toz et contre toz, as usages e as coustumes dou païs, et toz jors par droit escript, e especialment e expressement vers la dite Playsance, mere as diz vendeors, si cumme desus est dit, e à delivrer de toz empeschemenz e de toz doaires, charges et devoirs, qui, par eus ou par aucun d'aux, porroient sordre. Lesquex vendeors renuncient en ce fait à l'exception des diz deniers non euz e non receuz, à tot privilege de droiz, donné et à doner, e à toz autres privileges, à totes coustumes e usages e covenances contraires, à totes graces e indulgences, à tot establissement d'apostoire e de roi ou d'autre prince, faiz e à fere, à tote exception de fraude, de lesion, de decevance outre la metié de leal pris e de tote malefice, à totes autres exceptions, raisons e allegations, tant de droit comme de fait, qui, contre la tenor ou la sustance de cestes presentes letres, ou contre ce fait en aucune meniere, porroient estre dites ne obicées, e à tot droit escript e non escript. Ce fu fait à Chinon, e ajugié à tenir par le jugement de la cort mon seignor lou roi, les diz vendeors presenz e consentenz, e saellé dou seau de la dite cort, à leur requeste, en plus grant confirmation de verité, le semadi devant Pasques flories, l'an de grace mil cc e quatre vinz. G. Lebret.

VI

Echange de domaines entre Guillaume de Vernou, chevalier, d'une part, et Thibaut du Fontenioux, chevalier, et Thiphaine, sa femme, d'autre part. (Copie du XVe siècle, parch.; Arch. de la Société des Antiquaires de l'Ouest.)

1292.

A tous ceulx qui verront et ouyrront cestes presentes lectres, Guillaume de Verno et Thibaut du Fontenioux, chevaliers, et Thiphaine, femme dudict Thibaut, salut en nostre Seigneur. Sachent touz, ledict et Thibaut et Thiphaine avons entre nous faict et change en ceste maniere. C'est assavoir, que, à moy ledict Guillaume et aus miens, demourent, à tousjours mès, les chouses qui s'ensuyvent : c'est assavoir, le homaige que Pierre Debois devoit aud.

Thibaut et à sa femme, par terres et par autres chouses qu'il tenoient de ceulx, ensemblement les choses de la Barretere et des appartenances, et quanque led. Thibaut et sa femme avoient en la ville de Verno et sus les hommes Pierre Debois dessusd., et le feage du peichage de l'estang Greler, que rachapta mon pere, et la moisté des houmes de la ville de Verno et de la Galande et de ses hers. Et avons, led. Thibaut et Thiphaine, à noz demourent, les choses qui s'ensuyvent à tousjours mès : c'est assavoir, la Saunerie et les appartenances, excepté le hommaige Channerea ..... et des parsonniers et la haulte justice, qui rementent aud. seigneur de Verno, mes, toutevois, il nous demouret toute justice jusques à soixante solz ; encore nous demoure ung costeret de vin, que led. seigneur de Verno avoit au Broil Charlet, en la parroisse de Chappelle Tiroil ; et nous demoure la moicté de la ville de l'Arnolliere et de l'Aillebertere et de Pierre Maignen. Et a esté acordé entre nous, Guillaume, Thibaut et Thiphaine, desus nommez, que je led. Guillaume, les chouses qui me demourent, e nous, led. Thibaut Tifaene, celles choses qui nos remantrent, tendron de mon seigneur de Partenay ensembleement o son autre homaige, se à lui plest, ceu est assavoir les choses qui mouvent de lui, et, se à lui ne plaist, nous tendrons l'un de l'autre lesd. choses, à ungs esperons dorez de plait, et ungs gans blans de la value de sex deners de service, quant cas avendra, sans foy et sans homaige, e sans autre debvoir. Et se einse est que à moy, ledict Guillaume de Verno, remainget auqune chose desus dicte, qui ne mouvet de mon seignour de Partenay, ge le tendray dodict Thibault et de sa femme et de lor hers, à sex deners de franc devoir à muance de seignour ou de hoir, et ge leur promect faire gariment vers ma femme des choses qui lor demourent, se come or est dessus dit. Et de toutes cestes choses dessus dictes tenir et garder feaument sans venir encontre, nos, led. Guillaume e Thibaut e Tifaene, desus nomé, avons baillé nostre foy, et à ceu avons obligé toz nos biens, et abreviacion à excepcion de trecherie et de decepcion, de doayre et de dons par noces, e à toute aide de court d'eglise et de court laye, qui nous pourroient aider à venir encontre cestes lectres. En tesmoing de laquele chose, nos avons faict apposer à cestes lectres le sea à noble homme mon sire Guillaume Larcevesque, seignour de Partenay. Et ge, Aymeri de Teil, clers portans led. sea, à Partenay, ycelui sea à cestes lectres ay appousé, en garentie des choses dessusd., à la requeste desd. parties, et les en ay jugé do jugement de la court dodict seignour de Partenay, sauve son droict. Ceu fut donné le vendredy en près oictyve de Panthecoste, l'an de grace mil dous cens quatre vins et doze.

VII

Quittance d'une somme de trente-huit livres, donnée par Pierre de Ville Blouain, chevalier du roi, à Pierre de Melet, receveur du roi en Poitou et Saintonge. (Parch., copie du temps détachée d'un registre; Arch. de la Vienne, F 1.)

1297.

A touz ceaus qui verront cez presens lettres, Pierres de Ville Blouain [1], chevalier nostre segnor le roy de France, saluz. Sachent touz que ge ay heu et receu, de Pierre de Melet, receveour le roy en Poytou et en Xainctonge, trente et oict libres de tornois petiz, por fere mes despenz, les quaus ge li promet fere recevre en ses à contes en vers

---

1. Voir dans le tome XI, p. 21, la notice consacrée à ce personnage. Si, d'après elle, il était sénéchal de Poitou dès 1299, il semble résulter du présent document, par voie de prétérition, qu'il ne l'était pas encore en 1297, mais avait à s'occuper déjà cependant, à quelque autre titre, des affaires du Poitou.

nostre segnor le roy. En temoyng de ceste chose, ge l'en ai doné cez lettres, saylées de mon propre seel. Doné à Saint Johan d'Angeli, le juedi avant la Pentechouste, l'an de grace mil cc quatre vinz et dis et sept.

VIII

Lettres de Philippe le Bel, roi de France, permettant à Jean du Vergier de fortifier son herbergement du Vergier. (Orig. parch. jadis scellé ; Arch. du château de la Durbelière, Deux-Sèvres.)

Août 1312.

Philippus, Dei gratia Francorum rex. Notum facimus universis, presentibus et futuris, quod nos, dilecto nostro Johanni de Viridario, militi, concedimus, de gratia speciali, quod ipse, pro se et heredibus ac successoribus suis et causam habituris ab eo, in herbergamento suo de Viridario, domum fortem, cum turribus et crenellis fortaliciisque aliis quibuscunque, edificare valeat et habere ; de qua domo et aliis ipsius fortaliciis, si et cum opus esset, nos successoresque nostri juvare possimus. Quod, ut ratum et stabile permaneat, presentibus litteris nostrum fecimus apponi sigillum. Actum et datum apud Foilleyam, anno Domini millesimo trecentesimo duodecimo, mense augusto.

Au dos : Per dominum, P. de Latilliaco. Maillardus.

IX

MANDEMENTS ET QUITTANCES POUR FAITS DE GUERRE.

1348-1387.

La plupart des pièces que nous publions ci-après, vingt et une sur trente, ont été empruntées aux Archives du département des Deux-Sèvres, C 56 et surtout C 57 ; les autres appartiennent à divers dépôts, savoir : les IVe, V[e] et XXIXe aux Archives de la

Vienne, F 2 ; les xxiie, xxiiie, xxive, xxve et xxviiie à la Bibliothèque de la ville de Poitiers ; la xxxe, à la Société de Statistique des Deux-Sèvres.

Toutes sont des pièces originales sur parchemin, jadis scellées sur simple queue, le plus souvent en cire rouge ; mais la plupart des sceaux ont disparu plus ou moins complètement, et peu ont été assez épargnés pour offrir encore quelque intérêt.

Nos documents appartiennent à une époque dont l'histoire renferme encore bien des points obscurs. Leur intérêt consiste à apporter quelques renseignements nouveaux.

I

Mandement de Floton de Revel, capitaine général de Poitou, au receveur de Saint-Maixent, pour faire payer au sieur de Thors 200 livres destinées à la solde des gens d'armes de sa compagnie.

15 juillet 1348.

Floton de Revel [1], chevalier, seigneur d'Escole, capitainne souverain et general de par le roy, nostre sire, ès parties de Poictou, Xantonge, Limosin, ès lieux, frontieres et marches d'environ, au receveur de l'imposicion de la ville de Saint Maixent, salut. Nous vous mandons et commandons estroitement, de par le roy, nostre sire, et de par nous, que, tantost et sans aucun delay, vous bailliez et delivrez à noble homme et puissant le seigneur de Thors [2], ou à son certain commandement, les deniers de la recepte de la dicte imposicion de ce moys dairenierement escheu, qui puent monter jusques à la somme de deux cenz livres

---

1. Pierre Flote, dit Floton de Revel, fils de Guillaume Flote, chancelier de France, et d'Alice de Mello, avait été nommé capitaine général de Poitou et Saintonge par lettres du roi du 1er juin 1348 (t. XIII, p. 397). Voir dans le même volume, p. 412, une lettre d'absolution accordée par le même Floton de Revel, et datée de Poitiers, le 14 juillet 1348.

2. Savary iii de Vivonne, sieur de Thors, Aubigny, les Essarts, avait été capitaine souverain de Poitou et Saintonge en 1336. Il fut chargé par le roi, en janvier 1348, de la garde du château de Saint-Maixent (t. XIII, p. 159 et 392-393).

tournoys ou environ, pour distribuer aux gens d'armes qui sont en sa compaignie, venuz au service du dit seigneur en ces presentes guerres pour la deffense du païs ; et, en rapportant lettres de quictance de la somme que paié ou delivré li aurez pour la dicte cause avecques ces presentes, à vos comptes ce vous y sera alloé et rabatu de votre recepte sans nul contredit. Donné à Poictiers, le xv⁰ jour de jullet, l'an mil cccxlviii. F. ROSSELIN.

II

Mandement de Floton de Revel, capitaine général, au receveur de Saint-Maixent, ordonnant de verser entre les mains de Savari de Vivonne, sieur de Thors, pour le paiement de sa compagnie, le produit de l'impôt de 12 deniers pour livre.

17 août 1348.

Floton de Revel, sire d'Escole, capitaine general et souverain ès parties de Poictou, Xantonge, Limosin et ès lieux, marchez et frontieres d'environ, à Johan Loubeau, receveur de l'imposicion de douze deniers pour livre de la ville et chastellenie de Saint Maixent, salut. Nous vous mandons et commandons, que vous baillez tous ceu que vous aurez de la dite imposicion à nostre amé Pierres de la Braye [1], et à ceux qui sunt commis avecques et à compouser et lever le vintesme en la dicte ville et chastellenie, pour contribuer et bailler à noble et puissant home monseigneur Savari de Vivonne, sire de Tors, et des gens d'armes et de pié de sa compaignie, ainci comme nous havons ordrenné, en prenant lettre de recognoissance des diz amis de ce que vous leur vaudrez, par les quelles nous voulons qu'il vous soit alloué en voz comptes et rabatu de vostre

---

1. Pierre de la Broie, lieutenant des maréchaux, se trouvait plus tard, en avril 1352, à Saint-Jean-d'Angély, où il s'occupait de l'enrôlement et du paiement des gens d'armes. (*Etude sur la vie d'Arnoul d'Audrehem*, par Molinier, p. 32.)

recepte. Donné à Nyort, le xvıı^e jour de aoust, l'an de grace mil ccc quarante et huyt. Par monseigneur le capitaine, en son conseil. J... [1].

III

Quittance de 25 livres 10 sols, donnée par Jean de Vaux, écuyer, pour ses gages et ceux de trois écuyers de sa compagnie.

18 novembre 1350.

Sachent tuit que je Jehan de Vaux, escuier, ay eu et receu de Jehan Chauvel, tresorier des guerres du roy, nostre sire, en prest sur les gaiges de moy et trois autres escuiers de ma compaignie, à desservir en ces presentes guerres ès parties de Poitou, Limosin, Xanctonge, Angomois et Pierregort, souz le gouvernement de monseigneur Guy de Nelle, sire de Mello, mareschal de France, lieutenant du dit seigneur ès dictes parties [2], vint cinq livres dix solz tournois enz compte, pour droiture lx s. t.; desquelles xxv livres x solz tournois je me tiens pour bien paié. Donné à Poictiers, souz mon scel, le xvıu^e jour de novembre, l'an mil trois cent cinquante.

IV

Quittance donnée par Robin François, lieutenant du trésorier des guerres, à Philippon Gillier, receveur de Poitou, d'une somme de cent soixante-douze livres tournois, destinée aux gens de Guy de Nelle, maréchal de France.

4 mars 1351.

Sachent tuit que je, Robin François, clerc et lieutenant

---

1. Le nom fait défaut; la moitié supérieure de la première lettre subsiste seule; le reste appartenait à une partie qui a été découpée. Il était le même, semble-t-il, que dans la pièce précédente : Rosselin.

2. Guy de Nesle, sire de Mello, avait été nommé lieutenant du roi en Poitou, Saintonge, Limousin, Angoumois et Périgord par deçà la Dordogne, avant le 4 novembre 1349. (Voy. la notice consacrée à ce personnage, t. XVII, p. 49.)

de Jehan Chauvel, tresorier des guerres du roy, nostre sire, ay eu et receu, pour et ou nom dudit tresorier, de Philippon Gillier [1], receveur de Poitou, pour baillier et distribuer aux genz d'armes et de pié estans en ces presentes guerres souz le gouvernement de mons^r Guy de Neelle, sire de Mello, mareschal de France, lieutenant dudit seigneur ès parties de Poitou, Xanctonge, Limosin, Angomois et Perregort par deça la Dourdonne, huit vins douze livres tournois; desquelles VIII^{xx} XII l. t. je me tiens pour bien paié. Donné à Nyort, souz mon seel, le IIIe jour de mars, l'an mil ccc cinquante. Françoys.

V

Quittance donnée par Robin François, lieutenant du trésorier des guerres, à Philippe Gillier, receveur de Poitou, d'une somme de quatre-vingts livres tournois, destinée aux gens de Guy de Nelle, maréchal de France.

22 mars 1351.

Sachent touz que je, Robin François, clerc et lieutenant de Jehan Chauvel, tresorier des guerres du roy, nostre sire, confesse avoir eu et receu de Philippe Giler, receveur de Poictou, par la main de Philipon André, pour bailler et distribuer aux genz d'armez et de pié estanz souz le gouvernement de noble et puissant seingneur, mons^r Guy de Nelle, sire de Mello, mareschal de France, lieutenant du roy, nostre sire, en Poictou, Xanctonge, Limosin, Angomois et Peregort par deça la Dordoigne, quatre vinz livres tournois, monnoie courans, des quelles IIII^{xx} livres tournois je me tien à bien poiez et en quipte ledit receveur par ces lettres, seellées de mon seel. Donné le XXIIe jour de mars, l'an mil ccc cinquante. Françoys.

---

1. Voir sur la vie de Philippe Gillier, originaire de Lussac, investi de plusieurs fonctions financières dont il se serait servi pour commettre de nombreuses malversations, l'intéressante notice de M. Guérin, et les curieux documents relatifs à ce personnage (t. XVII, p. 166 et s.).

VI

Quittance de 2,077 livres, donnée par Foulques de Laval, capitaine du roi dans la vicomté de Thouars, au receveur de Poitou, Philippe Gillier, pour le paiement de ses gages et de ceux des gens d'armes de sa compagnie.

3 juin 1351.

Sachent touz que nous, Foulques de Laval, chevalier, capitaine souverain du roy, nostre sire, on visconté et ressort de Thouars et gouvernement des terres de Belleville et de Rays [1], avons eu et receu de nostre amé Philipes Gilier, receveur du roy, nostre dict seigneur, en Poictou, Limosin et ès dictes terres de Belleville, pour tout le demourant de la some de v^m vii^c iiii^{xx} xvi livres tournois monnoye au jour duy courant, qui nous estoient deues sur les gaiges de nous, des gens d'armes et de pié qui ont esté et sont en nostre compaignie et sous nostre gouvernement à la garde et deffense du païs de nostre dicte capitanie, à cause d'une assignacion de ii^m lxx livres tournois pour chescun mois, à nous faicte sur la dicte recepte par les tresoriers du roy, nostre sire, à Paris, pour trois mois passez, feniz le xxiie jour de may dernier passé et comancent le xxiie jour de fevrer [mil] cccl, deux mille soixante diz et sept livres trois sols trois oboles; de laquelle somme nous tiennons pour bien poié par cest present memoire, scellé de nostre propre scel. Donné le iiie jour de juing, l'an mil ccc cinquante et un.

VII

Quittance de trente livres, donnée par Guillaume de Repousset,

---

1. Foulques de Laval, sieur de Retz, époux de Jeanne Chabot, dite de Retz, capitaine du roi dans la vicomté de Thouars, avait succédé récemment, en 1351, dans ce commandement, à Le Galois de la Heuse (t. XVII, p. 29, 44, 174).

écuyer, pour ses gages et ceux de deux autres écuyers de sa compagnie en la garnison de Saint-Jean-d'Angély.

27 mai 1352.

Sachent tuit que je, Guillaume de Repousset, escuier, confesse avoir eu et receu de Jaques Lempereur, tresorier des guerres le roy, nostre sire, par la main de Jehan de Lebbarde, son lieutenant, en prest sur les gages de moy et deux escuiers de ma compaignie, desservis et à desservir en l'establie de Saint Jehan d'Angeli[1], souz le gouvernement de monseigneur Ernoul, sire de Dodenehem[2], mareschal de France, capitaine souverain pour le dict seigneur ès pays d'entre les rivieres de Loire et de la Dourdoigne, trente livres tournois; des quels xxx livres tournois, je me tiens pour bien et à plain paiés. Donné au dit lieu de Saint Jehan, souz mon scel[3], le xxviie jour de may, l'an mil CCC LII.

VIII

Quittance de gages, donnée par Jaquemart de Tournes, écuyer de
la garnison de Saint-Jean-d'Angély.

20 février 1353.

Sachent touz que je, Jaquemart de Tournes, escuier, confesse avoir eu et receu de Jaques Lemperour, tresorier

---

1. Cette ville, assiégée par le connétable Charles d'Espagne, en juillet 1351, s'était rendue au roi Jean entre le 29 août et le 5 septembre 1351. (Notes de M. Luce sur Froissart, t. IV, p. XLIV.)
2. Arnoul d'Audrehem, maréchal de France depuis juin 1351, lieutenant du roi en Poitou, Saintonge, Angoumois, Limousin et Périgord depuis le commencement de 1352, conjointement avec Charles d'Espagne (t. XVII, introd., p. XVII). A cette époque, c'est-à-dire en mai 1352, Arnoul d'Audrehem se trouvait à Angoulême avec le connétable Charles d'Espagne. (*Etude sur la vie d'Arnoul d'Audrehem*, par Molinier, p. 33.)
3. Sceau armorial rond, en cire rouge, assez bien conservé, portant une barre chargée d'une brisure, accompagnée de deux roses? une en chef et l'autre en pointe; légende fruste et presque entièrement illisible.

des guerres du roy, nostre sire, par la main de Johan de Labbarde, son lieu tenant, en prest sur les gaiges de moy, le dict escuier, seul, desservi et à desservir en ces presentes guerres de Xantonge, en l'establie de la ville Sainct Johan d'Angeli, souz le gouvernement de noble homme messire Loys, sire de Harecourt[1], chevalier, capitaine souverain par le dict seigneur ès parties de Poitou et de Xantonge, six livres sept soulz six deniers en compte, pour droicture, quinze souls; des quelles vi livres vii soulz vi deniers tournois je me tiens pour bien paiez. Donné au dict lieu de Saint Johan, souz mon scel[2], le xx° jour de fevrier, l'an mil ccc cinquante et deux.

IX

Quittance donnée par Tassart de Basinguehem, châtelain de Niort, pour les gages de sa compagnie, préposée à la garde du château de cette ville.

2 mai 1353.

Sachent tuit que je, Tassart de Basinguehem, chastellain du chastel de Nyort, ay eu et receu de Jaques Lempereur, tresorier des guerres du roy, nostre sire, par la main de Guillaume Larcher, son lieu tenant, en prest sur les gaiges des gens d'armes et de pié de ma compaignie, desservis et à desservir en la garde du dit chastel, souz le gouvernement de monseigneur Louys de Harecourt, capitaine souverain pour le dit seigneur ès païs de Poitou et de Xanctonge, quarante livres tournois ; de laquelle

---

1. Louis de Harcourt, vicomte de Châtellerault, fils de Jean iv d'Harcourt. On ignorait qu'il eût été capitaine du roi en Poitou et Saintonge. M. Guérin, ne connaissant pas cette pièce ni les suivantes, a omis son nom dans son étude sur les capitaines souverains de Poitou (t. XVII, p. xix). Louis de Harcourt exerça donc sa charge militaire sous l'autorité d'Arnoul d'Audrehem, lieutenant du roi entre Loire et Dordogne.

2. Sceau armorial rond, en cire rouge, assez bien conservé, portant une rose à six pétales ; légende fruste et à peu près illisible.

somme je me tieng pour bien paiez. Donné souz mon scel, le II° jour de may, l'an mil CCC LIII.

X

Quittance de gages, donnée par Jaquemart de Tournes, écuyer de la garnison de Saint-Jean-d'Angély.

26 mai 1353.

Sachent tuit que je, Jaquemart de Tournes, escuier, ay eu et receu de Jaques Lempereur, tresorier des guerres du roy, nostre sire, par la main de Guillaume Larcher, son lieutenant, en prest sur mes gaiges, desservis et à desservir en l'establie de la ville de Saint Jehan d'Angeli, souz le gouvernement de monseigneur Louys de Harecourt, capitaine souverain pour le dit seigneur en Poitou et Xanctonge, cent douze souls six deniers tournoys; de la quelle somme je me tieng pour bien paiez. Donné souz mon scel[1], le XXVI° jour de may l'an mil CCC LIII.

XI

Quittance de gages, donnée par Arnaut Vigier, chevalier de la garnison de Saint-Jean-d'Angély, pour lui et un écuyer de sa compagnie.

15 juin 1353.

Sachent tuit que nous, Arnaut Vigier, chevalier, avons eu et receu de Jaques Lempereur, tresorier des guerres du roy, nostre sire, par la main de Guillaume Larchier, son lieu tenant, en prest sur les gaiges de nous et un escuier de nostre compaignie, deservis et à deservir en ces presentes guerres de Xantonge, en l'establie de la ville [de] Saint Jehan d'Angeli, souz le gouvernement messire Louys de Harecourt, capitaine souverain pour le dit sei-

---

1. Sceau armorial rond, en cire rouge, le même que celui de la pièce VIII, mais encore en meilleur état; de la légende il reste ces mots : DE TORNE.

gneur ès dictes parties, seize livres dix sept [sols] six deniers tournois, dont nous nous tenons pour bien paié. Donné souz nostre scel[1], le xve jour de guing, l'an mil ccc LIII.

XII

Quittance de gages, donnée par Ancel de Pernes, écuyer de la garnison de Saint-Jean-d'Angély, pour lui, un écuyer et un archer à cheval de sa compagnie.

1er juillet 1353.

Sachent tuit que je, Ancel de Pernes, escuier, ay eu et receu de Jaques Lempereur, tresorier des guerres du roy, nostre sire, en descompt de ce qui me peut estre deu pour le demourant des gaiges de moy, un autre escuier et un archer à chevæl de ma compaignie, desservis en ces presentes guerres en l'establie de la ville de Saint Jehan d'Angeli, depuis le xxie jour de janvier [mil] cccLii jusques au premier jour de juillet ensuivant, sous le gouvernement de monseigneur Louys de Harecourt, sire de Montgomery, chevalier, capitaine souverain pour le roy, nostre sire, ès parties de Poitou et de Xanctonge, la somme de trante trois livres sept soulz six deniers tournois; desquelles xxxiii{l} viis vi{d} t. je me tien à bien paiez. Donné soubz mon scel, le premier jour de juillet, l'an mil ccc L trois.

XIII

Quittance de gages, donnée par Phelippot Ferron, pour lui et neuf archers à cheval de sa compagnie, à Saint-Jean-d'Angély.

7 juillet 1353.

Sachent touz que je, Phe[li]ppot Ferron, ay heu et receu de Jehan Chauvel, tresorier des guerres du roy, nostre sire,

---

1. Sceau armorial rond, en cire rouge, assez bien conservé, portant une croix dans un encadrement quadrilobé; légende fruste; on peut y distinguer plusieurs lettres qui paraissent se référer au nom Arnaut Vigier.

en prest sur les gaiges de moy et de neuf flochiez (*sic*) à cheval en ma compaignie, deservis et à deservir en ces presentes guerres ès parties de Poitou et de Xanctonge, souz le gouvernement de monseigneur Aymery de Rochechouart, chevalier, sire de Mortemar[1], capitaine souverain pour le roy, nostre sire, ès susdictes partiez, quinze livres tournois ; de laquelle somme ge me tien à bien paiez. Donné à Saint Jehan d'Angeli, souz mon scel, le viie jour de juillet, l'an mil ccc cincquante trois.

XIV

Quittance de gages, donnée par Jaquemart de Tournes, écuyer, pour lui et un écuyer de sa compagnie, à Niort.

25 juillet 1353.

Sachent tuit que je, Jaquemart de Tournes, escuier, ai eu et receu de Jehan Chauvel, tresorier des guerres du roy, nostre sire, en prest sur les gaiges de moy et un autre escuier de ma compaignie, deservis et à deservir en ces presentes guerres de Poitou et de Xanctonge, souz le gouvernement de monseigneur Aymery de Rochechouart, capitaine souverain ès dictes parties, onze livres dix soulz tournois compte ens, pour droitures xxx soulz tournois ; desquelles xi livres x soulz, je me tiens à bien payé. Donné à Nyort, le xxve jour de juillet, l'an mil ccc cinquante troys, souz le scel de monseigneur Henry des Pres, chevalier, en l'absence du mien.

XV

Quittance de gages, donnée par Barthélemy de Pairé, archer à che-

---

1. Aimeri de Rochechouart, déjà signalé comme capitaine de Poitou et Saintonge en septembre 1353, exerçait cette charge, comme le prouve cette pièce, dès le mois de juillet (t. XVII, p. xix).

val, pour lui et deux autres archers de sa compagnie, à Saint-Jean-d'Angély.

6 septembre 1353.

Saichent tuit que je, Berthelemie de Pairé, archier à cheval, ay eu et receu de Jehan Chauvel, tresorier des guerres du roy, nostre sire, en prest sur les gaiges de moy et de deux autres archiers à cheval de ma compaignie, desservis et à desservir en ces presentes guerres de Poictou et de Xainctonge, souz le gouvernement de monseigneur Aymery de Rochechoart, capitaine souverain pour le dict seigneur ès dictes parties, huit livres huit soulz neuf deniers tournois ; de laquelle some, je me tiens à bien paié. Donné soux le contre scel royal establi à Sainct Jehan d'Angeli [1], le vi⁰ jour de septembre, l'an mil ccc liii. F. RICHARD.

XVI

Quittance de gages, donnée par Louis Vidal, écuyer, pour lui et un autre écuyer de sa compagnie, à Poitiers.

26 septembre 1353.

Saichent tuit que je, Loys Vidal, escuier, ay eu et receu de Jehan Chauvel, tresorier des guerres du roy, nostre sire, en prest sur les gaiges de moy et de un autre escuier de ma compaignie, desservis et à desservir en ces presentes guerres de Poictou et de Xanctonge, soubz le gouvernement de monseigneur Aymery de Rochechoart, capitaine souverain pour le dit seigneur ès dictes parties, vint et quatre livres tournois compte ens, pour droiture quinze soulz tournois ; desquelles xxiv livres tournois je me tient a bien paié. Donné a Poictiers, soux mon scel, le xxvi⁰ jour de septembre, l'an mil ccc liii.

---

1. Sceau armorial rond, en cire verte, assez bien conservé, portant une couronne royale accompagnée de trois fleurs de lis, deux en chef et une en pointe.

XVII

Quittance de gages, donnée par Jacquemart de Tournes, écuyer, pour lui et un écuyer de sa compagnie, à la Bastide Saint-Gilles, devant Surgères.

10 octobre 1353.

Sachent tuit que je, Jaquemart de Tournes, escuier, ay eu et receu de Jehan Chauvel, tresorier des guerres du roy, nostre sire, en prest sur les gaiges de moy et un autre escuier de ma compaignie, deservi et à deservir en ces presentes guerres de Poictou et de Xaintonge, sous le gouvernement de monseigneur Aymery de Rochechoart, chevalier, sire de Mortemar, capitaine souverain pour le roy, nostre sire, ès dictes parties, douse livres tournois, dont je me tiens à bien paié. Donné à la Bastide Saint Gille, devant Surgeres [1], sous mon scel, le xe jour d'octobre, l'an mil CCC LIII.

XVIII

Quittance donnée par Barthélemy de Pairé, archer, pour ses gages et ceux de sa compagnie, devant Surgères.

20 octobre 1353.

Sachent tuit que je, Berthelemy de Pairé, archier, ay eu et receu de Jehan Chauvel, tresorier des guerres du roy, nostre sire, en prest sur les gaiges de moy et des gens de ma compaignie, desservans et à desservir en ces presentes

---

1. Le Père Arcère, dans son *Histoire de la Rochelle*, t. I, p. 244, rapporte que les Rochelais, en 1353, chassèrent de Surgères les Anglais, qui avaient repris ce château. Cette quittance du 10 octobre 1353 et la suivante, du 20 octobre, fixent la date du siège de cette place, dont il n'est fait aucune mention dans les histoires du XIVe siècle. Ces deux pièces démontrent que Surgères ne fut pas seulement assiégée par les Rochelais, mais aussi par les compagnies de gens d'armes, agissant sous les ordres du capitaine souverain, Aimeri de Rochechouart.

guerres de Poictou et de Xanctonge, souz le gouvernement de monseigneur Aymeri de Rochechoart, chevalier, sire de Mortemar, capitaine souverain ès dictes parties, vint livres tournois, dont je me tiens a bien paié. Donné devant Surgiere, souz mon scel [1], le xxᵉ jour d'octobre, l'an mil ccc LIII.

XIX

Quittance donnée par Robert Tirel, écuyer, pour ses gages et ceux d'un autre écuyer de sa compagnie, à Saint-Jean-d'Angély.

18 novembre 1353.

Sachent tuit que je, Robert Tirel, escuier, ay eu et receu de Jehan Chauvea, tresorier des guerres du roy, nostre sire, par la main de Robin Françoys, son clert et lieutenant, en prest sur les gaiges de moy et un autre escuier de ma compaignie, deservis et à desservir en ces presentes guerres, sous le gouvernement messire Guischart d'Angle [2], senechal de Xanctonge, lieutenant de messire Aymeri de Rochechouart, sire de Mortemar, cappitaine souverain ès parties de Poictou et Xaintonge, vint une livre tournois ens compte, pour droiture xxx souls ; des quiex xxi livres, je me tien pour bien poiez. Donné à Sainct Jehan d'Angeli, soux mon scel, le xviiiᵉ jour de novembre, l'an mil ccc LIII.

---

1. Sceau armorial rond, en cire rouge, assez bien conservé, portant un palé de six pièces.
2. Guichard d'Angle, capitaine de Niort en 1346, avait alors repoussé les Anglais de Derby. (Froissart, liv. I, 5293, p. 13 du t. IV de l'édition de Luce.) Plus tard, en septembre 1356, en la même qualité de sénéchal de Saintonge, il enleva Rochefort aux Anglais, avec la coopération des Rochelais. (*Hist. de Saintonge*, par Massiou, t. III, 67, 68.) Il était sénéchal de Saintonge depuis 1351 (t. XVII, p. 259).

XX

Quittance de cent deniers d'or, donnée par Tassart de Basinguehem, châtelain de Niort, à Nicolas Odde, receveur général.

31 mai 1356.

Sachent tuit que Tassart de Basignan, chastellain de Nyort, ay eu et receu de Nicolas Odde, receveur general pour le roy, nostre sire, oultre la riviere [de Loire][1] et en tout le païs de la langue d'oc, par vertu d'un mandement de monseigneur le conte de Poitiers addrescent à Gauchier de Vannes, son t[resorier, et] du dit Gauchier, pour les causes contenues ès dit mandement, cent deniers d'or à l'escu; des queux c deniers d'or à l'escu, je me tiens comme [payé]. Donné à Bourge, souz mon scel, le dernier jour de may, l'an mil ccc L et six.

XXI

Mandement de payer cent deniers d'or à Jean de Gourdon, écuyer, châtelain de Saint-Maixent.

31 mai 1356.

De par Gauchier de Vannes, tresorier avec monseigneur le conte de Poitiers[2], Nicolas Odde, receveur general avec mon dit seigneur, et tous, vous mandons que la somme de cent deniers d'or à l'escu, lesquiels monseigneur a donnés ceste fois à Jehan de Gourdon, escuier,

---

1. Le texte présente quelques lacunes, fins de lignes disparues avec le bord du parchemin. Il ne peut guère y avoir de doute sur la manière de les rétablir, surtout avec les pièces qui suivent.

2. Jean de France, fils du roi Jean le Bon, était comte apanagiste du Poitou, par cession de son frère Charles, duc de Normandie. Il fut en outre nommé lieutenant général en Poitou, Saintonge, Limousin et Auvergne, par lettres du roi du 8 juin 1356 (t. XVII, 237, 238).

chastellain de Sainct Messant [1], pour certaines causes contenues en un mandement de mon dit seigneur, lequel nous vous envoions cousu souz nostre signet avec ces presentes, vous paiez et deslivrez au dit Jehan de Gourdon ; et, par rapport le dit mandement et ces presentes avec lettre de quittance du dit escuier, la dite somme de cent deniers d'or à l'escu vous sera allouée en voz comptes, et rabatue de votre recepte. Donné à Bourges le dernier jour de may, l'an de grace mil ccc cinquante et six.

XXII

Mandement de Jean de France, comte de Poitiers, lieutenant du roi, ordonnant de payer 1,500 livres à Jean Boucicaut, pour la garde du château de Lusignan.

Juin 1356.

Jehan, filz du roy de France, conte de Poitiers, lieutenant de nostre seigneur en touz les pays par deça la riviere de Loire et en toute la langue d'oc, à nostre amé Nicolaz Odde, receveur general de monseigneur ès dictes parties et le nostre, salut et dilection. Comme, par noz autres lettres, nous aions mandé à notre amé tresorier Gaucher de Vannes, que, pour la garde du chastel et lieu de Lesignen, il paiast presentement à notre très chier et bien amé chevalier et conseiller Jehan le Mangre, autrement dit Boucicaut, la somme de cinq cens livres tournois à li deue pour les mois d'avril et may dernier passez, et de lors en avant lui paiast ou assignast pour semblable

---

1. D'après M. Richard (Alfred), Jean Gourdon n'aurait été capitaine de Saint-Maixent qu'en 1361, époque à laquelle il remit cette ville à Chandos, lieutenant du roi d'Angleterre. On voit par cette quittance qu'il en était capitaine dès 1356, avant Constantin Asse, capitaine du même château en 1357. Il fut donc investi du même commandement pour la seconde fois après Constantin Asse. (*Le château de Saint-Maixent*, par Alfred Richard, apud *Bull. Antiq. de l'Ouest*, 2e série, t. II, 185.)

cause, pour chascun mois durant les guerres, deux cens cinquante livres tournois, et, en temps de trieves, huit vingt livres tournois par mois selon l'ordennance pieça sur ce faite, par vertu de noz queles lettres nostre dit tresorier vous a mandé par les siennes, que le contenu ès nostres dessus dictes vous acomplissiez de point en point selon leur fourme et teneur, si, comme l'en dit et il soit ainsi, que le dit chastel et lieu de Lesignen soit de toutes pars environnez de forteresses angleisches, ès queles ennemis sont moult fors, pour quoy il est grant besoing et evident necessité que le dit lieu soit bien pourv[eu][1], garnis et avitailliez pour plus sceure garde, tuicion et deffense d'icellui, et pour mieux resister à la force et puissance des diz ennemis, la quelle ch[ose le] dit Boucicaut, si comme il nous a exposé, ne pourroit faire du sien ainsi comme besoing en est, s'il n'estoit paiez de grant temps avant les m[ains], et pour ce nous ait humblement supplié et requis, que nous le vousissons faire paier presentement de six mois avant les mains........ tele assignacion qu'il en puist estre prestement paiez : pour ce est-il que nous, inclinans à sa dicte supplicacion, afin de obvier....... deffaut de ce en pourroient avenir, avons ordené en l'absence de nostre dit tresorier, voulons et vous mandons, que, au dit.......... presentement paiement pour six mois, c'est assavoir juillet, aoust, septembre, octobre, novembre et decembre p.......... chascun des six mois dessusdiz, deux cens cinquante livres tournois, qui font en somme mil cinq cens livres tournois......... faites assignacion sur la recepte de Jehan Garingneau, establi par nous receveur general à Poitiers pour et ou nom....... [Poi]tou, Xanctonge, Angoumois, Pierregort, Limosin, de Thouraine et d'Anjou par deça la rivière de Loire, en tele m...... prestement

---

1. A partir d'ici, la fin des lignes fait défaut.

paiez, et mesmement sur la recepte du subside du dyocese de Touraine, en prenant du dit Boucicaut............ ... que ainsi li aurez paié; pour les quelles rapportant avec noz autres lettres et celles de nostre dit tresorier et ces presentes [1]............ et de ceulx à qui il appartendra et rabatu de vostre recepte senz contredit par les gens.......... ordenences, mandemens ou deffenses faites ou à faire par nous au contraire.........., l'an de grace mil ccc cinquante et six.

XXIII

Mandement de Nicolas Odde, receveur général, ordonnant de payer 1,500 livres à Jean Boucicaut, pour la défense du château de Lusignan.

25 juin 1356.

Nicolas Odde, receveur general pour le roy, nostre sire, deça la riviere de Loire et en toute la Languedoc, à Jehan Guerineau, commis et deputé de par monseigneur le conte de Poitiers à recevoir les subsides, disiemes, imposicions, gabelles, receptes ordinaires et extraordinaires, ès parties de Xantonge, Poitou, Pierregort, Limosin, Touraine et Anjou deça la dicte riviere de Loire, pour et ou nom de nous, salut. Monsr le conte de Poitiers, lieutenant dudit seigneur ès dictes parties, nous a mandé par ses lettres, les quelles nous vous envoions avec ces presentes cousues souz nostre signet, que nous assignissons noble homme messire Jehan le Mangre, dit Boucicaut, sur les subsides du dyocèse de Touraine de vostre recepte, de mil cinq cens livres tournois pour la garde et deffense du chastel de Lisignan pour six mois prouchainement venans, comme ès dites lettres de mon dit seigneur le conte est plus à plain contenu; par vertu des quelles lettres nous vous mandons, que ladicte assigna-

---

1. A partir d'ici, le commencement des lignes, presque jusqu'à la moitié, manque également.

— 285 —

cion vous faciez en accomplissant les lettres de mondit seigneur de point en point selon leur fourme et teneur. Et par rapportant ces presentes et lettres de recongnoissance dudit mons^r Boucicaut avec les dictes lettres de mon dit seigneur de Poitiers, nous vous alloerons la dicte somme en vos comptes et rabatrons de vostre recepte sanz difficulté aucune. Donné à Bourges en Berry, souz nostre seel, le xxve jour de juing, l'an mil ccc cinquante et six. N. ODDE.

XXIV

Mandement de Jean de France, comte de Poitiers, lieutenant du roi, ordonnant de payer à Martelet du Mesnil les gages de quatre hommes d'armes et huit sergents de pied, pour la garde du château de Poitiers.

1356.

Jehan, filz du roy de France, conte de Poitou, lieutenant de monseigneur ès pays par deça la riviere de Loire et en toute la lengue d'oc, à [Jehan Guerineau][1] nostre receveur general du subside, imposicions, gabelles, disiemes et autres finances à nous appartenanz pour nostre fait ès pays de Tour[aine et Anjou deça la][2] dicte riviere de Loire, Poitou, Xanctonge, Engoumois, Pierregort et Lymosin, salut. Nous, pour la garde et service de nostre chastel de Poictiers, [voulons] que nostre amé escuier Martelet du Mesnil, chastellain de nostre dit chastel, ait et tiengne en icelui quatre hommes d'armes et huit sergenz de pié..... ordenez de nouvel. Si vous mandons, de par monseigneur et de par nous, que, leur monstre receue ainsi comme il appartient, vous, au dit Martelet [du Mesnil], paiez et delivrez, des deniers de vostre recepte dessus dicte, les diz gages, pour les quatre hommes d'armes et huit sergenz dessusd., dès le........ passé, auquel jour quant ad ce commença nostre

---

1-2. La fin des lignes manque. La fin de la première ligne a paru pouvoir être rétablie avec les deux pièces précédentes et la suivante, et la fin de la seconde ligne avec la pièce précédente.

ieutenance, et depuis lequel jour il y ha continuelment tenus les dictes gens...... et si comme nous sommes acertenez ; et ainssi lui faites ledit paiement d'or en avant, se vous n'avez de nous mandement exprès au....... ces presentes et letres de quictance dudit Martelet de ce que ainsi lui aurez paié, nous le voulons et mandons estre all [oé]..... recepte senz contredit, par ceux à qui il appartiendra, non obstant que ancor n'en aient fait monstre et qu'il ne...... que darierement avez emporté et vous ha esté baillée par les gens de nostre conseil, non obstant aussi que ceste assignacion a.......... nostre tresor, ordenances ou deffenses faites sur ce par les superintendanz ne autres quelconques à ce contraires. Donné..... l'an de grace mil ccc cinquante et six, soubz le seel de nostre secretaire.

Par monseigneur le lieutenant en son conseil, où qu'il estoient monseigneur de Montmorency et plusieurs autres. J. Locu.

XXV

Quittance des gages de la garnison du château de Poitiers, donnée par Martelet du Mesnil, châtelain de Poitiers.

27 juillet 1356.

Sachent tuit que je, Martelet du Mesnyl, escuyer, chastellain de Poictiers, confesse avoir eu et receu de honnorable homme et sage Jehan Garinea, receveur general du subside, imposicions, gabelles, disiemes et autres finances, appartenans pour le fait de noble prince mons^r le conte de Poictiers, lieutenant du roy, nostre sire, ès païs de Touraine, Anjou et par deça la riviere de Loire, Poictou, Xanctonge, Engomois, Pierregort et Limosin, pour les gaiges de quatre hommes d'armes et huit sergens de pié, qui ont servi et demouré à la garde dudit chastel, pour les mois d'avril, may et juing d[ernier] passez, treze vins deux livres dix souls ; des quiex XIII^{xx} II l. x s. t, je me tiens pour bien paié et contens, et en quipte le roy, nostre sire, [le] receveur et touz autres à qui quiptance en puet et doit apartenir. Donné souz mon scel, le xxvii° jour de juillet, l'an mil ccc cin[quante] et six.

XXVI

Quittance de neuf livres sept sols, donnée par Jean Turpin, pour ses gages et ceux de deux écuyers de sa compagnie, à Poitiers.

24 octobre 1356.

Sachent tuit que je, Jehan Turpin, ay eu et receu de Jehan Chauvel, tresorier des guerres du roy, nostre sire, par la main de Maciot de Meny, son clert et lieu tenant, en prest sur les gaiges de moy et deux autres escuiers de ma compaignie, desservis et à desservir en ces presentes guerres, sous le gouvernement de monseigneur de Hangest, capitaine pour le roy, nostre sire, ès parties de Poictou et de Xaintonge [1], la somme de neuf livres sept solz six deniers tournois ; desquelles ix$^{l.}$ vii$^{s.}$ vi$^{d.}$ tournois je me tiens pour bien paiez. Donné à Poitiers, souz mon scel, le xxiiii° jour d'octobre, l'an mil ccc lvi.

XXVII

Quittance de Bertrand de Tarride, sénéchal de Rouergue et de Quercy, pour les gages de sa compagnie sous les ordres du comte de Poitiers.

12 août 1358.

Sachent tuit que nous Bertran de Tarride, sire de Xenneville, seneschal de Roergue et de Quercin, avons eu et receu de Jaques Lempereur, tresorier des guerres du roy,

---

1. Jean de Hangest fut envoyé à Poitiers avec cent lances par le dauphin Charles quelques jours seulement après la funeste bataille de Maupertuis (19 sept. 1356), et en reçut la charge de capitaine général en Poitou et en Saintonge (t. XVII, p. xxv).

nostre sire, en prest sur les gaiges de nous et des gens d'armes de nostre compaignie, desservis et à desservir soubz monseigneur le conte de Poitiers, filz et lieutenant [1] du dit sieur ès parties de la langue d'oc, la somme de quarante six escus d'or, dont nous nous tenons à bien paiez. Donné soubz nostre scel, le XIIe jour d'aoust, l'an mil CCC LVIII.

XXVIII

Mandement d'Olivier de Clisson, lieutenant du roi, pour faire payer leurs gages à divers capitaines et à leurs compagnies, réunis sous ses ordres pour porter secours au château de Moncontour, assiégé par les Anglais.

5 septembre 1371.

Olivier, sire de Cliçon et de Belleville, lieutenant du roy, mon seigneur, ès parties des Basses Marchez [2], à notre amé Jehan Lemercier, tresorier des guerres du roy [3], mon dit seigneur, ou à son lieutenant, salut. Nous vous mandons et commandons, que, aux gens d'armes et archiers cy dessoubz nommez, les quiex nous avons retenuz par mandement du roy, mon dit seigneur, pour aler en notre compaignie essaier à reconforter la forteresse de Moncontour, là où les ennemis du roy, mon dit seigneur, sont à siege à present, vous baillez et delivrez les sommes de deniers cy dessoubz desclairiez. C'est assavoir, au connestable de France, sur les gaiges des gens d'armes qu'il a amenez en sa compaignie, pour le dit voyage, oultre la charge qu'il avoit par avant du roy, mon dit seigneur, douze cens frans d'or ; à messire Jehan de Malestroit, chevalier, sur les gaiges de lui, IX autres chevaliers et hescuiers, cinq

---

1. Jean, comte de Poitiers, fut créé lieutenant général du Languedoc, le 14 décembre 1357, par lettres de son frère Charles, régent du royaume (t. XVII, p. 238).
2. Olivier IV de Clisson. Voir dans le t. XIX, p. 130 n., la notice qui lui est consacrée.
3. Plusieurs fois mentionné dans le t. XIX. (Voir la table.)

cens vint cinq frans d'or ; à messire Pierre de la Gresille¹, sur les gaiges de lui, xiiii autres chevaliers et lxiii escuiers, six cens quatre vins dix sept frans d'or; à Jehan de Cuilly, sur les gaiges de lui et xv autres escuiers, six vins frans d'or ; à messire Jehan Cerpillon, chevalier, sur les gaiges de lui, ii autres chevaliers et xxi escuiers, deux cens deux frans d'or et demi ; au gouverneur de Blois, sur les gaiges de lui, vii chevaliers et xlvii escuiers, quatre vins frans d'or ; à Gieffroy Berthelemi, escuier, sur les gaiges de lui, i chevalier et xxv escuiers, deux cens dix frans ; à Guillaume de Crespelle, escuier, sur les gaiges de lui et xi autres escuiers, quatre vins dix frans; à messire Gieffroy de Karrimel ², chevalier, sur les gaiges de lui et xl escuiers, soixante frans d'or; à Jehan de Karalouet ³, escuier, sur les gaiges de xlv escuiers, six vins frans ; à Jacob Lalain, escuier, sur les gaiges de lui et de lxvi escuiers, six vins frans, en prenant lettre de recongnoissance de ce que baillé leur aurez ; par lesquelles rapportant avec cest present mandement tant seulement, tout ce que ainsi baillé leur aurez sera alloué en voz comptes, non obstant qu'il ne vous appere de leurs monstres, car nous certiffions en notre loyauté avoir veu les dites gens d'armes montez et armés soufisamment. En tesmoing de laquelle chose, nous avons scellé ces lettres de notre propre scel, faites et données à Saumur, le vᵉ jour de septembre, l'an mil ccclx et onze ⁴.

XXIX

Mandement des maréchaux de France au trésorier des guerres du

---

1. Deux fois mentionné dans le t. XIX. (Voir la table.) Le présent document confirme qu'il appartenait à l'armée de secours.
2. Voir dans le t. XIX, p. 278 n., la notice qui lui est consacrée.
3. Voir dans le t. XIX, p. 72 n., la notice qui lui est consacrée.
4. M. de la Fontenelle de Vaudoré avait connu cette pièce et s'en était servi, sans en donner le texte, pour son *Histoire d'Olivier de Clisson* (t. I, p. 122).

roi, de payer à Jean Cornillau ses gages et ceux des gens d'armes de sa chambre.

15 août 1386.

Les mareschaux de France au tresorier des guerres du roy, nostre sire, ou à son lieutenant, salut. Nous vous envoions, atachée soubz nostre seel commun, la monstre de Jehan Cornillau, escuier, de deux chevaliers bacheliers, et de doze autres escuiers de sa chambre, receue à Poitiers, le quinziesme jour d'aoust, l'an mil ccc iiii^{xx} et six, pour servir aux gaiges du roy, nostre dit sire, en ces presentes guerres, ès parties de Guienne ou ailleurs, en la compaignie et soubz le gouvernement de nous Loys de Sancerre, mareschal de France, montez et armez suffisamment. Si vous mandons que, au dit Jehan, des gaiges de lui et des dictes gens d'armes de sa dicte chambre, vous faictes prest, compte et paiement, en la manere qu'il appartient. Donné soubz notredit seel, au lieu, le jour et l'an dessus diz.

XXX

Mandement des maréchaux de France à Jehan le Flament, trésorier des guerres du roi, de payer à Jehan de Cremaut ses gages et ceux des gens de sa chambre.

20 mars 1387.

Les mareschaulx de France [à] m^{re} Jehan le Flament [1], tresorier des guerres du roy, nostre seigneur, ou à son lieutenant, salut. Nous vous envoions, atachée soubz nostre scel commun de la mareschaucie, la reveue de messire Jehan de Cremaut [2], escuier, de un chevaler bacheler et dix huit escuiers de sa chambre, montez et armez souffisans pour servir aux gaiges du roy, nostre dit seigneur, en

---

1. Mentionné dans le t. XIX, p. 136 n.
2. Dans le t. XIX, p. 356, un Jean de Cramaud est seigneur de la Chapelle-Belloin.

ses guerres ès parties de Guienne, soubz le gouvernement de nous Loys de Sancere, mareschal de France, receue a Niort le xxᵉ jour de mars, l'an mil cccɴɴɴˣˣ et six ; et vous mandons, que [au dit] mʳᵉ Jehan de Cremaut, des gaiges de luy et des dits gens d'armes de sa dicte chambre, vous faictes [prest, compte et paiement], en la maniere qu'il appartendra. Donné au dit lieu, soubz nostre dit scel, l'an et jour dessus diz.

X

RÉPARATIONS OU TRAVAUX A DIVERS CHATEAUX DU POITOU.
1349-1577.

1

Etat relatif à certaines réparations faites au château de Poitiers par ordre de Guy Turpin de Crissé, lieutenant de Poitou. (Parch., copie du temps détachée d'un registre; Arch. de la Vienne, F 1.)

25 août 1349.

Ceu sont mises et despenz, faiz pour cause de pluseurs ouvrages et reparacions, qui ont esté faiz fere en la sale de Poictiers, du commandement de nous, Guy Turpin, sire de Crissé, chevalier, lieutenant de Poictou, et poiez de nostre dit commandement par nostre amé Phelippe Gilier, receveur de la dicte senechaucie, aus personnes ci dessouz contenues.

A Guillaume Bertin et Aymeri Baujart, recouvreurs, pour vi journées qu'il vacqueret pour repeiller plusieurs fautes de couverture en la dicte sale et ès maisons de environ, c'est assavoir ou balet par où l'on montet en la tour de Mauberjon en la chambre au senechal et ès appentiz devers la cisterne, et pour cheville et clou à ce necessaires, xxxii s..

Item, pour les jornées de vi charpenters, qui appeillerent les portes de la dicte sale et firent fenestres en ycelle et en la tour, à chascun par jour II s. valant XII s..

Item, pour diz paumelles et quatre gons, XIIII s..

Item, pour cinq claveures et cinq clez, et pour les clous à ce necessaires, XXXV s. VI d..

Item, pour chevilles de bois necessaires à couvrir la dicte sale, X d..

Somme, IIII livres XIII s. IIII d..

Laquelle somme nous voulons estre allouée, ès comptes du dit receveur rabatre de sa recepte.

Donné à Poictiers, le XXVe jour de aoust, l'an mil CCC XL et neuf, souz le scel de la senechaucie de Poictou.

II

Etat relatif à certaines réparations faites au château de Poitiers par ordre de Jean Robin, maître des œuvres du roi en Poitou ; quittance des ouvriers. (Orig. parch.; Arch. des Deux-Sèvres, E. suppl., Poitiers.)

6 mai 1471.

S'ensuivent les reparacions qui ont esté faictes on chastel de Poictiers par le commandement et ordonnance de Jehan Robin, maistre des œuvres du roy, nostre sire, en Poictou [1], pour carreler les chambres et salles du chasteau de Poictiers, lesquelles estoient très necessaires estre faictes.

Et premierement, à Jehan Durant, charpentier, pour cinq brasses de planchon mises en la salle du meilleu du dict chasteau, à cinq solz tournoiz la brasse, que aussi pour ses paines pour l'avoir assis, vallent la somme de vingt cinq solz tournoiz ; pour ce, XXV s. t..

Au dict charpentier, pour une journée qu'il a vacqué

---

1. Le *Nouveau Dictionnaire des Architectes français* de M. Bauchal ne mentionne pas Jean Robin.

pour assortir les soliveaux du planché de la dicte salle, III s. IX d. t..

A François Ganeau, macson, pour avoir assis une marche en la croisée de la salle du meilleu du dict chasteau, que pour l'avoir taillée et pour avoir macsonné dessoubz la trayne de la dicte salle, où il y a vacqué trois journées, chascune journée à III solz IX deniers tournoiz [1], vallent le tout XI solz III deniers tournoiz; et pour XII chevilles de fer mises on dict planché de la dicte salle, XX deniers tournoiz; pour ce, pour tout, XII s. XI d. t..

Item à Jehan Giraud, carreleur, pour avoir reparé de carreau la salle du meilleu du dict chasteau, la chambre où demoure le lieutenant du dict chasteau, la salle de beau retrait, la chambre de beau retraict et la chambre haulte de la grousse tour, et avoir nethié les achenaulx du pavaillon, où il y a vacqué treze journées pour faire et reparer les dictes chouses, pour chascune journée trois solz neuf deniers tournoiz, vallent la somme de XLVIII s. IX d. t..

Et pour son meneuvre, qu'il a servy et nethié les dictes chambres et gecté les ordures estant ès icelles, où il y a vacqué sept journées, au pris chascune journée de deux solz six deniers tournois, vallent les dictes VII journées XVII s. VI d..

A luy, pour seze cens de carreau, lesquels ont estez mis et emploiez à carreler les dictes chambres, à ving solz tournoiz le millier, vallent le tout XXXII s. t..

A luy, pour une pipe et une solme de chau, qui a esté mise et emploiée à assoir les diz carreaulx, x s. t..

Au dict carreleur, pour XIIII solmes de sable, qui ont

---

[1]. A Niort, en 1487-1488, « les ouvriers les plus habiles étaient payés 4 sols 7 deniers par jour, et les maçons un peu moins capables ne gagnaient que 3 sols 4 deniers. » (Doinel, *Le Compte de Geoffroy Faifeu, receveur de la ville de Niort en 1487-1488*, apud *Mémoires de la Société de Statistique des Deux-Sèvres*, 2ᵉ série, t. XIII, p. 309.)

esté mis et emploiez à carreler les dictes chambres, pour chascune solme cinq deniers, vallent v s. x d..

Je Jehan Robin, maistre des euvres pour le roy, nostre sire, en Poictou, certiffie à messieurs des comptes du roy, nostre sire, et à tous à qui il appartiendra, que les reparacions cy-dessus escriptes estoient très necessaires estre faictes on chasteau de Poictiers, et icelles avoir esté faictes et parfaictes au prouffit du roy, nostre dict sire, et les chau, sable, carreau, planchon et autres chouses cy-dessus nommées avoir esté mises et emploiées ainsi que cy-dessus est dit et declayré, et par mon ordonnance et commandement. En tesmoing de ce, j'ay signé ceste presente certiffication de mon seing manuel et seellé de mon seel, le six^{me} jour de may, l'an mil cccc soixante et unze. J. ROBIN.

Nous Jehan Durant, charpentier, François Ganeau, macson, et Jehan Giraud, carreleur, demourans à Poictiers, confessons avoir eu et receu de Estienne Delouvey, receveur ordinayre pour le roy, nostre sire, en Poictou, la somme de sept livres quinze solz neuf deniers tournoiz; assavoir est, moy dict Durant, la somme de xxviii s. ix d. tournoiz, qui deue m'estoit, tant pour avoir baillé et livré le planchon cy-dessus en ce present roole declaré, que pour mes journées d'avoir vacqué à asseoir le dict planchon et à assortir les soliveaux du planché de la dicte salle du chasteau de Poictiers; moy dict Ganeau, la somme de xii s. xi d. tournoiz, tant pour avoir assis une marche de la croisée de la salle du millieu du dict chasteau, aussi avoir baillé xii chevilles de fer, que pour mes journées; moy dict Jehan Giraud, carreleur, la somme de cxiiii s. i d. tournoiz, qui deue m'estoit, tant pour moy que pour mon maneuvre, d'avoir fait et fourny le carreau, chau, sable et autres chouses de mon mestier cy-devant declarées; desquelles sommes dessus dictes nous tenons pour contens et bien paiez, et en avons quicté et quictons le roy, nostre dict sire, le dict receveur et tous autres, par ceste presente quictance, que nous avons fait signer à nostre requeste aux notaires cy-dessous escriptz, et fait seeller du contreseel du seel estably aux contractz à Poictiers pour le dict sire, le xxiiie jour de may, l'an mil cccc soixante et unze. BEPERPIROLLE, à la requeste des diz Durant, Ganeau et Giraud. DANIEL, à la requeste des diz Durant, Ganeau et Giraud.

III

Etat relatif à certaines réparations faites au château de Niort par ordre de Pierre de Pontbriand, capitaine dudit château. (Orig. parch.; Arch. des Deux-Sèvres, E. suppl., Niort.)

12 mars 1494.

Sensuyvant les reparacions qui estoyent très neccessaires estre faictes on chasteau de Nyort, et lesquelles ont esté faictes par l'ordonnance et commandement de Pierre de Pontbryand, escuyer, eschansson du roy, nostre sire, et cappitayne du dict chasteau de Nyort [1], et par les parsonnes cy emprès nommées.

---

1. Dans son second *Extrait des matériaux inédits recueillis pour une histoire de la commune de Niort, — Commentaires sur les comptes rendus par les receveurs de la commune de Niort pour les années 1487-1488 et 1490-1491,* — Apollin Briquet a cité divers textes relatifs à Pierre de Pontbriand :

« Autre mise et despence faite par le dit receveur pour noble et « puissant Pierre de Pontbrient, cappitaine du chasteau du dit « Nyort, à sa venue, quand il vint prendre possession de la dite « cappitainie, fut le xxiie jour du dit moys d'octobre, l'an susdit mil « iiiic iiiixx et sept.

« Premier, pour la despence du dit cappitaine, ses gens, chevaux « pour deux journées en la maison et houstellerie de la Teste « Noyre, la somme de vi livres xi sous vi deniers.....

« Item, fut achapté et payé par le dit receveur...... du poisson « pour donner au dit cappitaine, pour la somme de xlv sous.

« Item, en vin prins chez Jehan Guilloteau, qui fut porté au « chasteau pour le dit cappitaine, vii sous vi deniers.

« Item..... la somme de xv sous pour troys pintes d'ypocras, qui « furent données au dit de Pontbrient, capitaine susdit. » (Cf. Doinel, *Le Compte de Geoffroy Faifeu, receveur de la ville de Niort en 1487-1488, apud Mém. de la Soc. de Statistique,* 2e série, t. XIII, p. 309-310 et 330-331.)

Apollin Briquet ajoutait : « Ces articles nous révèlent le nom d'un

Et premierement, à Jehan Basty, menuzier, la somme de quarente et cinq solz tournoiz, qui deue luy estoyt pour avoir fait au dict chasteau ung oustevent [1] en la grant chambre de la tour estans devers la ville, avecques une porte. Pour ce, icy XLV s. t..

A luy, la somme de soixante et dix solz tournoiz, pour avoir fait ung banc tourniz pour le dict chasteau de neuf piez et demy de long ou environ, avecques une table et deux treteaux et deux escabeaux. Pour ce, icy LXX s. t..

Au dict Basty, la somme de soixante et dix solz tournoiz, pour avoir fait ung dressouer pour le dict chasteau et fourny de tout boys, où il y a quatre armaises, qui est pour la dicte grant chambre du dict chasteau. Pour ce, icy LXX s. t..

A Mathurin Caradieu, sayrurier [2], la somme de soixante six solz troys deniers tournoiz, pour avoir fait au pont levys de Foulcault deux grans lyens de fer, et une claveure

---

capitaine du château de Niort qui, jusqu'à ce jour, était resté inconnu. Ils nous font connaître la date précise de la prise de possession de cette capitainerie par Pierre de Pontbryand. Déjà, cependant, j'avais appris l'existence de ce capitaine par la lecture d'une charte datée du 12 mars 1493, relative à des réparations faites au château de Niort et signée de Pontbryand. Cette charte fait partie de ma collection particulière. » (C'est ce document, passé depuis aux Archives départementales, que nous publions aujourd'hui.)

« Pierre de Pontbryand, écuyer, échanson du roi, devint, en 1494, premier échanson du dauphin Charles-Orland, fils de Charles VIII et d'Anne de Bretagne. Je crois qu'il mourut avant le 1ᵉʳ octobre 1495, car, à cette époque, on ne le retrouve plus dans la liste des officiers du roi et du dauphin. Quoi qu'il en soit, nous avons la preuve acquise, par des titres incontestables, que Pierre de Pontbryand commanda le château de Niort depuis le 17 octobre 1487 jusqu'au 12 mars 1493. » (Apollin Briquet, apud *Mémoires de la Société de Statistique des Deux-Sèvres*, 1ʳᵉ série, t. IX, p. 32-33.)

1. « En la grande salle haulte (de l'hôtel de ville de Niort), la porte de l'entrée d'icelle à draperie, ung *haultevent*, qui aura troys piedz au-dessus la dite porte. » (Adjudication des travaux de menuiserie à faire à l'hôtel de ville de Niort, 22 juin 1535, apud Archives de la ville de Niort, registre n° 335, p. 18.)

2. De 1535 à 1538, on trouve à Niort un serrurier du nom de Carradeux, aliàs Carradoux, exécutant divers travaux pour la maison de ville. (Archives de la ville de Niort, registre n° 335. Cf. *Bull. de la Soc. de Stat. des Deux-Sèvres*, avril-juin 1885, p. 79-80.)

bernardine avecques la clef à la porte par laquelle l'on sault au port de Nyort, et auxi pour avoir abillé les chaynes des pons levys du dict chasteau et plusieurs careilz, loquez, ardivelles, gons et paumelles en icelluy chasteau. Pour ce, icy LXVI s. III d. t..

A luy, la somme de dix et sept solz six deniers tournoiz, pour avoir fait ung lyen au pont levys du dict chasteau estant devers la ville, et pour avoir ferré l'oustevent que a fait le menuzier cy davant nommé. Pour ce, icy XVII s. VI d. t..

Au dict Caradieu, la somme de quarente et cinq solz tournoiz, pour avoir ferré le dressouer dont cy davant est faicte mencion en la partye du dict menuzier. Pour ce, icy XLV s. t..

A icelluy Mathurin Caradieu, la somme de vingt et six solz six deniers tournoiz, pour avoir baillé ung madrier de quatre piés de long et d'ung pié de large, neccessayre pour le petit huysset de la premiere porte de la basse court par où l'on entre ou dict chasteau, et pour reffayre la claveure et muer les gardes et les crampons et une clef pour le dict huysset, et pour deux journées d'ung charpentier, qui a habillé le dict huysset, et pour avoir fait dix verges de fer, qui tiennent les verrynes de la chambre dessus dicte et de la salle et garde-robbe, que auxi pour demye douzenne de chevilles de fer pour couldre le dict madrier. Pour ce, icy XXVI s. VI d. t..

A André de Cran, vitrier, la somme de soixante et dix solz tournoiz, pour avoir fourny pour le dict chasteau dix huyt piez de verre blanc tout plain et neuf autres piez, tant en la tour estant devers la hasle de Nyort que en la salle du dict chasteau, que auxi pour avoir rabillé plusieurs autres vitres estans du dict chasteau. Pour ce, icy LXX s. t..

Je Pierre de Pontbryand, escuyer, eschansson du roy, nostre sire, et cappitayne du chasteau de Nyort, certiffie à messeigneurs des comptes du roy, nostre sire, à Paris, et à tous à qui il appartiendra, que les repparacions faictes ou dict chasteau de Nyort par Jehan Basty, Mathurin Caradieu et André de Cran, cy davant nommés, montens emsemble la somme de vingt livres dix solz troys deniers tournoiz, estoyent très necessayres estre faictes ou dict chasteau, et icelles avoir esté, par mon ordonnance et commandement, bien et proffitablement faictes et parfaictes au prouffit du roy, nostre dict sire, par les dessus diz. En tesmoing[nage] de verité, j'ai signé ces presentes de ma main et seellées du seel de mes armes, le xiie jour de mars, l'an mil quatre cens quatre vings et treze. PIERRE DE PONTBRYAND [1].

IV

Marché pour certaines réparations au château de Chizé. (Protoc. orig. de Mullot, notaire à Niort.)

21 juillet 1571.

Sachent etc... ont esté personnellement establiz et duhement soubzmys hault et puyssant messire Jehan de Beauquayre, seigneur de Puygillon, chevallier de l'ordre du roy, general superintendant des finances de la royne d'Escosse, douayriere de France, comtesse de Poictou, m[e] Guillaume Le Parchemynier, seigneur de la Landoyne, conseillier du roy, nostre sire, son secretaire en ses finances et de la dite dame, maistre Jacques de Breullat, conseiller du roy, nostre sire, lieutenant criminel au siege presidial de Poictiers, m[e] Jacques Laurens, s[r] de la Chaignée, conseillier du roy, nostre sire, lieutenant general au siege du dit Nyort, lesditz hault et puissant sires Le Parchemynier et de Breullat de present en ceste dite ville, et Pierre Fouasseau, marchant, demeurant à Chizé, d'autre part.

---

1. La fin de la pièce, contenant, selon toute vraisemblance, les quittances du menuisier, du serrurier et du vitrier susdits, a été déchirée.

Entre lesquelles partyes a esté faict le marché et accord qui s'ensuyt. Scavoyr est, que le dit Fouasseau sera tenu, et a promys, fayre bien et convenablement quatre murailles sur la douhe du chateau de Chizé, deux d'icelles de longueur de trente six piedz et les deux autres de dix huict piedz de largeur, et de haulteur de doze pieds hors de terre, sans comprandre ès la dite haulteur les fondemans qu'il conviendra pour les dites murailles, sur lesquelles le dit Fouasseau sera tenu fayre ung chappeau ou les couvrir de pierres plattes, et de faire les quatre coings de pierres de taille à cartiers. Oultre, sera tenu fayre une porte de pierre de taille, un pont de boys avecques sa ferrure et serrusre et en retirer la clef, le tout à ses despens. Et auront les dictes murailles deux piedz d'espesseur, à mortyer et de matiere scellon qu'on a acoustumé fayre, en suyvant le devis qui en a esté faict en presence du dit Fouasseau. Oultre, sera tenu icelluy dit Fouasseau reparer et remettre en bon estat le four et parquet du dict Chizé comme s'ensuyt. Reparer la chemynée du dit four avecques corbeaux et pierres necessayres, qui seront assis sur pilliers de pierre de taille, sur bon fondement, en amortissant soubz les sandryers de la dite chemynée; fayre ung arseau de pierre de taille pour suporter la cime de la dite cheminée; reffaire la dite cime de ce qu'il sera besoing; reparer le tablyer et le devant de la gueulle du dit four ; fayre une brasse de pavé devant et au bas de la dite gueulle du four, et aplanir le total du fournil pour le rendre esgal au dit pavé; mettre à l'estaige du dit four deux traymes, que le dit Fouasseau prendra au dessus du dit estage, et les garnira de solliveaux neufz, o la charge qu'il prandra la vieille deffaicte, et auront les ditz solliveaux six pouces en carré, et seront mys iceulx tant plain que vuides, lequel estage sera garny, par le bas et par le hault, de plastre, de maniere que le boys ne perisse. Sera oultre tenu le dit Fouasseau remectre les chesres de juge, tablyer de greffyer, bancz et barreaux comme ilz estoyent auparavant et en bon estat, et s'il en deffault de quelque chose, des meilleures estoffes les rendant faictes de neuf. Sera tenu oultre le dit Fouasseau faire couvrir le dit parquet de tuile creuse, dont il fournira, ensemble de cherpente, lattes, boys et autres choses necessayres et rendant le tout prest et en bon estat, aussy faire les portes, fenestres, tant de boys, pierres, ferrures que serrures, et blanchir en gros le dit parquet par dessus les sieges d'icelluy du parquet. Et, moyennant ce, le dit Fouasseau se pourra ayder d'ouvriers jusques au nombre de quinze, pour fayre et parfayre les ditz bastimens. Et pourra prendre le dit Fouasseau comme dessus la deffaicte, et le surplus des boys qui sera necessaire le prandra en la fourest du dit Chizé, par marque et par la main des officiers. Et pour fayre, parfayre et rendre prest tout ce que dessus, sera baillé et delivré au dit Fouasseau la somme de troys cens vingt cinq livres tournoys, qui luy seront payez et deduictes sur le reste de ce qu'il doibt pour le restant de son compte, escheuz de la saint Jehan Baptiste de l'année mil v^e soixante et dix, rapportant le present acte et certiffication de l'ouvrage avoir esté bien et dehuement fait par expers, en la presence des officiers du dit Chizé ; et par chascung d'eulx sera la dite somme de troys cens vingt cincq livres tournoys deduicte de l'année au dit Fouasseau comme dessus. Et sera tenu le dit Fouasseau de rendre faicte et parfaicte la dicte besoigne bien et dehuement, dedans le jour de la feste de Noel prochainement venant. Et desormays ne pourront les fourniers mettre les fagotz, tant vers que secz, ne autres boys, dessus la voulte du dit four, ne autres endroicts que au lieu destiné pour mettre les dictz fagotz, qui leur sera signiffié par le dit Fouasseau. Ce que les dictes parties respectives ont stipullé etc... à Nyort, le xxie jour de juillet l'an mil v^e soixante et unze. DE BEAUQUERE. LE PARCHEMYNIER. DE BREILHAC. J. LAURENS. FOUACEAU. GENYEAU. MULLOT.

V

Mandement de François de Barbezières, seigneur de Chemerault, à Berthélemy Delavau, receveur des tailles de Poitiers, de payer mille livres tournois à Vincent Bernier, entrepreneur de la démolition du château de Lusignan. (Orig. parch. ; Biblioth. de Rouen, fonds Martainville.)

9 mars 1577.

François de Barbezieres, seigneur de Chemerault, chevalier de l'ordre du roy, capitaine de cinquante hommes d'armes de ses ordonnances et son chambellan ordinaire, à m^e Berthelemy Delavau, receveur des tailles de Poictiers, commis à fere la recepte des deniers destinez pour la demolition de la forteresse de Lusignen, salut. Nous vous mendons, par ces presentes, paier, bailler et delivrer comptant à Vincent Bernier, maistre cherpentier, entrepreneur à faire la dicte demolition, la somme de mil livres tz de deniers pour ce destinez, affin qu'il parachevé la dicte demolition scellon le voulloir et intention de Sa Majesté ; et en rapportant ces presentes et quictance dudit Bernier sur ce suffisante, la dicte somme de M vous sera passée et allouée en voz comptes par tout où il appartiendra. Donné a Poictiers, soubz nostre seing et scel de noz armes, le neufiesme jour de mars, l'an mil cinq cens soixante dix sept. CHEMERAULT.

XI

Extrait vidimé du testament de Marie Goyzonne, femme de maître Guillaume Janvre, sage en droit, en date du 29 mai 1364, portant fondation de trois chapellenies, dont deux en l'église Saint-Léger de Saint-Maixent, et l'autre en l'église de Thorigné. (Copie du temps, parch. ; Arch. du château de Boissoudan, Deux-Sèvres.)

31 juillet 1365.

A tous ceulx qui ces lettres verront et orront Helies,

archiprebtre de Saint Maixent, salut. Savoir faisons, que nous avons veu et leu le testament ou derriere volunté de fehue Marie Goyzonne, jadis femme de maistre Guillaume [1] Jainvre, sage en droit, soubz le seel establi à Saint Maixent pour nostre seigneur le prince d'Acquitaine et de Gales, dont la date est du xxixe jour de may, l'an mil ccc soixante et quatre, on quel testament sont contenues les clauses qui s'ensuyvent.

Item, ge donne et laisse à la fondation d'une chapellanie perpetuelle, que ge ordonne et fonde à estre desservie après ma mort en l'iglise de Saint Leger de la ville de Saint Maixent, à l'auter de la Magdalene, pour les ames de moy et de mes parents et de mes seigneurs et de mes enfans et de leurs femmes et de tous les bienfaicteurs et amis de moy et d'eulx, les choses qui s'ensuyvent. C'est assavoir, cincquante sols de rente perpetuelle en deners, que me doit chascun an Jehan Boner, clerc, sur ung banc à vendre char, assis entre les bancs de la dicte ville de Saint Maixent, jouxte le banc des hers feu Barthomé Loudun et jouxte le banc de Thomas Sebilea ; et trente sols en deniers de rente, qui me sont dehuz sur la maison que souloit tenir Jehan Roussea, assise en la dicte ville, au quayrefour Toupinea, jouxte la maison de feu Jehan Saugé, et jouxte la maison que tenoit et exploictoit jadis Jehan Casminea, feu ; et vingt et cinq sols de rente, que me devent les heritiers de feu Guillaume Chauveau, de Nantuyl, sur une piece de pré ; et quinze sols de rente perpetuelle, qui me sont dehuz sur une maison que souloit tenir Penon, coutelere, fehue,

---

1. Maître Guillaume Janvre est compris dans la liste des personnes notables qui assistèrent à la prise de possession de la ville de Saint-Maixent par les envoyés du roi d'Angleterre, le 28 septembre 1361. (Procès-verbal de délivrance à Jean Chandos, publié par M. A. Bardonnet.) Son fils, Philippon Janvre, seigneur de Malvault, mentionné un peu plus bas, n'eut qu'une fille, Isabeau, mariée à Jean des Francs. (Note de M. A. Richard.)

assise en la dicte ville de Saint Maixent, en la rue de Saint Martin, jouxte la maison qui fut Pierre Aubert, et devant la maison qui fut Guyot Saugé, feu, la voye entre deux ; et une maison ou harbergement assise en la dicte ville, en Puy Turpin, appellée la sale Geffroy Grosoil, tenant à mon harbergement et à la maison qui fut à la Chenole, avec l'appendiz de la dicte sale, li quielx se tient à la rue et au verger de darrere la dicte sale, en long, tant comme le mur du fenestrage de la dicte sale se estent, et, en large, sept pas. Et pour ce que mon dict seigneur me a donné esperance de faire certenne augmentacion à la dicte chappellenie, tant en rentes anuaux et perpetuels que autrement, ge veil et ordenne que le droit du patronage de la dicte chappellanie soit et demouret perpetuellement à ycelli mon seigneur et à ses hers, de sa char lealment procreés, et aux hers des dicts hers, descendans de leur char successivement, en droite ligne, perpetuellement, c'est assavoir à celli des dicts hers qui representera le her masle ; et, en cas qu'il n'y auroit, en temps avenir, aucun desdicts hers, ge veil que le dict patronage soit et appartiene au curé de la dicte eglise Saint Leger, et aus successeurs du dit mon seigneur qui paieront les rentes et augmentacions qu'il aura fait à la dicte chappellanie.

Item, comme feu Guillaume Arnaut, mon fil, ait autrefoiz ordenné, en son testament ou derriere volunté, que ge haie pour douayre, en tous les biens immeubles qui furent du dit Geffroy Arnaut, son pere, jadis mon seigneur, la tierce partie, et que, de la dicte tierce partie, ge peusse ordenner pour le salut des ames de li et de moy et de sa fehue femme et de ses parents et amis et des personnes dessus dictes, par la forme et maniere que je verroye que à faire seroit, en chappellanies perpetuelles, à desservir en lieux et eglises ou ge verroie que seroit affaire, adcertes, ge, voulans moy descharger de ce en ceste partie jouxte l'ordinacion de li, funde et ordenne deux chappellanies perpetuelles, [lesquelles tantost après ma mort haient leur effect et soient desservies, c'est assavoir, une en la dicte eglise Sainct Leger, à l'auter de Sainct Laurent, et l'autre en l'eglise de Torgnec, à l'auter de Saint Jacques, nouvellement edifié. Laquelle chappellanie, ainxi ordennée en la dicte yglise de Sainct Leger, je funde et dote de sex sexters de seigle, ou d'autre blé en la value de seigle, de rente; de cent soulx en deniers, aussi de rente, qui seront assignéz de rentes non seignorables à moy baillées par les dicts hers du dit feu Guillaume Arnaut, et, si elle ne suffisent, veil qu'il soit parfait des seignorables aussi à moy baillées par les dicts hers; et une maison o son verger, assis en la ville de Saint Maixent, en la rue Saint Martin, où il a ung poiz par davant, jouxte la maison qui fut feu Guyot Saugé. Et veil et ordenne, que le patronage de la dicte chappellanie soit et demoret perpetuellement au dict maistre Guillaume Janvre, monseigneur, et à Phelipon et à Margot, ses enfants, et aus hers de leur char ou de l'un d'eulx successivement, perpetuellement; et, en cas qu'il n'y auroit her de leur char, comme dessus est dit, ge veil qu'il soit à Gilet Saugé et à ses hers et successeurs perpetuellement. Et l'autre chappellanie, ordennée en la dicte yglize de Torgnec, comme dessus est dit, ge fonde et dote d'une piece de terre, contenant deux sexterées ou environ, appellée le champ de la Porte, jouxte enprès de la ville de Torgnec, et d'une autre piece de terre, contenant cincq sexterées de terre ou environ, appellée le Champ Court, autres des dicts biens à moy baillés et assignés pour douaire, comme dit est; item, ung pré assis à Pont Gouhaut, tenant au pré Fin et au pré des hers feu Symon Claret; item, une autre piece de pré tenant au pré Jehan Prevost, de l'Archinbaudere; item, ung marreau de boys, appellé le boys Corolois, tenant à l'arbergement qui fut Thibaut de Conzay et au boys de maistre Pierre Roy, charpenter, separé du boys appellé le boys de Verreres; item, une maison ou harbergement assis ou village de Torgnec, avec ses appartenances de vergiers et cloisons, ou la ferme dehue par raison d'icelli harbergement, à la election de celli ou ceulx qui tenent ou tendront. Et veil et ordenne, que le droit du patronage de la dicte chappellanie fondée en la dicte yglise de Torgnec soit et demoret au dict maistre Guillaume Janvre, mon seigneur, et à ses hers et successeurs perpetuellement, c'est assavoir, à celli ou ceulx qui seront ou demoront en l'omage du dict lieu de l'Arnaudere, ja soit que celli qui ainsi fera le dict homage ait part prenans et part mettans ou parsonners o soy. Et veil et ordenne, que, si ge n'avoie ordenné en ma vie des assignacions des dictes rentes de blé et deniers, que le dict mon seigneur ou ses dicts hers le puissent fere. Et, aussi, je veil et declere et ordenne, que, en toutes ces fundacions des troys chappellenyes dessusdictes, ne soient obligés aucuns de mes biens ne de mes heritiers, en aucune manere, fort tant seulement les dictes choses données et assignées. Et veil et ordenne, que chascun des chappellains, qui seront perpetuellement ordenés et institués à desservir les dictes troys chappellanyes, soyent tenuz perpetuellement à chanter messe troys foiz la sepmaine à tout le moins ès dictes chappellenies ; les quelx chappellenyes ge funde et ordenne comme dessus, tant pour le salut de l'ame de moy que des personnes dessusdictes.

En tesmoignage de laquelle vision et lecture, nous avons appousé nostre seel à ces lectres. Donné le derrer jour du moys de juillet, l'an mil III^c sexante et cinq.

XII

Mandement de Charles V au sénéchal d'Anjou et du Maine, de procéder à une enquête sur la demande de Berthelon de la Haye, seigneur de Passavant, tendant à le faire indemniser, aux dépens de

certains rebelles, de dommages éprouvés au service du roi.
(Orig., parch.; Arch. de la Vienne, E² 237.)

14 juillet 1369.

Charles, par la grace de Dieu roys de France, au senechal d'Anjou et du Maine ou à son lieu tenant, salut. Nostre amé et feal Berthelon de la Haye, seigneur de Passavant [1], nous a donné à entendre que, pour le fait de noz guerres, il a esté moult grandement domagié, et que le duc de Guyenne, nostre ennemi, pour ce que le dit seigneur de Passavant n'a voulu tenir sa partie contre nous, a donné là où il li a pleu, ou à lui appliqué, les chastel et chastellenie de Malelievre seans on duchié de Guyenne, qui lui peuvent valoir, par chascun an, troys cens livres de rente ou environ. Et, pour ce, nous a humblement supplié que, en le recompensant de ses domages, nous li vousissiens donner à heritage la terre que Jehan Guichart, tant à cause de lui que de sa femme, qui puet valoir troys cens livres de rente ou environ, tient en la seneschaucie de Touraine, et la terre que Aimeri d'Argenton, chevalier, tient en Anjou, valant aussi trois cens livres de rente ou environ, les quel terres sont à nous confisquiés, pour ce que les dessus diz Guyschart et Aimeri tiennent la partie de nos ennemis, en eulz armant contre nous et noz subgez. Pour quoy nous, voulans estre sur ce plainement acertenez, vous mandons et commettons que, bien et diligemment vous vous enfourmez des pertes et domages, que a eues et soustenues ledit seigneur de Passavant pour le fait de noz dictes guerres, se le dit duc de Guyenne a donné, ou à lui appliqué, ses diz chastel et chastellenie de Malelievre, et aussi combien iceulx chastel et chastellenie, et les terres des diz Guichart et Aymeri, singulierement, puent valoir de rente par an, et l'informacion que faicte aurez sur ce nous

---

1. Voy. dans le tome XVII, p. 393, la notice consacrée à ce personnage.

renvoiez feablement, soubz vostre scel enclose, afin que, icelle veue, nous en puissiens ordoner comme bon nous semblera. Donné à Paris, en nostre hostel de lez Saint-Pol, le xiiii⁰ jour de juillet, l'an de grace mil ccc soixante nuef, et de nostre regne le sisiesme. Par le roy en ses Requestes. J. Douhem [1].

XIII

Quittance donnée par Guillaume Charrier, receveur général des finances, à Henry Blandin, chargé par lui de recevoir l'aide de Poitou, d'une somme de cinq cent quarante-six livres tournois, reçue par Lyonnet de Barbasan, lieutenant du seigneur de Barbasan, capitaine de Lusignan. (Biblioth. de Rouen, fonds Leber.)

8 février 1423.

Sachent tuit que je, Guillaume Charrier, recéveur general de toutes finances, tant en Languedoil comme en Languedoc, confesse avoir eu et receu de Henry Blandin, commis par moy à recevoir l'aide de xxx^m francs octroyé au roy, nostre sire, par les gens des trois estats du païs de Poictou, pour et en lieu des aides qui naguaires souloient avoir cours pour le fait de la guerre, sur ce qu'il peut et pourra devoir, à cause de sa recepte, du second terme du dict aide, la somme de cinq cens quarante six livres tournois, monnoye courant, à present avaluée à la somme vii⁰ iiii^{xx} li. t., monnoye de blancs de vii d. t., naguaires ayant cours pour x d. t. piece, par messire Lyonnet de Barbasan, escuier, lieutenant du seigneur de Barbasan, cappitaine de Lesignen, pour les gaiges de lui, de vint hommes d'armes, et vint hommes de trait, ordonnés à la

---

[1]. Le mois suivant de la même année, c'est-à-dire au mois d'août 1369, on voit le roi donner à Berthelon de la Haye trois cents livrées de terre, à prendre sur les biens de certains partisans des Anglais et sur cinq cents livres de rente antérieurement données à un autre, pour le dédommager de pertes subies à son service. (Voy. tome XVII, p. 393.) Ce don paraît faire suite à la réclamation et à l'enquête mentionnées dans le présent document.

garde, seureté, deffense du dict lieu de Lesignen, pour les gaiges du temps escheu le dernier jour de decembre dernier passé ; de la quelle somme de v^c xlvi l. t. je me tiens pour content, et en quicte le dit Henry Blandin et tous aultre, tesmoing mes signet et signe manuel, cy mis le viiie jour de fevrier, l'an mil cccc vint et trois. Charrier.

XIV

Lettres de Charles vii permettant à l'abbé et au chapitre de Notre-Dame-la-Grande de Poitiers, sur leur demande, de réparer les fortifications de la tour Négreteau, en leur seigneurie de Beaumont. (Orig., parch.; Arch. de la Vienne, G. 1145.)

10 décembre 1434.

Charles, par la grace de Dieu roy de France, à tous ceulx qui ces presentes lectres verront, salut. Oye la supplicacion de noz bien amez les abbé et chapitre de l'eglise Nostre Dame la Grant de la ville de Poictiers, contenant que, outre les autres terres et seigneuries qu'ilz ont, leur compete et appartient la terre et seigneurie de Beaumont, assise ou païs de Poictou, à quatre lieues ou environ de Poictiers, où ilz ont toute justice haulte, moyenne et basse, et autres droiz seigneuriaux, et en laquelle anciennement avoit une belle tour forte, appellée la tour Negreteau, qui, par vieillesse et faulte de reparacions, est en partie cheute et tournée en ruyne, laquelle tour, tant pour la seurté de eulz, de leurs hommes et subgiez et de leurs biens, et pour obvier aux grans dangiers, pilleries et roberies, que les gens d'armes et de trait y ont faict et font chascun jour, les diz supplians ont entencion, voulenté et propoz, à l'aide de leurs diz hommes et subgiez, de faire reparer, fortiffier et emparer, ce qu'ilz n'oseroient faire sans avoir sur ce noz congié et licence, si comme ilz dient en nous humblement requerant que, actendu que ledit lieu est loing de bonnes villes, comme à quatre lieues de

Poictiers et à trois lieues de Chasteleraut, et que ce ne tourne à dommage à nous ne à la chose publique, nous leur vueillons donner et octroyer nosdiz congié et licence, savoir faisons, que nous, ces choses considerées, ayans regard au temps courant, et aux inconveniens qui pourroient avenir aus diz supplians et à leurs diz hommes et subgiez, par deffaulte de ladicte tour non emparée, voulons, et nous plaist, et à iceulz supplians, ou cas dessus dit, avons donné et octroyé, donnons et octroyons, de grace especial, par ces presentes, congié et licence de fermer, clorre, fortiffier et emparer ladicte tour de toutes fortifficacions convenables et neccessaires à forteresse, ou cas toutesvoyes qu'elle ne soit dommagable ne prejudiciable à nous ne à la chose publique, pourveu aussi que les hommes et subgiez d'iceulz supplians audit lieu ne delaissent pourtant à faire le guet et garde ès autres chasteaulx où ilz ont accoustumé de le faire d'ancienneté. Si donnons en mandement, par ces mesmes presentes, au seneschal de Poictou et à tous noz autres justiciers et officiers ou à leurs lieuxtenans, et à chascun d'eulz si comme à lui appartendra, que, de nostre presente grace, congié, licence et octroy, ilz facent, seuffrent et laissent les diz suppliant, ou cas dessusdit, joir et user plainement et paisiblement, en contraignant et faisant contraindre à ce faire et à contribuer au dit emparement tous ceulz qui seront à contraindre, par toutes voyes deues et raisonnables, car ainsi nous plaist-il estre fait, non obstant quelzconques ordonnances, mandemens ou deffenses à ce contraires. En tesmoing de ce, nous avons fait mectre à ces presentes nostre seel ordonné, en l'absence du grant. Donné à Poictiers, le dixiesme jour de decembre, l'an de grace mil cccc trente et quatre et de nostre regne le treziesme. Par le roy, Christofle de Harcourt et messire Hugue de Nouer presens. DE SAVIGNY.

XV

Consentement donné par Charles, comte du Maine, comme seigneur de Melle, à l'érection de la seigneurie de Melzéar en haute justice, conformément à l'accord intervenu entre le roi Charles VII et Pierre Frotier et Prégent, son fils, qui avaient, en échange, abandonné au roi l'hommage qui était dû par la vicomté de la Guerche à leur seigneurie de Preuilly. (Orig., parch., portant un débris du sceau du comte du Maine en cire rouge; Arch. Nat., J. 183, p. 151.)

31 juillet 1452.

Charles, comte du Maine, de Guise, de Mortaing et de Giem, vicomte de Chastellerault et seigneur de Melle, lieutenant general et gouverneur pour monseigneur le roy en ses pays de Languedoc et duchié de Guienne, à tous ceulx qui ces presentes lettres verront, salut. Comme mon dit seigneur le roy ait donné et octroyé à Pierre Frotier et Prigent, son fils, escuiers, leurs hoirs, successeurs et aiant cause, tout droit de justice et juridiction haulte, moienne et basse, avecques l'exercice d'icelle et tout ce qui en deppend, en et sur le fief, terre et seigneurie de Melleziar, appartenances et deppendances d'iceulx, appartenant au dit Pierre Frotier, pour icelle juridiction avoir et tenir de nous, à cause de notre seigneurie de Melle, soubz les foy et hommage, serment de feaulté et autres droiz et devoirs à nous deuz pour raison des dits fief, terre et seignorie de Melleziar, à cause de notre dite seigneurie de Melle et en tout ressort et juridiction d'icelle, pour et en recompense des cession et transport faits à mon dit seigneur le roy par les dits Pierre Frotier et Prigent, son filz, seigneur de Pruilly, des foy et hommage, serement de feaulté, ressort et autres devoirs et redevances quelzconques, qui aus dits Pierre et Prigent Frotiers souloient estre deuz, à cause de la dite seigneurie de Pruilly, en et sur les viconté, terre, seigneurie, chastel et chastellenie de la Guierche, comme ce, et autres choses, peuent plus à plain apparoir par les lettres de mon dit seigneur sur ce faictes, savoir faisons, que, nous, desirans de tout notre povoir obeir et complaire à mon dit seigneur le roy, lequel a voulu et ordonné que donneissons notre consentement aus dites choses, à icelui don et octroy par lui fait du droit de la dicte juridiction haulte, moienne et basse, en la dite terre et seigneurie de Melleziar, et à tout le contenu ès dictes lettres de mon dit seigneur le roy, avons donné et donnons notre consentement par ces presentes; et voulons et nouz consentons expressement, que les ditz Pierre Frotier et Prigent, son filz, leurs hoirs, successeurs et aians cause, joissent et usent doresenavant, ès diz fief, terre et seigneurie de Melleziar, de toute justice et juridiction haulte, moienne et basse, et aient droit d'icelle perpetuelement tenir et exercer, avecques tous les droiz, noblesse, prerogatives et preeminances qui y appartiennent et peuent competer et appartenir, tout selon la forme et teneur que mon dit seigneur le roy leur donne et octroye par ses dictes lettres, pour icelle juridiction avoir et tenir perpetuelment de nous et de noz successeurs en la dicte seigneurie de Melle, soubz les foy et hommage et autres droiz et devoirs, que le dit Pierre Frotier est tenu et a accoustumé de faire à nous et autres seigneurs de la ditte terre de Melle, pour raison des diz fief, terre et seigneurie de Melleziar, sauf, toutesvoies, à nous et à noz successeurs en la dite terre de Melle, le droit du dit hommage, comme dit est, et la souveraineté et ressort des appellations sur la dite terre de Melleziar, avecques lesquelz à nous appartenans en icelle seigneurie de Melleziar, à cause de notre dite seigneurie et chastellenie de Melle, et tout autre tel droit que seigneur feodal et chastelain peut et doit avoir ès lieux qui sont ès fins et mettes de sa chastellenie. Si donnons en mandement à nos amez et feaulx gens de noz comptes et tresorier, aux senechal, chastelain, procureur et autres noz officiers de notre dite seigneurie de Melle, qui à present sont, et qui pour le temps à venir seront, que du contenu en ces presentes, ils facent, seuffrent et laissent joir et user le dit Pierre Frotier et Prigent, son fils, leurs hoirs, successeurs et aians cause, plainement et paisiblement, et tout selon le contenu des dites lettres de don et octroy sur ce fait par mon dit seigneur le roy. En tesmoing de ce, nous avons fait mettre notre seel à ces presentes. Donné à Mehun sur Yèvre, le derrenier jour de juillet, l'an de grace mil quatre cens cinquante deux.

Sur le repli : Dupplicata. Par monseigneur le conte, Huguet de Ville, Aymery de Brizay, maistres d'ostel, et autres presens. DE CHERBEYNE.

XVI

Inventaire dressé au château de Chinon, en vertu d'une commission du roi dont la teneur est reproduite, de la monnaie et de la vaisselle d'or et d'argent ayant appartenu à feu Artus de Boisy, grand maître de France, et se trouvant, tant audit château dont il était capitaine, que dans des coffres rapportés de Montpellier où il était décédé. (Copie [1] du xviie siècle ; Biblioth. de Rouen, fonds Martainville, 2897-2970, Y 102.)

8 juin 1519.

L'an mil cinq cens et dix neuf, le huitieme jour de juin, nous Charles Quynart, conseiller du roy, nostre sire, en son grand conseil, et Guilleaume Sireau, conseiller dudit seigneur, juge et lieutenent general de monsieur le bailly de Touraine, avons receu les lettres pattentes dudit seigneur, données à St Germain en Laye le 29e jour de may dernier passé, à nous adressantes, et desquelles la teneur s'ensuit.

François, par la grace de Dieu roy de France, à nos

---

1. Quelques mots paraissent avoir été mal lus ; d'autres, d'une lecture trop difficile, ont été laissés en blanc par le copiste. Les vides, dans ce cas, ont été remplis d'une autre main, sauf un qui est resté.

amez et feaux maistres Guilleaume Sireau, juge ordinaire de Touraine, et Charles Quynart, nostre conseiller en nostre grant conseil, salut et dilection. Comme puis naguerres nostre cousin le sire de Boisy, grant maistre de France, soit allé de vie à trespas, lequel nostre cousin, en son vivant, nous eust declaré qu'il avoit certaine bonne somme de deniers avecq bonne quantité de vaisselle d'or et d'argent, qu'il avoit mis pour seureté en quelque tour ou chambre secrete ou chasteau de Chinon, dont il estoit capittaine, et saichant l'urgent besoin et necessité, que avons presentement à suporter et conduire pour chose de grosse importance et qui touche et concerne le bien, honneur, seureté et repos de nous, noz royaume, pays, seigneuries et subgets, nous eust, de sondit vivant, offert de nous bailler et prester tout ce qui y estoit, et, davantage, davant sondit trespas ait expressement ordonné que le tout nous fut baillé et deslivré avec ce qu'il pouvoit avoir par devers luy en ses coffres, pour fournir à nostred. affaire, en faisant rembourser ses veuve, enfans et herittiers de ce qui seroit prins, comme la raison le veult, scavoir vous faisons, que nous, pour la constance que avons de vos personnes et de vos sens et loyaultez, vous mandons et commandons expressement que, incontinant et sans delay, vous transportez aud. chasteau de Chinon, et illec, en la presence de nos amez et feaulx conseillers Raoul Hurault, chevalier, sieur de Cheverny, general de nos finances, et maistre Nicolle de Neufville, aussy chevalier, audiencier de France et secretaire de nos finances, que expressement nous envoyons par de là pour cette matiere, et aussy en la presence de nostre cousine, la veuve de feu nostred. cousin, et de nostre amé et feal cousin l'abbé de St Denis, que voulons y estre par vous appellez, faites metre par bon et loyal inventaire tous et chascuns les deniers d'or et argent monnoyé et aussy la vaisselle d'or et d'argent, estant, tant aud. chateau, au lieu duquel il a esté mis, que en ses coffres, qui ont esté ramenez de Monpellier, qu'il avoit par devers luy à l'heure de son trespas, sans toucher à autre chose, et, led. inventaire ainsy par devers vous fait desd. choses, et lad. vaiselle prisée et estimée par orfevres et gens à ce connoissans, baillez et deslivrez le tout ès mains de nostre amé et feal mᵉ Lambert Meigret, tresorier et commis au fait de l'extraordinaire de nos guerres, pour convertir ou fait de sad. commission, ou de l'un de ses clercs, en baillant la quittance dud. Meigret, en vertu de laquelle quittance nous ferons despescher telle seureté et acquit que sera neccessaire, pour payer et rembourcer la valeur desd. choses qui ainsy seront prinses lesd. veuve et enfans, comme la raison le veult. De ce faire vous avons donné et donnons povoir, authorité, commission et mandement special; mandons et commandons à tous nos justiciers et officiers, que à vous, on faict decested. presente commission, soit obey et entendu dilligement. Donné à Sᵗ Germain en Laye, le xxixᵉ jour de may, l'an de grace mil cinq cens et dix neuf, et de nostre regne le cinquiesme. Ainsy signé : par le roy Gedouyn ; et scellé en queue simple de cire jaulne.

Par vertu et autorité desquelles, et du povoir à nous donné et commis par icelles, nous sommes transportez on chasteau de Chinon, pour proceder à faire inventaire des deniers d'or et d'argent monnoyé, ensemble de la vaiselle d'or et d'argent, que led. deffunct avoit mise et laissée aud. chasteau de Chinon en une tour appellée la tour [   ], aussy des deniers d'or et monnoye, vaiselle d'or et d'argent, qui avoit esté ramenée esd. coffres dud. deffunt du lieu de Montpellier, où il estoit decedé. Et après ce qu'avons fait ascavoir la cause de nostre venue et le contenu en nostred. commission à dame Helaine de Janly, veuve dud. deffunt, laquelle nous a respondu que, quant à la confection dud. inventaire et appretiation, elle consentoit qu'il fut fait selon le contenu de nostred. commission, ce fait, nous sommes transportez en lad. tour, deux des clefs de laquelle nous ont esté representées par lad. veufve, et deux autres par Jehan Duplesseys du Corrou, conseiller et maistre d'hostel du roy, qui nous a declaré icelles deux clefs avoir trouvées et prinses en la boete dud. deffunt, qui estoit en ses coffres, qu'il avoit ramenez de Montpellier. Avons appellé, pour proceder à lad. confection dud. inventaire et appretiation, reverent pere en Dieu Emard Gouffier, abbé des abbayes de Cluny et St Denis, lad. veufve, nobles personnes messire Raoul Hurault, chevalier, seigneur de Cheverny, conseiller et general des finances du roy, m^e Nicolle de Neufville, aussy chevalier, seigneur de Villeroy, conseiller dud. seigneur, audiancier de France et secrettaire de ses finances, lesquels personnages nous estoit mandé appellé pour assister et estre presents à l'execucion de nostred. commission. Et, ce fait, nous transportasmes en lad. tour, et, avecques nous, outre les dessusd., très reverend pere en Dieu l'evesque de Lysieux, nobles hommes Loys de Vendosme, vidame de Chartres, m^e Loys Leroy, chevalier, seigneur de Champegny, m^e René de Cossé, chevalier, conseiller et premier panetier du roy, gouverneur d'Anjou, monsieur de Humieres et monsieur de Chyn, fils de monsieur Demoy.

En presence desquels, nous avons fait extraire et tirer de deux casses enterées en terre douze sacz, en dix desquels y a esté trouvé et compté par Jehan Carré, clerc des offices de l'hostel du roy, et Martin Poupot, clerc de monsieur le general Hurault, la somme de 40.000 escutz, et, ès deux autres sacs, dix mil escutz, faisant en somme toute cinquante mil escus soleil.

Aussy a esté trouvé en lad. tour la vaisselle d'or et d'argent cy après declarée, laquelle nous avons fait poyser, piser (sic) et appretier par Loys d'Auzan, orfevre du roy, et Claudin Contant, orfevre, demourant à Tours, qui nous ont juré icelle vaisselle bien et justement poiser et aprecier, et laquelle ils ont prisée et appreciée ainsy qui suit.

Et premierement, deux flacons d'or garnys de chesnes à cordelieres, aveq un pied à lectre de A double lassez l'un dedans l'autre, et deux sallemandres servans de deux ances, et, des deux costés, les armoisies dud. deffunt, avecques l'ordre de St Michel pendant, pesant ensemble L marcs II onces ; cy L marcs II onces.

Item, deux bassins aussy d'or garnis tout à l'entour de cordelieres, aveques les armoisies dud. deffunt estans on millieu garnis de l'ordre comme dessus, poisant lesd. deux bassins XLII^m I^o VI gros.

Item, deux aiguieres aussy d'or garnies de cordelieres, et deux sallemandres servans de biberon, et l'ance faite à triomphe, et les armoisies dud. deffunt avecques l'ordre, et le pied d'icelles fait à lettres de A lassées l'un dedans l'autre, poisant XXXII^m II° V gros.

Item, six tasses aussy d'or, avecques deux couvercles, garnies lesd. tasses de pied faict à A lassez l'un dedans l'autre, dont l'un est faict net et l'autre carré bruny et garny de cordelieres, et sur led. couvercle y a un A double dessus avecques une pomme dedans, ouquel sont les armoisyes dud. deffunt garnies de cordelieres tout alentour, lesd. six tasses avecques les deux couvercles pesans en nombre LXXVII^m III° VII gros.

Item, une couppe aussy d'or, un soleil sur le couvercle, bourdée d'une cordeliere et à pied hault, escrit alentour à bon droit, laquelle est de moindre or que les autres, aux armoisies dud. deffunt, poisée XII^m I^o II gros.

Item, une autre couppe plaine aussy d'or, dedans le couvercle de laquelle sont les armoisies dud. deffunt, poisant VI^m I^o II gros.

Item, une autre couppe plaine aussy d'or, sans armoisies, poisant XI^m I^o IIII gros.

Somme de vaisselle d'or, deux cens trente marcs, six

onces, deux gros, qui, au feur de LXXII escus pour marc, vallent seize mil six cent seize escutz soleil et quart d'escu, qui, au feur de 40 solz pour escu, vallent xxxııı^m ıı^c xxxıı l.; et sy ladite somme de xxxııı^m ıı^c xxxııı l..

En laquelle appretiation sont comprinses les façons de lad. vaisselle d'or, car par ce que sy n'y estoient comprinses lesd. orfevres ne l'eussent, comme ils nous ont rapporté, apretiée à sy hault prix le marc d'or, que aussy pour la foiblesse de l'or qui est en lad. vaisselle.

Vaisselle d'argent.

Deux grands pots appellez estamaux, aux armoisies dud. deffunt et dorez, à wide my doré et my blanc, poisant xL^m vı^o ıııı gros.

Item, un flacon avecques la chesne et deux clefs pour l'ouvrir, le tout d'argent, et garny des deux coustez d'une nue et un soleil dedans veoir, aux armoisies dud. deffunt, poisant xvı^m ı^o vı gros.

Item, deux barraulx verez à etrailles, aux armoisies dud. deffunt, poisant ıııı^{xx} xvı^m ı^o vı gros.

Item, ung bassin veré serellé à nues et soleilz, aux armoisies dud. deffunt, poisant vııı^m vı^o.

Item, deux bassins verez gauldronnez à bucs, aux armoisies dud. deffunt, poisant xıx^m ııı^o et demy.

Item, un autre bassin veré et serellé à la mode d'Itallie et de bas argent, aux armoisies dud. deffunt, poisant vıı^m vıı^o et demy.

Item, un grand bassin vermeil doré, aux armoisies dud. deffunt, poisant xıı^m vı^o ıı gros.

Item, une couppe à la mode d'Allemagne, dorée et gauldronnée, aux armoisies dud. deffunt, poisant vııı^m v^o.

Item, une couppe martellée à grands martellyes, qui est d'argent doré et le pied à lettres, aux armoisies dud. deffunt, poisant v^m ıııı gros.

Item, plus une autre couppe aussy d'argent doré plaine

et le pied à lectres, aux armoisies dud. deffunt, poisant v^m i° v gros.

Item, vi tasses aussy d'argent doré, toutes plaines, aux armoisies dud. deffunt, poisant toutes ensemble cy xxxii^m demie once.

Item, deux brotz à escaille verez, aux armoisies dud. deffunt, poisant lix^m iii°.

Item, deux grands pots à la façon d'Itallye, faits à escailles, verez, aux armoisies dud. deffunt, poisants lix^m vi gros.

Item, deux grans boutteilles dorées à ances à la mode d'Angletterre, aux armoisies dud. deffunt, poisants li^m.

Item, deux drageouers à escailles, verez, aux armoisies dud. deffunt, poisants xxvi^m demie once.

Item, une petite neuf dorée avecq deux chasteaulx, aux armoisies de Angolesme, poisant xxxiii^m vii°.

Item, une corbeille à filagrammes......, poisant vi^{xx} viii^m.

Item, une grant cuve à mettre eaue ou autrement appellée refreschissouer, poisant c xiiii^m et demy.

Somme tottalle de vaisselle d'argent cy dessus, sept cens cinquante six marcs, qui, au feur de treize livres dix sols tournois pour chacun marc, vallent dix mil cent cinquante six livres tournoiz; et sy lad. somme de x^{mil} c lvi l..

En laquelle apreciation lesd. orfevres comprenent les façzons, pour ce qu'il y a partye de lad. vaisselle qui n'est du coing et loy d'argent à present ayant cours.

Somme tottalle de la vaisselle d'or et d'argent jusques icy, xliii^m iii^c iiii^{xx} ix l.

S'ensuit l'extrait de l'inventaire de la vaisselle d'or et d'argent qui estoit ès coffres dud. deffunt au lieu de Montpellier lors du deceds dud. deffunt, appreciée par les dessusd. orfevres, icelluy inventaire fait par les gens de la justice de Montpellier et à nous representé par led. Corcou, qui nous a declaré lesd. coffres avoir par devers luy et lad. vaisselle selon led. inventaire.

Vaisselle d'or.

Et premierement, une salliere d'or avec son couvercle, poisant iii^m vi°.

Item, une couppe d'or avecq son couvercle, poysant v^m vi° vii gros.

Somme de l'or, neuf marcs cinq onces sept gros, à soixante douze escus le marc vallant sept cents ung escutz cinq solz tz, au feur de quarante sols pour escu vallant xiiii^c ii l. v s..

Vaisselle de buffet.

Premierement, une buye, poisant xxiiii^m vi° iiii gros.

Item, deux couppes avecques son couvercle, poisant ix^m vii°.

Item, deux esguieres couvertes, poisants xi^m ii°.

Item, deux grands potz à vin dorez, poisants xxiii^m vii°.

Item, six flacons, poisants ensemble lxx^m iiii°.

Item, six tasses et ung couvercle, poisants xxv^m i°.

Item, deux bassins, poisants xv^m vii°.

Item, six assiettes dorées, poisants ix^m.

Item, deux grans esguieres et une petite, qui n'est point couverte, et trois sallieres, poisants xiiii^m ii° ii gros.

Item, deux grans bassins dorez, poisants xvii^m iiii gros.

Item, deux grans potz couverts, poisants xxiii^m iii° iiii gros.

Somme, deux cens quarente six marcs six gros, au feur de treize livres dix sols le marcq vallant iii^m iii^c xxii l. iiii s. viii d..

Vaisselle de cuisine.

Premierement, cinquante huit grands et petits plats, poisants ix^{xx} xi^m ii° iiii gros.

Item, dix sept escuelles plattes et dix assiettes, poisants ensemble xlii^m i°.

Item, trois grands plats, poisants xii^m.

Item, cinq escuelles, pesants ix^m iiii^o.

Item, dix huit escuelles à la fruterie, poisants xxxvi^m v^o.

Item, treize cuillieres, poisants ii^m iiii^o.

Item, deux chandeliers, poisants iii^m.

Item, six grands chandeliers, poisants xv^m ii^o.

Somme, trois cens vingt deux marcs deux onces quatre gros, au feur de treize livres le marc vallant 4180 l. 1 s. 3 deniers; pour cecy, iiii^m ciiii^{xx} l. 1 s. iii d..

Somme tottalle, 8914 livres 10 solz 10 deniers tournois; cy viii^m ix^c xiiii l. x s. x d. t..

Laquelle vaisselle d'or et d'argent lesd. orfevres ont dit et declaré valloir la somme dessud., comprins les faczons comme dessus.

Aussy nous a representé led. Corcou un extrait de l'or et l'argent monnoyé, qui estoit ès coffres dud. deffunt lors de nostre arrivée aud. lieu de Chinon, montant la somme de 676 escus soleil et 342 ducatz, qui vallent 2054 l. 3 s. tz.

Laquelle vaisselle d'or et d'argent, ensemble les sommes d'escutz et ducatz dessus declarez, led. Corcou nous a certiffié estre ès coffres dud. deffunt qui estoient par devers luy. Et, au regard des autres sommes de deniers et or monnoyez, que led. deffunt avoit en sesd. coffres lors de son deceds au lieu de Montpellier, à plain declaré aud. inventaire fait par la justice de Montpellier, nous a dit en avoir fait despence, tant pour les services qu'il a convenu faire pour l'ame dud. deffunt aud. lieu de Montpellier, que ès autres esglises où le corps dud. deffunt a esté mis en l'amenant en lad. ville de Chinon, que autres frais et mises, dont il a offert et offre rendre compte et reliqua quant et à qui il apartiendra. Et laquelle vaisselle d'argent dessus declarée, ensemble lesd. sommes de 676 escus soleil et 342 ducatz, nous avons laissés et baillés en main et garde aud. Corcou, pour en respondre à qui il appartiendra.

Et, lesd. inventaire et appretiation faites et parfaites

selon le contenu cy dessus, en parachevant de executer le contenu de nostred. commission, en lad. presence de tous les dessusd., nous avons voulu bailler et deslivrer reaument et de fait le tout des choses dessud. aud. Jehan Carré, clerc et commis de noble homme m⁰ Lambert Meigret, tresorier de l'extraordinaire des guerres dud. seigneur, pour convertir on fait de sa commission, selon le contenu desd. lettres, lequel a offert à lad. veufve luy bailler quittance dud. Meigret selon le contenu d'icelles. Laquelle nous a dit et declaré, qu'elle scavoit et connoissoit que le bien que led. deffunt son mary et elle avoient procedoit des biens faits que led. seigneur leur avoit faits, et non seullement les choses dessusd., mais tous ses biens, elle offroit au bon plaisir dud seigneur, moyennant qu'elle eut bonne et vallable seureté dud. seigneur autre que la quittance dud. Meigret, et que, plust touste qu'elle eust lad. seureté, elle ne permettroit ne souffriroit la deslivrance estre faicte des choses desusd. aud. Meigret ou Carré, son commis. Veu lequel empeschement, n'avons peu ne ousé proceder à lad. deslivrance, et, à ceste cause, pour la seureté et garde des choses dessusd., à la conservation du droit de qui il appartiendra, jusques à ce que par le roy autrement en ayt esté ordonné, icelles choses dessusd. inventairées et appretiées, fors la vaisselle, l'or monnoyé et vaisselle d'or et d'argent que led. Corcou nous a certiffié estre ès coffres dud. deffunt, ainsy que dessus est declaré, avons ordonné qu'elles demoureront en lad. tour clouse et fermée, comme elles estoient auparavant, et que led. abbé de Cluny aura deux des clefs de lad. tour, et lad. veuve les deux autres, et de fait avons fait fermer, et aux dessusd. fait deslivrer les clefs selon nostred. appoinctement, ausquels avons baillé lesd. choses estants en lad. tour en main et garde de par le roy ; et, d'abondant, à la garde d'icelles choses avons commis et ordonné noble homme Charles de Culan, lieutenant et ayant la garde dud.

chasteau de Chinon, auquel avons enjoint d'en prendre garde, et, se besoing estoit, prendre gens pour tuicion d'iceux, aux despens dud. seigneur et à la conservation du droit de qui il appartiendra. Et tout ce nous certiffions estre vray, et avoir par nous ainsy esté fait. En tesmoing de ce, nous avons signé ces presentes de nos seings manuels, et fait signer à Robert Bastard, nostre scribe et greffier, que nous avons commis et desputé en cette matiere. Cy mis les jour et an que dessus. Signé : Sireau, Quinart, et Bastart, greffier, commis en cette matiere, avecq paraphe, et, au bas, parafé suivant l'ordonnance de la cour du xxviii juin mil vi^e iii.

XVII

Marché passé par Louis Aymer, écuyer, s^r de Lalyer, avec Pierre Dacollat et Charles de Bernezay, écuyers, pour qu'ils servent au ban et à l'arrière-ban de Poitou en remplacement de Louise Jousserant, veuve de Louis de Saint-Denis, écuyer, sa cousine. (Orig., parch., appartenant au marquis Aymer de la Chevalerie.)

23 juin 1544.

Aujourduy, ès presences de nous, notaires royaulx cy soubzcriptz, Loys Aymer, escuyer, seigneur de Lalyé, demourant en la parroisse de Sainct Denys près Champdenier, lequel a, pour sa cousine damoiselle Loyse Jousserant, vesve de feu Loys de Sainct Denys, en son vivant escuyer, seigneur dud. lieu et y demourant, tant en son nom que comme tutrice et curateresse de Marie, Barbe, Jehanne et Catherine de Sainct Denys, ses filles et dud. feu, baillé et payé contant à Pierre Dacollat, escuyer, demourant à l'Isle près Sainct Gaultier, et Charles de Bernezay, aussi escuyer, seigneur dud. lieu, demourant en la parroisse d'Alonne près Parthenay, la somme de douze livres tournois, que lesd. Dacollat et de Bernezay ont eue, prinse et receue, et s'en sont tenuz contant, et ont quicté et quictent lad. damoiselle. Et, moyennant lad. somme de douze livres tournois, lesd. Decollat (*sic*) et de Bernezay, pour ce presens et personnellement establiz en lad. court, ont promis et promectent servir le roy, nostre souverain seigneur, en son ban et arriere-bain, pour icelled. damoiselle oudict nom, scellon qu'il fust ordonné à la monstre derriere dud. ban et arriere-bain de Poictou, soubz la charge de leur commissaire, et en descharger lad. damoiselle oud. nom, ce stippullant et aceptant ledict Aymer pour lad. damoiselle oud. nom. Et à faire, tenir, garder et acomplir, lesd. Decollat et de Bernezay ont donné et donnent la foy et serment de leurs corps, obligé et ypothecqué tous leurs biens presens et advenir quelxconques. Dont, à leurs requestes et consentement, ilz ont esté jugez et condempnez par le jugement et condempnation de lad. court, à la jurisdiction de laquelle ilz se sont suppousez et soubzmis et tous leursd. biens quant à ce. Fait et passé on pallais de Poictiers, le vingtroisiesme jour de jung, l'an mil cincq cens quarante et quatre. PORCHERON. GRENET, la mynute m'est demourée.

XVIII

Marché entre Joachim Prévost, écuyer, seigneur de Chaulmes, maire et capitaine de la ville de Poitiers, et Antoine Poupart, maître horloger, pour l'entretien de l'horloge de la ville, et pour l'établissement et l'entretien d'un cadran dans la salle du palais. (Protoc. orig. de Chaigneau, notaire royal à Poitiers.)

24 septembre 1548.

Sachent tous que, en droict, en la court du scel estably aux contractz de Poictiers pour le roy, nostre sire, et pour la reyne douhairiere de France, ont esté presens et personnellement establiz noble homme Jouachim Prevost, ecuyer, seigneur de Chaulmes, maire et capitaine de la ville de Poictiers, tant pour luy que pour les corps et college de lad. ville, d'une part, et Anthoyne Poupart, maistre orrelogeur demeurant aud. Poictiers, paroisse S¹ Didier, d'autre part. Lequel Prevost, aud. nom, et suyvant la deliberation des moys et conseil de lad. ville, a baillé et affermé aud. Poupart, jusques à troys ans, commençans à la feste S¹ Michel prochain venant, c'est assavoyr, le gouvernement et entretennement de l'orloge de cested. ville de Poictiers, qu'il gouvernera bien et convenablement et selon qu'il est requys, avec l'entretennement des mouvemens d'icelle et de la lune, ce qu'il fera à ses despens, sauf on cas qu'il advint accident ondit orloge et mouvemens ne procedant de faict, coulpe et moyens dud. Poupart, onquel cas lad. ville le fera faire et droisser aux despens de lad. ville. Et s'est accordé led. Poupard avoir ce huy veu et visité led. orloge, qu'il et mouvemens d'icelle sont en suffisant estat, et recongneu que ond. orloge y a quatre rouhes de fer de mouvemens anciens, l'une de deux piedz ou environ, et les aultres de pied et demy ou environ, qu'il sera tenu rendre à la fin de sa ferme, et sont lesd. rouhes à present separées desd. mouvemens. Et est faicte la presente convenance et marché pour la somme de seze livres tournoys par an, payable par le receveur des deniers communs de lad. ville aud. Poupard par les cartiers de l'an et esgalles portions, le premier cartier commançant à la feste de Nouel prochain venant. Et est accordé entre lesd. partyes, que led. Poupard fera et entretiendra un cadran on la salle du pallais royal de Poictiers, par lequel l'on congnoistra exactement l'eure du jour et de la nuict, et, icelluy faict et droissé, sera visité par ceux à ce congnoissans, qui l'extimeront, et sera led. Poupard payé la moictié de lad. extimation. Aussy est dict que, si led. Poupard gouverne bien led orreloge, sera preferé à tous aultres qui vouldroyent l'avoyr et prandre à ferme de lad. ville pour l'advenir. Et à faire, tenir, garder et accomplir ce, stippullans et acceptans, lesd. partyes ont donné les foy et serment de leurs corps, obligé et ypothéqué tous leurs biens, presens et advenir quelxconques, renonçant à toutes choses contraires à ces presentes. Dont elles ont esté jugées et condampnées, à leur requeste, par le jugement et condampnation de lad. court, à laquelle elles se sont soubzmises. Faict et passé à Poictiers, le xxiiii⁰ jour de septembre, l'an mil v⁰ xlviii. CHAUVEAU. CHAIGNEAU.

XIX

REMONTRANCES DU CLERGÉ ET DU TIERS-ÉTAT DE POITOU.

1560-1588.

Il ne faut pas s'attendre à trouver réunies ci-dessous toutes les remontrances de cette nature qui ont pu intervenir entre ces deux dates extrêmes. On a dû se borner à celles que le hasard a fournies, ou qu'on a pu découvrir après quelques recherches.

On aurait bien voulu pouvoir y joindre des remontrances de la noblesse. On n'en a pas trouvé. Non qu'il n'y en ait pas eu, la première des pièces publiées suffirait, au besoin, semble-t-il, à exclure une pareille idée ; mais elles paraissent avoir été plus rares. La noblesse se battait; victorieuse, elle était satisfaite et avait peu de chose à demander au pouvoir ; vaincue, elle ne songeait qu'à prendre sa revanche.

Est-il besoin de faire ressortir l'intérêt de ce genre de documents ? Sans parler des faits qui s'y trouvent divulgués ou confirmés, ces remontrances nous initient d'une manière sûre aux sentiments, aux idées, aux désirs des contemporains, condensés dans une formule précise et suffisamment étudiée : connaissance toujours précieuse, mais dont le prix évidemment est en raison directe de la nouveauté et de l'importance des événements qui ont immédiatement précédé.

I

Procès-verbal de l'assemblée des députés et représentants du clergé des diocèses de Poitiers, Luçon et Maillezais, réunie à Poitiers, d'après l'ordre du roi, pour arrêter les remontrances, plaintes et doléances à présenter au nom du clergé des trois diocèses, tant aux Etats généraux convoqués à Meaux, qu'à l'assemblée générale du clergé, et pour choisir des députés chargés de les présenter. (Orig. pap.; Arch. de la Vienne, G. 395.)

28 et 29 octobre 1560.

Le lundy vingthuictiesme jour du moys d'octobre, l'an mil cinq cens soixante, en la presence de moy Guillaume Favereau, clerc commys du secretaire de monseigneur de Poictiers et l'ung des notaires apostoliqz receu, esleu, nommé et demourant audict Poictiers, scellon l'edict du roy, nostre sire, en la petite salle des maisons episcopalles de ceste ville de Poictiers, sont comparuz messieurs maistres Mathurin Chaigneau, licencié en theologie, prevost et chanoine prebendé en l'eglise dudict Poictiers, vicaire general de reverend pere en Dieu maistre Charles de Peyreusse, *aliàs* des Cars, esleu evesque dudict Poictiers; et honorables messires maistres Philippes Grymouard, licencié ès droitz, chanoine de ladicte eglise de Poictiers, vicaire general de reverend pere en Dieu messire Jacques d'Escoubleau, evesque de Maillezays, comparant pour ledict reverend et tout le clergé dudict Maillezays, comme il a faict apparoir par procuration faicte et passée au dict lieu de Maillezays, en la congregation sinodalle celebrée audict lieu, le vingt quatriesme desdictz moys et an, signée N. Giraud et M. Prevost, et scellée en cere rouge sur double queuheue; et René Guyot, aussy licencié ès droictz, soubzdoien et chanoine de l'eglise de Luçon, et official dudict lieu, comme ayant charge de reverend pere en Dieu messire René Daillon, esleu evesque dudict Luçon, et de son clergé, comme il a faict apparoir par procuration passée audict lieu de Luçon, le dix septiesme jour desdictz presens moys et an, signée N. Rothereau, secretaire dudict Luçon, par commandement dudict seigneur evesque de Luçon et à la requeste des aultres susdictz, et scellée en cere rouge sur double queuheue ; et honorables et venerables personnes messires maistres Clement de Frandon, theologal, et Anthoine de la Sayette, chantre de Perigueurs, chanoines prebendez de l'eglise de Poictiers, comparans pour messires les doien, chanoines et chappitre de ladicte eglise; pour messieurs les doien, chanoines et chappitre de l'eglise Sainct Hilaire le Grand dudict Poictiers, honorables et venerables personnes maistres Arnault d'Estissac, soubzdoien, Guillaume et François Pommyers, René Charlet et Martin-Porteau, chanoines prebendez de ladicte eglise ; pour les chanoines et chappitre de l'eglise Saincte Radegonde de Poictiers, messires maistres Jehan Poictevyn, chantre, et Pierre Herbert, chanoines prebendez en ladicte eglise ; pour messires les chanoines et chappitre de l'eglise de Nostre Dame la Grand dudict Poictiers, messires maistres René Charlet, chantre, Pierre Berthonneau, soubzchantre, et Guy Chevallier, chanoines d'icelledicte eglise ; pour l'eglise Sainct Pierre le Puellier dudict Poictiers, messieurs maistres Anthoine Angely et Gabriel Raby, chanoines de ladicte eglise : lesquelzdictz depputez fundez de pouvoir tant desdictz chappitres que du clergé du diocese de Poictiers, à eulx donné à l'assemblée et congregation sinodalle faicte et celebrée en la grand salle desdictes maisons episcopalles dudict evesché de Poictiers, le vingt quatriesme jour dudict present moys d'octobre et an susdict ; reverend pere en Dieu monseigneur Georges de la Tremoille, seigneur de Royan, abbé des abbaies Sainct Laon de Thouars, ordre de Sainct Augustin, et de Nostre Dame de Champbon, ordre de Sainct Benoist, tant pour sesdictes abbaies que les religieux et conventz d'icelles; reverend pere en Dieu Joachim d'Availlolles, abbé de Monstierneuf dudict Poictiers, ordre de Cluny ; reverend pere en Dieu Arnault d'Estissac, abbé de Nostre Dame de Celles, ordre de Sainct Augustin ; reverend pere en Dieu René

Chasteigner, abbé de la Mercy Dieu, ordre de Citeaux ; reverend pere en Dieu [Guichard] de Sainct Georges, abbé de Bonneval, dudict ordre de Citeaux ; frere Charles Guillemyer, docteur en theologie, pour reverend pere en Dieu l'abbé [de] Sainct Hilaire de la Celle dudict Poictiers, ordre de Sainct Augustin ; frere Charles de la Sommaigne, prieur claustral de l'abbaye Sainct Ciprien, hors et près la ville dudict Poictiers, ordre Sainct Benoist, pour l'abbé dudict lieu, religieux et convent d'icelledicte abbaye ; frere Jacques du Retail, pour reverend pere en Dieu l'abbé de Sainct Benoist de Quinçay, près Poictiers, ordre dudict Sainct Benoist ; venerable personne maistre Philippes de Rinquier, licencié ès droictz, vicaire general de reverend pere en Dieu l'abbé de Nouaillé, ordre dudict Sainct Benoist ; venerable personne maistre Guillaume Sacher, pour reverend pere en Dieu l'abbé des Chastelliers, ordre dudict Citeaux ; frere Jehan Ogeron, pour les religieux et convent de l'abbaye Sainct Jouyn de Marnes, ordre de Sainct Benoist ; venerable maistre Mathurin Motheiy, chanoine de l'eglise collegialle Sainct Pierre du Chastellet de Thouars, tant pour luy que pour les chanoines et chappitre dudict lieu, ensemble pour les chanoines et chappitre de l'eglise collegialle Nostre Dame dudict Thouars, que aussy pour tout le clergé de ladicte ville ; venerable personne m° Gilles Barryon, archiprebtre de Partenay, tant pour luy que pour messires les chanoines et chappitre de l'eglise collegialle Saincte Croix dudict Partenay ; venerables personnes maistres Gilles Dorin, chanoine de l'eglise collegialle Nostre Dame de Chastellerault, curé de Targé, et Michel Fornerot, curé de l'eglise parrochialle Sainct Jehan Baptiste dudict Chastelleraud, tant pour eulx que pour messires les doien, chanoines et chappitre Nostre Dame dudict lieu, que pour mons^r l'archiprebtre dudict Chastellerault et clergé estant ondit archipreveré ; maistre Anthoine Cousin, curé de Sainct Legier de Sainct Maixent, tant pour luy que pour le clergé de la baronnye dudict Sainct Maixent ; maistre Jehan Rousseau curé de Vausseroux, tant pour luy que pour le clergé de la chastellanye de Monstreul Bonnyn ; frere Jehan de Nossay, comme pensionnaire du prieuré Nostre Dame de Nyort ; maistre Jacques Chambret, prieur de la Magdalene près Thouars ; maistre Françoys Laguillier, prieur curé de Luché, et m° Jacques Guyon, curé de l'eglise parrochialle Nostre Dame la Grand dudict Poictiers.

Tous lesquelz dictz, commys et depputez respectivement pour les dessusdictz, et illec representans et faisans tout le clergé et estat ecclesiastique desdictz troys dioceses de Poictiers, Luçon et Maillezays, assemblez en ce present lieu par l'auctorité du roy et renvoy de monseigneur le seneschal de Poictou, pour adviser, deliberer et ordonner sur le contenu ès lettres du roy, nostre sire, données à Fontaine Bleau, le dernier jour du moys d'aoust dernier passé, par lesquelles est mandé assembler les troys estatz du present pays et seneschaucée de Poictou, pour adviser aux choses contenues ès dictes lectres, à tous et chascuns les dessusdictz, ledict venerable Chaigneau, vicaire general, et faisant pour monseigneur l'evesque du dict Poictiers, auroyt remontré et dict le bon voulloyr et plaisir du roy, nostredict souverain seigneur, estre que chascun desdictz troys estatz eussent à eulx assembler en cheschune des principalles villes des seneschaucées et provinces de son royaume, pour conferer ensemble des remonstrances, plainctes et doleances qu'ilz auront à proposer et faire entendre audict seigneur, tant à l'assemblée generalle desdictz troys estatz, que ledict seigneur entend faire et tenyr en sa ville de Meaulx, le dixiesme du prochain moys de decembre, de eslire et nommer auchuns des principaux et plus notables personnages de chascun desdictz troys estatz, iceulx instruire, fournyr de memoires, amples remonstrances, des plainctes et doleances qu'ilz auront à luy faire, et de tout ce qu'il leur semblera tourner au bien publicq, repoz et soullagement d'ung chascun, et iceulx envoier, tant à l'assemblée desdictz troys estatz generaulx de France, pour y faire et presenter lesdictes remonstrances, plainctes et doleances, que à celle des prelatz et membres de l'eglise, que ledict seigneur roy entend faire le vingtiesme jour du prochain moys de janvier, au lieu qu'il advisera entre cy et ledict temps, pour, illec, en actendant le concille general, sy tant est qu'il se puysse obtenyr, adviser de retrancher et refformer ce qu'ils trouveront estre repugnant à la doctrine de Dieu et des sainctz concilles de l'eglise, comme le tout estoit contenu par les dictes lettres, et auroyt esté amplement desduict ce jourd'huy matin, vingt huictiesme du dict moys d'octobre et an susdict, à l'assemblée generalle desdictz troys estatz de ceste province, par monsieur le seneschal de Poictou, son lieutenant et advocat du roy de cestedicte ville de Poictiers, lesquelz auroient enjoinct à chascun desdictz troys estatz eulx retirer chascun à part, pour adviser, deliberer et ordonner sur le contenu ès dictes lectres, et que, à ceste fin, ceulx dudict clergé et estat ecclesiastique estoient presentement assemblez en ce lieu et maison episcopalle. Par quoy les pryoit tous remercier Dieu et le roy de tant de biens, graces et faveurs, qu'il leur plaisoit faire à tout le pauvre peuple de France ; leur faire et donner la grace de les recongnoistre pour Dieu et souverain ; aussy qu'ilz en eussent à procedder, tant à l'election de certains et notables personnages dudict clergé pour faire lesdictz voïages, porter les remonstrances, plainctes et doleances susdictes, que, aussy, à faire memoires et instructions amples et icelles leur bailler ; priant aussy ceulx qui auroient, par l'advys et bon conseil de mesdictz seigneurs des chappitres, abbez et conventz de cestedicte ville de Poictiers et aultres, peiné, veillé et travaillé à faire memoires, instructions et remonstrances sur lesd.

affaires, qu'ilz leur pleust iceulx representer et mectre en evidance en la presente compaignée, pour, iceulx veuz, leuz et entenduz, soy y arrester, ou y prendre, adjouxter ou retrancher ce qu'il sera advisé par la plus grande et sayne partie de la presente assistance, ou commectre certain bon nombre desdictz comparans, pour droisser et rediger par escript lesdictes remonstrances, memoires, instructions, plainctes et doleances. A quoy oy et entendu par ladicte assistance, auroyent tous ensemble, unanimement et par ung commun advys, esleu, nommé, pryé, requys, commys et depputé ledict reverend Georges de la Tremoille, seigneur de Royan et abbé de Sainct Laon et Champbon, messire Anthoine de la Sayette, chanoine de l'eglise dudict Poictiers et chantre de Perigueurs, et messire Martin Porteau, docteur regent en l'université dudict Poictiers et chanoine de l'eglise Sainct Hilaire le Grand dudict Poictiers, auxquelz, et à chascun d'eulx, tous et chascuns les dessusdictz, depputez dudict clergé et representans ledict estat ecclesiastique desdictz troys dioceses, ont donné et donnent, par ces presentes, plain pouvoir, auctorité et mandement special de comparoyr, pour eulx et tous desdictz du clergé et estat ecclesiasticque, par devant le roy, nostre sire, et messeigneurs les princes de son sang, gens de son privé conseil et aultres, tant ausdictz jours de dixiesme decembre, vingtiesme janvier, que tous aultres jours, lieux et heures qu'ils verront estre necessaires et requys pour les dessusdictz negoces ; illec et partout ailleurs ou besoing sera presenter les memoires, instructions, remonstrances, plainctes et doleances dudict clergé et estat ecclesiasticque, qui leurs seront baillez par la presente assemblée, ou par ceulx qui seront commys à iceulx rediger par escript et mectre au nect iceulxdictz memoires, remonstrances, plainctes et doleances ; ensemble, toutes aultres choses necessaires et requises, tant pour ledict estat ecclesiasticque que tous aultres estatz du royaume, faire, dire, presenter, requerir, supplier, demander et accorder, tant au roy que messeigneurs les princes de son sang, conseil privé et tous aultres où besoing sera ; et, generallement, de faire, en tout ce que dessus et ce qui en depend, tout ce que lesdictz du clergé et estat ecclesiasticque desdictz troys dioceses feroient, faire pourroient et debveroient, sy presens y estoient, jaçoyt que mandement y conveigne plus especial et requys fust ; promectans, par la foy et serment de leurs corps, et soubz l'obligation et ypothecque du temporel et revenu dudict clergé desdictz troys dioceses, avoir pour agreable, ferme et stable tout ce qui sera faict, accordé, remonstré, dict, geré, negotié et arresté par lesdictz commys et depputez, et chascun d'eulx, en tout ce que dessus et qui en depend, et iceulxdictz commys et depputez, et chascun d'eulx, descharger, eximer et desinteresser de tous fraiz et coustz, dommages et interestz, qu'ilz pourroyent porter pour toutes et chascunes causes les choses susdictes ; dont ilz ont esté, à leur requeste et de leur consentement et volunté, jugez et condempnez par moy dict Favereau, auquel ilz ont commandé en delinvrer acte ausdictz depputez, et rediger par escript tout ce qui sera faict, dict et arresté en la presente assemblée et aultres qui en dependront et seront continuez.

Et, ce faict et dict, venerable personne m^e Françoys Pommyer, chanoine de ladicte eglise Sainct Hilaire le Grand dudict Poictiers, a presenté ung caier de pappier escript, qu'il a dict contenir certains articles, que luy et aultres avoient, par l'advys et ordonnance de messires les chappitres, abbez et conventz de cestedicte ville de Poictiers, redigez par escript, contenant la plus part des remonstrances, plainctes et doleances, que lesdictz seigneurs doiens, chanoines, chappitres, abbez et conventz de cestedicte ville de Poictiers avoient deliberé faire, lequeldict caier et remonstrances ont esté leues, veues et declairées. Et, ce faict, ledict Guyot, official et soubzdoien dudict Luçon, a aussy presenté ung aultre caier de pappier escript, lequel il a dict estre le sommaire d'aucuns memoires, que ceulx dudict clergé de Luçon l'avoient prié d'apporter et presenter à ceste assemblée, comme aussy a faict ledict Grimouard, pour l'evesque et clergé dudict Maillezays, requerans lesdictz memoires estre veuz, ce qui leur auroyt esté accordé, et iceulx veuz à ladicte presente assemblée.

Et par ce que l'heure estoit tarde, a esté remonstré qu'il estoit besoing remectre la presente assignation à quelque aultre heure. Par quoy a esté advisé d'icelle continuer, et de faict a esté continuée à demain, heure de huict heures du matin, en la maison dudict Chaigneau, vicaire susdict, et lequel a dict à ung chascun de soy y trouver ; ce pendant, pencer et adviser mesmement de ce qu'ilz avoient oy desdictz memoires, et en apporter particullierement par ung chascun aultres, et telz qu'ilz verroient estre requyz, necessaires, bons et utiles, affin d'obvier à confusion et trop grand longueur, pour iceulx mectre ès mains desdictz Chaigneau, vicaire susdict, Grymouard, Guyot, de Frandon, de la Sayette, Guillaume et Françoys Pommyers, Jehan Poictevyn, Anthoine Angely et aultres des dessusdictz qui s'y pourront trouver, lesquelz par la susdicte assemblée ont esté, d'abondant et par exprès, commys et depputez pour en faire la derriere vision, les clore, arrester et signer, pour, ce faict, estre mys ès mains desdictz de la Tremoille, de la Sayette et Porteau, ou l'ung d'iceulx.

Et, advenant le lendemain vint neufviesme dudict present moys d'octobre et an, lesdictz Grymouard, Guyot, de Frandon, de la Saiette, Pommiers, Poictevin et Angely se sont assemblez en la maison dudict venerable Chaigneau, vicaire susdict, lesquelz ont cloz et arresté lesdictes remonstrances du clergé desdictz troys dioceses, et icelles redigées par escript en ung cahier de papier, qu'ilz ont signé et faict signer à moy dict Favereau, commys et notaire susdict.

Faict audict Poictiers, les jours, moys, an, heures et lieux susdictz. FAVEREAU, notaire apostolicqz et commys susdit.

II

Remontrances, plaintes et doléances du clergé des diocèses de Poitiers, Luçon et Maillezais. (Orig. pap. ; Arch. de la Vienne, G. 395.)

29 octobre 1560.

Remonstrances, plainctes et doleances de l'estat ecclesiasticq, sur lesquelles, suyvant les letres du roy, nostre sire, données à Fontainebleau le dernier jour d'aougst, et assignation sur ce baillée aux troys estatz du vingt huictiesme jour d'octobre mil cinq cens soixante en la salle du palays royal de Poictiers, le clergé des villes et dioceses dudict Poictiers, Luçon et Maillezais, en absence de reverendz peres en Dieu messieurs les evesques desdictz lieux, ont conféré ensemblement, pour, icelles remonstrances, plainctes et doleances, ensemble ce que audict clergé a semblé pouvoir tourner au bien publicq, soulaigement et repos d'un chascun, estre, par les depputez et choisiz des dictz clergez, propousées à la magesté dudict seigneur, en l'assemblée generalle desdictz estatz, assignez au dixiesme jour de decembre prochain en sa ville de Meaux, et aultres jours et lieux ensuyvans.

Premierement, ledict clergé desdictes villes et dioceses, considerant que la presente assemblée se faict principallement pour la reformation de tous estatz, offre de soy refformer, corriger et admender avec l'ayde de Dieu scellon l'evangille, disposition des anciens canons, decretz et ordonnances de l'eglise, et que les delinquans et coupables soient corrigez, reglez et contrainctz scellon ladite disposition par ceulx à qui il appartient, protestant ledict clergé ès presentes remonstrances ne vouloir aucunement derroger, ne contrevenir, à l'auctorité de nostre sainct pere le pape et sainct siege apostolic, ne desdictz sainctz concilles et canons approuvez de l'eglise, tant de ceulx qui sont ja faictz, que de ceulx qui pourront cy après estre faictz, statuez et ordonnez par l'eglise catholicque deuhement assemblée.

Et, neanlmoins, sur l'espoir du futur concille general, se tant est qu'il se puisse tenir, lesdictz du clergé se deliberent de faire debvoir de resider, et de tellement veiller sur leur troupeau, que la parolle de Dieu y sera purement et catholicquement annoncée, esperans mesmement que les evesques, abbez et autres dignitez feront leur debvoir en ladicte residance, à laquelle ceulx qui, pour raison d'aultres benefices ou autres justes occasions, ne pourront entierement satiffaire, seront tenuz de y constituer et mectre vicaires *potentes sermone, opere et doctrina*, qui seront approuvez par leurs diocesains.

Mays, plusieurs desdictz beneficiez creignent ne pouvoir resider et executer leur bonne volunté, au moien des grans empeschements qui leur seront, ou pourront estre faictz, par grand nombre de loups ravissans, faulx predicateurs, et leurs adherans, qui, aujourd'hui, sont en si grand nombre, qu'il n'y a pas tant de vrayes brebis cognoissans et suyvans la voix de leurs pasteurs; lesqueulx faulx predicateurs sont la plus part gens laiz, artizans mecanicques, incogneuz, estrangiers, vagabondz, moynes reniez et apostatz, vagandz par my le peuple et de parroisse en parroisse, voires et de maison en maison, preschans en secrect, qui, par leur astuce, doulces parolles et babil, ont attiré et converty à leurs faulses opinions et sectes plusieurs personnes, qui les ont retiré et retirent en leurs maisons, leur administrent vivres, et, contre la prohibition et deffense du roy, nostre sire, leur donnent support, faveur et ayde, et entre eulx font collectes et amas d'or et d'argent pour l'entretennement de telles gens; voires, à ses derniers jours, s'en est trouvé de se temeraires, audacieulx et mutins, que, avec port et force d'armes deffendues, ils ont faict publicquement, et tant ès villages, bourgades que bonnes villes desdictz dioceses, prescher et dogmathizer par gens incongneuz leur erronée et faulse doctryne, au mespris et contempnement de toute interdiction et deffense des evesques diocesains; et non contans de ce, empeschent, avec mesme force, le commun populaire de assister à leurs messes parrochialles et service divin, et user des sacremens scellon l'ancienne tradition de l'eglise, les contreignans d'assister à leurs mauldites predications, et abuser desdictz sacremens à la mode reprouvée desdictz hereticques.

Lesqueulx faulx predicateurs et adherans, jaçoyt que, par cy devant, par les pasteurs catholicques, ils ayent esté souvent, par doulces et sainctes admonitions, exhortez de soy reduyre à l'unyon de l'eglise catholicque, ce neanlmoins, perseverent tousjours de mal en pis, en contempnant et mesprisant la hierarchie de l'eglise catholicque et ministres d'icelle. Pourtant est besoing, que, par auctorité et puyssance du roy, nostre sire, ils soient puniz ou banniz et chassés desdictes paroisses. Aultrement, seroyt impossible, que quessoit fort difficile, ausdictz curez et pasteurs, de bien faire leur debvoir et office, car, autant qu'ilz en edifiroient d'une part, lesdictz faulx predicateurs en destourneroient de l'autre, voires que, en plusieurs lieux et endroictz, ne seroient lesdictz curez et pasteurs asseurez de leurs personnes, par le grand support qu'ont lesdictz faulx prescheurs et leurs adherans de plusieurs gens d'auctorité et puissance. Et quelque congnoissance ou jurisdiction qu'il ait pleu à Sa Majesté donner ès evesques, leurs juges ecclesiasticqs, toutesfoys ledict clergé n'a grand espoir qu'il se y puisse entierement remedier, à cause du grand nombre et force desdictz hereticques, s'il ne plaist à Sadicte

Majesté leur pourvoir d'aultre plus grand secours et remede oportun, enjoignans, tant ès officiers royaulx que ès gentilzhommes de son royaulme et leurs officiers, de leur estre aydans et secourables, et ce, sur les peines qu'il plaira à Sa dicte Majesté mectre et ordonner.

Et parce que plusieurs en y a, qui sont tant accoustumez à ne rien oyr ne croire de ce que l'eglise catholicque tient et a decreté par cy devant, et à le mesprizer, qu'ilz estiment et s'assurent beaucoup plus au jugement de ces faulx prescheurs clandestins et sathanicques, qui mesprisent et contempnent aussi le jugement et sainctz decrectz de l'eglise catholicque, preschans en habitz laiz, de sorte que chaicun d'eux veult que toutes choses luy soient licites, et qu'il puysse, à sa discrettion, interpreter les sainctes escriptures, et changer à sa volunté les cerimonies de l'eglise, affin que on congnoisse ceulx qui seront ainsi abusez et seduictz qui ne vouldront assister à aulcunes messes de leur pasteur et curé, seroyt expediant que tous gens laiz et seculiers, qui sont receans, ne soient desormays receuz à aucune excuse d'avoir assisté ailleurs à aultres messes que à leurs messes parrochialles, ès jours de dimanches et festes sollempnelles, soyt des eglises cathedralles, collegialles, ou d'aulcun monastere ou convent, et, signaulment, d'y avoir faict leurs pasques, sans le congé de leur curé; qu'ilz soient censez et reputez, jugez et condampnez pour hereticques et sacramentaires, et pour telz publiez et proclamez en general au prosne des dictes messes parrochialles, et que lesdictz curez, ou personne par eulx depputé, facent registre de ceulx de leur parroisse, tant qui assisteront ès dictes messes que de ceulx qui n'y assisteront poinct.

Inhibitions et deffenses soient faictes à tous conventz, monasteres et colleges, seculiers et reguliers, soubz pretexte de quelque priviliege ou indult qu'ilz pourroient pretendre, de ne plus administrer le sainct sacrement d'heucaristie, singulierement à la feste de Pasques, sinon à leurs religieulx et officiers domesticques et ordinaires, et, aux eglises collegialles, ès jeunes chanoines et chorises n'estans prebtres, dont pareillement en soyt faict registre. Que, s'il se trouvoyt aucuns desdictes eglises collegialles et monasteres n'avoir faict leur debvoir, comme dict est, audic jour de Pasques, qu'ilz soient punys comme sacramentaires.

Que tous les dessusdictz sacramentaires, dedaignans et contempnans d'assister à la messe, ou de recepvoir, à la feste de Pasques, la saincte eucharistie, s'ilz se trouvent avoir perseveré par plusieurs années, et mesmement l'année precedente leur decès, en telle obstination, ilz soient privez de la sepulture et obseque ecclesiastique, et que aucun curé ne presume de les inhumer ne obsequer.

Que tous hereticques n'aient puyssance de faire testament ne codicille, ne de contracter aucunement, et, s'ilz contractent, les contractz, pour leur regard et de leurs heritiers, soient de nul effect et valleur, et aussi pour le regard de ceulx qui contracteroient avecques eulx, s'ilz scavoient qu'ilz feussent, auparavant lesdictz contractz, denuncez et declairez pour hereticques; aultrement, s'ilz n'en estoient advertiz, s'en pourront ayder contre lesdictz hereticques et leurs heritiers, et non lesdictz hereticques ne les leurs contre iceulxdictz contractans.

Que tous leurs biens, et signaument les maisons et lieux esqueulx ilz ont faict, et feront, leurs mauldictz conventiculles et assemblées illicites, soient applicqués au fisque ou aux pauvres.

Quant à la jurisdiction par le roy, nostre sire, donnée aux evesques de son royaulme pour le regard des herezies, qu'elle soyt diligemment executée, sans y espargner aucune personne, ne or ne argent pour faire les frays, sans attendre qu'il y ayt une partie formée pour faire lesdictz frays, aux despens de l'evesque ou du fisque, ainsi qu'il sera advisé par la Majesté royalle, à laquelle plaise considerer, que, pour la multitude et nombre effrené des hereticques, il seroyt impossible ès dictz evesques de supporter les frays desdictz procès qu'il y conviendra faire, si, par sa benignité, il ne leur est d'ailleurs secouru.

Parce que lesdictes herezies, et certains telz enseignemens de perversité decepvans les ames, ne sont venuz d'ailleurs sinon quant les bonnes escriptures ne sont pas bien entendues, et que ce qui, en icelles, est mal entendu est aussi temerairement et audacieusement asseuré, contre le sens et intelligence de l'eglise catholicque, laquelle est la collompne et firmament de verité, et que la verité n'est d'icelluy qui la dict et profere, ains de Dieu et de l'eglise catholicque, et qui autrement veut quelque chose asseurer, cestuy là parle du sien et parle mensonge, tellement que, souvent, soubz couleur d'annoncer et prescher ladicte verité, est preschée quelque faulce doctryne et opinion erronée : pour y obvier, est expediant, que les evesques et prelatz ne reçoyvent, instituent, ne commettent aucuns pour gouverner les eglises ne annoncer la parolle de Dieu, s'ilz ne sont ydoines et approuvez, tant en meurs que en scavoir, ainsi qu'il est contenu par les sainctes lettres et decisions de plusieurs sainctz concilles et canons.

Et parce qu'il est expedient, pour pourvoir de personnes dignes et capables ès benefices vaccans, que les patrons et collateurs d'iceulx aient pour y pourvoir six moys, ou aultre certain temps prefix, au dedans duquel ilz ne puyssent estre prevenuz à Rome, où, indifferemment, à tous se desans clercs tonsurez, encores qu'ilz ne soient d'aucune doctrine, se donnent et conferent tous benefices, de quelque qualité et importance qu'ilz soient, ledict clergé, avec protestation expresse de ne se vouloir aucunement denier de l'obeissance et humble subjection de nostre sainct pere le pape et du sainct siege apostolicq, supplye toutesfoys à la Majesté royalle adviser et faire adviser le grand fruict qu'ilz ont opinion qui proviendroict à l'eglise, si Sa Majesté obtenoyt de nostredict sainct pere, sur ce, exprès priviliege ou indult pour lesdictz patrons et collateurs, comme aussi sur la modification des annates acoustumées estre prinses en court de Rome, ès expeditions des bulles et provisions des eveschez et abbaies de ce royaulme.

Quant ès elections desditz eveschez et abbayes, ledict clergé s'en rapporte à la volunté de Sa Majesté et bon conseil d'icelle, les suppliant y ordonner comme ilz adviseront estre plus utile à l'entretien de la pauvre eglise, aujourd'huy tant affligée.

Et pour pourvoir à ce que, par cy après, la jeunesse soyt myeulx instituée ès lettres, et que les patrons et collateurs des benefices puyssent plus facilement trouver personnes capables, sera faicte requeste à Sa Majesté qu'il luy plaise ordonner, que, avec ses tailles ordinaires, soyt prins ung solz pour livre, pour estre mys par les collecteurs desdictes tailles ès mains des fabricqueurs ou margueliers de chascune parroisse, pour estre employé au sallaire des regens suffisans et catholicques, en chaicune desdictes parroisses ou ès lieux les plus comodes, comme les evesques les vouldront departir, mesmement ès lieux ou aucun d'ancienneté n'a droict particulier de pourvoir ès escolles, et que, ès dictz lieux où se mectrons lesdictz regens, la presentacion des regens et maistres en apartienne ès prieurs ou curez et l'institution ès evesques, affin que, où il s'en trouveroyt aucuns faulceurs de faulce doctrine, ilz puyssent estre deferrez par lesdictz prieurs ou curez et depposez par lesdictz evesques. Et parce que, en la plus part des universitez de ce royaulme, n'y a grand profession ny exercice de theologie, parce qu'il n'y a aucun sallaire certain constitué pour les professeurs d'icelle, il plaira à Sa Majesté et à son conseil adviser de remede sur ce necessaire, affin que, par l'assidue lecture et interprectation des sainctes escriptures, qui se fera ès dictes universitez, l'eglise soit tousjours plus decorée de gens doctes et savans en ladicte faculté de theologie.

En ce royaulme, la pluspart des cures sont de cy peu de revenu, que le curé et pasteur n'en peult vivre. Qu'il plaise à la Majesté royalle y pourvoir de remede necessaire.

Quant aux priorez, qui ont soubz eulx des vicaires perpetuelz ou cures, seroit expediant que les vicairiez ou cures feussent supprimées par mort des premiers decedans, et que l'ung d'eulx demourast seul en tiltre de prieur et curé, subject à faire debvoir de curé et pasteur, suyvant leur primitive erection.

Combien que, par ordonnance et edict du roy, ayt esté donné quelque ordre pour faire payer les dixmes deues aux curez et autres beneficiez, toutesfoys les proprietaires ne le gardent et ne payent lesdictes dixmes, ou, s'ilz en payent quelque chose, ce n'est la quarte partie ; au moien de quoy, les curez, quequessoyt la plus part d'iceulx, ne scauroient vivre de leur revenu. A ceste cause, il plaira à la Majesté du roy de faire, que lesdictz proprietaires ne puyssent despouiller le champt sans appeller le dixmeur à son domicille en ladicte parroisse, et ce, troys heures pour le moins devant que emporter les fruictz du champt, affin que le dixmeur puysse compter et voir son droict de dixme; et, à deffault de ce, le proprietaire soyt tenu au quadruple ; et, neanlmoins, conserver ceulx qui sont en possession de lever leursdictes dixmes an seillon, pour la quotité en laquelle ilz sont en possession.

Par edict de feu, de bonne memoire, le roy Henry, que Dieu absolve, fut ordonné ung greffe des insinuations, pour insinuer les presentations, collations, actes de possessions, procurations et aultres actes (edict certes très juste et necessaire), pour obvyer aux faulsetez qui se commectoient ès matieres beneficialles ; pour l'erection duquel greffe, le clergé a fourny de certaine somme d'argent. Neanlmoins, les evesques se sont emparez dudict greffe, estably les greffiers, ausqueulx est baillé la ferme au plus offrant. Qui a faict que plusieurs ont prins afferme ledict greffe plus hault des deux pars qu'il ne vauldroit les choses estans bien reglées, esperans, par voies indirectes, en retirer double proffict; aussi que, pour retirer les lettres du greffe, lesdictz greffiers gehannent au triple les insinuans. Il plaira à la Majesté du roy de faire qu'il soyt à la licence de tout le clergé, qui a achapté ledict greffe, eslire personne ecclesiasticque capable et de bonnes meurs ou dict estat, qui le prendra au rabaix, au proffict et solagement dudict clergé.

Plaise à la Majesté royalle ne lever plus les octroys et subsides caritatifz equipolans à decimes, que, par cy devant, ses predecesseurs et luy ont prins et levé sur les benefices ecclesiasticques, à cause des urgens affaires proceddans des guerres, lesquelles sont paciffiées graces à Dieu, affin que les ecclesiasticques se ressentent de la paix, et que soyt maintenue l'immunité de l'eglise, de laquelle icelle Majesté est souveraine protectrice, affin que les suppostz de ladicte eglise puyssent exercer charité, garder hospitalité, reparer les ruynes presque universalles de leurs benefices, et s'entretenyr scellon la modestie requise à leur estat; et lesdictz ecclesiasticques demeureront de plus emplus obligez à Sa Majesté.

Les recepveurs desdictes decimes, commys de par le roy, tiennent telle rigueur ausdictz ecclesiasticques, que, incontinant le terme du paiement escheu, dès le lendemain, font establyr commissaires sur les benefices, encores qu'il s'en faille plus de demy an jucques à la recollection des fruictz, qui vient à grande perte pour lesdictz ecclesiasticques, et, bien souvent, à plus de deux parts que ne se montent lesdictz decimes, qui est aisé à conjecturer qu'il en revient grand proffict ausdictz recepveurs, et qu'ilz butinent avec les sergens et commissaires. Et quant au paiement, lesdictz recepveurs sont si dificilles, qu'ilz ne trouvent aulcune monnoye blanche de mise, et ne veullent estre paiez sinon en testons de roy neufz et escuz plus que trebuchans. Plaise à la Majesté royalle, quant, pour ses urgens affaires, il luy plaira prendre, à tout le moins, s'il ne luy plaist ce depporter de demander lesdictz octroyz charitatifz equipolens à decimes, qu'il soyt permys audict clergé les faire lever au rabays et rendre entre les mains du recepveur general, par personne suffisamment cautionnée.

Oultre, le clergé se sent fort chargé d'une infinité de saisies, qui, bien souvent sans cause, sont mises sur les beneficiez par plusieurs sergens, qui se convient et achaptent les commissions, pour molester sans cause ledict clergé; et courent de parroisse en parroisse, prennent et extorquent grand nombre de denyers des beneficiez, sous pretexte de ne informer promptement par les beneficiez d'avoir baillé par declaration par le menu le temporel et revenu de leurs benefices, ou n'avoir payé l'admortiment des francz fiefz, dont, le plus souvent, les beneficiez modernes n'ont les acquictz par devers eulx, jaçoyt que leurs predecesseurs aient très bien payé et satisfaict desdictz admortimens. Aussi saisissent les marays, prez, boys, terres et pasturages desdictz ecclesiasticques, soubz couleur qu'ilz pretendent que ce sont communaulx, dont le roy s'en empare, ainsi qu'ilz supposent; et, neanlmoins, lesdictz sergens exigent des commissaires par eulx establiz, pour la journée pretendue dudict sergent, vingt solz, combien que, en ung mesme jour, ilz aient faict dix, quinze, vingt et plusieurs autres semblables exploictz, et exigent de chaicun benefice et commissaire, respectivement, semblables sommes de vingt solz; dont lesdictz sergens, et leurs solliciteurs et instigateurs, demeurent impuniz, soubz couleur, que, par les commissions en vertu desquelles ilz besoignent, est deffendu privativement à tous juges ordinaires des lieux de congnoistre des causes d'opposition, malversations et exactions susdictes, et dont la congnoissance est reservée au conseil privé du roy, nostredict seigneur, dont la main levée desdictes saisies et fraiz de justice sont si chairs et de si longue poursuyte, que, bien souvent, il y en va plus d'une année de despence d'ung pauvre benefice; dont l'eglise a beaucoup enduré et ses ministres. A ceste cause, supplient à Sa dicte Majesté leur donner sur ce remede et provision necessaire, par atribution de congnoissance aux prochains juges royaulx du ressort et territoire, ou autrement, comme Sa dicte Majesté et son conseil pourront trop myeulx adviser.

Le clergé aussi se plainct de la grande desolation qui est, à present, ès benefices pourtans nom de aulmosneries et hospitaulx, qui sont tous ruynez, et n'y est dict en la plus part aucun service. Et, par ce, est l'intention des fondateurs frustrée, despuys qu'elles ont esté mises entre les mains des laiz et dernierement saisies, comme ce veriffira clairement, dont plusieurs layz en font leur proffict et ne provient aucun soulagement aux pauvres. Plaira à la Majesté royalle les remettre, scelon le reglement de la clementine *Quia contingit* et concile de Vienne. Et, en ce faisant, les choses s'en trouveront myeulx, joinct que, depuys le temps qu'elles sont entre les mains des commissaires, la plus part des tiltres et debvoirs se perdent, et s'en ensuyt, bien souvent, une alienation des terres leguées es dictes aulmosneries, par le dol ou negligence desdictz commissaires.

Plaise aussi à la Majesté royalle ordonner, que les gens d'armes ne logent poinct cheulx les gens d'eglise, mesmement cheulx les curez, tant aux champs que aux villes, soyt estans en garnison ou autrement, affin que tous les dictz ecclesiasticques aient liberté d'estudier et deuement vacquer à leur devoir et charge.

Qu'il plaise audict sieur, rendre et restituer à ceulx de l'eglise la jurisdiction qu'ilz avoient en matiere pure personnelle par prevention contre les layz, et de laquelle jurisdiction ilz avoient, de tout temps, usé, et jucques au temps de feu roy Françoys.

Qu'il soyt permis à ceulx de l'eglise aians jurisdiction de passer oultre, non obstant les appellations comme d'abuz, en toutes causes et contre toutes personnes, comme il leur a esté permys en matiere de correction et discipline contre les clercs, parce que, soubz pretexte de telles appellacions, ladicte jurisdiction ecclesiasticque est souvent empeschée.

Qu'il soyt permys ès diocesains desdictz eveschez, de relever et poursuyvir les appellacions, qui, de droict, se doibvent devoluer par devant monseigneur l'archevesque de Bourdeaux, soyt à sa court metropolitaine ou primace, par devant les juges dudict archevesque audict lieu de Bourdeaux, en la manière accoustumée, non obstant les arrestz donnez par la court de parlement de Paris, par lesqueulx a esté dict, que ledict archevesque de Bourdeaulx bailleroyt juges dedans le ressort de Paris, pour congnoistre et decider desdictes causes d'appel, qui ressortiroient par devant luy des juges, ses suffragans, estans en et au dedans le ressort dudict Paris, qui sont les presens eveschez de Poictiers, Luçon, Maillezais, Engoulesme, Xainctes, pour les ressors de la Rochelle et Coignac, parce que ledict archevesché de Bourdeaulx, qui n'a temporel dedans le ressort de Paris, n'a jamays bien voulu obeyr ès dictz arrestz, et si ores il a quelquefoys baillé aucun vicaire audict Poictiers pour congnoistre desdictes causes d'appel, ledict vicaire n'a jamays faict son debvoir, joinct qu'il n'avoyt promoteur, lieu pour tenyr sa jurisdiction, ne prisons pour mettre les prisonnyers, aussi que le dict archevesque ne y a oncques mys juges pour l'exercice de sa jurisdiction de la primace, qui doibt estre exercée par troys juges, suyvans le concille provincial arresté contre ledict archevesque et ses suffragans. Par quoy, si ledict archevesque autrement n'estoyt contrainct de mettre, ondict ressort de Paris, pareilz juges qu'il a au dict Bourdeaulx, est le grand interest de ses suffragans, dessus nommez, et de leurs diocesains, de [ne] leur tollir la faculté de relever et de poursuyr leurs appellations audict Bourdeaulx, en la maniere accoustumée. Et, par ce moien et difficulté de relever, sont les causes immortelles, et tous crimes demeurent impuniz, qui rend la jurisdiction des dictz suffragans de Bourdeaulx dudict ressort de Paris nulle et de nul effect.

Jaçoyt qu'il soyt permys, par disposition du droict canon et sainctz decrectz et concordatz, appeller en court et jurisdiction ecclesiasticque *usque ad secundam interlocutionem et tertiam diffinitivam* conformes, voires par appellations oultrepasser la jurisdiction de la primace dudict archevesque de Bourdeaulx, et relever lesdictes appellations par devant nostre sainct pere le pape, sauf à commectre par lui *intra regnum* la congnoissance et decision desdictes appellations, que la multitude desdictes appellations soyt reformée, et que ce qui sera jugé par ladicte court de la primace, appellé six conseilliers, soyt arresté, par ce que par le moien des dictes appellacions qui ont lieu en court d'eglise, l'on n'a jamays, quequessoyt que à grand peine, la fin des dictz procès; et que ce qui seroyt sur ce ordonné feust, par après, faict confirmer par nostre sainct pere le pape.

Quand le clerc est accusé de crime par devant le juge lay, le plus souvent ledict juge faict son procès pour le cas privilegié jucques à sentence diffinitive, après, le renvoye par devant son juge d'eglise pour le delict commun, qui, suyvant la disposition de droict, n'a aucun esgard à ce qui a esté faict par le juge lay, mays faict de nouveau le procès dudict accusé, qui est cause que, souvent, ennuyé de la longue detention de sa personne ès dictes prisons, et des grands fraitz qu'il luy convient faire, aus queulx ne luy est plus possible fornyr, ledict accusé, s'il est receu à faire preuve de ses reproches contre les tesmoings et faictz justifficatifz, est contrainct se depporter desdictes preuves, dont il advient que, souvent, par deffault de ce, l'innocent est condampné. Plaise à la Majesté royalle ordonner, que l'accusé, incontinant après son audition faicte et se sera declairé clerc, soyt renvoyé par devant ledict juge d'eglise pour le delict commun, avec la charge du cas privilegié, si aucun en y a, pour luy faire et parfaire son procès, encores que la partie ne le requiert, sans autrement prendre congnoissance de la matiere sur le dict clerc par ledict juge lay.

Parce que, à present, la plus part du peuple ne veult sollempniser les festes, quelques injunctions qui de ce luy puyssent estre faictes par les evesques et prelatz de l'eglise, que ledict peuple à ce soyt contrainct par telles et si graves peines, que nul, pour l'advenir, y soient inobedient, voires jucques à punir les contrevenans de telle peine, que, du temps de Moyse, par le commandement de Dieu, fut puny celluy qui fut trouvé au jour du sabath amassant du boys, scavoir de peine de lapidation, comme il est recité au quinziesme chapitre du livre des Nombres. Et, affin que toute occasion soyt tollue audict peuple sur ce de murmurer, que les festes sollempnisables des sainctz soient, pour tout le royaulme, reduictes à certain nombre, sans que, en ung evesché, en soyt plus grand nombre sollempnisé que en autre, mys hors les festes des fondations des eglises, que chaicune parroisse puysse particulierement sollempniser.

Parce que, en plusieurs parroisses, tant ès villes que bourgs, bourgades et villages de ces dioceses, se trouve souvent grand nombre de pauvres indigens, qui souvent meurent de faim et de froict, à cause que la charité est fort refroidie, qu'il plaise à la Majesté royalle ordonner, que la pollice des pauvres des villes desdictz dioceses soyt faicte, gardée et observée à la maniere de la pollice de Paris, Lyon, Poictiers et autres villes, et scellon les arrestz de la court de parlement sur ce par cy devant donnez, lesqueulx soient entretenuz et executez reaulment et de faict, scellon leur forme et teneur, ès dictes villes desdictz dioceses, et que, à ce faire et souffrir et y obeyr, soient contrainctz tous les manans et habitans desdictes villes, tant ecclesiasticques que autres, par les juges et lieutenans particuliers de chaicun desdictz sieges et jurisdictions et chaicun de ceulx qui vacquera au faict de ladicte police, par les contrainctes mencionnées ès dictz arrestz et autres voyes deuhes et raisonnables, non obstant opposition ou appellacions, et sans prejudice d'icelles.

Toutesfois, il plaira à la Majesté du roy ordonner, que les chapitres, abbayes, prieurés et autres benefices estans ès dictz dioceses, esqueulx on a accoustumé, d'ancienne et louable coustume, faire aulmosnes, suyvant leur fondation, aux pauvres mandians passans pays et aultres leurs subjectz et necessiteux, ne puyssent iceulx chapitres, abbayes et autres benefices, estre taxez par les gens laiz à certaine grosse somme de denyers arbitraires et à leur volunté, comme ont faict, par cy devant, et font encores de present, sans avoir esgard aux fondations et anciennes institutions desdictz benefices, et sans y appeller lesdictz gens d'eglise et titulaires d'iceulx, sur lesqueulx ilz se dechargent desdictes aulmosnes et ne paient rien de leur part, ou quequessoyt bien fort peu, procedans, neanlmoins, contre eulx, pour lesdictes aulmosnes, par saisies de leur temporel, establissement de commissaires, pour tousjours les travailler davantaige, et à la grande diminution de leur estat et revenu, qui leur est charge insupportable avecques les autres charges qu'ilz ont soustenues et soustiennent, de jour en jour, pour l'obeissance et service de Sa Majesté, laquelle ilz supplient très humblement estre soulagez en ceste part, et n'estre plus en la mercy desdictz gens layz.

Et parce que, par cy devant, soubz certains pretextes, de leur propre mouvement, les procureurs scindicqs et fabricqueurs des parroisses, au grand mespris de l'eglise, ont esguaré et converty en usage prophane les denyers de leurs fabrices, joyaulx et cloches de leurs eglises, destinez pour le service divin, voires ont converty en leur propre usage et autrement alienné les terres, dommaynes et revenus des dictz fabrices, chose qui se doibt exemplairement corriger, qu'il plaise à Sa Majesté ordonner, que lesdictz procureurs scindicqz et fabricqueurs, manans et habitans soient contrainctz, par toutes manieres deues et raisonnables, remettre et restituer les choses susdictes en leur pristin et entier estat, et ce, par les juges ecclesiasticques des lieux.

Combien que, par ordonnance du roy sainct Loys et aultres roys de France, ayt esté souvent statué de punyr les blasphemateurs du nom de Dieu et de ses sainctz, ce neanlmoins, aujourd'huy, lesdictz blasphemateurs pullulent plus que jamais, voires par les petis et jeunes enfans. Plaise à la Majesté royalle faire garder ladicte ordonnance à la rigueur, et enjoindre à ses officiers y avoir l'oil et la faire garder, comme pareillement contre ceulx, lesqueulx, au mespris et contempnement du service divin, se promennent et confabullent ordinairement par les églises.

Le clergé desdictz dioceses, avecque expresse protestation de ne vouloir aulcunement blasmer la generalité des estatz, ne soy divertyr de la charité et amour plus que fraternelle qu'ilz leur portent, comme à membres d'ung mesme corps, remonstrent à ladicte Majesté royalle, que le plus souvent, en aulcuns lieux, le pauvre peuple de son royaulme est foullé et chargé des plus puyssans, leurs voisins, par tant de façons, qu'il ne leur est possible les supporter, et, toutesfoys, n'en peuvent avoir raison pour ne l'ozer demander, de crainte d'estre oultragez en leurs personnes, et les autres, parce que la justice, non obstant toutes les ordonnances faictes sur l'observacion d'icelle par les roys, ses predecesseurs, est tant longue et chere, qu'ilz auroient bien souvent plustot consommé leurs corps et biens, que obtenyr raison des tors et griefz qui leurs sont faictz.

Par quoy, ledict clergé supplie très humblement la dicte Majesté, qu'il luy plaise donner tel ordre, que tout son pauvre peuple et loyaulx subjectz puyssent vivre sans estre aucunement foullé des riches et plus puyssans ; aussy perseverer en la bonne et saincte volunté qu'il sera de le vouloir descharger, comme il a très bien commancé, des tailles, charges et autres subsides, que ledict peuple a, à si grande sueur et peine et neanlmoins liberallement porté, pour la necessité des guerres passées ; que, aussi, faire entretenyr les très sainctes ordonnances de la gendarmerie et vagabons.

Et parce que la noblesse doibt estre la conservation de tous les autres estatz, soubz l'auctorité du roy, supplye très humblement ledict clergé, qu'il luy plaise vouloir maintenyr lesdictz de la noblesse en leurs privilieges et prerogatives, affin qu'ilz aient plus de moiens et occasions de faire leur debvoir au service de Sa dicte Majesté, conserver la religion catholicque, et supporter les autres estatz sans iceulx fouller ne grever.

Pour obvyer aux troubles, seditions et tumultes, qui, aujourd'huy, sont en la crestienté pour la diversité d'opinions estans en la religion, a semblé advis à plusieurs, qu'il n'y avoyt autre meilleur remede que d'avoir ung concille general, que, aujourd'huy, icelluy clergé ne vouldroict empescher ne reffuzer de se y trouver, et y estre reglé scellon l'evangille, sainctz decrectz et ordonnances de l'eglise, si tant est qu'il se puysse faire et tenyr. Toutesfoys, ledict clergé veult bien remonstrer que lesdictz requerans ne scavent à quelle fin, ne quelle en sera l'yssue et utilité, si, après que, en icelluy, aura esté ordonné et statué quelque chose, il est cy après loysible aux subjectz, mesme de plus basse condition, de faire toutes choses contraires audict concille, en contemps et mespris d'icelluy, comme plusieurs ont faict, et font encores aujourd'huy, en mespris des autres precedans concilles. Pourtant, il est fort à craindre que on ne puisse avoir paix et tranquilité où c'est que l'auctorité des concilles, estatz, evesques, roys et princes n'est aucunement reverée, ne observée, car il y en a plusieurs qui desirent que nous soyons sans chef en nostre mere eglise, sans loy, sans roy, sans sacerdoce, sans sacrifice, sans sacremans et sans Dieu. A quoy plaise à la Majesté royalle pourvoir, et le dict clergé demeurera tousjours de plus en plus obligé et affectionné à continuer les devotes prieres et suffrages de l'eglise, pour l'entretien et augmentation de sa très sacrée couronne, avecque très humble et perpetuelle obeissance, suppliant très humblement Sa Majesté vouloir perseverer en ceste très saincte volunté de regler toutes choses à l'honneur de Dieu, augmentation de son très chrestien nom, bien, repoz et transquilité de tout son peuple.

Les articles susditz, contenans les remonstrances, plainctes et doleances du clergé des eveschés de Poictiers, Luçon et Maillezais ont esté veuz, approuvez, cloux et arrestez par nous, Mathurin Chaigneau, prevost et chanoine de l'eglise de Poictiers et vicaire general de reverend pere en Dieu monseigneur messire Charles de Peruze, *alias* d'Escars, esleu evesque dudict Poictiers; et Phelippes Grimouard, chanoine de l'eglise dudict Poictiers, aussi vicaire general de reverend pere en Dieu Jacques d'Escoubleau, evesque de Maillezay, tant pour ledict sieur reverend evesque de Maillezay que pour le clergé dudict Maillezay; René Guyot, soubzdoien et chanoyne de l'eglise de Luçon et official dudict Luçon, procureur specialement fondé de reverend pere en Dieu messire René Daillon, evesque, et du clergé dudict Luçon ; Clemens de Frendon, Anthoine de la Sayete, chanoines de l'eglise de Poictiers, Guillaume et Françoys Pommyers, chanoynes de l'eglise Sainct Hilaire le Grand dudict Poictiers ; Jehan Poictevyn, chantre de l'eglise Saincte Radegonde dudict Poictiers ; et Anthoine Angely, chanoyne de l'eglise Sainct Pierre le Puellier dudict Poictiers ; tous respectivement depputez pour le faict que dessus, tant par les chapitres des eglises susdictes que par le reste du clergé desdictz dioceses. Et, en foy et tesmoignage de tout ce que dessus, nous depputez susdictz avons signé et faict signer ces presentes, à noz requestes, par maistre Guillaume Favereau, notaire apostolicq juré et receu, et commys du secretaire dudict sieur evesque de Poictiers. Faict audict Poictiers, le vingt neufiesme jour d'octobre, l'an mil cinq cens soixante. M. Chaigneau. Phelippes Grimouard. R. Guyot. C. de Frendon. G. Poumier. F. Poumier. J. Poictevin. Anth. Angely. Favereau, notaire apostolicq et commys susdict.

III

Procès-verbal de l'assemblée du clergé du diocèse de Maillezais, tenue à Poitiers, pour donner procuration à l'archevêque de Bordeaux et à l'évêque de Maillezais, désignés par le roi pour la province, de représenter le clergé du diocèse de Maillezais à l'assemblée des prélats de France, qui devait avoir lieu à ce moment même à Paris. (Protoc. orig de J. Chauveau, notaire royal à Poitiers.)

4 mai 1573.

L'an de grace mil cinq cens soixante treze et le sixiesme jour du moys d'apvril, à nous Anthoine de Beaumont, escuier, prieur commendataire du prieuré de Nostre Dame de Courron, chanoine prebendé en l'eglise roïalle et seculliere monsieur Sainct Hilaire le Grand de Poictierz, et vicaire general de reverend pere en Dieu messire Henry d'Escoubleau, evesque et seigneur de Maillezais, ont esté baillées, par le messager ordinaire de Bourdeaulx à Poictierz, lectres de reverend monseigneur l'archevesque de Bourdeaulx, escriptes aud. sieur de Maillezais le dernier jour de mars dernier, par lesquelles il luy envoye aultres lectres des Majestez du roy, nostre sire, données à Fontainebleau le treiziesme dud. mois de mars, signées Charles et de Neufville, adrcissantes à mond. sieur de Maillezais, contenant qu'il auroit esté esleu et choisy avec led. sieur archevesque de Bourdeaulx, pour eulx trouver à Paris le xxme du mois de may, lors prochain, à l'assemblée de messieurs les prelatz esleuz de chaicune province de ce roïaulme. Et despuy, et le quatorziesme jour dud. mois d'apvril, aurions receu aultres lectres de mond. sieur de Bourdeaulx, du vi^e dud. mois d'apvril, avec lesquelles estoient lectres desd. Majestez, dattées de Fontainebleau le xxviiie dud. mois de mars, signées Charles et Brulard, par lesquelles est mandé à mond. sieur de Maillezais, que, pour certaines et grandes considerations, lesd. Majestez auroient advisé d'approcher le temps de lad. assemblée au dernier jour dud. mois d'apvril, luy commendant de rechef se trouver avec mond. sieur de Bourdeaulx aud. jour à lad. assemblée, pour en icelle meurement deliberer et prendre une bonne et saincte resolution, sur plusieurs grandz et urgens affaires concernant led. clergé, et, pour facilliter l'execution de ce que dessus, que tous les dioceses de ceste province passent procuration bonnes et amples à mesdictz seigneurs de Bourdeaulx et de Maillezais, depputtez et choisiz pour assister à lad. assemblée, ordonnée pour les affaires et aquictz dud. clergé, et pour traicter avec sesd. Majestez en ce que besoing leur sera et deppendra de leur auctorité, et, aussy, demander à nostre sainct pere le pappe ce qui se trouvera estre requis et necessaire, et, par mesme moïen, ouyr et terminer tous comptes, bailler quictances et revoquer les sindicatz et procurations passées, depputter nouveaulx sindicz et procureurs avec telles et semblables charges si besoing est, et delliberer de ce qui sera pour le bien et utilité dud. clergé, comme plus à plain appert par lesd. lectres desd. Majestez, et celles que mond. seigneur de Bourdeaux a sur ce escriptes à mond. sieur de Maillezais.

Suyvant lesquelles lectres, pour y obeir et satisfaire, voïans l'impossibilité de pouvoir convocquer le clergé dud. Maillezais aud. lieu, ainsy qu'on a acoustumé faire, au moïen des guerres qui sont en ce païs de Poictou et siege de la Rochelle, proche dud. Maillezais de quatre à cinq lieues, nous serions retirez par devant mons^r maistre Jean de la Haye, conseiller desd. Majestez et lieutenant general en Poictou, auquel aurions remonstré ce que dessuz, et prié nous y donner son conseil et advis, comme il auroict faict ès deux aultres precedentes convocations qu'il nous a convenu faire dud. clergé de Maillezais aud. Poictierz, puis le mois de novembre dernier, lequel, après avoir sur ce ouy les advocat et procureur desd. Majestez aud. Poictierz, nous auroict enjoinct faire assembler et evoquer led. clergé de Maillezais en ceste ville de Poictierz, comme est contenu par son procès verbal de luy signé en datte dud. quatorziesme apvril.

Sellon lequel advis, aurions faict imprimer grand nombre de mandemens et inthimations, contenans en sommaire la volonté desd. Majestez cy dessuz declairées, pour convocquer led. clergé dud. Maillezais au lundy quatriesme jour dud. mois de may, lors suyvant, en ceste ville de Poictierz, en la maison et convent des freres mineurs Cordelliers, heure de douze actendant une heure de rellevée, o inthimation que, non obstant le deffault et absence des beneficiers, seroict proceddé à l'execution desd. lectres par ceulx dud. clergé qui comparoistroint à lad. assignation sellon qu'il apartiendra, sans touttesfois tirer à consequence lad. convocation qui seroict faicte aud. Poictierz, mais seullement pour la necessité du temps et causes susd., laquelle convocation nous a esté impossible ordonner estre faicte à plus brief jour, veu le peu de temps qu'aurions receu lesd. lectres auparavant icelle, joinct la distance des lieux et endroictz des benefices dud. diocese et demourances de ceulx dud. clergé.

Lesqueulx mandemens et inthimations aurions envoiées aux archiprebstre et doïens dud. diocese de Maillezais, pour les faire scavoir et inthimer messieurs les abbez, prieurs, curez, communautez, et tous aultres beneficiers dud. diocese, ce que lesdictz archiprebstre et doïens auroient faict bien et deuhement, ainsy qu'il est porté par les procès verbaulx que à ceste fin nous ont envoiez.

Auqueld. jour quatriesme may, an susd. mil cinq cens soixante treze, nous serions transportez, à lad. heure de douze actendant une heure de rellevée, en lad. maison et convent des Cordelliers aïant avec nous maistres Michel et Jehan Chauveaux, notaires et tabellions roïaulx, jurez soubz la court du scel estably aux contractz à Poictierz pour le roy, nostre sire, et royne d'Escosse, douairiere de France, qu'aurions prins pour rediger par escript nostre present procès verbal et nous donner acte de tout ce qui sera faict à lad. assemblée, où se seroient couparuz, en leurs personnes, nobles et venerables maistre Philippes Grimouard, prevost et chanoyne de l'eglise de Poictierz et prieur curé de Collonges lés Roïaulx, et Louys de Byderen, prieur curé de Saincte Cristine; maistre Jehan David, procureur au siege roïal de Poictierz, assisté de m^e Jacques Brion, secretaire de monsieur l'abbé de Nyeuil, procureurs speciallement fondez de reverend pere en Dieu frere René Duplessys, abbé et seigneur dud. Nyeuil sur l'Autize; maistre Mathurin Gauvain, advocat au siege presidial dud. Poictierz, comme procureur special de venerable et discrette personne messire André Logeays, prebstre, curé et recteur de l'eglise parrochiale de Sainct Hillaire d'Eschaubrognes; led. Gauvain, comme procureur special des prieur, chapitre et convent de l'abbaïe de Sainct Pierre d'Oyrvault ; led. Gauvain, comme procureur speciallement fondé des relligieux, chapitre et convent de l'abbaïe de la Saincte Trinité de Mauleon ; maistre Jehan Thevenet, comme procureur special de messire Georges Roubault, prebstre, curé de la cure de Sainct Jouin de Mauleon ; led. m⁰ Thevenet procureur aussi special de noble et discret Nicolles Prevost, prebstre, doïen de Sainct Laurent sur Sayvre et prieur curé des Aulbiers, de maistre Anthoine Guidard, prebstre, prieur curé de Sainct Pierre de Voultegon et curé de Mortaigne, mʳᵉ Pierre Bouju, curé de Nostre Dame de la Seguyniere, mᵉ Aulbin Pinsonneau, curé de Sainct Aubin près Thiffauges, mᵉ Pierre Souleau, prebstre, curé de Sainct Martin l'Ars, mᵉ Denys Estourneau, prebstre, curé de Sainct Christophe du Bois, messire Jehan Coeffard, prebstre, curé du Puy Saint Bonnet, mᵉ Thomas de la Haie, prebstre, curé de Saint Malo, et de mᵉ Mathurin Bauldon, chappellain de la chappelle Saincte Catherine deservie à la Gaubertiere ; maistre Guy Violleau, comme procureur speciallement fondé de venerables et discrettes personnes messire Morice Geffard, curé de Montcoustant, Jacques Nicollas, curé de Nostre Dame de la Ronde, Pierre Guilloteau, prieur de Taillepied, Gilles Fourestier, curé de Nostre Dame de Bersuire, François Bonnaud, curé de Clazay, maistre Michel Cain, curé de Sainct Aulbin du Plain et maistre Jehan Dubreuil, curé de Courlay ; maistre Estienne Pellisson, procureur aud. siege, speciallement fondé de procuration de maistres Blaize Guerin, prebstre, curé de Sainct Clementin, Guillaume Lusson, prebstre, curé de Nerlu et Louis Meyrault, prebstre, curé d'Auzay près Fontenay le Compte ; led. Pellisson procureur special de mᵉ Mathurin Grimault, prebstre, curé de Sainct Nicollas de Bersuyre ; led. Pellisson procureur special de messire Nicollas Carré, prebstre, curé de Chiché ; led. Thevenet procureur special de m^{es} Louis Hervet, prieur curé de Sainct Varans, et René de la Roche, curé de Nostre Dame de Courron ; maistre Estienne Rondaud, comme procureur de maistre Mathurin de Feriere, prieur curé de la cure de Nostre Dame la Thessoualle ; led. Gauvain, comme procureur de messire Bertholomé Dourdon, prebstre, prieur curé de Geay, de m^e Jehan Blandin, curé de Pierrefict, et de Jehan Roy, curé de Saincte Gemme ; led. Gauvain, comme procureur de m^e Mathurin Fuzeau, prebstre, curé de l'eglise parochialle de Bertignolles ; messire Raoul Rousseau, prebstre, comparant par m^e François Moreau, son procureur special ; led. Thevenet, comme procureur special de venerable maistre François Tiraqueau, curé de Nostre Dame de Fontenay ; led. Thevenet comme procureur special de venerable m^e Symes Levesque, curé de l'eglise de Nostre Dame de Fontaines, lès led. Fontenay ; led. Thevenet, comme procureur special des relligieux et convent dud. Maillezais, et de maistre Guillaume La Veuve prebstre, curé de l'Hermenaud, et de m^e Michel Bienvenu, prebstre curé de Sainct Remy de Pouilhé ; comme les dessusd. procureurs ont informé par procurations speciales, passées pour cest effect par les dessusd. beneficiers dud. clergé de Maillezais, lesquelles ilz ont mis entre les mains de nousd. de Beaumont, vicaire general susd.

A tous lesqueulx dessusd., et esd. noms, avons faict faire lecture, par led. m^e Jehan Chauveau, desd. lectres d'icelle Majestez et de mond. seigneur l'archevesque de Bourdeaulx, et leur avons faict savoir et declairé la volonté, intention et commandemens desd. Majestez contenuz cy dessus, et que, pour y obeyr et satisfaire, est besoing aud. clergé de Maillezais passer procurations, bonnes et amples, à mesdictz seigneurs les archevesque de Bourdeaulx et evesque de Maillezais, pour assister à lad. assemblée desd. prelatz de France en lad. ville de Paris, pour, par eulx consentir, pour led. clergé, le contenu desd. lectres.

Sur quoy a esté dict par les desusd. Grimouard et de Bideren, presens, et par les aultres desusd., au nom et comme procureurs desd. de clergé cy dessuz nommez, tous representans le clergé dud. diocese de Maillezais, deliberé, conclud et arresté, et en tant que nousd. de Beaumont, vicaire general susd., pouvons et debvons, concluons et arrestons, de remonstrer, en premier lieu, esd. Majestez, qu'ilz sont ses très humbles et obeissans subjectz et serviteurs, aïans tousjours contribué, pour leur cotte part, à touttes les subventions, tant ordinaires que extraordinaires, qu'il leur a pleu demander aud. clergé, non, touttesfois, sans grande peyne et travail, mesmes qu'ilz sont contrainctz païer, oultre leur cotte part desd. subventions, la part des beneficiers dud. diocese dont le recepveur d'icelles subventions ne peult estre païé, obstant que les benefices sont demourez, au moïen des guerres, vagues et delaissez, et qu'ilz ont tousjours obey auxd. commendemens desd. Majestez, les supplians très humblement avoir esgard aux grandes callamitez, infinies pertes, saccagemens, pilleries et brusleryes, qu'ilz ont heu et souffert, pour avoir esté quasi continuellement en guerre, puys l'an v^e soixante deux jusques à présent, leurs eglises et maisons pillées, saccagées, brullées et ruynées avec leurs tiltres, leurs fruictz et aultres biens prinz et enlevez, leurs possessions, dixmes, temporel et annuelz revenuz occuppez par plusieurs personnes, qui les ont detenuz et encores detiennent à present, les ungs par force et violence, les aultres parce que ceulx dud. clergé ne peuvent et ne scauroient les faire convenir, tant pour le peu de moïen qu'ilz ont, que, aussy, pour la perte de leursd. tiltres et grandes difficultez qui se presentent en telz affaires, voires que, s'ilz en vouloient faire poursuicte, leur vie en seroict en dangier, joinct que toutte administration de justice a cessé et leur a esté desnyée, tant durant les precedentes guerres, que encores despuis dix mois en ça qu'il ne s'est faict aulcun exercice de justice en tout le païs de Poictou, de maniere que les rentiers et debvenciers n'ont voullu et ne les veullent païer, sachans qu'ilz n'y peuvent estre contrainctz par voye d'icelle justice; et sont lesd. de clergé, par le moïen des presentes guerres, et mesmes à cause du camp et siege de la Rochelle, la gendarmerie estant esparse partout led. diocese, qu'ilz ont tousjours heu despuis led. siege et encores ont sur leurs braz, en tel dangier, qu'ilz n'osent demourer en leurs maisons, aïans esté contrainctz, pour la seuretté de leurs vies, les abandonner, n'estans lesd. du clergé non plus respectez par les gens de guerre qui jornellement viennent courir, fourrager, et emporter tous les fruictz et aultres biens qu'ilz peuvent trouver en leurs maisons, que ceulx qui ont estés rebelles esd. Majestez, tellement qu'ilz n'ont moïen de vivre. Et partant, supplient très humblement et à mains joinctes lesd. Majestez, de recepvoir et avoir esgard à leurs plainctes, doleances et remonstrances que dessuz, et avoir commiseration de leurs calamitez, ruynes et pauvretez, leur baillant et delaissant (s'il leur plaist) moïen de vivre pour l'advenir, qui leur sera acroistre la volonté qu'ilz ont de prier Dieu pour leurs bonnes prosperitez, tout ce que, touttesfois, ilz entendent conformer à leurs bons plaisirs, requerans très humblement lesd. du clergé mesd. seigneurs de Bourdeaulx et de Maillezais, eleuz et deputtez susd., de presenter esd. Majestez à lad. assemblée leurs remonstrances, qu'il seroict impossible deduyre ne discourir les pertes en telle grandeur qu'elles sont.

Et neantmoins, pour satisfaire au contenu desd. lectres d'icelles Majestez, ont lesd. Grimouard et de Bideren, prieurs susd., et lesd. Gauvain, David, Thevenet, Pelisson, Moreau, Violeau et Rondaud, ou nom et comme procureurs specialement fondez des beneficiers et clergé dud. diocese de Maillezais cy dessuz nommez, congregez et assemblez pour l'effect que dessuz, faisans et representans partye dud. clergé de Maillezais, pour ce personnellement establys en droict en la court du scel estably aux contractz à Poictierz pour le roy, nostre sire, et royne d'Escosse, douairiere de France, constitué et constituent, par ces presentes, leurs procureurs generaulx et speciaulx, messeigneurs les reverendz archevesque de Bourdeaux et evesque seigneur de Maillezais, auxqueulxd. reverendz lesd. constituans, esd. noms, ont donné et donnent, par ces presentes, plain pouvoir, auctorité et mandement special de comparoir pour et au nom desd. constituans, en la ville de Paris, à l'assemblée ordonnée par la Majesté du roy y estre faicte d'aulcuns prelatz des dioceses et clergé de France pour les affaires et aquict du clergé; et illec entendre ce qui sera dict et remonstré par celluy ou ceulx qui seront depputtez pour cest effect par lesd. Majestez, et, avec eulx et aultres qu'il appartiendra, traicter de ce qui sera necessaire pour le service de Dieu et reformation dud. clergé suivant les sainctz decrets et concilles; mesmes assister à l'audition, examen et clousture des comptes qui pourroient estre presentez, tant des deniers levez sur led. clergé ès années passées par auctorité de Sad. Majesté pour subvenir à ses grandz et urgens affaires, que de la despence qui auroict esté faicte desd. deniers; bailler, consentir et accorder quittance en forme deuhe du reliqua qui proceddra desd. comptes, icelluy preallablement receu; revoquer les sindicz et procureurs qui ont esté cy devant constituez par led. clergé, on cas qu'ilz eussent malversé en leurs charges et fussent trouvez en negligence notable, et, si mestier est, en depputter de nouveaulx qui aient telles ou semblables charges que celluy ou ceulx qui seront revoquez; et, au surplus, delliberer de ce qui sera necessaire pour le bien, proffict et utillité du clergé dud. diocese, et pour la vallidité et auctorisation de la resolution qui y sera prinse; faire et presenter, tant à nostre sainct pere le pappe, qui à present est, que à la Majesté du roy, très humbles supplications et requestes que leur bon plaisir soict de maintenir ceulx dud. clergé en leurs personnes, immunitez, privileges, franchises, libertez, exemptions, sans souffrir ne permettre qu'ilz soient aulcunement troublez ne empeschez, pour quelque cause et occasion que ce soict, promettans lesd. constituans, en bonne foy et soubz l'obligation et hypotheque du temporel dud. clergé de Maillezais, avoir agreable ce que par mesd. seigneurs les archevesque de Bourdeaux et evesque de Maillezais, leurs procureurs, sera en ce que dessuz, pour le bien, proffict et utilité dud. clergé et non aultrement, dict, geré, negotié et arresté. Dont ilz ont esté jugez et condamnez à leurs requestes, par nousd. notaires, par le jugement et condampnation de lad. court, à la jurisdiction, cohertion et compulsion de laquelle les constituans, esd. noms, se sont soubzmis et les biens dud. clergé.

Dont et desquelles choses, nousd. de Beaumont, vicaire general susd., avons requis acte esd. Chauveaux, notaires susd., qu'il nous ont octroïé par nostre present procès verbal, qu'avons signé de noz seings, faict sceller du sceau dud. reverend, et signer esd. notaires aud. Poictiers les jours et an susdictz. DE BEAUMONT. PHILIPPES GRYMOUARD. DE BYDERAN. M. CHAUVEAU. J. CHAUVEAU.

IV

Remontrances du clergé du diocèse de Poitiers; protestations et désaveu à l'encontre des prélats; révocation de toutes procurations consenties à eux ou à tous autres; procuration pour signifier le tout. (Copie du temps, pap.; Arch. de la Vienne, G. 395.)

Vers 1573-1574 [1].

..... [2]. Tous les susd. ont esté unanimement d'advis de

---

1. Cette date est déterminée par le contenu même de la pièce. Il en ressort évidemment qu'elle est antérieure à la mort de Charles IX, et il parait en ressortir qu'elle est postérieure à la précédente.
2. Le commencement fait défaut. Ce n'était qu'un préambule.

faire et proposer, les prieres, remonstrances et aultres choses et dires dont la teneur s'ensuyt.

Très humbles remonstrances et devotes prieres, que le pauvre et desolé clergé du pays de Poictou supplie très humblement à la Majesté du roy voulloir et prandre en bonne part, affin qu'il luy plaise de continuer tenir la main, comme roy très chrestien, à la conservation de l'estat ecclesiastique et entretiennement de nostre saincte religion catholicque, apostholicque et romayne, ensemble du service divin, qui se faict continuellement par ledict clergé à l'honneur de Dieu, pour la prosperité et accroissement de la grandeur de Sa dicte Majesté, et repoz de tous les estas de son royaulme.

Premierement, lesdictz du clergé de Poictou recongnoissent, en toute humilité, la bonne et saincte volunté que le roy porte à l'eglise comme filz très chretien d'icelle, ensemble les faveurs que tout l'estat ecclesiastique a receu de Sa Majesté et du roy de Poulloingne, monsieur son frere, ont protesté et protestent de leur preter toute humble obeissance, et les services à l'advenir de tous les moyens licites qu'ilz pourront avoir.

Toutesfoys, supplient aussi très humblement Sa Majesté considerer de quel zele ses ancestres très chretiens, roys de ce tant noble royaulme, ont embrassé et soustenu, avecques l'estat ecclesiasticq, la saincte religion catholicque, apostolicque et romaine, laquelle ilz ont tousjours congneu et experimenté estre le plus ferme pillier, soustenement et appuy pour conserver ceste antique et excelente monarchie; aussi que, rememorant noz histoires, il ne se trouvera, despuys nos premiers roys chretiens, que jamays l'estat ecclesiasticque ayt esté travaillé, que soubzdain tout le reste du royaulme ne s'en soyt grielvement senty, comme, au contraire, soubdain qu'il a pleu à Dieu inspirer Leurs Majestez de soullaiger le clergé, en luy baillant moyens de vacquer en tranquilité à sa vocation, qui est d'assidues prieres, oraisons, aulmosnes, hospitalité, lecture, estude, interpretation et predication de la parolle de Dieu, administration des sainctz sacrementz, visitation et confort des affligiez, restauration et entretiennement des eglises et edifices ecclesiasticques, et aultres œuvres charitables et de pieté, aussi, incontinent, le residu du royaulme en a esté grandement soulaigé, recouvrant bien tost après repoz, paix et tranquilité. Car il est tant certain et assez experimenté, que la seulle religion bien entretenue faict plus seurement et mieulx regner les roys et doulcement se comporter les peuples soubz leur obeissance que toute force d'armée, ou aultre moyen inventé et conduict par l'industrie des hommes.

Pour ces causes, suyvant la volunté de nostre Dieu, ont esté longuement entretenues et conservées les immunitez, franchises et libertez, octroyées, tant par nos sainctz peres les papes de Rome que par les roys très chretiens, ancestres de Sa Majesté très chretienne, et par Sa Majesté, ès eglises, personnes et biens ecclesiasticques, c'est à dire desdiez et vouhez particulierement au service de Dieu ; lesquelles immunitez, franchises et libertez, par saincte et fort antienne institution, ung chascun roy jure garder et entretenir à son advenement à la couronne, ce qui meut le roy sainct Loys, entre aultres, de faire une ordonnance ou sanction pragmaticque que aulcuns, voyres le pape mesmes, ne pourroit lever aulcuns deniers sur le clergé de France, que, au prealable, le roy et le clergé ensemblement n'eussent consenty. L'on trouve assez, par les histoires de noz majeurs, comment, quant telles ordonnances ont esté bien gardées, elles ont apporté ung mervilheux fruict à ce royaulme, comme aussi le contraire a produict contraire effect.

Et si l'on a pourtant congneu, par longue et assez frequente experiance, que le clergé de France, n'ayant moings, voyres ayant ordinairement plus de soucy du bien des aultres estatz que du sien propre, n'a jamays failly, à toutes les occasions qu'il a peu, d'ayder et secourir charitablement, par octroys gratuitz et de bonne volunté, Leurs Majestez, vraiz protecteurs et defenseurs, tant du dict clergé, que de tous les aultres estatz du royaulme; et, pour plus grande assurance dudict secours, s'y sont cy davant quelquefoys obligez par contractz exprez, qu'il a pleu à Leurs Majestez faire avec eulx, esquelz contraictz, et à leurs promesses y contenues, ilz se sont tousjours efforcez satisfaire à leur possible.

De sorte que, croissans les affaires, par l'obstinée rebellion des adversaires de nostre Dieu, de sa saincte religion et du roy, ledict clergé, mesmement en Guyenne et Poictou, s'est tant espuisé par octroys et subventions, que, tant s'en fault qu'il luy reste aulcun moyen d'y continuer pour le present, que la plus part des particuliers d'icelluy, faisans plus que leur pouvoir, sont encores grandement obligez vers leurs parens et amis des emprunctz qu'ilz ont faictz d'eulx pour y subvenir. Car, il est tout notoire que ce que lesdictz du clergé, mesmement ès dictz pays, ont peu retirer de leurs benefices, despuys douze ou treze ans en ça, ne scauroit avoir suffict pour les entretenir en mediocrité, honesteté ; tant s'en fault qu'ilz en eussent peu retirer les subventions qu'ilz ont fornies.

Et, pour le jourd'huy, est le pays ruyné de telle façon que la pluspart des laboureurs et collons, et, avec eulx, bon nombre du clergé, sont contrainctz de mandier.

Aussi, comme la guerre apporte ordinairement avec elle toutes especes de maulx, la justice y est en tel mespris, que grand nombre de benefices et biens ecclesiasticques sont occupez par gens laicz, qui ne se soucient beaucoup d'y faire aulcun service ne payer aulcun debvoir à ceulx qui le font.

Les ungs disent qu'ilz sont d'aultre religion, et, par ce, ne se soucient du service ; les aultres, que leurs predecesseurs ont donnez les biens à l'eglise, et qu'il fault qu'ilz retournent à leurs maisons plustost que de les laisser vandre par le clergé, comme il a esté commandé, pour subvenir ès affaire du roy, qu'ilz appellent pour leur faire la guerre ; les aultres, par droict de bienseance, et aultres telz propoz sans raisons, qui ont toutesfoys lieu, et dont ilz se font croir, quand la justice n'est assez aucthorisée ; et ne reste au pauvre ecclesiasticque pas grand moyen d'en faire poursuitte.

Et, comme l'on sçaict, la barbare cruaulté des susdictz rebelles, qui n'a esté assovye de se monstrer si inhumainement, en volant et ravissant partout les biens d'eglise et se souillant au sang d'ung bon nombre des ecclesiasticques, mesmement ou dict pays de Guienne et de Poictou, s'est, en oultre, si desbordée sur les pierres mesmes et ediffices, tant des eglises que des maisons et aultres ediffices ecclesiasticques dudict pays, qu'il ne s'y trouve bonnement pierre sur pierre, ne aulcun lieu pour faire le service divin qui n'ayt senty leur rage et fureur.

A ceste occasion, le pauvre clergé de Poictou implore, en toute humilité, l'ayde et secours de Sa Majesté, la suppliant très humblement les regarder de son œil de pitié, et leur bailler moyens de remettre leurs eglises et lieux sainctz dediez à Dieu et à son sainct service, et aussi, en ce faisant, donner couraige et volunté aux hommes doctes et de bonnes mœurs se mettre de l'estat ecclesiasticque, pour faire à nostre createur service agreable, qui l'induise à octroyer une pardurable paix, union et repoz à ce royaulme tant affligé.

Car, l'estat ecclesiasticq demourant ainsi desolé et affligé, il se trouvera bien peu d'hommes qui en vueillent estre, au grand detriment et diminution du service que nous debvons à Dieu, et pour la continuation duquel si grand nombre de roys, princes, grandz seigneurs et aultres notables personnes, zelateurs de l'honneur de Dieu, ont fondé et dotté le nombre des eglises que nous voyons en ce royaulme, lesqueulx seroient, contre tout droict, tant divin qu'humain, frustrez de leurs bonnes et sainctes intentions, si les biens par eulx delaissez pour cest effect estoient tellement applicquez ailleurs, que le service de Dieu en fust delaissé ou diminué.

Ce qui est desja advenu, au grand regret dudict clergé, et adviendra necessairement davantaige, au grand peril de noz ames et avec crainte de plus grande indignation divine, si, de brief, l'on ne pourvoit à la restauration des dictes eglises et bastimentz ecclesiasticques, et, aussi, si on ne laisse pour le moings quelque peu de moyen de respirer audict pauvre clergé, voyres si on ne leur faict quelque secours et faveur, qui puisse induyre et attirer doresnavant les jeunes hommes nourriz ès lettres et bonnes mœurs à suyvre l'eglise de Dieu et embrasser l'estat ecclesiasticque, pour y faire leur debvoir en plus grande tranquilité qu'ilz n'ont peu faire de nostre temps. A quoy le dict pauvre clergé supplye très humblement Sa Majesté voulloir pourvoir de remede convenable, et sur ce executer la bonne et saincte volunté qu'elle a tousjours monstré avoir de ce faire.

Supplie aussi humblement le dict pauvre clergé de Poictou messeigneurs les prelatz, qui monstrent avoir bonne volunté de regarder et pourvoir ès affaires du clergé, adherer ès humbles remonstrances susdictes, et, oultre, considerer que le premier soucy qu'un chascun chretien doibt pour le jourd'huy avoir est appaiser l'ire de Dieu, à bon droict irrité contre nous, tant pour le mespris de son service, pollution de ses eglises et lieux sainctz, massacrez et aultres injures faictes à ses prebstres, ministres de ses sainctz sacrementz et commandementz, que semblablement pour le par trop grand nombre d'aultres offenses et pechez de tout le peuple ; et, à ceste fin, inciter à leur possible Sa Majesté de permettre, le plus briefvement que faire se pourra, une generalle et libre convocation de tout le clergé de France en la ville de Paris, pour pareillement faire une generalle, saincte et pardurable reformation en l'eglise gallicane, ce que le dict pauvre clergé de Poictou supplie très humblement Sa dicte Majesté de voulloir accorder. Car, lors estant, soubz ceste bonne intention, assemblé generallement le dict clergé, le Sainct Esprit, sans doubte, ouvrira assez de moïens pour pourvoir au tout, tant pour le faict de la dicte generalle reformation, restauration des lieulx sainctz, et augmentation du petit nombre de personnes dediées particulierement au service de Dieu et de son eglise et reglement d'iceulx, que pour le soullagement et subvention temporelle que peuvent requerir les urgens affaires de Sa Majesté. Ce qu'ilz n'ont oppinion que mes dictz seigneurs les prelatz vueillent entreprandre seulz, et ne voyent, en sayne conscience et scelon Dieu, se pouvoir aultrement faire qu'en la dicte assemblée generalle. Quant aux ouvertures et moyens qu'on propose pour tirer prompt secours pour subvenir ès affaires de Sa Majesté, le dict pauvre clergé dict en toute humilité qu'ils les pensent estre très perilleux, defenduz par les concilles generaulx et sainctz decrectz, et lesquelz ilz ne peuvent, scelon Dieu et leur conscience, accorder, comme tendans à l'eversion de l'estat du roy et ruyne de la hierarchie ecclesiasticque.

Et, en tout evenement, led. pauvre clergé de Poictou supplie très humblement Sa Majesté, et aussi messeigneurs les prelatz, ne trouver mauvaiz s'ilz ne consentent à mesd. seigneurs les prelatz sur ce que dessus, circumstances et deppendances, et tous aultres affaires qui concernent le clergé, aultre pouvoir que de droict, et s'ilz les desadvouhent et protestent à l'encontre d'eulx, comme de faict ilz les desadvouhent, protestant où ilz auroient quelque chose attenté ou innové, ou s'esforceroient cy après attenter ou innover, au contraire du contenu cy dessus ou aultrement, ès affaires spirituelz et temporelz de l'eglise ou qui en deppende, de soubz le bon plaisir et congé du Sainct Siege apostolicq et de Sa Majesté très chretienne, se pourvoir par oppositions, appellations comme d'abuz, attentaz, et aultres voyes de droict, comme contre entreprinse faicte par particulier sans legitime pouvoir, ains contre l'honneur de Dieu, les sainctz decretz et tout droict, tant divin qu'humain, comme il se peult juger par les moyens et ouvertures susd., envoiez par les dictz particuliers prelatz. Et, pour ces causes et aultres justes considerations, ont lesdictz du clergé du diocese de Poictiers revocqué, et revocquent, toutes et chascunes les procurations et pouvoirs, qui se trouveroient avoir esté par cy davant données et accordées esdictz seigneurs prelatz et aultres quelzconques, au nom du dict clergé du diocese de Poictiers, et mesmement la procuration en date du [   ]¹ dernier, signée [   ]², consentye à messeigneurs.

Et, pour proposer partout où il apartiendra et faire inthimer et signiffier les remonstrances, prieres, supplications, requestes, declarations, protestations, revocations, desadveuz et aultres dires et allegations susdictes, ont lesdictz du clergé du diocese de Poictiers faict et constitué ³....

V

Remontrances des officiers de justice, élus, maires, échevins et principaux habitants des villes de Niort, Fontenay-le-Comte et Saint-Maixent, assemblés à Niort par l'ordre du comte du Lude, gouverneur du Poitou, en vertu et pour l'exécution d'une commission du duc de Montpensier. (Copie du temps, pap.; Arch. de la Vienne, F. 1.)

12 août 1574.

Remonstrances que font à monseigneur duc de Mont-

1.-2.-3. En blanc.

pencier, pair de France, lieutenant general pour le roy en ces pays de Bretaigne, Poictou, Xainctonge, Angoulmoys et aultres où le service de Sa Majesté se presentera, les officiers de la justice, esleuz sur le faict des tailles des villes de Nyort, Fontenay le Conte et Sainct Maixant, maire, eschevyns et princippaulx habitans des dictes villes, assemblez en ceste ville de Niort, par vertu et pour l'execution de la commission de monseigneur le duc du neufiesme jour du present moys d'aougst, par le commandement de monseigneur le conte du Lude, gouverneur et lieutenant general pour le roy en ce pays de Poictou.

Premierement, remonstrent que, pour satisfaire à ce qu'il a pleu à mon dict seigneur le duc leur commander, par ses dictes lettres de commission de renvoy des memoires, advertissemens et ouvertures, par escript presentez à sa grandeur de la part de Amorry Bourgougnon, marchant munyssionnaire des vivres de siege estant l'année derreniere, mil cincq cens soixante treze, devant la ville de la Rochelle, pour la nouvelle entreprinse du fournissement des vivres de l'armée du roy, conduicte par mon dict seigneur en ce pays de Poictou pour la reduction des villes et places occuppées par les ennemys, ilz se sont promptement et à diverses foys assemblez au dict Nyort, pour conferer avecq le dict Bourgougnon, adviser et resouldre des meilleurs moyens et conditions de la fourniture des vivres pour deux moys et demy, qui est le temps contenu par la dicte commission. Et, après plusieurs particulliaritez et raisons deduictes d'une part et d'aultre, a esté par eulx convenu avecq icelluy Bourgougnon, qu'il fera et entretiendra la dicte fourniture durant le dict temps aux pris, charges et conditions portées par les articles pour ce accordez entre les deputtez des dictes villes de Nyort, Fontenay et Sainct Maixant et le dict Bourgougnon, envoyez à mon dict seigneur avecq les presentes remonstrances, pour iceulx ratiffier, et expedier ces commissions necessaires pour la levée des sommes de denyers mentionnez par les dictz articles, tant sur les benefices des eveschés de Poictou, Luçon, Maillezay, Xainctes et Angoulesme, que sur les habitans des dictz pays et d'Aulnys, actendu que, en tous les dictz pays, y a villes et places fortes occupées par les ennemys, et la pluspart des revenuz des dictz benefices par eulx joys.

Que s'il est requis plus particulliers offres des habitans des dictz pays, il plaise à Sa dicte Majesté, ou à mon dict seigneur le duc, leur octroyer commission pour les assembler la part qu'il sera ordonné, ce qui sembleroit estre bien requis.

Mays, pour ce qu'il est du tout impossible de pouvoir, en si peu de temps, reduyre les villes et places fortes occuppées aus dictz pays, et speciallement la ville de la Rochelle, qui est la princippalle, et en laquelle se sont, depuis quinze ans en cza, faictes touttes les entreprinses, menées, complotz et deliberations pour subvertir l'Estat et ruyner les subjectz de Sa Majesté, et dont se sont ensuyviz tous les troubles et guerres cyvilles, et mesmes les presens, les susdictz supplient très humblement Sa dicte Majesté, et mon dict seigneur le duc, voulloir prandre, avecq mon dict seigneur le gouverneur, soubz l'auctorité duquel ils ont tousjours esté mainctenuz et conservez, une derreniere resolution pour l'entretienment de la dicte armée, ou aultre plus grande, aus dictz pays, non seullement pour les dictz deux moys et demy, mais la voulloir entretenyr tant et si longtemps qu'il en sera besoing et necessité, et jusques à ce que les dictz pays de Poictou, Xainctonge, Angoulmoys et d'Aulnys soyent du tout purgez des ennemys et rebelles qui occuppent les dictes villes et places fortes, et qu'elles soient entierement reduictes en l'obeissance de Sa dicte Majesté. Et, pour à ce parvenyr, ils la supplient, aussi très humblement, et mon dict seigneur, pour evyter à la rupture de la dicte armée, soit par une poursuitte que pourroient faire les dictz ennemys envers le roy à son nouvel evenement en France, abuzant de sa begninyté, grace et bonté acoustumée, pour obtenyr quelque edict de passiffication ou aultre cessation d'armes, voulloir remectre en mémoire et considerer ce qui s'ensuyt, actendu que les dictz ennemys s'assurent par leurs jactances d'obtenyr la dicte cessation.

Scavoir est, que chascun a eu assez de congnoissance, que depuys le dict temps de quinze ans en cza, de combien ont importé en ce royaulme les dictz troubles et guerres civiles et la tollerance des causes d'iceulx, et de quelz pretextes les aucteurs des dictz troubles se sont aidez.

Que sy, dès le commencement d'iceulx troubles, et mesmes en l'année cinq cens soixante deux, au lieu d'entrer an traicter et accord d'ung ecdict de passiffication, l'on eust poursuyvy les ennemys avecq les grandes forces que le roy avoit lors et après tant de belles victoires, il est bien certain que Sa dicte Majesté n'eust esté en peyne de prandre les armes, comme elle en a esté depuys contraincte, ès années soixante sept, soixante huict, soixante neuf, soixante douze et l'année presente, soixante quatorze, que les dictz ennemys ayans, par ingratitude, mis en obly les graces que Sa dicte Majesté leur avoit faictes par divers ecdictz de passiffication, leur avoir remys et pardonné par iceulx des faultes du tout irrimiissibles, estans les dictz troubles la seulle cause de la consommation des tresors et finances de Sa dicte Majesté et ruyne de ses subjectz, et specialement des gens du tiers et comung estat des dictz ys de Poictou, Xaintonge et Angoulmoys, ausquelz les chiefz des dictz rebelles, et plusieurs leurs complices, se sont retirez et faict tous leurs complotz et entreprinses, aux despens, touteffoys, des dictz du tiers estat, car, en tous les dictz troubles, l'on a veu que les gentillyommes huguenotz rebelles et les catholicques se sont comportez les ungs avecq les aultres sans perte de leurs biens, et demeure la charge entiere sur le dict tiers estat, ce que l'on voyt encores se praticquer et continuer en ces presens troubles, chose notoire à chascun.

Aussy, que les gens de guerre d'une part et d'aultre, si et quant ilz sont prins les ungs par les aultres, sans discerner ceulx qui combattent et mettent leurs vyes en hazard pour l'honneur de Dieu, tuission et deffension de l'eglise catholicque, appostollicque et romaine, service de La Majesté, conservation de son Estat et repoz publicq, et ceulx qui, au contraire, en sont du tout ennemys, se renssonnent en pareille forme, ou sont eschangez les ungs pour les aultres, qui a entretenu jusques aujourd'huy les dictz troubles et rebellions contre Sa dicte Majesté, les laissans inpugnys et sans recongnoissance de ceulx qui font leur debvoir pour le service de Sa dicte Majesté.

Quy plus est, l'on a veu et veoid encores, que, à l'occasion des dictz troubles, les dictz ennemys et rebelles ont tant faict par leurs mennées et malheureuses entreprinses, que l'honneur de Dieu a esté et est quasy du tout ensepvely, le service dyvyn cessé par tous les dictz pays depuys le commancement des dictz troubles jusques à present, tant à cause de la continnuation des dictz troubles, viollente demollition de temples et lieulx sacrez, volleryes et saccagemens des meubles precieulx d'iceulx, que pour avoir esté la pluspart et quasi tous les mynistres de l'eglise inhumement thuez et massacrez par les dictz rebelles.

Daventaige, la justice, qui soulloit faire aultant ou plus paroistre l'auctorité du roy que touttes aultres choses, et est le seul moyen de chastiment et execution des dictz rebelles, a esté aussi du tout mise à mespris et depposée de son siege, et, depuys, n'a peu estre remise ne restablye, à cause de la continuation des dictz troubles, tesmoing la discontinuation des grandz jours derriere commencez à tenyr à Poictiers; et de tel deffault se sont ensuyvyes les miseres et callamitez ausquelles les dictz du tiers estat sont long temps à succombez.

Celles mesmes ou plus grandez callamittez, à cause des presens troubles, pourroient encores cy après continuer et prandre long traict, qui ne pourroit estre que avecq le mesme prejudice et diminution de l'auctorité de Sa Majesté, et à la totalle ruyne des dictz du tiers estat, d'aultant que l'on a veu, par plusieurs experiances, que telles parties se sont jouhées, comme il est dict cy devant, à leurs despens, dommaiges et interestz, avec la consommation des finances de Sa dicte Majesté; et est mallaisé de y pouvoir mectre une fin, si ce n'est avecq l'entretienement d'une bonne et forte armée, bien reglée, nourrye et entretenue, et conduitte par ung prince aymant et craignant Dieu, et ayant le service du roy et le repoz du peuple en singulliaire recommandation et affection, ou de mon dict seigneur le gouverneur, assez congneu de telle callification, et agreable au pays et peuple d'icelluy.

Or, ceste commodité estans mainctenant presente et commode, par le moyen de l'armée conduitte en ce dict pays de Poictou par mon dict seigneur le duc de Montpencier, et que les dictz du tiers estat sont bien assurez de sa bonne et saincte affection, comme aussi ilz sont de celle de mon dict seigneur le gouverneur, et qu'ilz n'abandonneront la dicte armée sans la bien exploicter et employer à l'encontre des dictz rebelles, comme sa grandeur a promis et protesté par ses dictes lettres du neufiesme jour du present moys d'aougst, premierement pour l'honneur et la gloire de Dieu et remectre son eglise en son premier estat, secondement pour le service du roy et reduction de ses villes et places occupées, et tiercement pour le bien, repoz et transquillité du peuple tant oppressé des dictz pays de Poictou, Xainctonge, Angoulmoys et d'Aulnys, et, par consequent, du reste de ce dict royaulme:

Touttes ces choses mises en consideration avecq ce que

mon dict seigneur declaire par ses dictes lettres, que les moyens de l'entretienement et nourriture de la dicte armée ne sont à present entre les mains du roy, et que, à la veue et congnoissance d'ung chascun, les ennemys de son Estat et du peuple, oultre la surprinse et occupation de ses dictes villes et places fortes, ont prins et prennent les denyers de ses receptes, et font continuer la levée d'iceulx sur le peuple, librement et sans contredict, au deffault de la dicte armée, et que, des dictz denyers, ensemble du revenu des biens ecclesiasticques qu'ilz jouissent par force, et aultres moyens dont les dictz ennemys se scavent très bien ayder, ilz en font et continuent la guerre.

Les dictz deputtez supplient d'abondant mon dit seigneur le duc, et mon dict seigneur notre gouverneur, que, par leur moyen et faveur, il plaise à Sa dicte Majesté leur voulloir accorder que la dicte armée, avecques telle augmentation que icelle Majesté advisera, sera entretenue au dict pays de Poictou, Xainctonges, Angoulmoys et d'Aulnys, usques à ce que les dictes villes et places occuppées soient du tout reduictes en son obeissance, et les ennemys du tout debellez.

Ce faisant, avecq le congié du dict seigneur leur gouverneur, ilz y pourront employer leurs biens, moyens et facultez, pour entretienement, nourriture et solde d'icelle armée, pourveu que l'on donne ordre de faire vivre les gens de guerre d'icelle, tant de cheval que de pied, doulcement et paisiblement avecq le peuple, et qu'il ne luy soit prins, pillé ne saccagé aulcune chose, si ce n'est sur les ennemys et en faict de guerre. Et, pour leur donner moyens de pouvoir satisfaire à partie du dict entretienement d'armée, qu'il plaise à icelle Majesté, par le moyen et faveur de mon dict seigneur [le duc] et de mon dict seigneur le gouverneur, voulloir ordonner et leur accorder, que tous les denyers que Sa Majesté prant sur les dictz pays de Poictou, Xainctonges, Angoulmoys et d'Aulnys, tant ordinaires que extraordinaires, de quelques natures qu'il soient, demourront affectez, durant le temps de la guerre, pour faire les frays de la nourriture et entretienement d'icelle armée, et jusques à l'entiere reduction des dictes villes. A laquelle despence pourra estre aydant le revenu des benefices des dictz pays, qui sont la pluspart à present joyz et posseddez par les dictz ennemys, actendu que tel entretienement d'armée est pour remectre les titullaires des dictz benefices en la pleyne et paisible jouissance d'iceulx pour l'advenyr. A tout le moyngs, qu'ils y contribuent à la raison de la moictié de leur revenu.

Et d'aultant que la pluspart des dictz benefices sont posseddez par la noblesse de l'une et l'aultre relligion sans aulcuns tiltres vallables et canonicques, et que, par ceste tolleration et usurpation, rendent le revenu des dictz benefices doumayniaulx en leur maison, l'afferment confuzement avecq leur antien patrymoine, supplient très humblement Sa dicte Majesté, par le moyen et faveur de mon dict seigneur, y voulloir pourvoir, car, aultrement, dans peu de temps, la memoire des dictz benefices sera extaincte, chose qui se peult aysement veriffier par les cadys des decimes, qui desja ne treuvent titullaire, terres ne aultre doumayne pour saisir à faulte de payement desd. decimes.

Pourront aussi estre employés pour subvenyr à la dicte despence les denyers qui proviendront de la vente des meubles des dictz rebelles, des fruictz et revenuz de leurs immeubles, noms, debtes, actions, et mesmes des denyers proceddans de la vente des immeubles qui se trouverront confisquez; et, à cest effect, qu'il plaise à Sa dicte Majesté decerner touttes commissions et provisions necessaires.

Et parce que l'on pourroit differer les declairations des dictes confiscations contre les dictz rebelles soubz pretexte de la dicte relligion, pour laquelle ilz disent avoir prins les armes, et s'en entretienent avecq les estrangiers, et font ligues soubz ceste coulleur contre le dict Estat, il plaira avoir recours à la loy generalle de ce royaulme, par laquelle tous fiefz nobles sont subjectz aux bancz et arriere bancz de cestuy royaulme, si et quant ilz sont assignez par Sa Majesté, estant ung droict royal et non personnel, et, à desfault duquel royal debvoir, il est loysible à Sa Majesté d'elever à sa main et comme son doumaine les dictz fiefz nobles, desqueulx on ne fera delivrance sans congnoissance de cause, en laquelle en consideration vient la rebellion des proprietaires, qui ne se pourront diviser de la commise, dont il se pourra thirer ung grand moyen pour le secours de la presente guerre.

A ceste fin, il plaira aussi à Sa dicte Majesté considerer qu'il y a plusieurs personnes nobles oyzifz en leurs maisons ayans de grandz moyens, et mesmes en denyers oyzifz, et dont aulcuns font et tyrent interestz ordinaires, qui ne font service en personnes, comme ilz sont tenuz, et n'aydent ès frayz de la guerre, mesmes pour leurs fiefz subjectz au bain et arriere bain. Aux maisons desqueiz on peult thirer ung grand secours de denyers pour la presente guerre, mesmes scellon la nature et charge de leurs fiefz et doumaines qu'ilz tiennent noblement, qui est le vray debvoir et doumaine de la courronne scellon que par les editz et ordonnances est porté, qui ne peuvent estre executez par les juges ordinaires, à cause de l'injure du temps.

Que tous prisonnyers de guerre ennemys et rebelles seront mys et livrez entre les mains des officiers de la justice des sieges les plus proches de la dicte armée, pour estre jugez sommairement par les dictz juges ou prevost des mareschaulx qui se y trouveront, joustes les formes contenues par les edictz et ordonnances du roy, pour en estre l'execution faicte aus dictz lieulx suyvant les jugemens qui interviendront. Et qu'il soit par exprès deffendu à tous capitaines et aultres gens de guerre de recepvoir aulcune rensson d'aulcuns prisonnyers, ne eulx se saisir d'iceulx, mays le presenteront à mon dict seigneur le duc ou à mon dict seigneur le gouverneur pour l'effect du renvoy, qui ordonnera de la rensson, et qui sera la première payée sur les biens des dictz executez. Et de telz jugemens pourront provenyr plusieurs denyers, qui seront employez à ce que dessus. Et, ce faisant, s'extaindra la continuation de la dicte guerre.

Et affin que Sa dicte Majesté et mon dict seigneur congnoisse le desir que les dessus dictz ont que tous les dictz denyers soient bien admynistrez, et avec bon ordre, et à la commodité de la dicte armée, et evyter à diversitez de frayz et voïages, de portz et voytures d'iceulx, et pour en faire tenyr bon et fidelle compte, supplient aussi très humblement icelle Majesté, et mon dict seigneur, ordonner que la recepte en sera faicte par les recepveurs des tailles de chascune ellection estans en exercice, chascun pour son regard, et par les dictz recepveurs iceulx denyers mys ès mains de celluy qui sera noumé par les dictz du tiers estat pour faire la recepte generalle de tous les dictz denyers; lequel, pour la commoditté de la dicte armée et evyter aus dictz portz et voictures, qui restourneroient en frays au peuple, sera tenu faire sa residence en la dicte ville de Nyort; et lesquelz denyers icelluy recepveur general sera après tenu delivrer au trezorier de l'extraordinaire de la guerre, ou son commis, et estant en la dicte armée, suyvant les ordonnances de mon dict seigneur ou du dict seigneur gouverneur, et par les quictances du dict trezorier et par les mandemens du trezorier de l'espergne.

Desquelz denyers, touteffoyz, seront distraictz les gaiges ordinaires des officiers de la generallité des dictz pays, et aultres charges acoustumées estans sur iceulx, qui seront payez par les recepveurs, tant generaulx que particulliers, ainsi qu'ilz ont acoustumé faire.

Et parce que les guerres cyvilles passées ont causé la

mort d'ung nombre infiny de laboureurs, hommes à braz et personnes mescanycques des dictz pays, qui a esté cause que la pluspart des terres ont demeuré en freusche et sans aulcun labourage, par consequent la sterillité et charté des vivres, qu'il plaise à Sa dicte Majesté et à mon dict seigneur voulloir exempter les dictz pays de touttes levées de pyonnyers, et, semblablèment, de tous chevaulx d'attillerye et moinitions d'icelles aultres que ceulx qui sont à present levez et fournyz, et de faire faire les dictes levées et fournytures sur les ellections des aultres provinces de ce royaulme prochaines des dictz pays, ainsi que Sa dicte Majesté et mon dict seigneur adviseront, comme ilz ont supplié mon dict seigneur le gouverneur, pour son regard, et de touttes aultres levées de denyers et subventions extraordinaires pour l'entretienement de la dicte armée.

Et d'aultant que, par cy devant, l'on a entendu plusieurs plainctes de la part de soldatz des années passées, pour n'avoir esté payez de leurs souldes particulliairement, comme il estoit bien requis, et, leurs dictez souldes mises ès mains de leurs capitaines, les ont retenues, ou la pluspart d'icelles, qui a esté cause que les dictz soldatz, soubz ce pretexte, se licentie de piller et saccager le pauvre peuple du plat pays, et ceulx des villes où ilz ont passez, logez et sesjournez : pour ces considerations, qu'il plaise à Sa dicte majesté et à mon dict seigneur ordonner, que, doresnavant, les premiers payemens seront faictz scellon les edictz et ordonnances sur le faict de la guerre, et par bancques et non aultrement, aus dictz soldatz; et, particulliairement et en pareil, quant ilz vont par pays, qu'ilz de leur soulde vivent et soient fournyz par estappes, sans rien piller sur le peuple, qui sera cause que l'on conservera les fruictz pour la fournyture de l'armée, et que les villes et plat pays, qui contriburont à la dicte soulde et nouriture d'armée, se ressentent par ce moyen de quelque soullagement ; et, à cest effect, que tous soldatz et aultres gens de guerre qui seront trouvez passant aus dictes villes ou plat pays ayans habandonné leurs enseignes sans congé du maistre de camp ou de leurs capitaines, soit permys à touttes personnes de les apprehender et desarmer et iceulx livrer entre les mains de la justice, pour en estre faict pugnition suyvant les dictes ordonnances.

Et, pour le regard de la gensdarmerye, d'aultant qu'elle sera, par les moyens susdictz, payée de cartier en cartier, qu'il leur soit enjoinct d'observer les ordonnances, de se loger et payer de gré à gré.

Et, affin de faire observer la pollice millitaire entre les soldatz et gens de guerre de la dicte armée, au soullagement du peuple et pour les considerations dessus dictes, il soit enjoinct et très expressement commandé à tous les prevostz des mareschaulx de Poictou, Sainxtonge et Angoulmoys, qui sont payez et souldoyez aux despens des dictz pays, de se trouver tous ensembles avecq leurs lieutenans, greffier et archers, montez, armez et equippez comme ilz sont tenuz, pour suyvre la dicte armée et se tenyr prestz ès environs icelle, pour punyr ceulx qui se trouverront contrevenans aux ordonnances du roy et de mon dict seigneur, qui seront faictes et publyées en la dicte armée et ès villes circonvoisines pour le faict de la dicte pollice millitaire, et aussi suyvant les edictz et ordonnances du roy, sur peyne aus dictz prevostz, lieutenans, greffiers, archers deffaillans, après qu'ilz en seront de ce requis et sommez par les dictz officiers, de privation de leurs gaiges et estatz, de pouvoir nommer à Sa Majesté aultres en leurs places et offices, actendu qu'il est question du service du roy et du bien et soullagement du peuple.

Et, pour tenyr les dictz soldatz et aultres gens de guerre des dictes compaignies en leur debvoir, et les empescher de mal faire, et, si besoing est, leur faire pugnyr de leurs faultes et mallefices, soit en l'armée et environ d'icelle, ou aultres lieulx de leurs demourances lors qu'ilz y seront retirez, il soit enjoinct et très expressement commandé à tous capitaines de faire ung estat ou roolle certain des noms et surnoms de tous leurs dictz soldatz et officiers de chascune compaignie, les lieulx de leurs demourances, leurs quallitez et vaccations iceulx signallez par leurs dictz roolles, lesquelz estatz ou roolles les dictz capitaines seront tenuz bailler signez de leurs mains, de moys en moys, aux maistres de camp ou à l'ung d'eulx, pour, par eux, après, estre mys ès mains de mon dict seigneur le duc ou de mon dict seigneur le gouverneur pendant que l'armée sera en son gouvernement, et y avoir recours quant besoing sera, sur peyne aus dictz capitaines d'estre privez de leurs estatz ou gaiges. Et où aulcuns des dictz soldatz et gens de guerre, pour eviter à la recherche et pugnition de leurs faultes, se trouverroient avoyr dissimullé leurs dictz noms et surnoms et les lieulx de leurs dictz demeurances et quallitez, et après vériffication de ce faicte, qu'ilz soyent pugnys par peine de mort.

Et pour ce que la retraicte de la fournyture des munitions, scellon la necessité et qu'elle est accordée, se fera ès villes des dictz pays, il plaise à mon dict seigneur ordonner que la dicte armée, ou aulcune des trouppes d'icelle, ne logent esdictes villes ne en approcher de troys lieux, si ce n'estoit par ung passaige de necessité et sans aulcun sesjour, comme jà ils ont supplyé le dict seigneur gouverneur.

Que s'il est requis particulliers et certains offres des habitans des dictz pays, il plaise à Sa Majesté leur octroyer commission pour les assembler, ce qui semble estre bien requis.

Deliberé en l'assemblée des dessus dictz au dict Nyort, le douziesme jour du dict moys d'aougst, l'an mil cinq cens soixante quatorze.

VI

Extrait des remontrances du tiers état de la ville et ressort de

Saint-Maixent. (D. Fonteneau, t. XL, p. 54 [1], d'après l'original conservé dans les Archives de l'hôtel de ville de Saint-Maixent [2]).

Vers 1588 [3].

Que, en ce pays de Poitou, sont grand nombre de chateaux et places fortes, non toutefois deffensable contre le moindre canon, et ce tant ès villes que au plat païs, appartenans partie à Sa Majesté et autres seigneurs, tant ecclesiastiques que de la noblesse, esquels sont establis par Sa Majesté capitaines et soldats, pour l'entretenement desquels se leve grosses sommes de deniers sur le peuple, lesquels sont le plus souvent mal gardez, pour estre de jour à autre surprins, dont s'en ensuit l'entiere ruyne des villes et du plat pays; qu'il plaise à Sa Majesté ordonner qu'elles seront demolies et ruynées, pour le regard de celles estans au plat pays, et la garde des dits chateaux appartenans à Sa Majesté estans ès villes, pour le regard de celles lesquelles sont fortes et tenables, delaissées ès mains des corps et communautés des dites villes, comme ayant, après la dite Majesté, le principal interet, sans que, de la volunté d'ung seul capitaine y establi, lequel coustumierement ne pourroit faire responsion du moindre dommage, s'en

---

1. La pièce y est ainsi cotée : « Remonstrances des gens du tiers état de la ville et ressort de Saint-Maixent, pour être faites au roi en l'assemblée des trois états du royaume, assignés au 15 septembre en la ville de Blois. Commencement des guerres civiles. La ville de Saint-Maixent deux fois assiégée. An 1559 ».
Cette cote, qui parait procéder d'une lecture superficielle, est contradictoire et inexacte : contradictoire, puisqu'elle rattache les présentes remontrances aux Etats de Blois (1588) et les date de 1559; inexacte, puisqu'il n'est question du commencement des guerres civiles et du double siège de Saint-Maixent que dans des propositions incidentes.
2. Cette pièce ne se trouvait plus dans les archives de la ville de Saint-Maixent lorsque M. Richard en a dressé l'inventaire en 1863.
3. Le commencement et la fin de la pièce manquent; le manuscrit nous en prévient et donne pour motif qu'ils n'avaient rien de particulier au Poitou.
Il suffit de lire ces remontrances pour se convaincre qu'elles appartiennent à une période avancée des guerres de religion, et comme la cote de D. Fonteneau les rattache aux Etats de Blois, elles paraissent devoir se placer un peu avant leur tenue.

puisse ensuyvre la destruction des dites villes et habitans d'icelles.

Que, aux mesmes fins, soient destruites et ruynées toutes les forteresses, fossés remplis, et pont levis rompus et otés, de toutes les maisons esquelles ont les dites forteresses, fossés et pont leviz esté construits, faits et dressez puis l'an 1559, commencement des guerres civiles, attendu que par les dites forteresses sont empeschées toutes executions de justice et le pays gasté.

Que l'establissement des garnisons et entrée des gens de guerre soit fait selon l'ordre et usance ancienne, d'autant qu'il est advenu que aulcunes des principales villes du dit pays de Poitou, et le plat pays circonvoisin, ont esté et sont ruynés par les gens de guerre y ayans vescu et logé à discretion, signaument en la dite ville de Saint Maixent, en laquelle, durant les dites guerres civiles, y a toujours eu, et a encores de present, de grosses garnisons, tant de gens de cheval que de pied.

Que le dit pays de Poitou est ruyné et desert, pour estre le bestail et laboureur rançonnez par les gens de guerre; qu'il plaise à Sa Majesté faire punir de mort ceux qui usent de telles voyes.

Consideré les extremes et grandes pilleries, saccagemens et destructions, bruslemens, ravissemens, morts par guerre, peste, pauvreté, advenues en toutes les familles du tiers estat de ce ressort et eslection, et que, par les susdites afflictions, la moitié des dites familles sont perdues, dont il appert par les rolles et resgalement des taux, produiz des tailles, et inquisition particulierement fait par les procureurs fabriqueurs des paroisses, joints la notorieté des deux sieges, sac et pillage, destruction de maison et ravissement de la ville et fauxbourgs de Saint Maixent et plat pays, plaira à Sa dite Majesté octroyer exemption des tailles aux habitans de la dite ville et election, tant et si longuement que la guerre durera, et dix ans après, et, le dit temps passé, procedent au departement general des tailles du dit pays, soulager l'election du dit Saint Maixent, laquelle, pour estre trop voisine de la Rochelle, Saint Jehan d'Angeli et Fontenai, et pour la destruction des villes de Melle et du dit Saint Maixent, a esté et est entierement ruinée, et neantmoins cotizée plus que les elections de Poitiers, de Thouars, Bourganeuf, Chastelleraud et autres, lesquelles n'ont reçu telles pertes et ruynes.

XX

Commission de Jean de la Haye, lieutenant général en Poitou, aux officiers de Thouars, pour faire cesser la mendicité et le vagabondage dans le ressort de cette ville, et mandement de la cour de Thouars à cet effet. (Copie [1] du temps, pap.; Arch. de la Vienne, G. 881.)

27 février et 6 mars 1573.

Sur la remonstrance faicte par le procureur du roy, disant qu'ilz y avoyt infinitez et afluances de pauvres estrangiers mendiant et vacquans par ceste ville, où il est fort necessayre pourveoyr, avons ordonné que les procureurs officiers de Thouars se assembleront et appelleront par devant eulx les procureurs marguilliers, et l'ung d'eulx au moins ou plus si bon leur semble, des parroysses de leur siege jusridicion, pour veoyr à iceulx dictz pauvres, que leurs avons commis et commettons et enjouygnons; et, en ce faisant, faire rolle et estat en chascune des dictes parroysses, rolle et estat chascun en droict soy, des pauvres auxquelz l'ausmone est charitablement deue; pour tout assemblez en presences des ditz officiers, qui en feront procès verbal [   ] pourveoyr de nourriture scelon leur

---

1. Cette copie est en tête d'une signification faite par Antoine Guesmard, sergent de Thouars, aux trésorier, chanoines et chapitre de Saint-Hilaire-le-Grand de Poitiers, et aux fermiers de leur domaine de Luzay, avec commandement de faire offre pour secourir les pauvres de la paroisse de Luzay.

qualité, disposition, aage et senté, ou de subvencion et ayde à ceulx qui auroient quelque moyen de travailler et gaigner, ainsse que par entr'eulx ilz adviseront, affin d'oster d'entre le peuple la honteuse et pernisieuse mendicité, qui ne rapporte en fin que aneantissement des personnes et en [   ] challoyr que, fuyant dès lors le travail, ilz se rendent [   ] subjectz à l'anymadversacion publicques, oultre que cela pourra [   ] ung dangier mal contre eulx. Et, pour sattifaire ad ce que s[era] necessaire pour les charges susdictes, y employeront les prieurez, cures, chappellanies et autres personnes publicques de leur revenuz, mesmes les aulsmoneries, ce qui est deu et destiné, estant les dictz benefices et ausmoneries au dedans de la dicte jusridicion de Thouars, et à ceste fin seront assignez ou leurs fermiers sans autre delay par davant les dictz officiers, comme y communicqueront aussi les layz scelon leur facultez, lesquels en reffuz deffaillantz raisonnablement seront neanlmoins contraintz par les ditz officiers, par saysie et emprisonnement de leurs personnes, sattifaire ad ce qui sera aresté par la dicte voye de subvencion ou nourriture, le tout nonobstant opposicions et appellacions quelzconques, et sans prejudice d'icelles, entendu la necessité et misere du temps, et sans terer en autre consequence pour l'advenir, tenant et revocquant leurs pauvres qui seroient maintenant vacquans et courans les champs et villes au travail et labour ordinayre scellon leur vacquation, sur payne aux sains et puissans d'estre incontinent prins et saysiz où ilz seront trouvez mendiant et delayant en l'estant aux cappitaynes de galleres pour y servir comme forsayre, ou autrement chastiez scelon qu'il appartiendra. Et en les ditz officiers et autres deputez ne sattiferoient et ne pourveoyroint par la voye que dessus ou autre charitable pour les dictz pauvres, sceroint par après nourry aux despens des negligens, et contraintz payer leurs taux par les voyes que dessus, nonobstant, comme dit est, opposicions ou appellacions quelzconques, et sans y prejudicier. Donné en mandement au premier sergent royal sur ce requis, nonobstant qu'il ne soyt en son povoyr, office ou bailliage, de mettre ces presentes à deue execucion, en ce qu'elle requert execucion, scelon leur forme et teneur. Donné et fait en la court ordinayre de la seneschaucée de Poictou, à Poictiers, par nous Jehan de la Haye, conseiller du roy nostre sire, lieutenant general en Poictou et siege presidial dudict Poictiers, le ving-septiesme jour de febvrier, l'an mil cinq cens soixante treze. Ainsi signé : de la Haye, et R. [... che], commis greffier.

Les officiers de Thouars soubz signez, commisseres en ceste partie de la court royalle de Poictiers, donnons en mandement au premier sergent de la court de Thouars ou aultre de seigneur hault justicier sur ce requis, nonobstant qu'il ne soyt en vostre povoyr, office ou bailliage, fayre commandement, à la requeste du procureur du roy, en vertu de la commission cy dessus, à tous et chascuns les procureurs et fabricqueurs des parroysses ou l'ung d'eux, et ensemble aux curés, prieurs, chappellains et aultres personnes ecclesiastiques, ou leurs fermiers, rapporter par devant nous l'estat et nombre des pauvres, et ausd. curez et autres ecclesiastiques pour faire offre pour la subvencion et aliment desd. pauvres, et autrement proceder comme de raison, le tout, jouxte et au desir desd. ordonnances o inthimacion aus cas apartenant. De ce faire vous donnons povoyr et puissance. Le sixiesme jour de mars, l'an mil cinq cens soixante treze. Signé : Jarrousseau, comme plus ancien advocat tenant la jusridicion pour l'absence de messieurs les seneschal et lieutenant dud. Thouars, J. Gamiain.

XXI

Vente par Jacques du Fouilloux, écuyer, seigneur dudit lieu, à

Jacques d'Escars, écuyer, seigneur des Isles, des Loges et de Luc, et porte-manteau du roi, de la maison noble et seigneurie du Vieux-Brusson. (Copie authentique du temps, parch.[1] ; Arch. du château de Boissoudan, Deux-Sèvres.)

10 juillet 1577.

Les *Archives historiques du Poitou* ont déjà donné plusieurs documents concernant Jacques du Fouilloux, parmi lesquels, à la fin du tome quatrième, p. 435, 437 et 443, trois actes d'aliénation. Dans la note de la p. 447, on a cru pouvoir conclure de ces actes que du Fouilloux avait quelque peu entamé, grâce à son genre de vie bien connu, la grande fortune qu'il tenait de ses père et mère. A l'appui, on a pu alors signaler deux autres ventes, ainsi qu'un emprunt de 400 livres fait à m⁰ Jacques Aubin, procureur à Saint-Maixent, acheteur de la métairie de la Guynardière, objet de l'une de ces deux ventes.

Cet emprunt n'était pas le premier. Ledit Aubin, suivant l'observation qui en a été faite alors, avait compensé avec son prix une somme de 240 livres à lui due. Cette dette provenait d'un emprunt précédent, que la vente devait précisément permettre de rembourser. C'est ce qui résulte d'un protocole de Sébastien Foucquet, notaire royal à Saint-Maixent, en date du 8 juin 1556, qui peut se résumer comme suit : « Maître Jacques Aulbin prête pour un an à Jacques du Fouilloux la somme de 240 livres ; en cas de non-remboursement, celui-ci promet de lui abandonner la moitié de la métairie de la Guynardère ; il lui ratifie dès ce jour la prorogation de la ferme de Morteffon, qu'il lui a consentie le 5 juin 1555 à Champdenier en présence de François Affray, écuyer, et de Louis Regnier, écuyer, seigneur de Bonnay. Dont acte passé à Vaultebys par ledit Foucquet et Légier Abraham, notaires ». (Communication de M. A. Richard.)

La nouvelle vente que nous publions ci-après, tant par elle-même que par son objet, ses clauses et ses énonciations, ne peut que confirmer pleinement la conclusion rapportée tout à l'heure.

---

1. Avec les débris du sceau de Parthenay, autrefois plaqué sur simple queue, portant un écu burelé de dix pièces à la cotice en bande brochant sur le tout, qui est Parthenay Larchevêque.

Sachent tous que, en la court du seel estably aux contraicts à Parthenay pour haulte et puissante dame et princesse madame la marquise de Routhelin, princesse de Chastelaillon et dame dudict Partenay, ont esté presans et personnellement establiz en droict en ladicte court hault et puissant sieur Jacques du Fouilloux, escuier, seigneur dudict lieu et y demeurant, parroisse de Saint-Martin du Fouilloux, jurisdiction dudict Partenay, d'une part, et hault et puissant Jacques d'Escars, escuier, seigneur des Isles, des Loges et Luc, et porte manteau du roy, nostre sire, et demeurant audict lieu noble de Luc, paroisse de Germon, d'autre part. Lequeldict du Fouilloux, ce jourd'huy, de son bon gré et volunté et voulloir, a vandu, ceddé et transporté et delayssé, et par ces presentes cede, vend, transporte et delaysse à perpetuité audict des Cars, c'est assavoir, la maison noble et seigneurie du Veil Brusson, appelée le Petit et Grand Brusson, avecques toutes et chascunes ses appartenances de fiefs, justices et jurisdictions, hommes, hommages, teneurs et subjects, cens, rentes, terrages, dixmes, tant en deniers, bledz, poulailles, charnages, que aultres choses quelconques, maisons, mestayries, terres labourables et non labourables, garennes, estangs, prés, bois de fuctaye que taillis, fuyes que toutes aultres appartenances quelsconques, et tout ainsi que ledict sieur du Fouilloux, ses predecesseurs et aucteurs en ont jouy et jouissent, et sans aulcune chose exceptée ne reservée, sauf pour le regard des debvoirs cy devant vanduz par ledict sieur du Fouilloux. Scavoir est, au seigneur de Pampelye, les debvoirs qui estoient deuz audict sieur du Fouilloux sur les tenements de Boissoudan, la Vallandiere [1] et la Fantiniere [2] ; plus les debvoirs

---

1-2. — 1ᵉʳ juin 1562. Vente par haut et puissant Jacques du Fouilloux, écʳ, sʳ dudit lieu, à messire Louis Bigot, prêtre, et à Denis Chauvineau, laboureur, des droits de dîmes et terrages qu'il avait, en la paroisse de Pamplie, sur les tènements de la Fantinière et de

vanduz par ledict sieur du Fouilloux à [   ] Le Bœuf, escuier, seigneur de Sainte Cecile, sur le tenement de la Bernardiere et Gibertiere ; plus les debvoirs vanduz par ledict sieur du Fouilloux à m^e Mathurin Voys, que icelluy dict Voys debvoyt sur le tenement de la Brethelliere, et sellon que lesdicts debvoirs sont declarés par les contracts faicts entre lesdicts sieurs du Fouilloux et Voys, l'ung du vingt septiesme jour de may, l'an mil cinq cent soixante et douze, receu soubz la court de Partenay, et l'aultre du trantiesme jour du juillet, l'an mil cinq cent soixante et treize. Et reservé iceulx, plus le moullin à eau de Clerouyn, assiz sur la riviere de Fenioux, arrenté à un nommé Pierre Nedalle, de Saint Hilaire de Vou. Lesquels dicts debvoirs les dictes parties ont declairé ne les voulloir comprandre en la presente vandition, sauf les droicts et debvoirs et rantes que ledict sieur du Fouilloux a retenu sur chascune vendition des susdicts tenements pour recognoissance des seigneuries et fiefs, qui sont aussy comprinses en ladicte vendition, avecques la puissance et faculté de pouvoir prandre par ledict d'Escars les vanthes, honneurs, ou les choses vendues par puissance et retenue feodale, et ensemble les debvoirs, ranthes et tous aultres droicts qui appartiennent audict sieur du Fouilloux, et dont il se seroit faict paier depuis trente ans en ça, en donnant en mandement par icelluy sieur du Fouilloux aux detempteurs des susdicts debvoirs, soit de cens, renthes, vanthes, honneurs, que de toutes aultres choses quelsconques qui pouroient estre deuhes audict

---

la Vallandière, lesdits droits étant représentés, pour chacun des susdits tènements, par trente-deux boisseaux d'avoine à la mesure de Brusson, vingt-neuf sous tournois et un chapon, le tout de cens, dus audit écuyer sur la maison noble de Brusson, ledit écuyer se réservant dix sous tournois de rente noble payable par les acquéreurs, et ledit contrat fait moyennant la somme deux cent cinquante livres tournois, payées comptant par les acquéreurs. (Copie authentique du temps, parch.; Arch. du château de Boissoudan, Deux-Sèvres.)

sieur du Fouilloux, les paier au sieur d'Escars, et, en ce faisant, en a ledict sieur du Fouilloux quicté lesdicts debteurs et chascun d'eulx. Et assise ladicte seigneurie du Veil Brusson et ses appartenances en parroisses de Pampelie, Fenioux, Allone, Saint Pardoux, Beceleuf et Vautebis, et illecq environ. En ce comprins la mestayerie de la Coussaye avecques ses appartenances assises en ladite parroisse de Fenioux, et sans aulcune chose en reserver, soient de maisons, mestayeries, granges, terres labourables, prez, boys, que aultres choses quelconques, exploictées, sauf les boys taillis que ledict sieur avoit accoustumé lever à sa main, par Pierre Gaignart. Et est faicte ladicte vendition, cession et transport, pour le prix et somme de quinze mil cinq cent quatre vingt cinq livres tournois. De laquelle somme ledict d'Escars a, en presence de nous, notayre cy dessoubs nommé, paié contant audict sieur du Fouilloux la somme de neuf mil quatre cent quatre vingt cinq livres tournois, en especes d'escus sol, pistolletz, double ducats à deux testes, testons, que monnoye blanche, le tout d'or et argent et au pris de l'ordonnance, et faisant les dicts neuf mil quatre cent quatre vingt cinq livres tournois; lesquelles ledict sieur du Fouilloux a prins et receu dudict sieur d'Escars, et l'en a quicté et quitte, renonciant sur ce à toute pecune non due et non receue et à toute repetition d'icelle. Et quant au parsus et reste desdicts quinze mil cinq cent quatre vingt cinq livres, montant la somme de six mil cent livres tournois, ledict sieur d'Escars sera tenu, comme a promis, paier et acquitter à la descharge d'icelluy sieur du Fouilloux à Baltazar Jarno, baillif de Gastine et seigneur de Nantilly, tant pour l'admortiment et extinction perpetuelle de quatre cens livres tournois de rante generalle, constituée par ledict sieur du Fouilloux audict sieur Jarno sur tous les biens dudict sieur du Fouilloux, et, par especial, sur lesdicts lieux du Veil Brusson pour la somme de quatre mil huit cens livres, comme est porté par le contract faict entre eulx le dix-huictiesme jour de mars mil cinq cent soixante et quatorze, receu soubz la court dudict Partenay par Guatet et Jean Papin, et, pour ce, faire les admortiment suivant et au desir dudict contract, que aussi pour les arrerages de trois années ung cartier escheuz de ladicte rente dès le vingtiesme jour de juin ; et, en ce faisant, en rendre quicte et indapmne ledict sieur du Fouilloux et ses biens, tant du principal que arrerages, envers le dict sieur bailly, à peine de tous despens, dommages et interetz que pourroit souffrir ledict sieur du Fouilloux et les siens. Et aussi est par exprès accordé entre lesdictes parties, que ledict sieur du Fouilloux joira de la seigneurie du Veil Brusson et ses appartenances, selon qu'elle est cy dessus declarée, comme un bon pere de famille, nonobstant la presente vendition, et sans icelle prejudicier en aulcune maniere que ce soit, dès ce jourd'huy jusques à la feste de saint Michel, ledict jour eschu en l'année que l'on comptera mil cinq cens quatre vingt cinq, en entretenant bien et deuhement les maisons et herbergement desdicts lieux, tant de matiere que de la main de l'ouvrier, et ensemble les estangs et garennes, et sans que icelluy sieur du Fouilloux puisse, durant ledict temps, couper aulcuns arbres par pieds sans l'exprès consentement dudict sieur d'Escars; aussi esbranchera et couppera les bois taillis une fois seulement ; et, au parsus, usera desdictes choses comme un bon pere de famille, en acquittant les debvoirs durant lesdictes années. Et a ledict sieur d'Escars [reservé] les hommages, tous droits seigneuriaux avecques les vanthes et honneurs, et tous aultres esmolumens de fief aveq les debvoirs, tant cens netz que frueurs? deuz en deniers, pour en joyr par ledict sieur d'Escars ainsy qu'il verra estre à faire nonobstant ces presentes. Et, aussy, est expressement dict et accordé entre lesdictes parties, que, en cas que ledict sieur du Fouilloux deceddera auparavant ladicte feste de saint

Michel en ladicte année mil cinq cent quatre vingt un, que icelluydict sieur d'Escars joira de ladicte seigneurie du Veil Brusson et sesdictes appartenances, sans aulcune chose reservée, dès le jour dudict decès advenu dudict sieur du Fouilloux, sans que ses heritiers ne aultres puissent aulcune chose pretendre ne avoir ès fruitz de ladicte seigneurie et ses dictes appartenances par le moyen de ladicte reservation, parce que ledict sieur d'Escars l'a faict en la faveur de la personne dudict sieur du Fouilloux tant seullement et pour l'amitié qu'il luy porte, et, sans ladicte condition expresse, n'eust ledict sieur d'Escars accordé ladicte joissance pour ledict temps audict sieur du Fouilloux. Lequel sieur du Fouilloux s'est desmis, devestu et dessaisy desdicts lieux cy dessus, et en a vestu et saisi ledict sieur d'Escars, faict et estably vray seigneur, proprietaire et possesseur, pour doresenavant en joir comme de propre chose, nonobstant la joissance et possession que cy après en fera ledict sieur du Fouilloux, laquelle il a declaré faire precquairement pour et ou nom dudict sieur d'Escars, des siens et ayans cause, sans que ladicte possession puisse aulcunement prejudicier audict sieur d'Escars, consentant que ledict sieur d'Escars en prenne, en sa presence ou absence, telle aultre perpetuelle et reelle possession que bon lui semblera. Et lesqueulx dicts lieux et droictz susdicts ledict sieur du Fouilloux sera tenu, comme a promis, garantir et defendre audict sieur d'Escars de tous troubles, ypoteques et empeschements quelzconques, envers et contre toutes personnes, en faisant doresnavant, par ledict sieur d'Escars et les siens, foy et hommage deuz pour raison de ladicte seigneurie et sesdictes appartenances, et rendant les denombremens, fiefs et advcuz desdictes choses audict seigneur des lieux dont sont tenuz et mouvans lesdicts lieux, et paians tous debvoirs anciens et accoustumez estre paiés, lesquels dicts debvoirs, ne les seigneurs desquels lesdictes choses sont tenues, lesdictes parties ont declaré ne pouvoir à present specifier, et affirmé par serment que par [dol] elle ne delaisse à le faire, et protesté le faire cy et quand il viendra à leur congnoissance, lesdictes parties ce stippullans et acceptans, chascune pour leur regard, pour et à leur profit, des leurs et aians cause. Et ad ce que dict est faire, tenir et garder et [   ] à tous despens, dommages et interets, les dictes parties et chascune d'elles, par tant que au faict de chascune touche ou peut toucher, [ont] obligé et ypotecqué tous et chascuns leurs biens meubles et immeubles presens et advenir quelsconques, la foy et serment de leur corps sur ce donné, renontians à toutes exceptions à ces presentes contraires, et au droict disant generalle renontiation non valloir nonobstant qu'elle est expresse. Dont, à leur requeste, de leur consentement et volunté, par nous André Nairault et Pierre Guatet, notaires jurés et reformés de ladicte court, ils ont eté jugés et condampnés par le jugement et condampnation de la dicte court, à la jurisdiction de laquelle ils se sont [volontairement] supposés et soubzmis et leurs dicts biens quand à ce. Faict et passé en la ville de Partenay, en la maison de Nicollas Roulleau, où pend par enseigne le chapeau rouge, le dixiesme jour de juillet, l'an mil cinq cens soixante dix sept. Ainsi signé en la minute : J. du Fouilloux et J. d'Escars. GUATET. NAYRAULT, fait le present role.

Ce present contract et contenu en icelluy a esté notiffié au greffe du baillage de Gastine, à Partenay, par maistre Pierre Nairault, comme ayant charge de hault et puissant Jacques d'Escars, escuier, seigneur des Isles, acquereur et denommé de ces presentes, et enregistré au cinquantiesme et ungniesme feuillet du papier des notiffications de ladicte court, et d'icelle octroyé acte audict Nairault, audict nom, pour valloir et servir audict escuyer, acquereur, en temps et lieux en ce que de raison, par moy soubzscript, commis du greffier de ladicte court pour cest effect, et iceluy absent, le onziesme jour de juillet, l'an mil cinq cens soixante et dix sept. Proust.

Aujourd'huy premier jour d'aougst, l'an mil cinq cens soixante et dix sept, est venu au greffe de la court du seigneur de Puychenyn maistre André Nayrault, procureur, demeurant à Partenay, comme ayant charge de hault et puissant seigneur Jacques Escarts, lequel nous a notiffyé le present contract, lequel est inscript au trante septiesme, trante huictiesme et trante neufviesme foillet du papier dudict greffe, qui nous en a requis acte, que luy avons octroyé, pour luy valloyr et servir comme de raison. Faict lesdicts jours et ans que dessus. Nous Mathurin Clement et Micheau Martineau, fermyers de la seigneurie de Puychenyn et de la Motte Ratault, confessons avoir receu de noble homme Jacques Escarts, seigneur des Isles et du Vieux Brusson, les ventes et honneurs des choses tenues de la seigneurie de Puychenyn et par acquest de noble homme Jacques du Fouillou, remis le tout à part par contract escript d'aultre part, après que monseigneur de Puychenyn a eu declaration dudict contract. En tesmoings de ce, nous quictons ledict seigneur desdictes ventes, pour le regard de ladicte seigneurie de Puychenyn qui est audict fief, l'an mil cinq cens soixante et dix sept. Clément.

XXII

FOIRES ET MARCHÉS DE SAINT-CLÉMENTIN.

1583-1584.

Nous devons les documents qui suivent à l'obligeance de M. l'abbé Gabard, curé de Saint-Aubin-de-Baubigné (Deux-Sèvres), qui non seulement nous les a communiqués, mais a bien voulu nous abandonner la copie qu'il en avait faite.

Ils ont été empruntés aux archives du château des Dorides,

(Deux-Sèvres), et, pour préciser, au tome Ier intitulé : « Titres de propriété et procédures de Saint-Clémentin depuis 1402 jusqu'en 1660 ». Ces archives, en effet, ont été reliées en veau, en plusieurs volumes, après avoir été classées, en 1779, par J. Moisgas, feudiste et avocat en l'ancien conseil supérieur de Poitiers. Dans le premier volume au moins, le seul que nous ayons eu sous les yeux, il a fait précéder chaque pièce d'une cote d'inventaire, et mis en tête du volume une table alphabétique des noms de personnes et de lieux.

Moisgas, dans une lettre adressée à Jouyneau Desloges pour réclamer en faveur des foires et marchés de Saint-Clémentin la publicité des *Affiches du Poitou*, lettre insérée dans le numéro du 11 décembre 1777, afin, y est-il dit, « d'entrer dans quelque détail au sujet de ces foires », avait déjà signalé et mis à contribution les documents que nous publions aujourd'hui. Sa lettre se référait à d'autres encore, les uns contemporains : il en sera parlé sommairement ci-après ; les autres de la fin du XVIIIe siècle seulement : ils s'analysent dans la création de six nouvelles foires à ajouter aux trois qui existaient déjà.

Nos documents peuvent fournir plusieurs renseignements intéressants. On y remarquera tout particulièrement le curieux procès-verbal qui vient à la fin.

I

Lettres patentes de Henri III, roi de France et de Pologne, à la requête et en faveur de François de Champelays, écuyer, seigneur de Cerveau et de Saint-Clémentin, portant création et établissement de deux foires par année et d'un marché par semaine à Saint-Clémentin. (Orig. parch., jadis scellé du grand sceau en cire verte.)

Mars 1583.

Henry, par la grace de Dieu roy de France et de Polongne, à tous, presens et advenir, salut. Nostre amé et feal François de Champelays, escuier, sieur de Cerveau et des ville et chastellenye de Sainct Clementin, en nostre pays de Poictou, notaire et secretaire de nostre maison et couronne de France, nous a faict très humblement remonstrer, que ladicte ville de Sainct Clementin et chastellenye d'icelle est de belle et grande estandue, consistant en plusieurs villaiges et grand nombre de subgectz, outre l'abundance et fertilité qui y est, tant en bledz, vins, boys, passaige, que autres commodités ; où, à cette occasion, il y auroit cy devant eu, oudict Sainct Clementin, foires et marchez, lesquelles, au moyen des troubles tous notoires que ont eu cours en nostre dict pays de Poictou, elles ont esté disconstinuées et les lectres de chartre desdictes foires et marchez perdues et adhirées, en sorte qu'il seroit à present grandement requis, pour le bien, prouffict et commodité, non seullement de nostre dict notaire et secretaire, mais aussy de tout le pays circonvoysin, que lesdictes foires et marchez feussent restablyes en ladicte ville de Sainct Clementin, ce qu'il nous a très humblement supplyé et requis luy vouloir accorder et octroyer. Scavoir faisons, que nous, inclinans liberallement à la supplication et requeste de nostre dit notaire et secretaire, et voulans, en consideration des bons et agreables services qu'il nous a faictz cy devant, ainsy qu'il faict chaicun jour en sondit estat, decorer et augmenter la dicte ville et chastellenye de Sainct Clementin de prerogative et droictz redondans au prouffict et commodité de nostre dit notaire et secretaire, et des habitans de ladicte ville et chastellenye, et de tout le pays circonvoysin, pour ces causes et autres bonnes considerations à ce nous mouvans, avons, en ladicte ville de Sainct Clementin, creé, estably et ordonné, creons, establissons et ordonnons, de nostre grace speciale, plaine puissance et auctorité royal, par ces presentes, deux foires en l'an, c'est asscavoir, la premiere chaicun premier jour du moys de may, et l'autre du jour dudit sainct Clementin, ou moys de novembre, avec ung marché le jour de lundy de chaicune sepmaine ; pour lesdictes foires et marché avoir et tenir par nostre dit notaire et secretaire doresnavent par chaicun an perpetuellement aulx susdits jours, et en jouyr et user, ensemble des droictz, prouffictz et esmolumens qui y appartiennent, telz et semblables que font et ont accoustumé faire les autres sieurs ayans semblables foires et marché ; et voulons que tous marchans, et aultres gens qui les frequenteront, puissent vendre, eschanger et distribuer toutes denrées et marchandises licites, et qu'ilz jouyssent de telz et semblables previleiges, franchises et libertez dont ils ont accoustumé jouyr et user ès aultres foires et marchez du pays, et que, pour icelles faire tenir, nostre dit notaire et secretaire puisse faire dresser, construire et ediffyer hasles, estaulx et logis, en tel lieu ou lieulx qu'il verra estre propres et convenables. Si donnons en mandement, par ces presentes, à nostre seneschal de Poictou, ou ses lieutenans generaux et particuliers, et à tous nos aultres justiciers et officiers, presents et advenir, et à chaicun d'eux, que, des dictes foires et marchez, et aulx moys et jours cy dessus declairés, ils facent et souffrent et laissent jouyr et user nostre dit notaire et secretaire, ses successeurs, seigneurs du dict lieu de Sainct Clementin, plainement, paisiblement et perpetuellement à tous jours, en les faisant crier et publyer ès lieux et ainsy qu'il est accoustumé en tel cas, et jouir lesdits marchans frequentans icelles foires et marchez des previleiges, franchises et libertez, tout ainsy que dessus est dict, pourveu, toutesfoys, que, à troys lieues à la ronde de ladicte ville de Sainct Clementin, il ne se trouve, ès dits jours, aultres foires et marchez à qui lesdictes foires et marchez puissent nuire et prejudicier. Et, affin que ce soyt chose ferme et stable à tousjours, nous avons faict mettre nostre seel à ces dites presentes, car tel est notre plaisir. Donné à Paris, ou moys de mars, l'an de grace mil cinq centz quatre vingtz et troys, et de nostre regne le neufiesme.

Par le roy, à vostre relation. Compaing. Visa contentor. Compaing.

II

Enquête faite par René Brochard, lieutenant général de la sénéchaussée de Poitou, sur l'entérinement des lettres patentes ci-dessus, établissant des foires et marchés à Saint-Clémentin. (Copie authentique, parch.)

13 avril 1583.

Inquisition faite par nous, René Brochard, escuyer, conseiller du roy, notre sire, et lieutenant general en la seneschaucée de Poictou et siege presidial à Poictiers, à la requeste de Françoys de Champellays, escuyer, seigneur de Cerveau et des ville et chastelenye de Sainct Clementin, notaire et secretaire de la maison du roy et couronne de France, sur l'intherignement des lectres patentes en forme de chartre obtenues de ladicte majesté par ledict de Champellays, données à Paris au moys de mars, signées par le roy à votre relation Compaing, et seellées de cere verte, à nous presentées, contenant creation et establissement de deux foyres l'an, l'une chascun premier jour du moys de may, et l'aultre le jour sainct Clementin, et ung marché chascun lundy de la sepmayne, audit lieu de Sainct Clementin, pourveu que, à troys lieues la ronde dudict lieu, il ne se trouvast ès dicts jours foyres et marchez à qui ce peulst porter dommage et prejudice. Et, pour de ce faire aparoir, et de la commodité desdictes foires et marchés et prouflict du pays, affin d'estre proceddé par nous à l'intherignement desdictes lectres patentes, nous ont, de la part dudict de Champelays, esté produict tesmoings, à l'audition desquels avons proceddé comme est cy après contenu. Faict à Poictiers, le treziesme jour d'apvril, l'an mil cinq cens quatre vingtz et troys, en presence de Pierre Barraud, clerc au greffe.

Venerable maistre Blaise Guerin, prebtre, curé de Sainct Clementin, demeurant à present en la ville de Thoars, et agé de cinquante cinq ans ou envyron, après serment par luy faict de dire verité,

Dict que quarante ans sont, ou envyron, qu'il est demeurant au dict lieu de Sainct Clementin, fors que, à l'ocasion de la gensdarmerie, il s'est retiré pour seureté de sa personne audit Thoars despuys six ans en ça, mais que, toutesfoys, il va souvent au dict lieu de Sainct Clementin, où il a neantmoings son vicaire fasant le divin service, et y estoyt encores à la feste de Pasques derniere, et y va quant il n'est bruict de gens d'armes ; et bien scavoir les lieux plus proches dudict Sainct Clementin où y a foyres et marchez, qui sont : la ville de Thoars, distant de quatre grandes lieues, où le marché tient chascun jour de vendredy et troys foires l'année, l'une le jour zainct Medard, l'aultre le jour sainct Lucas, au moys d'octobre, et l'aultre le jour et feste de Magdelene ; la ville de Bressuyre, distant dudict Sainct Clementin de troys grandes lieues, où le marché tient chascun jour de jeudy et y tiennent troys foyres l'an, l'une le premier lundy de caresme, l'aultre le jour de my caresme, et l'aultre le jour de saincte Anne, landemain de sainct Jaques, et sainct Christofle, en juillet ; la ville de Mauleon, qui est de distance dudict Sainct Clementin de troys grandes lieues, auquel lieu se tient le marché chascun jour de sabmedy et y a quatre foyres l'année, l'une le jour de sainct Pierre, en juing, l'aultre le jour de la Madelene, l'aultre le jour d'exaltation Saincte Croix, et l'aultre le jour de sainct Martin d'yver ; la ville de Maulevrier, distant dudict Sainct Clementin de troys grandes lieues, et y est le marché chascun vendredy et une foyre l'année, le jour de sainct Mathieu ; le lieu de Cerizay est distant dudict Sainct Clementin de quatre grandes lieues ou environ, et y a marché chascun jour de mercredy et foyre le jour d'octave de la feste Notre Dame de my aougst ; et la ville d'Argenton le Chasteau, qui est de distance dudict lieu de Sainct Clementin de deux grandes lieues, le marché se tient chascun jour de sabmedy, y sont troys foyres chascun an, l'une au jour de saincte Radegonde, treziesme d'aougst, l'aultre au jour de sainct Gilles, premier jour de septembre, et l'aultre au jour de sainct Symon et sainct Jude, vingt septiesme d'octobre. Ce que le dict deposant dict bien scavoir pour avoir esté plusieurs foys ausdicts lieux et aux jours desdictes foyres et marchez, et n'y en avoir à aultres lieux plus proches dudict Sainct Clementin ; et, par ce, est grandement necessaire, commode et prouffitable au pays et aux habitans, tant dudict lieu, ville et chastellenye de Sainct Clementin où y a grand nombre de peuples, que aultres grosses bourgades et parroisses circonvoisines, qu'il y ayt audict Sainct Clementin marché chascune sepmayne et foyres chascun an, comme estant aussi le lieu plus commode pour y tenir foyres et marchez que en aultres lieux circonvoisins, mesmement que, le marché estant chascun jour de lundy et deux foyres l'année, l'une le jour et feste de sainct Clementin, qui est le quatorziesme jour de novembre, et l'aultre le premier jour du moys de may, ne peult porter dommage aux villes et lieux cy dessus declairez, n'estans à semblables jours, et, au contrayre, grandement prouffitable aux lieux et habitans circonvoisins. Et avoyr le dict deposant oy dire aux antiens du pays, que le dict lieu de Sainct Clementin estoyt antiennement ville, et est encores à present chastellenye, qui merite bien, sans faire dommage aux aultres lieux et seigneuries, y avoir foyres et marchez pour les causes susdictes ; et avoyr veu plusieurs tiltres et contracts passez soubz la court de ville et chastellenye dudict Sainct Clementin. Et est ce qu'il dict scavoir et contenyr verité ; et, après lecture à luy faicte, s'est soubzigné. Ainsi signé : B. Guérin.

Honorable homme maistre Mathurin Gaulvaign, licencié ès loix et seneschal de la baronnye de Mauleon, demeurant en ceste ville de Poictiers et agé de cinquante cinq ans ou environ, après serment par luy faict de dire verité,

Dict qu'il est natif de la ville et lieu de Mauleon, et y avoir faict dès sa jeunesse sa demeure ordinaire, fors despuys vingt ou trante ans en ça qu'il a suyvy le barreau de la court ordinaire et presidiale du dict Poictiers, durant lequel temps neantmoings a esté souvent au dict Mauleon, exerçant son estat et office au dict lieu et pour y tenir la court; et bien scavoir le lieu et chastellenye de Sainct Clementin, distant dudit Mauleon de troys lieues ou environ, et y avoir esté plusieurs foys, qui est ung lieu hault, fort commode pour y tenir foyres et marchez pour le prouffict et commodité du pays et habitans d'icelluy et des circonvoisins, qui sont grosses bourgades et grandes parroisses, de distance du dict Sainct Clementin d'une grande lieue; lesquelles foyres et marchez, estans au dict lieu, scavoir est, le marché chascun jour de lundy, et deux foyres, l'une le premier jour de may, et l'autre le jour et feste du dict sainct Clementin, qui est le quatorziesme jour de novembre, ne pourroyent porter dommage aux foyres et marchez les plus proches du dict lieu, n'estans à semblables jours, qui sont : la ville d'Argenton le Chasteau [1]......... Et est ce qu'il dict scavoir ; et, après lecture à luy faicte, s'est soubzigné. Ainsi signé : M. Gauvaign.

Guy Violleau, sergent royal ordinaire en Poictou et siege presidial à Poictiers, y demeurant, aagé de trante ans ou environ, après serment par lui faict de dire vérité,

Dict qu'il est natif du lieu de Sainct Clementin, et y avoyr tousjours faict sa demeure ordinaire, fors despuys quatorze ou quinze ans qu'il est demeurant au dict Poictiers, et neantmoings avoir tousjours frequanté ledict lieu de Sainct Clementin et lieux circonvoisins, où il est allé souventes foys, et pour ses affaires, et veoir son bien et ses

---

1. Même énumération que dans la première déposition.

parens ; auquel lieu de Sainct Clementin, qu'il dit avoir esté autresfoys une ville, pour l'avoir ainsi oy dire, et estre neantmoings une chastellenye, n'y a à present foyres ne marché, combien que ce soyt ung lieu emynant, hault et sec, et fort commode pour y tenir foyres et marchez, voyres plus commode et necessayre que aulcun lieu circonvoisin, d'aultant que ledit lieu et chastellenye du dict Sainct Clementin, ensemble aultres grosses bourgades et grandes parroisses d'alentour, sont fort peuplez ; et bien scavoir que aux villes, lieux et endroictz où sont foyres et marchez plus proches du dict Sainct Clementin, qui sont, scavoir est, Argenton le Chasteau, Mauleon, Thoars, Bressuyre, Maulevrier et Cerizay, n'y a marché le lundy ne foyres le premier jour de may et [   ] jour de [   ], qui est le jour de feste de sainct Clementin, pour avoir esté souventes foys ausdicts lieux, foyres et marchez, estans les dictz lieux cy dessus cothez de distance du dict Sainct Clementin, scavoir est [1]... ; ausquelz lieux, foyres et marchez le dict deposant dict avoir esté par plusieurs foys, et ne pourroyent les dictz foyres et marché destinez au dict Sainct Clementin ausdictz lundy, pour le marché, et jour de Sainct Clementin et premier jour de may, porter dommage aux marchez et foyres cy dessus declairez, n'estans à semblables jours, moys ; au contrayre, seroit le prouffict et commodité tant du pays que habitans. Et est ce qu'il dict scavoir ; et, après lecture à luy faicte, s'est soubzigné. Ainsi signé : G. Violleau.

Michel Symonnet, sergent royal en Poictou, demeurant en la parroisse des Aulbiers, aagé de trante cinq ans ou environ, après serment par luy faict de dire vérité,

Dict qu'il est demeurant, de tout temps, en la dicte parroisse des Aulbiers, et loing du lieu de Sainct Clementin d'une

---

1. Comme dans les précédentes dépositions.

demye lieue seulement, et que le dict Sainct Clementin, où il frequente ordinairement, est une chastellenye, et avoyr oy dire que, autresfoys, a esté une ville, et laquelle est habitée de beaulcoup de peuple, et, une grande lieue environ, de belles et grosses bourgades et parroisses ; et avoir veu plusieurs contractz, antiens et modernes, passez soubz la court de la ville et chastellenye du dict Sainct Clementin ; et, par ce, estre grand besoing et necessité, tant pour la commodité du lieu que habitans du pays circonvoisin, qu'il y aict au dict lieu de Sainct Clementin marché et foyres ; et bien scavoir les lieux et endroictz les plus proches où sont foyres et marchez et les jours d'iceulx, pour y avoir esté et frequanté souvent, tant pour l'exercice de son office de sergent royal que aultres ses affaires, ausquels lieux les plus proches du dict Sainct Clementin n'y a marché le lundy, ne foyres le premier jour de may ne le jour et feste de sainct Clementin, qui est le [   ] jour de [   ]. Et dict que les dictz lieux plus proches du dict Sainct Clementin où y a foyres et marchez sont Thoars [1].... Et est ce qu'il dict ; et, après lecture à lui faicte, s'est soubzsigné. Ainsi signé : M. Simonnet.

Noble et venerable maistre Sebastien du Chillau, chanoyne en l'eglise monsieur Sainct Hillaire le Grand de ceste ville de Poictiers, aulmosnyer du roy, nostre sire, et vicaire general de reverend evesque de Maillezay, demeurant au dict Poictiers, aagé de cinquante deux ans ou environ, après serment par luy faict de dire verité,

Dict avoir frequanté dès sa jeunesse le pays de Poictou, et mesmement, comme grand vicaire du dict evesque de Maillezay, y faisant ses visitations ou diocese du dict evesché, le lieu et chastellenye de Sainct Clementin, où il dict, tant pour la commodité du lieu que grosses bourgades et parroisses circonvoisines, estre besoing et fort neces-

---

1. Comme dans les précédentes dépositions.

sayre y estre estably foyres et marchez ; et avoir frequanté les marchez, tant de Thoars, Mauleon, Bressuyre, Argenton le Chasteau, Maulevrier et Cerizay, qui sont les lieux et endroictz plus proches dud. lieu de Sainct Clementin où y a marché, et n'en avoir veu tenir ausd. lieux le jour de lundy, qui, par ce, où il y auroyt marché et foyres aud. lieu et chastellenye de Sainct Clementin led. jour, ne pourroyt incommoder ne porter dommage ausd. lieux cy dessus cothez, ains, au contrayre, seroit une grande commodité, soyt aud. lieu de Sainct Clementin que és environs, où sont de grandes parroisses et grosses bourgades. Et, pour le regard des foyres desd. lieux cy dessus, n'en peult deposer à la verité des jours, n'y ayant point [eu] esgard. Et est ce qu'il dict scavoir ; et, après lecture à lui faicte, s'est soubzsigné. Ainsi signé : Du Chilleau.

Suivent, à la date du lendemain 14 avril, les conclusions favorables du procureur du roi, signées Chessé, et, à la date du surlendemain, 15 avril, la sentence du lieutenant général dessus dit, ordonnant l'enregistrement des lettres patentes [1].

Le tout signé BOESSON, commis-greffier [2].

---

[1]. Celles-ci portent au dos : « Le contenu en l'autre part a esté registré en pappier rouge du greffe de la court ordinaire et presidialle de la seneschaulcée de Poictou, à Poictiers, ouquel se registrent les lectres patentes, esdicts et ordonnances du roy, nostre sire, par moy, commis du premier clerc de la chambre du conseil de lad. court, et garde de la chambre des sacs d'icelle, le vingtiesme jour d'apvril mil cincq cens quatre vingtz et troys. BOESSON, commis greffier. »

[2]. Le 14 septembre 1583, nouvelles lettres patentes de Henri III au même François de Champelays, complétant ou modifiant les premières, sur la demande de celui-ci, par la création d'une troisième foire le jour de la Saint-Audouin (24 août), et la translation du marché du lundi au mardi. Du 9 novembre 1583 au 15 mars 1584, nouvelle enquête par le même lieutenant général, pour l'entérinement desdites nouvelles lettres. On y entend les témoins suivants : Clément Ragot, licencié ès lois, procureur fiscal de la baronnie d'Argenton, y demeurant ; Jean Banchereau, contrôleur de l'élection de Mauléon, demeurant à la Petite-Boissière ; Nicolas Perret, demeurant à Mortagne ; Pierre Bourgeois, notaire et praticien, demeurant à Bressuire ; Mathurin Robert, marchand, demeurant à Bressuire. Leurs dépositions ressemblent à celles de la précédente enquête.

III

Procès-verbal d'établissement des foires et marchés de Saint-Clémentin par Galien Barat, lieutenant du lieutenant du roi sur les marchands et merciers, et maître visiteur général et réformateur de la mercerie, grosserie et joaillerie, à la requête de François de Champelays, écuyer, seigneur de Cerveau. (Orig. parch.)

15 mai 1584.

L'an de grace mil cinq cens quatre vingtz quatre, et le vingt quatriesme jour du moys d'apvril, se sont presentez pardevant nous, Galien Barat, lieutenant du lieutenant general pour le roy sur les marchands et merciers, et maistre visiteur general et refformateur de la marchandise de merceries, grosseries et joualleries [1], damoyselle Jehanne de Beaumont, femme expouse de Françoys de Champelays, escuyer, sieur de Cerveau et de Sainct Clementin, secretaire du roy, maison et couronne de France, maistre Loys Barbot, procureur fiscal du dict Sainct Clementin ; lesquelz nous ont representez les lectres patentes du roy données à Paris ou moys de mars mil cinq cens quatre vingtz troys, signées par le roy à vostre rellation Compaing, et seellées de cere verd sur lacs de soye rouge et verd, avec l'inquisition et veriffication des dictes lectres faictes au siege presidial de Poictiers, en datte du douziesme jour d'apvril dernier, signé Boesson, greffier, avec le consentement et requisitoire des advocats et procureur du roy au dict siege de Poictiers ; portant, les dictes lectres patentes, erection, creation et establissement de troys foyres l'an au dict lieu et bourg de Sainct Clementin, et ung marché et mynage tous les mardiz de chaicune sep-

---

Après conclusions favorables du procureur du roi, sentence du lieutenant général ordonnant l'enregistrement des nouvelles lettres (12 avril 1584).

1. « Je crois qu'on ne connoit point aujourd'hui cette charge. » (Lettre de J. Moisgas. Voy. p. 394.)

maine. Avons, suyvant icelles dictes lectres patentes, faict publier et lever les dictes foyres, marchez et minage, pour y estre doresnavant entretenuz continuellement, selon le voulloir et intention du roy, et, voyant les dictes lectres à nous presentées, nous sommes transportez au lieu et bourg de Sainct Clementin dès le dict vingt quatriesme jour d'apvril dernyer. Auquel lieu avons, ce requerants la dicte de Beaumont et procureur susdict, faict lire et publyer les dictes lectres patentes à haulte voie et cry public, par la voie et organne de Anthoyne Nueil, sergent de la chastellenye de Sainct Clementin ; ay delaissé affiche en papier, contenant la proclamation des dictes foyres et marchez à tenir et lever au dict lieu de Sainct Clementin au quinziesme jour du moys de may et an present, et, oultre, delivré nostre mandemeut pour faire publyer aux lieux circonvoysins, scavoir à trois à quatre lieulx du dict lieu de Sainct Clementin, scavoyr, Argenton le Chasteau, Thouars, Bressuyre, Mauleon, Cerisay, Maulevrier, Vihiers et Chollet, au dict jour de quinziesme jour du moys de may, et les dictes foyres, scavoir, la premiere des dictes troys foyres, au jour et feste de sainct Audouyn, vingt quatriesme jour d'aoust, la seconde foyre tiendra chaicun jour de sainct Clementin, quatorziesme jour de novembre, la troisiesme foyre tiendra chaicun premier jour du moys de may, et les marchez chaicun jour de mardy, le tout par chaicun an, comme le tout est porté par les dictes lectres patentes, et autres lectres attachées soubz le contre-seel et seellées, portant commutation du jour de lundy au mardy, en datte les dictes lectres du quatorziesme jour de septembre mil cinq cens quatre vingtz trois, signées par le roy en son conseil Compaing, et seellées de cere jaulne sur simple queuhe. Et advenant le quatorziesme jour de may, an present, aurions arrivé, avec nostre greffier et aucuns marchands amenez avec nous, Jacques Barat, Pierre Coutin et Anthoine Pyllon, marchands, que avons accoustumé mener avec nous pour l'exercice de nostre estat. Auquel jour et lieu, seroit venu par devers nous Jehan Dereulx, sergent royal en Poictou, lequel nous a signiffié certain registre et sentence donnée à Poictiers, à la requeste de messire René de Sanzay, escuyer, sieur du dict lieu, chevallier de l'ordre du roy, nous faisant deffences de non proceder à l'elevement des dictes foyres et marchez; auquel Dereulx aurions faict responce que nous garderions de mesprendre. Et le lendemain, quinziesme jour du dict moys, se seroit presenté et comparu par devant nous, lieutenant susdict, le dict de Champelays, escuyer, seigneur de Cerveau et du dict Sainct Clementin, lequel nous auroit presenté les dictes lettres patentes cy dessus dattées avec la dicte verification d'icelles faictes à Poictiers, cy dessus mentionnées, et sommé icelles mectre à execution sellon leur forme et teneur. Auquel de Champelays avons faict responce, que, le jour d'hier, quatorziesme jour du dict present moys, deffences nous furent faictes par le dict Dereulx, sergent royal, à la requeste du sieur de Sanzay, de non se mouvoir à l'establissement des dictes foyres et marchez du dict lieu de Sainct Clementin, sur peyne de s'en prendre à nous, en nostre propre et privé nom, de tous despens, dommaiges et interestz, et à tous marchands y assistants. Lequel de Champelays nous a faict responce que les deffences estoient nulles et comme données par juge incompectant, et qu'il en estoict appellant, et, dès auparavant le dict jour, son appel signiffié au dict sieur de Sanzay, et que ce n'est à nous d'en prendre la cognoissance, et qu'il nous avoit mis ses lectres patentes avec la veriffication d'icelles pour proceder à l'execution, nous promectant soubztenir l'execution que ferons par vertu d'icelles, tant contre le dict sieur de Sanzay que tous aultres, et nous en garantir et desdommager de toutes pertes et inconvenients, et ensemble les marchandz y assistans. Au moyen de laquelle sommation, avons procedé à l'execution des dictes lectres, nonobstant la dicte opposition du dict sieur de Sanzay, aux perilz et fortunes du dict sieur de Champelays, à l'establissement des dictes foyres et marchez comme s'ensuyt.

Sur les huict heures attendant neuf du matin, et plusieurs marchands estant arrivez, tant mercyers, drappyers, bouchiers et aultres marchands cy après nommez, et premierement, des villes et barronnye d'Argenton et Bressuyre, avec l'enseigne desployée, tambours et phifres, Jehan Briollet, Jacques Gligot, Bernard le Coindre, Nicollas Buygnon, Jacques Hericé, Gratien Rousset, Jacques Boyer, Pierre Herault, Jehan Albert, Françoys Frogerit, Symon Symonnault, Françoys Babin l'aisné, Pierre Babin le jeune, Pierre Mousset, Georges Coutelier, René Milleau, Françoys Bernier, Jacques Boesdon, Jacques Grymault, Colas Mouschard, Hillairet Favreau, Martin, Anthoine Beccot, Jehan Frogerit, Pierre Helyon et son filz, Jacques Turpault, Bertrand Payneau, Michel Payneau et Jehan Davy, Gervays Souchet, Pierre Chassereau, Abraham Girard, Mathurin Michel, Françoys Pinyer, Estienne Barrault, Colas Charruault, Jullien Gavilleau, Jehan Charruau, Jehan Billeau, Michel Pageau, Symotiere, François Fadigault, Jehan Cheneteau, Estienne Desnoyers, Colas Tureau, Françoys Logeays, Michel Brethelliere, Pierre Deschamps, Symon Meillaisseau, Françoys Igodette, Georges Souverain, Berthault Pinyau, Jehan Brouault, Guillaulme Mannain, Mery Davy, Vincent Baudouyn, Gabriel Noblet, Jehan Bretin, Anthoine Coust, Françoys Davy, Anthoine Davy, Françoys Champtefain, Lucas Charrier, Gallien Pinyer, Nycollas Marteau, Guillaulme Pinyau, André Texier, Anthoine Pillon, Jacques Bonnet, Loys Jacques, Estienne Brault, Fiacre Bernier, Georges Fredic, Leonard Brethault, Mery Bodin, Anthoine Bille, Guillaume]Fabeau, Maurice Bardonnyn, Mery Jacques, et, au bout des noms susdicts, sont signez Boesdon, Gratien Rousset, Coustellyer, Boyer, et, pour le regard des marchants mercyers des villes et baronnye de Mauleon et Chollet, sont arrivez, [avec] enseignes, tambours et phifres, premierement Pierre Bonnyn, Eustache Charryer, René Racault, Mathurin Gobert, Françoys Mainnyer, Robert Morin, Hillaire Burgault, Michel le Comte, Jacques Barret, Guillaume Breteillier, et signez au bout dudict roolle Bonnyn et René Racaut, et plusieurs aultres n'estant escripts au roolle, jusques au nombre de deux mil cinq cens personnes ou environ, et ensemble les manans et habitants dudict bourg de Sainct Clementin, lesquels, tous unanimement nous ont dict et remonstré et faict serment les dictes foyres et marchez estre necessaires et utiles pour la commodité du public, utilité dudict lieu de Sainct Clementin et lieulx circonvoysins, ausdicts jours cy dessus nommez et speciffiez, et icelles avoir esté proclamées et criées ès lieulx cy dessus, comme ledict Champelay nous a faict apparoir par les proclamations faictes à ceste fin par vertu de nostre mandement et commission, ès lieulx cy dessus speciffiez et designez.

Et nous sommes transportez à ladicte halle, en la compaignée desdicts marchands merciers et aultres, et faict faire lecture et publication desdictes lectres patentes, accompagné de Pierre Ruffin, trompette ordinaire de ladicte ville d'Argenton, qui auroit sonné par trois foys, suyvant les ordonnances, et la lecture desdictes lectres faicte par m⁰ Michel Symonnet, sergent royal en Poictou. Et, à l'instant, ledit de Champelays nous a baillé monnoye pour jecter, et que de faict nous avons jecté sur le peuple y assistant, qui a cryé largesse, vive le roy; et, en mesme instant, la foyre luy a esté livrée en une bource de cuyr blanc, avec cinq deniers en icelle ; et nous a, d'abondant, ledict de Champelays, presenté ung pavillon ou panelle de tafetaz vert, avec treze torches de cere jaulne ardentes et quarante panenceaux contenant ses armoyries, et ung bœuf ayant une tappicerie et des nappes et cordes pour icelluy mener et le tenir, lequel pavillon, torches et pananceaux ont estes portez, et le bœuf conduit et mené, par les plus antians marchandz mercyers qui y ont assisté, par tous les carrefours et cantonz dudict bourg de Sainct Clementin, en chaicun desquelz avons faict lire et publyer à nostre greffier lesdictes lectres et veriffication d'icelle faicte audict Poictiers, à ce que le tout soit notoyre et manifeste à ung chaicun. Et, ce faict, avons ramené et conduict le bœuf au logis de nous, lieutenant susdict. Et, ce faict, ledict sieur de Cerveau a payé et contenté lesdicts marchands mercyers, et a baillé à chascun vingt cinq solz pour leur sallaire et vacation pour estre venu au present levement, publication et creation desdictes foyres, marchez et mynages. Et quand audict pavillon, torches et escussons, les avons faict bailler et donner à la manyere accoustumée ; et, pour le regard du bœuf, la solennité et publication faicte, a esté mis presentement à l'enchere, et, des deniers qui en sont provenuz, l'avons partagé aux susdicts mercyers, à chaicun son esgal portion, et, quand audict pavillon, aussi partagé chaicun son droict. Moyennant toutes les choses ainsi faictes et accomplies sans contredict, ledict de Champelays, present, a promis et juré, en presence de tous, de tenir et maintenir les marchands et leurs marchandises allant, venant et sejournant esdictes foyres et marchez, en la protection et sauvegarde du roy, nostre sire, ce que luy avons enjoinct, de par le roy, nostre dict sieur, à peyne de cassation et nullité des foyres et marchez à deffault d'administrer justice à chaicun desdicts marchands, et ordonné, ce requerans icelluy de Champelays, que tous les subjects de la presente terre et seigneurye apporteront, et feront apporter ou amener, toutes et unes chaicunes les marchandises qu'ilz vouldront vendre et exposer en vente esdictes foyres et marchez, et ce, pour le cours et espace d'un an, durant lequel temps ledict sieur ne prendra ne levera aulcune prevosté pour le regard desdictes foyres et marchez seullement, commençant dès le jour et datte de ces presentes, sans les porter, mener ou faire porter ès aultres foyres et marchez, que, preallablement, ilz ne les ayent exposées en vente en icelle foyre et marchez dudict lieu de Sainct Clementin, et ce, sur peyne, pour la premiere contravention et desobeissance, de soixante solz et ung denier d'amende, pour la seconde, cent solz, et, pour la tierce, confiscation de marchandises et amendes arbitraires, le tout appliquable audict sieur. Et, ce requerant icelluy de Champelays, après qu'il ne s'est trouvé aulcun contredisant ny empeschant, nous, en tant que pouvons et doibvons, avons, de par le roy, nostre sire, mis et mectons ledict sieur de [Sainct] Clementin en plaine possession, saisine et joissance desdictes foyres et marchez et mynages, droictz, proffictz, revenuz et esmollumens d'iceulx, prerogatives, franchises et libertez y appartenant, tant pour ledict sieur que pour ses successeurs, seigneurs dudict lieu, faisants, par ces presentes, inhibitions et deffences, de par le roy, nostre dict sieur, à toutes personnes, de quelque qualité et condition qu'elles soient, de non troubler ny empescher ledict sieur et ses successeurs, seigneurs qui de lui auroyent cause à l'advenir dudict lieu de Sainct Clementin, prevostz et fermiers en la possession et joyssance desdictes foyres, marchez et mynage, droict et debvoir y appartenant et qui sont deppendant et peuvent deppendre, directement ou indirectement, sur peyne d'estre declaré rebelle à la majeste du roy, et aultres peynes et amendes que le cas requera.

Et, par l'advys desquelz, avons proceddé à la taxe des droictz que levera ledict sieur de Sainct Clementin et ses successeurs, à raison des marchandises qui seront estallées et exposées en ventes ès jours des foyres, marchez et minages. Scavoir est, premierement, prendra, par chaicun mercyer et drappyers, vendans fins draps et estallans en ladicte halle et dehors, ung denyer par chaicune foys; pour raison de ceulx qui vendront de gros draps, deulx denyers ; pour raison des bouchiers, deux denyers, oultre la ferme des bancs qu'ilz tiendront en la halle; pour les pintiers, bottiers, panetiers, vendeurs de laines, pouailleries, lins, chanvres, fil, toilles, chappelliers, ferronniers, cordiers, panyers, boiceaux, cribles, poissonnyers, moutons, berbiz, aigneaulx, chievres, chevreaux, selliers, battiers, mareschaulx, payeront, par chaicune espece de marchandise, ung denier ; pour chaicune charge de blé vendue au mynage, payeront deux denyers ; pour chaicune chartée de sel, ung boiceau pour l'aculage ; pour chaicune charrette passant par la terre et bourg dudict Sainct Clementin, deulx denyers ; et de toutes especes de peaux de beufz, vaches, thores, tannées ou à tanner, ung denyer ; pour couple de beufz et vaches, quatre denyers ; pour le change desdictz couples de beufz et vaches, six denyers ; pour chevaulx, jumentz, poullains, pouldres, mulletz, mulles, asnes et asnesses, par chaicune piece, deulx denyers ; et, par chaicun pourceau ou truye, quatre denyers. Item payeront les habitans de Sainct Clementin, qui trafficquent en quelque marchandise que ce soit ès jours de marchez, ung denier ; pour chaicune chartée de boys, deulx denyers ; et pour chaicune charge de boys, ung denier ; pour chaicune chartée de foing et paille, deux denyers ; pour la vente de peaux de chievres et moutons, ung denyer. Le tout ce que dessus se payera aux jours de marchez, et doublera à jours de foyres lesdictes ventes. Dont lesdictz marchands seront tenuz de payer lesdictes ventes et estallages audict sieur cy dessus declairé, à peyne de soixante solz et ung denier d'amende.

Dont et de tout ce que dessus, ce requerant ledict de Champelays, avons octroyé ce present nostre procès verbal, pour luy valloyr et servir ce que de raison. Avons aussy faict injonction à tous les manans et habitans dudict lieu de Sainct Clementin, ce requerant ledict de Champelays, de oster tous les fumiers, terriés, pierres, boys et aultres choses estans ès places publicques par nous ordonnées pour tenir lesdictes foyres et marchez, et ce, dedans ung moys prochainement venant pour tout terme, perfection et delay, sur peyne de cent livres d'amendes appliquables au roy ; et deffendons à tous marchands et aultres, de quelque qualité qu'il seict, de non attacher ny mectre aulcune beste dans la halle dudict Sainct Clementin, sur peyne de soixante solz ung denyer d'amende, et pareille amende à ceulx qui s'en iront desdictes foyres et marchez sans payer la vente audict sieur tel que dessus, pour la premiere foys, et, pour la seconde, cent solz, et, la tierce, à peyne de confiscation de marchandyse.

Donné et faict audict bourg de Sainct Clementin, par nous lieutenant et general susdict, assistans avec nous Jacques Barat, greffier, et ledict Coutin et Pillon, ledict quinziesme jour de may mil v c quatre vingtz quatre, et, d'abondant, seellé de cere vert de nostre seel accoustumé. Lesquelles lectres patentes et veriffication d'icelles, signées audict siege de Poictiers et publications faictes esdicts lieulx et villes susdictes avec cestuy nostre procès verbal, ont esté baillées et delivrées audict de Champelays, et qui a faict lesdictz frais, poursuytes et diligences, le tout à ses despens. BARAT, lieutenant susdict. P. COUTIN. J. BARAT, greffier. A. PILLON.

XXIII

DOCUMENTS SE RAPPORTANT AUX GUERRES DE RELIGION.
1589-1591.

Les documents qui sont ici groupés ont la même provenance que ceux qui l'ont été sous le numéro précédent [1]. C'est encore

---

1. Voy. p. 393 et 394.

à M. l'abbé Gabard que nous en devons la communication et la copie, et ils ont été tirés des archives du château des Dorides, tome Ier, à l'exception des deux premiers, dont l'original existe à part entre les mains d'un particulier.

Ils nous ont paru de nature à jeter quelque lumière sur l'histoire assez peu connue d'une partie de notre province, à une époque des plus critiques et des plus troublées de son histoire.

I

Requête adressée au roi par les habitants de Mauléon et des paroisses voisines, à l'effet d'être exemptés de tout impôt pendant cinq ans, à raison des maux dont ils ont souffert pendant les guerres.

Janvier 1589.

Au roy. Sire, vos très humbles subjects, les habitans de la ville de Mauleon et des paroisses de Sainct Jouyn, Royrthais, Sainct Aubin de Bobigné, la Petite Boyssiere et Moullins, proches et contigues de ladicte ville de Mauleon, vous remonstrent, en toute humillité, que, le xxiiiie de may m v^c iiii^{xx}vii, ladicte ville fut assiegée ; le xiie de juign ensuyvant, prise par force et d'assault, les meubles des habitans d'icelle entierement pillés, leurs personnes rançonnées, la pluspart des fruicts et meubles des habitans desdictes paroisses conssommés et emportés, leur bestial aratoire et autre emmené, et le parsus raçonné par ceulx de la nouvelle oppinion ; partye desquels estant demourés en garnison en ladicte ville auroient forcé les pauvres suppliants leur payer, avec les denyers des tailles, grandes sommes de denyers, pour leur nourriture et entretienement, ne delaissant, néantmoings, de prendre presque tous les fruicts croissants sur leurs terres, auparavant mesmes la maturité d'iceulx, et, encores, les contraindre à plusieurs et continuelles corvées, tant d'hommes, que de beufs et charettes, pour la fortiffication de ladicte ville ; ce qu'ils auroient continué depuis ledict xiie de may iiii^{xx}vii jusques au moys d'octobre dernier, que lesdicts ennemys, voyants votre armée conduite par monsieur de Nevers s'acheminer vers ladicte ville, et pour icelle armée incommoder, auroient faict conduyre en la ville de Fontenay, et autres endroits par eulx occuppés, ce qui restoit de meubles, fruicts et bestial aux dicts suppliants, et mis le feu en leurs maisons, dont seroit ensuivy que lesdictes paroisses et ville de Mauleon sont sans habittans, mesteiers et collons, pour estre la pluspart d'iceulx morts soubz la pesanteur de leur tristesse et ennuys, et les aultres abseans et mandiants leur miserable vye en divers pays, et, par ce moyen, les terres incultes et en frische. A ces causes, sire, et à ce que les pauvres suppliantz ayent occasion et moyen de construire et reediffier leurs dictes maisons, faire l'agriculture de leurs terres innutilles, eviter la miserable mendicitté et vous payer vos tailles à l'advenir, il vous plaise, de vos benignes graces, jetter votre œil de pittié et compassion sur leurs cruelles afflictions, et les descharger et quitter de la contribution de vos tailles, aydes, emprunts, impostz et subsides, pour le temps de cinq années enthieres et consecutives, à commencer du premier janvier, presant moys et an. DE VAUMORANT.

Au pied :

La presente requeste est envoyée au president et tresoriers generaulx de France establiz à Poictiers, pour sur le contenu en icelle informer ou faire informer par les esleus de l'ellection dudit Mauleon, appellé notre procureur en icelle, et icelle information nous envoyer aveq votre advis, pour, le tout veu, estre pourveu aux supplians ainsy que de raison. Faict au conseil du roy tenu à Bloy le XXIXᵉ janvier 1589. GUYBERT.

II

Enquête sur le contenu en la requête ci-dessus des habitants de Mauléon et des paroisses voisines, à l'effet d'être exemptés d'impôts.

7 et 8 juin 1591 [1].

Du vendredy septiesme jour de juing mil cinq cens quatre vingtz onze, au lieu noble de la Guerche, paroisse de Sainct Amand.

Premierement, Françoys Petit, escuyer, segneur du Coulombyer, demurant audict lieu noble de la Guerche, aagé de trente cinq ans ou envyron, après serment par luy faict de dire et deposer verité, sur ce enquis, nous a dict que lesdictes paroisses de Sainct Jouyn, le Temple, la Chapelle Largeau, Moulyns, la Tessoualle, Sainct Aulbin de Baubigné, Rorthais et la Petite Boissiere sont proches et joignantes la ville de Mauleon, laquelle, depuys le mois de juing mil cinq cens quatre vingtz sept, a tousjours continuellement esté occupée par les gens de guerre, tant d'un party que d'aultre, après avoyr esté assiegée de quatre armées, la premiere conduicte par le roy, lors roy de Navarre, oudit moys de juing mil cinq cens quatre vingtz sept, la segonde par monsegneur de Nevers, au moys de novembre mil cinq cens quatre vingtz huict, la troisiesme par monsegneur de Chatillon, au moys d'apvril mil cinq cens quatre vingtz neuf, et la quatriesme conduicte par monsegneur le prince de Conty, au moys de mars dernyer, mil cinq cens quatre vingt onze ; et, oultre, que la dicte ville de Mauleon a esté surprinze d'un party sur l'autre par deux foy, l'une par le sieur de la Boullaye, au moys d'aougst mil cinq cens quatre vingtz huict, et l'autre par le sieur du Piedufou, au moys d'octobre dernier passé, mil cinq cens

---

1. Cette pièce faisant suite à la précédente, on a cru devoir la placer immédiatement après, sans souci de sa date.

quatre vingtz dix ; touttes lesquelles armées ont logé esdictes paroisses, lesquelles ont estées exposées au pillage par les occupateurs de ladicte ville pendant lesdictes années dix ou douze foys ; au moyen de quoy, joinct les impositions, pilleries et exactions que lesdicts gens de guerre ont exercées continuellement sur lesdictes paroisses, elles sont demourées sans habitans, estants la pluspart d'iceux mors de faim, tristesse et ennuy, et les aultres errants çà et là pour mendier leur vie, les terres des mesteries de chacune desdictes paroisses demourées en friche par faulte de hommes, beufs et charrettes. Tout ce que dessus ledict deposant nous a dict bien sçavoyr, pour avoyr tousjours faict sa residence en ladicte maison de la Guerche, sciutée à une lieue près dudict Mauleon, ensemble pour s'estre transporté en chacune desdictes paroisses par plusieurs foys, mesme despuys un mois en çà, allant voyr des gentilhommes, ses parens et amys, demourans esdictes paroisses. Et est tout ce qu'il nous a dict savoir, sur ce par nous bien et dhuement enquis. FRANÇOIS PETIT.

Messire Pierre Boessinot, prebstre, curé de Sainct Amand et y demurant, aagé de trente cinq ans ou envyron, après serment par lui faict de dire et deposer verité, a dict, sur ce enquis, que, despuys quatre ans en çà, la ville de Mauleon a esté prinze, tant d'assault que par surprinze, six foys par les gens de guerre, tant d'un party que d'aultre, scavoir, par le roy, lors roy de Navarre, au moys de juing mil cinq cens quatre vingtz sept, par le sieur de la Boullaye, au moys d'aougst mil cinq cens quatre vingtz huict, par monsegneur de Nevers, au moys de novembre ou dict an, par monsegneur de Chatillon, au moys d'apvril mil cinq cens quatre vingtz neuf, par le sieur du Piedufou, au moys d'octobre dernyer mil cinq cens quatre vingtz dix, et par monsegneur le prince de Conty, au mois de mars dernyer passé mil cinq cens quatre vingtz onze, ayans, à ceste fin,

Sa Majesté, ensemble lesdicts segneurs de Nevers, Chatillon, et prince de Conty, amené et conduict chacun une grand armée avecque canon, lesquelles armées ont logé ès paroisses de Sainct Jouyn, le Temple, la Chapelle Largeau, Moulyns, la Tessoualle, Sainct Aulbin de Baubegné, Rorthais et la Petite Boisseere, comme estans les plus proches et distentes dudict Mauleon de demye lieue seulement. Lesquels gens de guerre, tant d'un party que d'aultre, ont tousjours continuellement, despuys ladicte année mil cinq cens quatre vingts sept, contrainct les habitants desdictes paroisses leur administrer vivres, meubles et aultres choses à eux necesseres, tant pour eux que leurs chevaux, et iceux faict travailler assiduellement aux reparations et fortifications dudict chasteau, et, oultre, pillé et ravy tous les moyens qui leur restoient dix ou douze foys, lors qu'ils voyoient aprocher les armées pour les assieger, afin d'oster à leur ennemy toutes commodités de vivres et aultres choses ; et, non contens de ce, lesdicts gens de guerre, tant assiegens qu'assiegés, ont desmoly et ruyné presque toutes les maysons desdictes paroisses, les uns pour se chaufer, et les autres de certaine malice, dont s'est ensuivy que la pluspart des habitans desdictes paroisses sont decedés, et les aultres absentés pour mandier leur vie, les terres et heritages demourés sans culture, fors quelques uns, que les gentilhommes demourans esdictes paroisses ont faict labourer et ensemencer à leur despans. Ce que dessus ledict deposant a dict bien scavoyr, pour avoyr tousjours residé au bourg dudict Sainct Amand, distant d'une lieue dudict Mauleon, et bien congnoistre touttes les mesteries enclavées esdictes paroisses, lesquelles il a veues par plusieures foys despuys un an, allant à ses affaires. Et est tout ce qu'il nous a dict scavoir, sur ce par nous bien et dhuement enquis. Pierre Bessinot.

Messire René Gaudin, prebstre, demurant à Sainct

Amand, aagé de vingt sept ans ou envyron, après serment par luy faict de dire et deposer verité, et sur ce enquis, a dict avoyr bonne souvenance, que, en l'année mil cinq cens quatre vingtz sept, le roy à present regnant, lors roy de Navarre, assiegea et print par force la ville de Mauleon, laquelle, despuys, a encore estée assiegée et prinse, tant d'assault que par surprinze, cinq diverses foys, par les segneurs de Nevers, la Boullaye, Chatillon, Piedufou et prince de Conty, ayans, à cest effect, amené des armées et canons, qui ont logé ès paroisses de Sainct Jouyn, le Temple, la Chapelle Largeau, Moulyns, la Tessoualle, Sainct Aulbin de Baubigné, Rorthais et la Petite Boessiere, les plus proches et voisines de ladicte ville de Mauleon, laquelle, despuys ladicte année mil cinq cens quatre vingtz sept, a tousjours esté occupée par grand nombre de gens de guerre, tant d'un party que d'aultre, lesquels ont distraict les habitans desdictes paroisses de leurs labeurs, agriculture et vaquations ordineres, pour travailler aux reparations et fortifications de ladicte ville et chasteau, et prins et exigé sur eux, oultre les tailles par chascun moys, despuys ladicte année quatre vingt sept, grand nombre de denyers, fruicts, meubles et aultres choses dont lesdicts gens de guerre avoyent besoing, lesquels, à chescune foys qu'ils aprehendoient d'estre assiegés, seroient allés par les maisons et villages desdictes paroisses prendre et ravyr entre les mayns des habitans d'icelles tout ce quil leur restoit de meubles, bestial et fruicts, pour munyr ladicte ville et incomoder leurs ennemys ; ce qui seroit advenu huict ou dix foys, mesme auroyent faict brusler grand nombre desdictes maisons et villages, pour mectre à descouvert leur dicts ennemys ; esquelles paroisses, ledict deposant nous a dict avoyr veu loger plusieurs compaignies de gens de guerre despuys six ans en çà, tellement que la continuation de telles et insurportables pertes a faict mourir d'ennuy et tristesse la plus grand part des habitans desdictes paroisses, et, au regard de ceux qui restent vivans, ils sont contraincts aller mandier leur vie au loing, occasion pourquoi les terres des mesteries desdictes paroisses ne sont à present labourées ni ensemencées, fors quelques unes que les gentilhommes desdictes paroisses ont faict labourer à leurs fraicts et despans. Ce que dessus ledict deposant dit bien scavoyr, pour estre demurant, ainsy que dict est, à Sainct Amand, voisin desdictes paroisses d'une lieue, avoyr veu lesdictes armées et sieges, et lesdictes paroisses desertes et inhabitées. Et est tout ce qu'il nous a dict scavoyr, sur ce par nous bien et dhuement enquis. RENÉ GODIN.

Maistre Loys Yzembert, sergent royal, demeurant au bourg de Sainct Amand, aagé de trente ans ou envyron, après que de luy avons prins le serment en tel cas recquis et accoustumé, nous a dict, sur ce enquis, estre memoratif que la ville de Mauleon fut assiegée et prinse par force par le roy à presant regnant en l'année mil cinq cens quatre vingtz sept, lequel la quicta sans y laisser aulcune garnyson, et, peu après, y vint le cappitaine Mercure Albanoys, avec grand nombre de gens de guerre, sur lequel le sieur de la Boullaye reprint la dicte ville par surprinze, et y establist en garnyson le sieur de Villiers Charlemaigne, avec troys ou quatre compagnées, tant de cheval que de pied, lesquels furent assiegés et prins par monsegneur de Nevers, lequel, à ceste fin, avoit amené une grand armée et six pieces de canon, et y establit pour gouverneur monsegneur de Lavardin, auquel il delayssa huict cens ou mil houmes de guerre, qui furent peu de temps après assiegés par monsegneur de Chatillon, lequel ne print la dicte ville, qui est tousjours demurée en l'obeissance du roy jusques au moys d'octobre dernyer qu'elle fut surprinze par le sieur du Piedufou, qui en a esté chassé, quoyquesoit les siens, au moy de mars dernyer, que la dicte ville fut assiegée et prinze par monsegneur le prince de Conty, lequel aussi a amené une grande armée avec six canons. Touttes lesquelles armées, et aultres gens de guerre qui ont vagué sur ce pays de Poictou, ont logé ès paroisses de Sainct Jouyn, le Temple, la Chapelle Largeau, Moulyns, la Tessoualle, Sainct Aulbin de Baubegné, Rorthais et la Petite Boessiere, parcequ'elles sont les plus proches de la dicte ville de Mauleon. Tous lesquels gens de guerre, qui ont, aynsi que dict est, occupé ladicte ville de Mauleon despuys ladicte année mil cinq cens quatre vingtz sept, ont contrainct, par force et viollance, les habitans desdictes paroisses d'aller travailler aux reparations de la dicte ville et chasteau par chescun jour, sans leur donner loysir de vaguer à leurs labourages, ont imposé sur eux et contrainct payer de grandes et excessives contributions de denyers, vin, bleds, chair, foing, paille, avoyne, boys, fillet et aultres choses, qui excedoient les facultés desdicts habitans, lesquels, enfin, ne pouvant plus surporter telles pertes et mollestations, sont mors d'ennuy, à tout le moyns la pluspart d'iceux, et les aultres, qui sont restés vivans, vont mandier leur vie ; au moyen de quoy les mesteries, terres et heritages des dictes paroisses sont demurées sans habitans, collons et exploicteurs, infructueuses et desertes, fors quelques unes, que les gentilhommes ont faict labourer à leurs despans ; le decès desquels habitans, et ruyne de ceux qui restent advenus pour les causes susdictes, et mesmement parcequ'ils ont estés exposés au pillage huict ou dix foys par les dicts gens de guerre, afin de munyr la dicte ville de meubles et vivres, et incomoder les ennemys, lorsque les armées s'aprochoient pour assieger la dicte ville. Tout ce que dessus le dict deposant dict bien scavoyr, pour avoyr veu les dictes armées et sieges, faire les dicts pillages et ruynes, d'aultant qu'il demure à une lieue près les dictes paroisses, lesquelles il a visité allant à ses affaires, et veu les maisons d'icelles touttes ruynées et desmollyes, tant par le feu que aultrement. Et est tout ce qu'il nous a dict scavoyr, sur ce par nous bien et dhuemant enquis. Izembert.

François Rambault, sieur de la Doutiere, marchant, demurant en la paroisse de Sainct Amand, agé de cinquente ans ou envyron, après serment par luy faict de dire et deposer verité, nous a dict, sur ce enquis, que la pluspart des habitans des paroisses de Sainct Jouyn, le Temple, la Chapelle Largeau, Moulyns, la Tessoualle, Sainct Aulbin de Baubegné, Rorthais et la Petite Boessiere sont decedés, et les aultres mandians leurs vies çà et là, et que les maisons des dictes paroisses et villages sont du tout desmollyés et ruynées, les terres d'icelles non cultivées, labourées, ny ensemencées par faulte d'hommes et bestial, fors quelques mesteries qui appartiennent aux gentilhommes, lesquelles ils ont faict faire à leurs mayns, frais et despans. Lesquels decès, ruynes et desolations susdictes sont advenues d'aultant que la ville de Mauleon, de laquelle les dictes paroisses sont proches et voisines d'une demye lieue, a esté assiegée et prinze par force et surprinzes, despuys l'année mil cinq cens quatre vingtz sept, six foys, scavoir, par le roy à present regnant, par le sieur de la Boullaye, par monsegneur de Nevers, par monsegneur de Chatillon, par le sieur du Piedufou et par monsegneur le prince de Conty, au moys de mars dernyer, ayant Sa Majesté et chescun des dicts segneurs de Nevers, de Chatillon, et prince de Conty amené du canon et une grande armée, qui ont logé esdictes paroisses, comme aussi plusieurs compagnées de gens de guerre, qui ont vagué en ce pays de Poictou despuys six ans en çà ; lesquels gens de guerre, qui ont, despuys le dict temps, occupé la dicte ville de Mauleon, ont continuellement par chascun jour faict travailler aux reparations de la dicte ville les dicts habitans, prinz et exigés sur eux, oultre les tailles, de grandes et excessives contributions de denyers, cher, bled, vin, foing, paille, boys et aultres contributions excedans leurs pouvoyr et faculté, et, oultre, exposé au pillage et mercy des soldats, aynsi qu'en une ville prinze d'assault, tous les moyens qui restoient aux dicts habitans, jusques à huict ou dix foys, pour munyr la dicte ville et incommoder les ennemys des assiegés auparavant la venue des dictes armées, et le plus souvent sur les opinyons et aprehantions d'icelles, encore qu'elles ne vinssent assieger la dicte ville. Et est tout ce qu'il nous a dict scavoyr, sur ce par nous bien et dhuement enquis. FRANÇOYS RAIMBAULT.

Du vendredy huictiesme jour de juing 1591, au lieu noble de Nouzillac.

René de Nouzillac, escuyer, sieur du dict lieu et y demurant, paroisse de Sainct Michel de Montmaleus, aagé de quarente ans ou envyron, après serment par luy faict de dire et deposer verité, nous a dict, sur ce enquis, estre memoratif que la ville de Mauleon fut assiegée et prinze par le roy à present regnant au moys de juing mil cinq cens quatre vingtz sept, et, despuys, par le sieur de la Boullaye, au moys d'aougst mil cinq cens quatre vingtz huict, par monsegneur de Nevers, au moys de novembre ou dict an, par monsegneur de Chatillon, au moys d'apvril mil cinq cens quatre vingtz neuf, par le sieur du Puydufou, au moys d'octobre mil cinq cens quatre vingtz dix, et par monsegneur le prince de Conty, au moys de mars dernyer passé. Pour faire lesquels sieges et prinzes de la dicte ville, Sa Majesté et lesdicts segneurs de Nevers, de Chatillon et prince de Conty auroient amené et conduict du canon et une grand armée, lesquelles armées auroient logé ès paroisses de Sainct Jouyn, le Temple, la Chapelle Largeau, Moulyns, la Tessoualle, Sainct Aulbin de Baubigné, Rorthais et la Petite Boissiere, comme estans les plus proches et voisines de la dicte ville de Mauleon, laquelle ville a toujours, despuys ladicte année mil cinq cens quatre vingtz sept, esté occupée par grand nombre de gens de guerre, tant d'un party que d'aultre, lesquels ont continuellement faict travailler aux reparations de la dicte ville et chasteau les habitans desdictes paroisses, et contrainct leur payer de grandes contributions de denyers, farine, bleds, vin, cher, meubles, boys, foing, paille et aultres choses, oultre et par dessus les tailles; et, sur les advertissemens ou aprehantions qu'ils avoient d'estre assiegés, ont pillé et sacagé, neuf ou dix fois, ce qui restoit de meubles, fruicts et commodités ès mayns des dicts pauvres habitans, lesquels, en oultre, ont esté travaillés de payer semblables contributions à aultres garnysons, establies tant à Pousauges, la Fourest sur Soïpvre, la Seguiniere, Chollet, que aultres endroicts; en chascun desquels lieux ils ont estés detenuz prisonnyers, battus et oultragés en leurs personnes, la pluspart du temps à faulte d'avoyr payé de terme en terme les dictes contributions. De toutes lesquelles pertes, ruynes et excès, s'est ensuyvie la mort de la pluspart des dicts habitans et l'extreme pauvreté des aultres, qui vont mandier leur vie, sans avoyr moyen de labourer et cultiver les terres desdictes paroisses, lesquelles sont à present en friche et infructueuses, fors quelques mesteries apartenans à aulcuns gentilhommes des dictes paroisses, lesquelles ils ont faict labourer et ensemencer à leurs despans. Tout ce que dessus le dict deposant dict bien scavoyr, pour avoyr veu touttes les dictes armées, desolation et totale ruyne des dictes paroisses, esquelles il a passé despuys un an, mesme despuys huict jours, allant à ses affaires. Et est ce qu'il nous a dict scavoyr, sur ce par nous bien et dhuemant enquis. RENÉ DE NOUZILLAC.

Messire Honoré Gaudin, prebstre, demurant à present au lieu noble de Nouzillac, paroisse de Sainct Michel de Montmalcus, aagé de vingt cinq ans ou envyron, après serment par luy faict de dire et deposer verité, nous a dict, sur ce enquis, avoyr bonne souvenence, que, despuys quatre ans en ça, la ville de Mauleon a esté prinze et reprinze d'un party et d'aultres plusieurs foys, entre aultres, en l'annee mil cinq cens quatre vingtz sept par le roy à present regnant, et, despuys, par chacun an, une et deux foys, jusques au moys de mars dernyer, qu'elle fut prinze sur le sieur du Piedufou par monsegneur le prinze de Conty. Pour faire lesquelles prinzes et reprinzes, Sa Majesté et messegneurs de Nevers, de Chatillon, et prince de Conty auroient amené du canon et des armées, qui auroyent logé ès paroisses de Sainct Jouyn, le Temple, la Chapelle Largeau, Moulyns, la Tessoualle, Sainct Aulbin de Baubigné, Rorthais et la Petite Boissière, les plus proches de la dicte ville de Mauleon, laquelle lesdicts gens de guerre ont continuellement occupée, et prins leurs vivres, et aultres commodités à eux necessaires, sur les dictes paroisses, d'aultant que la dicte ville, chacune foys qu'elle a esté prinze, a esté pillée, et qu'en icelle n'y avoit meubles ne vivres pour subvenyr aux necessités des dicts gens de guerre, lesquels ont esté en si grand nombre, que les fruicts et esmolumens produicts par les terres et heritages des dictes paroisses durant les dictes années, despuys quatre vingtz sept jusques à presant, n'ont estés suffisans pour leur nouriture et entretenement et des pauvres habitans des dictes paroisses, d'aultant mesmes qu'ils ont estés contraincts travailler aux fortifications de la dicte ville, au mesme tamps et saison qu'ils debvoient vacquer à leurs labourages et agriculture, et que leurs beufs et aultres bestial, mesme fruicts et commodités, leurs ont estés ravies et spolyées des mayns neuf ou dix foys, pour munyr la dicte ville de vivres et meubles, incommoder et fatiguer les ennemys des assiegés, lorsqu'ils voyoient aprocher les armées pour les investir ; et, durant ces mesmes années, les dicts pauvres habitans ont estés contraincts payer, tant à la dicte garnyson de Mauleon, celles de Pousauges, la Forestz sur Soipvre, la Seguiniere, le Censif, et Chollet, grandes et excessives contributions de denyers, vivres et munitions, après avoyr estés detenuz prisonniers, battus et oultragés en leurs personnes, et executés en leurs beufs, vaches et aultres animaux la pluspart du temps. Au moyen de quoy, les pauvres habitans des dictes paroisses seroyent presque tous decedés, et les aultres mandians leur vie çà et là, les maisons et villages desmolyes et ruynées, les terres sans agriculture et sans esperance d'estre labourées et ensemencées, à faulte qu'il n'y a homme ny bestiaux pour ce faire. Ce que le dict deposant dict bien scavoyr, pour avoyr veu les dictes armées, et avoyr passé esdictes paroisses pour ses affaires despuys un an plusieurs foys. Et est tout ce que il nous a dict bien scavoyr, sur ce par nous bien et dhuemant enquis. H. Godin, prebtre.

Messire Roch Arnaud, prebstre, demurant à Trezevens, aagé de vingt sept ans ou environ, après serment par luy faict de dire et deposer verité, nous a dict, sur ce enquis, que la ville de Mauleon, despuys l'année mil cinq cens quatre vingtz sept, a esté prinze et reprinze d'un party et d'aultre cinq et six foys : par le roy à presant regnant, par monsegneur de Nevers, monsieur de la Boullaye, monsegneur de Chastillon, monsieur du Puydufou et monsegneur le prince de Conty, ayans chacun d'eux, à ceste fin, amené une armée et du canon, fors les dicts sieur de la Boullaye et Piedufou, qui ont prins la dicte ville de Mauleon par surprinze; touttes lesquelles armées ont logé ès paroisses de Sainct Jouyn, le Temple, la Chapelle Largeau, Moulyns, la Tessouale, Sainct Aulbin de Baubigné, Rorthais et la Petite Boissiere, les plus proches de la dicte ville ; auparavant l'arivée desquelles, les assiegés, par neuf ou dix foys, pillerent, ravirent et saccagerent les meubles, fruicts et bestiaux restans aux pauvres habitans des dictes paroisses, lesquels, oultre le payement des tailles, ont estés contraincts travailler, par chascun jour, aux fortifications de la dicte ville de Mauleon, de la Forest sur Soipvre, de Pousauges, Chollet, la Seguiniere, le Censif, et, en chascun des dicts lieux, payer grandes contributions de denyers, vivres et fourrages, après avoyr estés detenus prisonnyers et leurs beufs executés, de telle fasson que la pluspart des dicts habitans sont decedés, à cause des excès et oultrages commis en leurs personnes, et les aultres sont restés mandians leurs vies, sans avoyr moyen de labourer et ensemencer leurs terres, lesquelles, à presant, sont du tout habandonnées, et leurs maisons desmolyes et ruynées, sans pouvoyr s'y rehabituer. Ce que le dict deposant dit bien scavoyr, pour avoyr veu les dictes armées et passé par les dictes paroisses, allant à ses affaires, despuys un an et demy en ça, mesme despuys huict jours. Et est tout ce qu'il nous a dict scavoyr, sur ce par nous bien et dhuemant enquis. ROCH ARNAUD.

Maistre Jehan Sourisseau, nottaire en cour laye, demurant à presant au lieu et maison noble de Nouzillac, paroisse de Sainct Michel de Montmaleus, aagé de quarante cinq ans ou envyron, après serment par luy faict de dire et deposer verité, nous a dict, sur ce enquis, que, despuys quatre ans en ça, la ville de Mauleon et pays circonvoisin ont estés grandemant affligés de la guerre qui à presant a cours, tant par les armées qui sont venues pour prendre la dicte ville, que par les compagnées qui ont passés au dict pays, dont seroit advenu que les paroisses proches du dict Mauleon, entre aultres celles de Sainct Jouyn, le Temple, la Chapelle Largeau, Moulyns, la Tessoualle, Sainct Aulbin de Baubigné, Rorthais, et la Petite Boissière sont demurées desertes, sans habitans et agriculture, estans la pluspart des dicts habitans decedés, au moyen des emprisonnemens de leurs personnes, excès et oultrages, pillages et ravissemens de tous leurs biens et commodittés, et les aultres mandyans leurs vies miserablemant, sans avoyr moyen de se pouvoyr rehabituer, d'aultant que leurs maisons et villages sont du tout desmolies et ruynées par la violance de la dicte guerre. Ce qu'il dict bien scavoyr, pour avoir veu quatre sieges devant la dicte ville, l'un faict par le roy à present regnant, le second par monsegneur de Nevers, le tiers par monsegneur de Chastillon, et le quatriesme par monsegneur le prince de Conty, par chascun an, despuys l'année mil cinq cens quatre vingtz sept, et aussi pour avoyr veu prendre et ravyr tous les fruicts, bestiaux et aultres commodittés des pauvres habitans des dictes paroisses, à la venue de chascune des dictes armées, afin de les incommoder, et munyr la dicte ville, et aussi pour les avoyr veu grever d'une infinittés d'impositions et contributions extraordinaires, mises sus par les dicts gens de guerre, pour leur nourriture et entretenement ; pour le payemant desquelles contributions, les dicts pauvres habitans ont estés inhumenement oultragés en leurs personnes, et detenus captifs et prisonnyers, tant au dict Mauleon, que aultres lieux où y avoyt garnysons establies d'un party et d'aultre. Et est tout ce qu'il nous a dict bien scavoyr, sur ce par nous bien et dhuemant enquis. J. Souriceau.

Maistre Guillaume Rapin, sieur de la Bretresche, nottaire en court laye, demurant en la ville de Chasteaumeur, aagé de trente ans ou envyron, après serment par luy faict de dire et deposer verité, nous a dict, sur ce enquis, avoyr souvenence que la ville de Mauleon a esté assiegée et prinze par force despuys quatre ans quatre foys, et surprinze deux foys, tant d'un party que d'aultre ; au moyen de quoy, les paroisses les plus proches et voisines de la dicte ville sont du tout ruynées, entre aultres Sainct Jouyn, le Temple, la Chapelle Largeau, Moulyns, la Tessoualle, Sainct Aulbin de Baubigné, Rorthais et la Petite

Boissiere, parce que les armées qui ont assiegé, prins et reprins la dicte ville ont logé en icelle, et les assiegés mis sus de grandes et excessives contributions oultre les tailles, et exposé au pillage neuf ou dix foys tous les meubles, fruicts et commodittés des dictes paroisses, aynsi que l'on a acoustumé à une ville prinze d'assault, et, oultre, ont contribué à la nouriture et entretenement de plusieurs aultres garnisons de contraire party, establies à Pousauges, la Fourest sur Soipvre, Chollet, la Seguiniere, l'Herbergement, Vermette et le Censif, le tout continuellement despuys l'année mil cinq cens quatre vingtz sept jusques à presant; pour le payemant desquelles contributions, les dicts pauvres habitans ont estés emprisonnés, et inhumenement excedés et oultragés en leurs personnes, et executés en leurs biens meubles, beufs et aultres animaux, occasion pourquoy la pluspart des dicts habitans sont decedés, et les aultres mandians miserablement leurs vies çà et là, n'ayans moyen de faire le labourage de leurs terres, lesquelles à presant sont inutiles et couvertes de herbe à faulte de labourage et semence, fors quelques mesteries apartenant à aulcuns gentilhommes, lesquelles ils ont faict labourer et ensemencer à leurs fraicts et despans. Tout ce que dessus le dict deposant a dict bien scavoyr, pour estre allé retirer plusieurs prisonnyers des dictes prisons, moyennant le payement actuel qu'il a faict aux dicts gens de guerre des dictes contributions, pour avoyr veu les dictes armées devant la dicte ville, et visité les dictes paroisses despuys dix huict moys en çà plusieures foys, et mesme despuys cinq jours en çà. Et est tout ce qu'il nous dict scavoyr, sur ce par nous bien et dhuemant enquis. G. Rapin, Baudry, Noyraud.

III

Lettres du roi de Navarre aux commissaires pour la ferme des biens ecclésiastiques en Poitou et Loudunois, donnant au sieur de Cerveau mainlevée des saisies ou baux à ferme judiciaires des revenus de plusieurs prieurés dont il avait ci-devant eu la jouissance. (Orig., parch., avec débris d'un grand sceau en cire rouge.)

8 avril 1589.

Henry, par la grace de Dieu roy de Navarre, premier prince du sang, premier pair de France, gouverneur et lieutenant general pour le roy en Guienne, et protecteur des esglises reformées du royaume, à nos amés et feaulx les commissaires par nous depputés pour proceder aux baux affermes des benefices et biens ecclesiasticques en Poictou et Lodunoys, salut. Desirant bien et favorablement traicter le sieur de Serveau, en faveur et à la recommandation du sieur de Sainct Gelays, son nepveu, à icelluy, pour ceste cause et autres bonnes considerations à ce nous mouvans, avons accordé et octroyé, accordons et octroyons, par ces presentes, la jouissance et perception des fruicts et revenus des prieurés de Basneuil en Lodunoys, de Sainct Ciprien près Bressuyre, Sainct Clementin et Sainct Jacques de Mortagne en Poictou, desquels il a cy devant jouy; et d'yceux fruicts et revenus luy avons faict et faisons plaine et entiere main levée, en cas [que] saisie ou bail afferme en heussent esté ou pourroient estre faicts en ceste année, lesquelles nous avons revocqué et annullé, revocquons et annullons, comme non faicts et advenus et de nul effect et valleur, à la charge toutteffoys de payer, à celluy des recepveurs par nous establi au dict pays de Poictou et Lodunoys qu'il appartiendra, la quatriesme partie du revenu des dicts prieurés, à quoy ont esté estimés les decimes d'iceux. Sy vous mandons et enjoignons, que procedant par vous à la verification de ceste presente nostre main levée, vous faictes, laissez et souffrez jouyr le dict sieur de Serveau du contenu en icelle plainement et paisiblement, cessant et faisant cesser tous troubles et empeschements à ce contraires. Donné à

Bressuyre, le huictiesme jour d'apvril, mil cinq cens quatre vingts neuf. HENRY.

Par le roy de Navarre, premier prince du sang. DE VICOSE

En bas :

Pour le sieur de Serveau, oncle de monsr de Saint-Gelais.

Sur le côté :

Vu par Duplessis.

IV

Lettres de Henri IV exemptant les habitants de la paroisse de Saint-Clémentin des munitions de guerre à réclamer par les garnisons voisines, et du guet ailleurs qu'à Cerveau, suivies de divers documents relatifs aux difficultés de leur exécution. (Copie authentique du temps, papier [1].)

1590-1591.

Henry, par la grace de Dieu roy de France et de Navarre, à nostre amé et feal conseiller, premier maistre de nostre hostel, le sieur de Montigny, cappitaine de cincquante hommes d'armes de nos ordonnances, gouverneur et nostre lieutenant general en Berry, et à tous nos autres lieutenans generaulx, gouverneurs, commissaires generaulx des vivres ou leurs commis, cappitaines, chefz et conducteurs de nos gens de guerre, tant de cheval que de pied, aux officiers de la justice, maire, eschevins et habitans de nos villes d'Argenton le Chasteau, Mauleon et Thouars, et à tous nos autres justiciers, officiers et subjects ausquels ces presentes seront monstrées, salut. Scavoir vous faisons, que nous, considerant qu'il auroit pleu au feu roy, nostre très honoré seigneur et frere, permettre à nostre amé et feal conseiller et secretaire de nous et de nostre maison et coronne de France, Françoys de Champelays,

---

1. Document signalé par J. Moisgas, dans une lettre publiée par les *Affiches du Poitou*, numéro du 18 février 1779. (Cf. p. 394.)

sieur de Cerveau, de faire fortiffier sa maison, qu'il auroit mise en tel et si bon estat qu'il l'auroit tousjours gardée et conservée en nostre obeissance, sans que nos ennemis ayent peu s'en emparer, lesquelz, avec quelques gens de guerre qu'il y a entretenuz deppuis le commancement de ses derniers troubles, il a tousjours incommodez autant qu'il luy a esté possible, à quoy les habitans de la paroisse de Sainct Clementin, dont il est seigneur chastellain en tous droictz de haulte justice, moyenne et basse, l'ont assisté de toute leur puissance, sans y avoir espargné aucune chose de leurs moyens, qui les a rendu dignes de nos bonnes graces et nous a incitez de pourvoir à leur soulagement, autant que nous pourrons, à ces causes et autres bonnes considerations à ce nous mouvans, avons iceulx habitans de la dicte paroisse de Sainct Clementin exemptez et exemptons, par ces presentes, signée de nostre propre main, de la contribution des munitions qui leur pourroient estre demandées par les garnisons dudit Argenton le Chateau, Mauleon et Thouars, sans qu'ilz puissent estre contrainct de faire guet ailleurs qu'ès dicte maison de Cerveau, dont les avons, de nos graces specialles, playne puissance et auctorité royale, exemptez et exemptons. Sy voulons, vous mandons, et à chaicun de vous en droict soy sy comme à luy appartiendra, très expressement enjoignons, que, du contenu en ces dictes presentes vous faciez, souffriez et laissiez jouir et user les dictz habitans d'icelle paroisse de Sainct Clementin playnement et paisiblement, cessans et faisant cesser tous troubles et empeschementz au contraire, lesquelz, si faictz, mis ou donnez leur estoyent, vous ferez mettre incontinant en leur premier estat et deu, car tel est nostre plaisir. Donné au champ de Meleun, le dixiesme jour d'apvril, l'an de grace mil cincq cens quatre vingtz dix, et de nostre regne le premier. Signé Henry, et, plus bas, par le roy Rusé, et seellé du grand seel de cire jaulne.

Pierre Bonneau, seneschal de la baronnie d'Argenton, commissaire en ceste partye, aux manans et habitans de la paroisse de Sainct Clementin. Scavoir faisons, qu'en vertu de la commission et pouvoir à nous donné par monseigneur Françoys de Bourbon, prince de Compty, lieutenant general pour le roy ès provinces d'Anjou, Poictou, Tourayne, le Mayne, Berry, Blaisoys, Vandomoys, hault et bas Lymousin et le Perche, donné au camp d'Argenton le treziesme jour des present moys et an, signé Françoys de Bourbon, et, plus bas, par monseigneur le prince, lieutenant general susdit, Bonneau, et seellé en placcart de cere rouge, nous vous mandons et expressement enjoignons, que vous ayez à esgaller et despartir, le plus justement et esgallement que faire ce pourra, le fort portant le foyble, le nombre de six douzaynes de bled, les deulx parts froment et le tiers seigle, à quoy nous vous avons taxé, pour vostre part et portion des troys muitz de bled, que mon dit seigneur a faict prendre sur les paroisses de la dicte baronnie, pour subvenir à partye de la nourriture de l'armée du roy, conduicte par mon dit seigneur, qui ont esté fournyes et advancées par Jehan Dillon, Vincent Taritton et Jacques Bruneau, ès mains desquelz nous vous mandons apporter et mettre le dit nombre de six douzaynes, huictayne apprès la réception des presentes, sy mieulx n'aymez, dans ledict temps, paier ausdictz Taritton et Dillon et Bruneau la somme de dix sept ezcuz cincquante quatre soulz, à laquelle avons estimé l'espece de vostre dicte taxe, prins sur le pris que les bledz ont esté venduz de la dicte espece en la ville et marché de Thouars; et à ce faire serez contrainctz par toutes voyes deues et raisonnables, et comme pour les propres deniers et affaires du roy, nonobstant oppositions ou appellations quelconcques et sans prejudice d'icelle, attendu qu'il est question du service de Sa Majeste et de la nourriture de la dicte armée. Mandons au premier sergent de la cour de ceans, ou aultre sur ce requis, faire tous exploictz et contrainctes necessaires. Donné à Argenton, le vingt sixiesme jour de mars, l'an mil cincq cens quatre vingtz unze ; signé Bonneau et Paulmier.

Aujourd'huy vingt cincquiesme jour de may, l'an mil cincq cens quatre vingtz unze, envyron mydy, à la requeste de Françoys de Champelays, escuier, seigneur de Cerveau et de la chastellenie, terre et seigneurie de Sainct Clementin, secretaire du roy, j'ay signiffié, notiffié et faict assavoir à Vincent Taritton et Jehan Dillon, mouniers, demourans en la paroisse de Boesse, soy disans commissaires du magazin et munition, qu'ilz disent avoir fourny en l'armée de monseigneur le prince de Compty lorsqu'il estoit logé en la ville d'Argenton le Chateau, certaynes lectres ou sauvegardes du roy, données ou camp de Meleun, en datte du dixiesme jour d'apvril mil cincq cens quatre vingtz dix, signé Henry, et, plus bas, par le roy Rusé, et seellé du grand sceau de cire jaulne, desquelles lectres leur ay delaissé coppie, ensemble de cestuy mon present procès verbal, affin qu'ilz n'en pretendent cause d'ignorance et à telles fins que de raison, et oultre, et par vertu d'icelles, à la requeste que dessus, leur ay faict les inhibitions et deffences de n'attempter ne soy immiscuer lever aucuns deniers en la paroisse du dit Sainct Clementin par vertu d'une certayne pretendue commission par eulx envoyée en la dicte paroisse de Sainct Clementin, sur peine de les repeter sur eulx et chaicun d'eulx, de les prendre à partye en leur propre et privé nom, attendu la qualité des dictes lectres. Faict par moy, Malayne Berceron, sergent royal soubzsigné, presens Pierre Charrier et Joachim Barreau, mes records, qui ont declairé ne scavoir signer, [et ce] fait parlant au gendre et à la femme du dit Taritton, ausquels ay faict injunction le faire scavoir au dit Taritton et Dillon, ce qu'ilz m'ont promis faire, et ont declairé les ditz tesmoings ne scavoir signer. Signé M. Berceron.

Nous, à la requeste du procureur de la court de ceans, donnons en mandement au premier sergent d'icelle ou aultre sur ce requis, faire commandement, de par le roy, aux manans et habitans des paroisses de ceste baronnie, de paier le nombre de bled, froment et seigle, ou somme de deniers mentionnez par nos commissions à eulx envoyées, suivant le pouvoir a nous donné par monseigneur le prince de Comply, et à ce faire les contraindre par execution de leurs meubles, saisies de leurs immeubles et emprisonnemens de leurs [personnes], nonobstant opposition ou appellation quelconque, et sans prejudice d'icelle, en vertu du pouvoir à nous donné par nostre dict seigneur. Donné et faict à Argenton, par nous Pierre Bonneau, seneschal de la baronnie dudit Argenton, commissaire en ceste partye, le vingt neufiesme jour d'apvril mil cincq cens quatre vingtz unze. Signé P. Bonneau.

A vous Jehan Davy, l'un des paroissiens de la paroisse de Sainct Clementin, à la requeste de monsieur le procureur de la baronnie d'Argenton, et par vertu du mandement dont coppie est cy dessus transcript que vous delaisse, affin que n'en pretendiez cause d'ignorance, vous declaire, qu'à faulte d'y avoir satisfaict, y serez contrainct par emprisonnement de vostre personne, et, de faict, vous constitue et arreste prisonnier, vous baillant ma personne pour prison, pour y demourer jusques au parfaict et entier payement des dictes commissions mentionnées par le dit mandement. Faict par moy, sergent royal [du] duché de Thouars soubzsigné, le premier jour de juing mil cincq cens quatre vingtz unze, presens Pierre Thibault, Pierre Voysin et aultres [mes records], demourans audit Argenton. Signé F. Rocherou.

La presente coppie a esté collationnée à ses originaulx par nous, notaires jurez de la chastellenie de Sainct Clementin, le premier jour de juing, l'an mil cincq cens quatre vingtz unze. BANCHEREAU. COUSTELLEAU.

V

Procès-verbal de levée et reconnaissance du corps de René du Chilleau, écuyer, seigneur dudit lieu, trouvé mort au bout de la chaussée de Rocheroux, en une petite maison appelée le Vieux-Moulin. (Copie du temps, parch. [1].)

7 mai 1591.

Aujourd'huy septiesme jour de may mil cinq cens quatre vingtz onze, demye heure de rellevée dudict jour, nous Legier Rocquect, procureur fiscal de la chastellenye de Sainct Clementin, Jehan Grepin, commis greffier de la dicte chastellenye, Estienne Picault, sergent ordinaire d'icelledicte chastellenye, avons estez advertys qu'il avoict esté thué et occis le dict jour ung gentilhomme nommé René du Chilleau, escuyer, sieur du dict lieu. Nous sommes transportez jusques ès moullins de Rocheroux, près le bourg du dict Sainct Clementin, où illec avons trouvé le corps d'ung homme mort, de moyenne taille, le visage long, une petitte barbe noire, vestu d'ung pourpoinct de taffetars noyr, des chauses d'estaimet viollet, et, pour tout, certain estre le corps du dict seigneur du Chilleau, pour le bien congnoistre, et pour l'avoyr veu par plusieurs et diverses foys auparavant son decès; lequel estoict mort au bout de la chaussée dudict lieu de Rocheroux, en une petitte maison où entiennement on soulloyt avoyr moullin appellé le vieulx moullin; auquel lieu avons trouvé le dict corps mort estandu en la dicte place, ayant la fasse

---

1. Document signalé par J. Moisgas (voy. p. 394) dans une lettre publiée par les *Affiches du Poitou*, numéro du 24 décembre 1778.

en contre hault, estant auprès de luy ung jeune homme
soy disant avoyr nom Ambroys Becheu, qui a dict estre
serviteur dudict sieur du Chilleau. Lequel dict corps mort
avons icelluy tousché, visité, et ce en la presence du dict
Becheu et de Jehan Bertin, mounyer des dicts moullins,
et de Germayne Davy, femme du dict Berthin, et Mallayne
Bonnyn, mounyer, demeurant ès moullins du ponct des
Arches, Françoys Allion, demourant en la paroisse des
Aulbiers, et de Mathurin Billé, demourant en la paroisse
de Sainct Clementin. Auquel dict corps avons trouvé ung
coup de pistolle ou harquebuze entrant du cousté senestre
près la mamelle, qui transperce tout ledict corps à travers,
sortant par le derriere de l'aultre cousté, audesoubz de
l'espaulle destre. Avons faict inventaire de ce que ledict
corps mort avoict sur luy ; ne luy avons rien trouvé aultre
chose synon que son dict pourpoinct, son dict hault de
chauce avec le bas, le tout viollet ayant des chaussettes
de toille, par le dessoubz ayant une chemise de lin neufve.
Avons enquis le dict Berthin qui avoict faict le dict homicide. Nous a respondu qu'il ne scavoict, mais bien avoict
passé huict ou dix harquebuziers, n'estant bien certain du
nombre, par le dedans ledict veil moullin, qui ont à son
advis faict ledict homicide, et que le dict Bertin, ayant
entendu tirer plusieurs coups d'arquebuzes audict moullin,
dict avoir ouy dire qu'ilz estoient de la garnison du chasteau d'Argenton. Avons icelluy dict corps touché et faict
enlever par les dessus dictz tesmoings, faict porter jusques
au ponct des Arches, auquel lieu avons trouvé une charrette et des bœufs. Avons icelluydict corps faict mectre dans
la dicte charrette, et d'illec l'avons conduict jusques au
bourg de Sainct Clementin, on chastel dudict lieu ; lequel
avons faict mectre dans une haulte chambre, sur une
table, où illec le dict corps auroict rendu grande effuzion
de sang. Auquel dict chasteau l'avoir laissé comme en lieu
de [   ] ; et avons laissé avec le dict corps m^es Jehan Sy-

monnault, Michel Tisseau, Clementin Rethoré et Mallayne Bonassé, prebtres. Dont de tout ce que dessus avons faict le present acte procès verbal, faict soubz noz seings, ès presances que dessus, qui ont declaré ne scavoir signer, fors lesdictz Billé, Symonnault, Tisseau, Rethoré et Bonassé. Faict les jours et an que dessus ; ainsy signé en la mynutte des presentes : J. Symonnault pour present, M. Tisseau pour present, C. Rethoré pour present, M. Bonassé pour present, M. Billé pour présent, L. Rocquet, procureur susdict, J. Grepin, greffier commis, et E. Picault sergent susdict. Rocquet, procureur susdict. Picault, sergent susdict. Grepin, greffier commis.

XXIV

Procuration des magistrats de la sénéchaussée et siège présidial de Poitou, pour former opposition à l'établissement d'un siège présidial à Loudun. (Protoc. orig. de Chesneau, notaire royal à Poitiers.)

21 avril 1605.

Sachent tous que, en droict, en la cour du scel estably aux contractz à Poictiers pour le roy, nostre sire, ont esté presans et personnellement establiz, les president, lieutenans generaulx civil et criminel et particulier et assesseur criminel, conseilliers et magistratz, advocatz et procureurs du roy en la seneschaussée et siege presidial de Poictou, à Poictiers, lesquels ont faict et constitué leurs procureurs generaulx et speciaulx. . . . .
. . . .
A chacun d'eulx, seul et pour le tout, ilz ont donné pouvoir et mendement special de comparoistre, et leurs personnes represanter, pardevant la majesté du roy, nostre sire, mons^r le chancellier, mons^r le garde des seaulx et mons^r le procureur general et tous aultres, et partout où il appartiendra ; et, pour les constituans, former opposition, soubz le bon plaisir de Sa Majesté, et en requerir acte

comme et où il conviendra, à l'erection et establissement d'un siege presidial en la ville de Loudun, que l'on a entendu estre recherché par quelques habitans d'icelle ville et aultres particuliers, au grand prejudice et dommage du publicq, remarquable par la diminution et mesme entiere ruine de la ville de Poictiers en consequance de telle erection; et, à la fin de lad. opposition, faire les très humbles supplications, requestes et remonstrances qu'il apartiendra, en temps et lieu, suivant les memoires pour ce faictz et baillez par lesd. constituans, signez du greffier de leurd. siege; et generalement de faire pour lesd. constituans, en ce que dessus et qui le concerne et en depend, ce qu'ils feroient, faire pourroient ou debvroient sy presans en leurs personnes y estoient, jaçoict que mendement plus special y feust requis, promettant l'avoir pour agreable, ferme et stable, sans y contrevenir, par leur foy et serment, obligation et ypothecque de tous et chacuns leurs biens meubles et immeubles presans et futurs quelconques. Dont, de leur consentement et à leurs requestes, ils ont esté jugez et condempnez par le jugement et condempnation de lad. cour, à la jurisdiction de laquelle ils se sont suppozez et sousmis et leursd. biens quant ad ce. Faict et passé aud. Poictiers, en la chambre du conseil du palais royal de lad. ville de Poictiers, avant midy, le vingt et uniesme jour d'apvril, l'an mil six cens et cinq.

Suivent les signatures des constituants, et celles des notaires Millet et Chesneau.

A la suite de lad. procuration, les noms des constituants ont été reproduits par le notaire de la manière suivante :

Emery Regnault, president,	Pierre de Brilhac, lieutenant general criminel,
Loys de Saincte Marthe, lieutenant general civil,	Jehan Martin, assesseur civil et criminel,

Conseillers :
René de Brilhac,
Bonaventure Irland,
Adan de Blacvod,
Maurice Roatin,
René Brochard,
Françoys Herbert [1],
Loys de la Coussais,
Jacques Porcheron,
Françoys Dreulx,
Marc Jarno,
Guillaume Gabriau,
Jehan Chevallier,
Horace Pierre de Bourgoing,
Jehan Thubert,
Françoys Lucas,
Françoys Lesguillier [2],
Charles Vidard,
Guillaume Aubert,
Loys Herbaudeau,
Mathieu Barbarin,
Pierre Peraud [3],
Jehan Estivalle,
Charles Rougier,
Jehan Mangin,
Jehan Baron,
Symon Maubué,
Danyel Coytard,
Françoys Boynet,
Jacques Mayaud,
René Fumé, advocat du roy,
Mathieu Vidard, procureur du roy,
Jehan Constant, avocat du roy,
Emery Chessé, procureur du roy.

XXV

LE CULTE PROTESTANT A SAINT-HILAIRE-SUR-L'AUTISE.

1623-1657.

On sait les nombreuses difficultés soulevées par l'application de l'édit de Nantes. Dans maints endroits, l'exercice public du culte protestant fit l'objet de longues contestations.

Il en fut ainsi, en particulier, à Saint-Hilaire-sur-l'Antise. Le fait n'était pas inconnu. Notre confrère M. Lièvre l'a signalé dans son *Histoire des protestants et des églises réformées du Poitou*

---

1. Ne se trouve pas parmi les signataires.
2.-3. Signatures : LAGUILLÉ, PEYRAUD.

(t. II, p. 22 et 50). Les documents que nous publions le mettront en lumière, non sans jeter aussi quelque jour, par leur ensemble, sur les faits du même genre, autant, toutefois, qu'il est permis de passer du particulier au général.

Ces documents, sauf un, le dernier, font aujourd'hui partie des archives de la Vienne, et proviennent des archives du chapitre de Saint-Hilaire-le-Grand de Poitiers, à auquel appartenait la seigneurie de Saint-Hilaire-sur-l'Autise.

I

Acte donné au vicaire de Saint-Hilaire-sur-l'Autise du trouble apporté à l'exercice du culte catholique dans l'église dudit lieu par l'assemblée voisine des protestants, et du refus de ces derniers de discontinuer. (Copie, pap.; Arch. de la Vienne, G. 966.)

1ᵉʳ janvier 1623.

L'an mil six cens vingt trois et le premier jour de janvier, environ sur les dix heures du matin, mʳᵉ Jehan Prudhoumeau, prebtre, vicquaire de Saint Hillaire sur l'Autize, accompagné de frere Vallentin Ourry, prebtre, religieux de Maillezay, docteur en theologie, et de plusieurs autres, catholicques et de la religion pretendue reformée, et de moy nottaire, s'est transporté à la porte de la mayson du sieur de Brion joignant l'eglise dudit Saint Hillaire, la rue entre deux, où ceux de la religion pretendue reformée faisoient leur presche au milieu de la cour; et, là estant, auroit fait demander quelques ungz de ceux qu'ilz apellent antiens, et seroit sorty monsieur de Vandée, de laditte religion, auquel ledit Prudhommeau auroit declairé, que, pour la grande multitude du peuple qui estoit en laditte cour, des villes et bourgades circonvoisines, ilz faisoient ung tel bruit, qu'à cause de la proximité du lieu, il luy estoit impossible de faire le divin service et instruire comme il desiroit les catholicques, le priant, avecq toutte douceur, qu'ilz fissent moingz de bruit, et le laissassent achever le service divin [   ]; qu'autrement il s'en plaindroit et en prendroit acte. Auquel ledit sieur de Vandée auroit dit que ce grand bruit provenoit du champ des pseaumes, qu'ilz ne pouvoient quitter, le roy leur permettant. A quoy ledit Prudhommeau leur auroit dit qu'ilz se debvoient doncq retirer au lieu accoustumé pour jouir du benefice des ecditz du roy, et non pas en ce lieu, sy proche de laditte eglise que cella estoit troubler les catholicques, et empescher ledit Ourry, docteur, de faire la predication. Nonobstant quoy, ilz n'auroient laissé de continuer. Dont, du tout, ledit Prudhommeau m'auroit requis acte, que lui ay octroié, pour lui valloir et servir ce que de raison. Faict les jour et an susditz, presens les soubzsignés et plusieurs autres habitans de laditte paroisse, et autres. Ainsy signé en la minutte : J. Prudhomeau, F. V. Ourry, Pougnet present et Regnaud, François Airaud, P. Supiot, P. Thonnard presans, François Aubrit, Pierre Airaud, Pierre Pougnet, et Neau, nottaire de la chastellenie de Denans, pour acte. NEAU nottaire.

II

Anoblissement par Philippe Boutou, seigneur de la Baugisière et autres places, en faveur de Guillaume de Bryon, écuyer, sieur de la Mothe, d'une maison sise au bourg de Saint-Hilaire-sur-l'Autise. (Copie authentique, parch. ; Arch. de la Vienne, G. 966.)

13 juin 1623.

Sachent tous qu'en la court du scel estably aux contractz ès chastellannyes de la Baugiziere et du Pin, pour haut et puissant monsieur desdictz lieux, ont estez presans et personnellement establyz en droict, hault et puissant Philippes Bouttou, seigneur des dictes chastellannyes de la Baugiziere et du Pin et de l'Espineraye, et hault justicier des terres et seigneuries de la Tour de Sauvayré, la Vergne et aultres seigneuries, demourant en son chasteau de la

Baugiziere, parroisse de Saint Michel le Cloux, d'une part ; et Guillaume de Bryon, escuier, sieur de la Mothe, demourant en sa maison size au bourg de Sainct Hilaire, d'autre part. Entre lesquelz a esté convenu et accordé ce que s'ensuict, c'est assavoir, que ledict seigneur de la Baugiziere, tant pour luy qu'autres ses successeurs apperpetuitté, pour certaines causes et considerations à ce le mouvans et par ce qu'aussy luy a pleu et plaict, a annobly et, par ces presantes annoblict, la dicte maison, en laquelle reside le dict de Bryon, size audict lieu de Sainct Hillaire, ensamble touttes ses appartenances d'aisances, cours, jardrins, et generallement tout ce qui en deppend, tenant d'une part à l'eglize parroichyalle du dict Sainct Hilaire, le chemin entre deux, d'un bout aux maisons de la cure, le grand chemin qui conduict du vivyer à ladicte eglise entre deux, d'autre costé aux maisons de m^e Salomon Pougnet, aussy le chemin entre deux, et d'autre bout à la maison de Abraham Guillon, le chemin conduisant du four à la grande porte de l'eglize entre deux ; pour, par le dict de Bryon, à l'advenir, et les siens, et qui de luy auront cause, tenir lesdictz lieux noblement, à foy et hommage lige et à droict de rachapt à muttation de vassal, avecq tout droict de juridiction basse et fonciere, du dict seigneur de la Baugiziere et des siens, à cause et pour raison de la dicte seigneurie de la Tour de Sauvayré, le dict rachapt abonny, par ces presantes, à une payre d'esperons dorez, appretiez à trante deux solz. Et, en ce faisant, ledict seigneur de la Baugiziere a eximé et deschargé, exime et descharge, les dictz lieux des cens et debvoirs rousturiers qui luy estoyent dheus sur iceux, et promet qu'il ne luy en sera jamais faict question ne demande. Tout ce que le dict de Bryon a stipullé et accepté ; et, en ce faisant à presant, a presantemant faict audict seigneur de la Baugiziere les dictz foy et hommage lige, baizer et serment de fidelitté, le livre des sainctes evangilles touché de la main, et promis luy estre bon et loyal vassal, et tel que homme de foy par hommaige lige doibt estre envers son seigneur, dont le dict seigneur de la Baugiziere s'est comptanté, et accordé et accorde audict de Bryon, que, pour tout denombrement, lui fournira dans quarante jours d'une grosse des presantes, signée de nousdictz nottaires, ce qui a esté respectivement stipullé et accepté par les dictes partyes, chascune en leur regart, faict et promesse. Et à ce faire, tenir, garder et accomplir, ont obligé tous leurs biens presans et advenir, renonçans à touttes choses à ces presantes contraires. Dont, de leur consantance, vollonté, et à leur requeste, les dictes partyes en ont estés jugées et comdampnées par le jugement et condemnation de la dicte court, par nous, René Trapperon et Mathurin Pestrault, nottaires jurez d'icelle, à la juridiction de laquelle lesdictes partyes se sont soubzmizes, et tous leurs dictz biens quand à ce. Faict et passé audict chasteau de la Baugiziere, le treziesme jour de juing mil six cens vingt et trois, après midy, et avons declairé aux partyes ces presantes estre subjectes au sceau. La minutte est signée Phillippes Bouttou, Bryon, et de nous dictz Trapperon et Pestrault nottaires. PESTRAULT, nottaire des dictes chastellannyes de la Baugiziere et du Pin ; TRAPPERON nottaires des dictes chastellannyes.

Nous soubzsigné, seigneur de la Baugizière, avons receu du dict de Bryon la grosse des presantes, ce vingt cinquiesme juing mil six cens vingt et trois. PHILLIPPES BOUTOU [1].

Seellé en la dicte chastellannye de la Baugiziere, le ving cincquesme jeing mil six cens vingtz et trois.

---

1. En face de la signature, existe un sceau plaqué rond, portant un écu chargé de trois roses, et entouré de cette légende : SEEL. DES. CONTRAS. DE. LA. BAVGIZIERE.

III

Procès-verbal de visite de l'église de Saint-Hilaire-sur-l'Autise par l'évêque de Maillezais. (Copie [1], pap.; Arch. de la Vienne, G. 967.)

15 juin 1630.

Le quinziesme jour de juin mil six cens trente, estans en nostre generale visite au bourg de Sainct Hilaire sur l'Autize, sont comparuz pardevant nous m^e Estienne de Luen, prebtre, curé dudict lieu, Pierre Neau, Estienne Regnaud, Jacques Pougnet, Nicolas Regnaud et plusieurs autres habitans du dict Sainct Hilaire, lesquelz nous auroient faict plaincte de la proximité du lieu où tiennent leur presche ceux de la religion pretendue reformée, qui est en sorte que, du dict presche, les dictz de la pretendue religion reformée peuvent facilement entendre le curé ou predicateur de la dicte eglise. Pour à quoy faire droict, nous avons commendé estre toisée la distance de la dicte eglise au dict presche, qui s'est trouvé estre de distance seulement, du pilier de la dicte eglise au dict presche, de cinq brasses, et, de porte en porte, six, et, de largeur par devant dudit, cinq brasses et demie. Et les dictz curé et habitans nous ont dict ne pouvoir s'empescher de se scandalizer estans à la messe, les dimanches, à cause que les dictz de la religion pretendue reformée, chantans leurs pseaulmes et autres choses, empeschent que les dictz habitans, parroissiens catholicques, ne puissent facilement

---

1. Cette copie est suivie de la mention suivante :
Je soubzsigné, secretaire de monseigneur l'illustrissime et reverendissime evesque et seigneur de Maillezais, certiffie à tous qu'il appartiendra avoir extraict ce que dessus, de mot à mot, du procezverbal de la visite faicte par mondict seigneur, l'an mil six cens trente, dans l'eglise dudict Sainct Hilaire sur l'Autize. En foy de quoy, j'ay signé ces presentes à Fontenay le Comte, le vingt neufviesme jour d'octobre, l'an de nostre Seigneur mil six cens trente et quatre. MESNARD, secretaire susdict.

ouïr la parole de Dieu, annoncée ou par le dict curé ou aultres predicateurs. De quoy nous avons accordé acte et pris leurs plainctes, pour leur en procurer et rendre justice en ce qui nous concernera à cause de nostre dignité episcopale. Signé en la minutte Henry, E. de Maillezais, E. de Luen, curé susdict, et Regnaud, habitant, J. Pougnet, habitant, et Neau.

IV

Requête des doyen, chanoines et chapitre de Saint-Hilaire de Poitiers au lieutenant de Poitou, à fin d'assignation par-devant lui des protestants de Saint-Hilaire-sur-l'Autise, pour se voir faire défense de célébrer leur culte dans le temple et dans toute l'étendue de la seigneurie dudit lieu. (Orig., pap.; Arch. de la Vienne, G. 967.)

3 février 1631 [1].

Monsieur le lieutenant de Poictou, Poitiers.

Supplient humblement les doyenz, channoine et chappitre de l'eglize Sainct Hillaire le Grand de Poictiers, disant que la seigneurie de Saint Hillaire sur l'Autize est de l'antien dommaine, dottation et fondation de la dicte eglize, et mesme qu'ilz sont curez primitifz, en laquelle ils ont haulte, moyenne et basse justice, de laquelle ils sont en bonne pocession, et ne leur peult estre controversée ; et que, suivant les esdictz du roy faictz en faveur de ceux de la religion pretendue reformée, ilz ne peuvent avoir aulcun exercice de la dicte pretendue religion ès terres du dommaine de l'eglize, mais seulement il est permis au seigneur ayant fief d'haubert de leur conceder le dict exercice. Ce neantmoins, pendent le malheur de ses guerres, que ceux de la dicte pretendue religion commendoient ès villes de

---

1. Date donnée par l'appointement du présidial de Poitiers qui a suivi, et dont il sera question ci-après.

Fontenay et de Niort, proche et entre icelles est la dicte chastellennye de Sainct Hillaire sur l'Autize, iceux dictz de la dicte religion pretendue reformée auroient, non seulement entrepris de faire l'exercice de leur dicte pretendue religion, mais mesme, au scandalle des supplians et de l'ordre eclesiasticque, faict construire sur le dommaine qui leur doit rente et estant le lieu où estoict cy devant le four à bant apartenant aux supplians, quasy joignant et si proche de la dicte eglize, que, quand ilz sont à leur presche, ilz troublent le service divin de la dicte eglize, et mesme empeschent le curé de faire son prosne, au grand scandalle du publicq. Ce considéré, mon dict sieur, veu la qualité des suppliantz, la nature de leur dommaine et juridiction en la parroisse de Sainct Hillaire sur l'Autize, que la pretendue pocession est une usurpation contre les esdictz, la congnoissance de la contravention desquelz vous apartient par les ordonnances mesmes, les supplians ont leur causes nottaireement commises par devant vous par lettres patentes des roys. Vous plaise, de vos graces, ordonner que, à la requeste des supplians, ceux de la pretendue religion reformée seront assignez pardavant vous, pour ce voir faire deffences à l'advenir, suivant les dictz esdicts, faire aulcune fonction de l'exercice de la religion pretendue reformée audict temple proche la dicte eglize parroichialle, et en toute leur terre de Sainct Hillaire sur l'Autize, et sur telle peine qu'il plaira à mon dict sieur le procureur du roy requerir pour l'interest publicq, et, en cas de procès, de tous leur despens, dommages et interestz ; et ferez justice. Texier.

Soit faict.

Faict le iiii février 1631. De Saincte Marthe [1].

---

1. Suit une assignation, en date du 13 février, pour le 20 du même mois, « par devant le dict sieur lieutenant en sa cour, et icelle tenant au parquet du palaiz royal dudit Poitiers », donnée par

V

Appointement du présidial de Poitiers [1]. (Copie auth., pap.; Arch. de la Vienne, G. 967.)

12 août 1632.

..... Sur quoy avons ordonné que les parties escripront par advertissemens, produiront, bailleront contredictz et salvations dans le temps de l'ordonnance et en droict et comunicqué au procureur du roy, pour, le tout rapporté par devers nous, ordonner ce que de raison. Donné et faict en la cour ordinaire de la senechaulcée de Poictou, à Poictiers, le douziesme jour d'aougst mil six cens trente et deux.

VI

Lettres royaux de relief d'appel en faveur de Saint-Hilaire de Poitiers. (Orig., parch., jadis scellé en cire jaune; Arch. de la Vienne, G. 967.)

1ᵉʳ septembre 1632.

Louys, par la grace de Dieu roy de France et de Navarre,

J. Lostalet, sergent royal à Maillezais, « parlant à mᵉ Salomon Pougnet, l'ung des ansiens de l'eglize pretandue reformée, avecq injunction requize de le faire scavoir au autre ».

1. Nous n'en donnons que le dispositif, afin d'écarter une longue discussion juridique sur l'interprétation de l'édit de Nantes, discussion qui diffère trop peu de celles qui ont été plusieurs fois imprimées. Il se rencontre cependant, çà et là, dans les qualités, des faits qui ne sont pas sans intérêt. Philippe Boutou, seigneur catholique de la Baugisière, était intervenu dans l'instance et avait pris fait et cause pour les défendeurs, contestant le droit des demandeurs sur le lieu où était bâti le temple, et soutenant qu'il était tenu de lui roturièrement. Les demandeurs argumentaient à fortiori de ce qui venait de se passer pour Montaigu, où les doyen, chanoines et chapitre avaient obtenu de M. de la Millère, intendant de la justice en Aunis, que le temple rebâti par les protestants fût démoli, nonobstant la permission du sieur de la Trimoille, seigneur temporel dud. lieu, sentence confirmée par un arrêt récent du parlement de Paris (20 mars 1632). Ils insistaient sur les inconvénients de la situation du temple, « si proche, que lesd. habitants assemblez devant la porte dud. temple, les catholicques ne peuvent faire procession autour de leur église ny les prebstres baptiser à la porte

au premier nostre huissier ou sergent sur ce requis, salut. De la partye des doien, chanoines et chappitre de l'esglize Sainct Hillaire de Poictiers, nous a esté humblement exposé, que de certain appointement, donné par nos presidiaux de Poictiers, le douziesme du present moys d'aoust mil six cens trente deux, entre eux demandeurs et les habitans de Sainct Hillaire sur l'Autize faisant profession de la relligion pretendue refformée et Philippes Bouthou, escuier, sieur de la Baugiziere, intervenant en la cause, ilz s'en seroient dictz et portés pour appellans, comme encorres ilz appellent par ces presentes, pour les torts et griefs à eux faictz, à dire et déclarer en temps et lieu, lequel appel ilz desirent rellever et poursuivre, mais doubtent estre à ce recepvables sans avoir sur ce nos lettres de provision, humblement requerant icelles. Pour ce est il que nous te mandons, qu'à la requeste des dictz exposans, tu adjournes en cas d'appel, à certain et competant jour, en nostre cour de parlement de Paris, les dictz presidiaux de Poictiers quy ont rendu ledict appointement, pour icelluy soubstenir, le voir corriger, reparer et amander sy faire se doibt, sinon procedder comme de raison, et inthimes audict jour et lieu, tant les dictz particuliers faisant profession de la religion pretendue reformée, que les dictz Bouthou, ad se qu'ilz y soient et comparent, s'ilz cuident que bon soit et que la dicte cause et matiere d'appel leur touche ou appartienne, en aucune maniere que ce soit, en leur faisant, et tous autres, inhibitions et deffences d'attenter ou innover aulcuns choses au prejudice dudict appel, et si attenté avoit esté, ilz le reparent et mettent en son premier estat, car ainsy nous plaist il estre faict, nonobstant que

---

d'icelle ». Les habitants invoquaient une possession paisible et publique de plus de 40 ans ; mais les demandeurs la leur contestaient, alléguant que le lieu de réunion avait changé depuis 1623. et qu'il existait un procès pour le même fait, encore pendant devant le conseil privé du roi.

le dict exposant n'ayt appellé illico, ne icelluy rellevé dedans le temps de nos ordonnances, dont nous les avons rellevé et rellevons de grace specialle par ces presentes, car ainsy nous plaist il estre faict. Donné à Paris, le premier septembre, l'an de grace mil six cens trente deux, et de nostre regne le vingt troisiesme. Par le conseil. D'Ennequin [1].

VII

Acte, donné au curé de Saint-Hilaire-sur-l'Autise, de la mesure des distances entre l'église et le temple. (Copie authentique du temps, pap.; Arch. de la Vienne, G. 967.)

7 mai 1633.

Aujourd'huy, par devant nous notaires soubsignés, estants devant la grande porte et entrée principale de l'eglise parochialle de Saint Hilaire sur l'Autise, s'est presenté maistre Estienne de Luen, prebtre, curé de lad. paroisse, lequel, en le nom et comme ayant charge de messieurs les venerables doyen et chapitre de Saint Hilaire le Grand [de] Poictiers, nous a requis luy donner acte de la distance qui est entre lad. eglise et le lieu où ceux de la pretendue religion reformée exercent leur presche. A laquelle sommation obtemperans, avons, en noz presences, dud. de Luen et de Abraham Guillon, m⁰ charpentier, faict mesurer et arpenter lad. distance, qui s'est trouvée estre de trante six pieds d'une porte à l'autre, et, d'ung coing de lad. eglise aud. lieu de ceux de lad. religion pretendue, de trante pieds, chascun desd. pieds faisant douze poulces selon l'ordonnance du roy. Dont, et de tout ce que dessus, nous avons aud. de Luen aud. nom, ce requerant, octroyé acte, pour valoir et servir ausd. sieurs de Saint

---

1. Les lettres ci-dessus ont été signifiées le 26 janvier 1633 aux intimés, à la requête des appelants, avec ajournement à un mois devant le parlement. (Arch. de la Vienne, G. 967.)

Hilaire, en temps et lieu, ce que de raison. Fait aud. Saint Hilaire, le septiesme jour de may mil six centz trante et trois, après midy, ez presences d'Abraham Guillon, Bertrand Airaud, et m^e Noel Mallard, lequel Mallard a declaré ne scavoir signé. La minute est signée E. de Luen, A. Guillon, B. Airaud, A. Fabien, Bonneau et Neau notaires. BONNEAU, notaire de Denans, pour acte. NEAU, notaire de la chastellanie de Denans, pour acte.

VIII

Arrêt des Grands Jours de Poitiers ordonnant la démolition du temple de Saint-Hilaire-sur-l'Autise. (Orig., parch.; Arch. de la Vienne, G. 968.)

23 novembre 1634.

Louis, par la grace de Dieu roy de France et de Navarre, au premier des huissiers de nostre cour de parlement tenans les grandz jours à Poictiers, ou aultre nostre huissier ou sergent sur ce, salut. Comme, le jour et datte des presentes, comparans judiciairement, en nostre dite cour des grandz jours, les doyen, chanoines et chapitre de l'eglise Sainct Hillaire de Poictiers, appellans de certain appointement, donné par nostre seneschal de Poictou ou son lieutenant et gens tenans le siege presidial à Poictiers, le douziesme aoust mil six cens trente deux, et demandeurs en requeste d'evocation du principal, du vingt quatriesme jour d'octobre dernier, d'une part, et les habitans de Sainct Hillaire sur l'Autise faisans profession de la relligion pretendue reformée, intimez et deffendeurs, d'aultre, sans que les quallitez puissent nuire ne prejudicier, après que Gaschinard, pour les appellans, et Perreaux, pour les inthimez, ont esté ouys, ensemble Tallon pour nostre procureur general, qui a dit que les appellans ont poursuivy les intimez pour faire abbattre le lieu publicq où se fet le presche, à cause qu'il est proche l'eglise, basti dans le fief d'icelle, et, sur ceste poursuitte par devant nostre seneschal de Poictou ou son lieutenant à Poictiers, y a heu appoinctement à mettre dont est appel, estoient les parties d'accord, suivant l'appoinctement à eulx proposé, de mettre l'appellation [à neant], et, ce emandant, que le bastimant sera demolly ou applicqué à aultre usage, que les intimez se pourvoiront vers nous pour avoir aultre lieu, cependant qu'attendu le long temps, mesme avant l'année nonante cinq et nonante six, ilz ont l'exercice au bourg, leur soit permis le continuer en maison particuliere, sur aultre fief que celuy de l'eglise, et en lieu non incommode au service divin : nostre dicte cour a ordonné et ordonne que, dans huictaine, les intimez feront desmollir et abbattre le bastimant qu'ilz ont fèt construire au bourg de Sainct Hillaire, des materiaux duquel ilz pourront disposer ainsy qu'ils verront estre à faire, et ledict temps passé, sera ledict bastimant desmoly à la dilligence du subtitut de nostre procureur general, auquel enjoint de ce faire et en certiffier nostre dicte cour, sauf ausdictz à se pourveoir par devers nous pour avoir aultre lieu ; cependant, auront leur exercice libre audict bourg de Sainct Hillaire, en maison particuliere ou aultre fief que celluy des appellans, et à telle d'iistance de l'eglise parrochialle que le service divin n'en soit troublé ny empesché. Si te mandons, à la requeste des dictz doyen, chanoines et chapitre, mettre le present arrest à deue et entiere execution selon sa forme et teneur ; de ce faire te donnons pouvoir. Donné à Poictiers, en nostre cour des grandz jours, le vingt troisiesme jour de novembre, l'an de grace mil six cens trente quatre, et de nostre reigne le vingt cinq. Par la chambre. RADIGUES.

IX

Accord entre Philippe Boutou, chevalier, seigneur de la Baugisière, et les protestants de Saint-Hilaire-sur-l'Autise, sur le procès élevé entre eux au sujet de l'exercice de leur religion. (Orig., ayant appartenu à M. B. Fillon).

25 juin 1657.

Sur le procès meu, pendant et indecis entre messire Phellipe Boutou, chevallier, seigneur de la Baugiziere et de la Tour de Sauveré et autres places, d'une part, et les pasteur et ancien et chef de famille de la relligion pretandue reformée du bourg de Sainct Hillaire sur l'Autize et des environs, d'autre, pendant et indecis en la cour de nos seigneurs de parlement et chambre de l'edict, à Paris, par appel desd. de la relligion, appellant de certaine requeste et ordonnance obteneue par ledit sieur de la Baugiziere de monsieur le lieutenant general de Poitou, à Poictiers, comme de juge incompetant, sur lequel iceux dicts de la relligion auroist rellevé leur dict appel en ladicte cour, et faict intimer ledict sieur de la Baugiziere aux fins de voir dire que les deffences par luy obtenues dudict sieur lieutenant de Poitou a Poictiers [soient supprimées], et que, en ce faisant, il leur fust permis de faire l'exercice de leur relligion au lieu où ils auroit faict bastir ausdit Sainct Hillaire, en une maison et masuraut à eux appartenant ausdict lieu, estant au fief et seigneurie de la Tour de Sauveré audit bourg de Sainct Hillaire, ladicte seigneurie appartenant ausd. seigneur de la Baugiziere, et le tout, suivant l'arestez de nos seigneurs tenant les grand jours à Poictiers, le 23e novembre 1634, entre messieurs les dhoiens, chagnoines et chapitres de Sainct Hillaire le Grand de Poictiers, à cause de leur seigneurie du chapitre de Saint Hillaire sur l'Autize, renvois de nos seigneurs de ladite cour de Paris ausd. grand jours, ausd. Poictiers, et lesd. de la relligion pretendue reformée dud. Sainct Hillaire, inthimés et deffendeurs ausd. renvois de Paris ausd. Poictiers, comme du tout il apert par icelluy, portant que, veu la possession desd. de la relligion dès les années 1595 et 96, ils ont esté mainteneu et gardé en leur dicte possession de faire leur exercice de leur dicte relligion ausd. bourg de Sainct Hillaire sur l'Autize, en tel fief que bon leur semblera, horsmys le fief eclaiziastique, et que, premier de ce faire, ils se pourvoiroist pardevers le roy. En exeqution de quoy, ils se seroist pourveu pardevers monseigneur de Villemontée, lors intendant..., et à icelluy presenté leur requeste narative dud. arrests, au pié de laquelle led. seigneur auroit mis son ordonnance, portant permission de faire bastir leur temple ausd. lieu, et au lieu par eux designé par lad. requeste, au fief de lad. Tour de Sauveré, appartenant ausd. seigneur de la Baugiziere, lad. requeste signée de Brion, ancien d'icelle, et ladicte ordonnance de Villemontée, et, plus bas, Baraton, et sellez, datté du 20ᵉ decembre 1635. Et, en execution dud. arestez et requete, auroit denoncez, premier que de faire bastir, au curé dud. lieu et au procureur sindict fabriqueur d'icelle, qu'ils entendoient faire led. bastiment, et les sonmoist qu'ils eussent à leur declarer sy ouy ou non il empescheroit le service divin suivant led. arestez et ordonnance. A quoy il auroit faict reponce que non, comme il apert par les actes de somation sur ce faict pardevant..... nottaires, le 11ᵉ juillet 1635. Et, veu ce, protestoient lesd. de la relligion contre led. sieur de la Baugiziere, pour n'avoir droict de les empescher de faire leur dict exercice ausd. lieu, attendue les arestez et ordonnance de requeste portant leur permission ; et concluoit à l'encontre d'icelluy, attendeu la vollonté de Sa Majesté, qu'il fust dict que lad. ordonnance fust declaré nulle et de nulle effaict, et qu'il leur fust permis de faire leur exercice ausd. lieu comme ils faisoit auparavant les deffences, et y estre mainteneu et gardé, et led. sieur de la Baugiziere estre condamné en tous leur depants, dommage et interests heu, souffert et à souffrir, pour la contravention par luy faitte ausd. arestez et ordonnance. Et, de la part dud. sieur de la Baugiziere, estoit soubteneu qu'il avoit droict de presenter lad. requeste pour empescher lesd. de la relligion de faire leur exercice ausd. lieu, attendeu que c'estoit en son fief et sans sa permission; et concluoit aux fins de ladite requeste.

Veu laquelle contestation, lesd. parties alloist entrer en grand procès. Pour à quoy obvier, et par l'advis de leur conseil et amis pour ce assemblez, ont faict et transigé ainsy quil s'ensuit, et, pour ce, ont esté presens et se soumettent, estably en droict, lesd. de la Baugiziere... demeurant en son chasteau de la Baugiziere, parroisse de Sainct Michel le Clous, d'une part, et les ministre et ancien et chef de famille et consistoire de lad. religion, demeurant au bourg de Foussay et ausd. Sainct Hillaire et paroisses circonvoisines, d'autre part. Entre lesquelles parties a esté faict l'acord quy s'ensuit, de l'advis de leurs dicts conseil. Seavoir est, que icelluy dict seigneur de la Baugiziere s'est desisté et departy de sa requeste, et ordonnance par luy obteneue dud. sieur lieutenant de Poictiers, dattée du 18 novembre dernier, portant inhibition et deffence à l'encontre desd. de la relligion de faire leur exercice aud. lieu, où ils ont faict bastir leur temple en son dict fief, et que, en tant que besoing est ou seroit, il declare ne voulloir enpescher l'exercice ausd lieu, et le consent, en temps que besoing est ou seroit, et n'entant contrevenir ausd. arestez et ordonnance sy dessus datté, puisque c'est la vollonté de Sa Majesté, et après avoir heu comuniquation d'icelles dittes pieces, que lesd. de la relligion ont aporté en temps que besoing est ou seroit ; et, moyenant ce, demeure led. proces sy dessus aitain et asouppy comme non adveneu, et le tout, sans depants, dhomage et interests d'une part et d'autre...... Faict et passé à.. Fontenay le Comte, en l'estude de moy led. Train..., le vingt cinquiesme jour de juin 1657. — Phillippe Boutou. C. Forestier, pasteur de lad. eglize. Brossard, antien de lad. eglize. S. MALESCOT, antien. GARNIER, chef de famille. P. BAGE, chef de famille. HUBIN, chef de famille. FORBIN. HILLAIRE HASTARD.

TABLE

DES NOMS DE PERSONNES [1] ET DE LIEUX [2].

A

Abeilluns (d'). Voy. Beyllum.
Abraham (Légier), notaire, 386.
Acariot, Acarioz, Escariot (Radulphus), 223, 226, 228, 230, 231.
— Gaufridus, 226, 228, 229, 230;
— Hilaria, 230;
— Maria, 229;
— Peraudus, 226, 228;
enfants de Radulphus.
Acquitaine (le prince d'). Voy. Gales.
Adelelmi (Guillelmus), episcopus, 21.
Ademarus, Aemerius, Aimarus (frater), prior dau Sauze, 221, 222, 224, 227, 228; præceptor dau Sauze et Sancti Remigii, 220, 226.
Adrien, empereur, 52, 70.
Adrien IV, pape, 23 et n., 24, 25, 28.
Aemer, Aemerius. Voy. Ademarus.
Aenordis, femme de Gaufridus de Argentun, 225.
Affray (François), écuyer, 386.
Afredus, 37.
Agroart (chemin d'), 77. *Près Mauléon, Deux-Sèvres.*
Aillebertlère (ville de l'), 265.
Aillery, cité, 29 n., 45 n.

Aimarus. Voy. Ademarus.
Aimeri, Aimericus, 23, 37.
— abbé de Mauléon, 21, 23 et n., 24, 25, 30, 31, 33.
— curé de Noireterre, 43.
— fils de Geoffroy d'Argenton, 226.
— vicomte de Thouars, 3 n., 40.
Airaud (Bertrand), 450.
— (François), 441.
— (Pierre), 441.
Airicus (Johannes), 34.
Airvault, Aurea Vallis (abbaye, abbé d'), 38 n., 84, 356. *Deux-Sèvres.* Voy. Pierre.
Alardi (molendinum), 41.
Albariis (de). Voy. Aubiers (les).
Albertus, canonicus, 5.
Alfort, 157.
Allemagne, 317.
Allion (Françoys), 436.
Alonne, 322, 389. *Allonne, Deux-Sèvres.*
Améline, sœur de Raoul de Mauléon, 5 n.
Amiet (Lambertus), 221.
Anchoti (Petrus), abbé de Mauléon, 77.
Andegavis. Voy. Angers.
André (Philipon), 271.

---

(1). On a négligé : 1° les noms du rôle publié page 235 et suiv.; 2° l'énumération des marchands d'Argenton, Bressuire, Mauléon et Chollet, qui se rencontre p. 407 et 408.

(2). Il y a lieu de rappeler que les lettres de M. de Nanteuil sont suivies d'une table des matières qui leur est particulière. (Voy. page 213.)

Andreas, abbé de Mauléon, 10, 11, 13, 14, 15, 16, 17, 20 et n., 25, 30, 63.

Anfredus, archidiaconus, 45.

Angély (Anthoine), chanoine de Poitiers, 327, 333, 352.

Angers, Andegavis, 7. *Maine-et-Loire*. Voy. Bagot.

Angle (Guischart d'), sénéchal de Saintonge, lieutenant du capitaine souverain en Poitou et Saintonge, 280 ; capitaine de Niort, 280 n.

Angleterre, 233, 302 n., 318. Voy. Chandos et Henri II.

Anglicus (Gauterius), 221.

Angoulême, Angolesme, Engoulesme, Engolisma, 273 n. *Charente*.

— (armoiries d'), 318.

— (comte d'). Voy. Lusignan (Hugo de).

— évêché, évêque, 345, 370. Voy. Guillelmus.

Angoumois, Angomois, Angoulmoys, 270, 369, 370, 371, 373, 374.

— lieutenant du roi. Voy. Audrehem (Arnoul d'), Espagne (Charles d'), Jehan de France, Nesle (Guy de).

— prévosts des maréchaux, 379.

— receveur général. Voy. Guérineau (Jehan).

Anjou, 15 n., 306.

— gouverneur. Voy. Cossé (René de).

— lieutenant général, 432.

— lieutenant du roi. Voy. Jehan de France.

— moneta, 19, 22.

— pagus, 15.

— receveur général. Voy Guérineau (Jehan).

— sénéchal, 306.

— (comte d'), 7, 15. Voy Foulques.

Antonius, famulus, 7.

Arberton, Auberton (Jean), prieur claustral de Mauléon, 66, 68.

Arbertus, 8, 23.

Arcère (le père), cité, 279 n.

Archimbaudère. Voy. Prévost (Jehan).

Ardant, contrôleur à Bressuire, 188, 196.

Aremburchi, uxor Isembardi juvenis, 6.

Argenton, Argentun, Argentonium (Aimeri d'), 38 et n., 48 et n., 226, 306.

— (aqua de), 53.

— (G. de), 224.

— (Gaufridus de), miles, 225.

— (Guido de), miles, 48 n., 226.

Argenton-Château, Argenton-le-Château, 105, 112, 125, 131, 132, 196, 405, 430, 431, 432, 433, 434, 435. *Deux-Sèvres*.

— (baronnie d'), 403 n. et passim.

— château, 437.

— foires et marchés, 398, 399, 400, 401, 403.

— marchands, 407.

— procureur, 434. Voy. Ragot (Clément).

— sénéchal. Voy. Bonneau (Pierre).

— trompette. Voy. Ruffin (Pierre).

Arnaldus, abbas de Asneriis, 225.

Arnaud (Roch), prêtre, 425, 426.

Arnaudère (l'), 305.

Arnaudus, archidiaconus, 22.

— (Petrus), 16.

Arnaut (Geffroy), 303.

— (Guillaume), fils du précédent, 303, 304.

Arnollière (ville de l'), 265.

Artenia, 18, 27. *Artannes, Maine-et-Loire*.

Artois (comte d'), 140.

Arveus, capellanus Sancti Bardulphi, 224.

Asaicum, Azaicum, 18, 26. *Assay, Indre-et-Loire*.

Asneas (Gaufridus de), 9.

Asneriis (abbas de). Voy. Arnaldus.

Asse (Constantin), capitaine de Saint-Maixent, 282 n.

Aubert (Pierre), 303.

— (Guillaume), conseiller au présidial, 439.

Aubiers, Aulbiers (les), Albaria, Alberia, 4, 5 et n., 13, 16 n., 18, 26, 51, 61 n., 63, 74 n. *Deux-Sèvres*.

— paroisse, 65, 105, 401, 436.

— prieur-curé. Voy. Guillelmus, Rostardi et Prévost (Nicolles).

— sergent royal. Voy. Symonnet (Michel).

Aubin, Aulbin (Jacques), procureur à Saint-Maixent, 386.

Aubigny (sieur d'). Voy. Vivonne (Savary III de).
Aubrit (François), 441.
Aucherius (Simon), prior, 20, 23.
Audbertus, Audebertus, canonicus, 16.
— (Rolandus), canonicus, 10.
— clericus, 49.
Audegunt (P.), 8.
Audoins, Audoinus, 9, 10.
— Guillelmus, 16.
Audrehem (Arnoul d'), maréchal de France, lieutenant du roi en Poitou, Saintonge, Angoumois, Limousin et Périgord, 269 n., 273 n., 274 n.
Auger (Mathurin), aumônier de Mauléon, 87.
Aumandère (Aleelmus de), 9.
Aumanderie, fons, 9.
Aumônerie (l'), maison, 220.
Aunis, Aulnys, 233, 370, 373, 374.
— intendant. Voy. Millère (de la).
Aurea Vallis. Voy. Airvault.
Auvergne, lieutenant général. Voy. Jean de France.
Auzan (Loys d'), orfèvre du roi, 315.
Auzay (curé d'). *Vendée*. Voy. Meyrault (Louis).
Availloles (Joachim d'), abbé de Montierneuf, 327.
Aymer (Loys), seigneur de Lalyé, 322, 323.
Aymeri, molendinum, 10.
Aymeri, Aymericus. Voy Aimeri.
Aynor, uxor Guillelmi Salebo, 40.

B

Bâcher, contrôleur de la Chapelle-Saint-Laurent, notaire royal et greffier de Châteaumur, 190, 195.
Badelina (Stephanus), 16.
Bage (P.), chef de famille, 455.
Baignos, Bagnos, 18, 27. *Bagneux, Maine-et-Loire*.
Baillou (le), 51 n. *C^{ne} de Rorthais, Deux-Sèvres*.
Bailly, 51 n. *C^{ne} de Nueil-sous-les-Aubiers, Deux-Sèvres*.
Bagnolet, 97.
Bagot, médecin de la Faculté d'Angers, 125.
Banchereau, 403 n., 435.
Barantin, avocat général, 163.
Barat (Galien), lieutenant sur les marchands et merciers, maître visiteur général et réformateur de la mercerie, grosserie et joaillerie, 404, 412.
— (Jacques), greffier, 405, 412.
Baraton, 453.
Barbarin (Mathieu), conseiller au présidial, 439.
Barbasan (Lyonnet de), lieutenant du capitaine de Lusignan, 307.
— (seigneur de), capitaine de Lusignan, 307.
Barbezières (François de), seigneur de Chémerault, 301.
Barbot (François), curé de la Trinité de Mauléon, 87.
— (Loys), procureur fiscal de Saint-Clémentin, 404.
Bardonnet (A.), cité, 233, 302.
Bareau (Gérard, notaire de Mauléon, 87, 89.
Baron (Jehan), conseiller au présidial, 439.
Barre (la), Barra (Petrus de), 32, 33.
Barra-à-la-Dame, 39.
Barraud (Pierre), clerc au greffe à Poitiers, 397.
Barre (Petrus de la), 32, 33.
Barreau (Joachim), 433.
Barretère (la), 265. P. e. la Bartière, *c^{ne} de Secondigny, Deux-Sèvres*.
Barryon (Gilles), archiprêtre de Parthenay, 328.
Basdilaus (Geronius), 10.
Basinguehem, Basignan (Tassart de), châtelain de Niort, 274, 281.
Basneuil (prieuré de), 429. *Bas-Nueil ou Nueil-sur-Dive, Vienne*.
Bastard (Robert), greffier, 323.

Bastardus (Giraudus), 4.
Bastide-Saint-Gille, 279. *Près de Surgères, Charente-Inférieure.*
Basty (Jehan), menuisier, 296, 298.
Bauchal, cité, 292 n.
Baudry, 428.
Baugizière (château, châtellenie de la), 441, 442, 453, 444, 454. *Cne de Saint-Hilaire-des-Loges, Vendée.*
— (notaire de la). Voy. Trapperon (René), Pestrault (Mathurin).
— (seigneur de la), 442, 443, 452, 453, 454. Voy. Boutou (Philippe).
Baujart (Aimeri), recouvreur, 291.
Bauldon (Mathurin), chapelain de la Gaubertière, 356.
Bavierii (Petri), 34.
Beaprea (Lucia de), 38.
Beauchet-Filleau, cité, 11 n., 43 n., 78 n.
Beaulieu, 66, 105, 112, 125. *Beaulieu-sous-Bressuire, Deux-Sèvres.*
Beaumont, Bellus Mons (Anthoine de), écuyer, vicaire général de Maillezais, 352, 357, 358, 361.
— (Jacques de), prieur de Bois-Brémaut, 88.
— (Jehanne de), femme de François de Champelays, 404, 405.
— (Pierre de), canonicus, 30.
— (Sancta-Maria de), 18, 26. *Indre-et-Loire.*
— (terre et seigneurie de), 308. *Vienne.*
Beauquayre, Beauquère, (Jehan de), seigneur de Puygillon, 298, 300.
Beaurepaire (terre de), 130, 131. *Cne de Terves, Deux-Sèvres.*
Béceleuf, 389. *Deux-Sèvres.*
Bécheu (Ambroys), 436.
Bellefontaine, Bello Fonte (abbé de), 32. *Cne de Bégrolles, Maine-et-Loire.* Voy. Bruno et Vaslin.
Belleville, capitaine souverain. Voy. Laval (Foulques de). *Vendée.*
— (Maurice de), chevalier, 59, 60.
— receveur. Voy. Gilier (Philippe).

Belleville (sire de). Voy. Clisson.
Belliard, 130.
Bello Fonte (de). Voy. Bellefontaine.
Belloloco (Petrus de), 32, 33.
Bello Monte (de). Voy. Beaumont.
Bellosa (Petrus de), sacrista, 37.
Belos (Giraut), 9.
Belosère (la), 9.
Beneasiere, molendinum, 9.
Beneetele (Ameline), 10.
Beneffea, 9.
Benevenata (Joanna), 51, 52.
Beperpirolle, 295.
Berceron (Malayne), sergent royal, 433, 434.
Berchorium, Bercorium. Voy. Bressuire.
Berengerius (Gaufridus), 23.
Berlais (Giraudus), nobilis vir, 221, 224, 225.
Bernardias, 9.
Bernardière (tènement de la), 388. *Cne de Fenioux, Deux-Sèvres.*
Bernebois, 9.
Bernezay, Bernezaicum, 18, 26. *Cne des Trois-Moutiers, Vienne.*
— (Charles de), seigneur dudit lieu, 322, 323.
Bernier (Vincent), maître charpentier, 301.
Berry, 285.
— gouverneur. Voy. Montigny (sieur de).
— lieutenant-général, 432. Voy. Montigny (sieur de).
Berthélemi (Gieffroy), écuyer, 289.
Berthelot, médecin de la Faculté de Montpellier, 125, 132.
Berthonneau (Jacques), 89.
— (Pierre), sous-chantre de Poitiers, 327.
Bertin (Guillaume), recouvreur, 291.
— (Jehan), meunier de Rochéroux, 437.
Bertomet, 10.
Bertonère (le Cereser de), 9.
Bertrand (Gaufridus), 9.
Bertrandi (pratum), 40.
Bessinot, Boessinot (Pierre), curé de Saint-Amand, 416, 417.
Betaus (Aimericus), 50.

Beyllum (du), Abeilluns (d') (Andreas), 51, 52.
Bichonaria, molendinum, 8.
Bideren (de). Voy. Byderan.
Bienvenu (Michel), curé de Pouilhé, 357.
Bietoti (Aymericus), 50.
Bigot (Louis), prêtre, 387 n.
Birot, 70.
Bissaico (judex de), 34.
Blactot de la Baillargère (Pierre-Antoine), subdélégué de Bressuire, 93 à 196.
— (Jean-Marie) 95.
Blacvod (Adam de), conseiller au présidial, 439.
Blaisoys, (lieutenant-général de), 432.
Blanchard, Blanchardus, 67.
— (J.), clericus, 221, 225.
Blandin (Henry), 307, 308.
— (Jehan), curé de Pierrefict, 357.
Blois, Bloy, 414. *Loir-et-Cher.*
— états, 381 n.
— gouverneur, 289.
Blossac (comte de). Voy. Bourdonnaye (de la).
Bochau (terra dau), 232.
Bodart, 10.
Bodinière (la), terra, 47. C^{ne} des *Echaubroignes.*
Bodinus, 8.
Bœuf (le), écuyer, seigneur de Sainte-Cécile, 388.
Boemé, Boismé, 105, 112, 125. *Deux-Sèvres.*
Boers (Gaufridus), 9.
Boesdon (Jacques), marchand, 407, 408.
Boesse, 105, 112, 125, 433. *Deux-Sèvres.*
Boesseria (Parva). Voy. Boissière (la-Petite).
Boesson, commis-greffier, 403 et n., 404.
Boet, Boetz, Boez (Guillelmus), 38.
— (Joannes), canonicus, 32, 33; capellanus, 49.
— (Raginaudus), miles, 38.
— (Simon), 38.
Bois-Brémaut, Boscus Bremaut, Boscus Bormaudi, 43. C^{ne} de *Noirterre, Deux-Sèvres.*
— (prieuré de), 48 et n., 88.
Boisgrolland, 36 n.

Boissière (la Grande-), Buxeria, prieuré, 54 et n., 55. C^{ne} de *Saint-Aubin-de-Baubigné, Deux-Sèvres.*
Boissière, Boyssière, Boysseère (la Petite-), Parva Boesseria, 17, 26, 61 n., 403 n., 413, 415, 417, 418, 420, 421, 422, 424, 425, 426, 427. *Deux-Sèvres.*
Boissoudan, 387, 388 n. C^{ne} de *Pamplie, Deux-Sèvres.*
Boisy (sire de), grand maître de France, 313.
Bonamont (Guillelmus de), recteur de Saint-Pierre de Mauléon, 54.
Bonassé (Malayne), prêtre, 437.
Boner (Jehan), clerc, 302.
Boniot (Guillelmus), 22.
Bonnaud (François), curé de Clazay, 356. *Deux-Sèvres.*
Bonnay (seigneur de). Voy. Régnier (Louis).
Bonneau, notaire de Denans, 450.
— (Pierre), sénéchal de la baronnie d'Argenton, 432, 433, 434.
Bonneval (Saint-Jean de), 6 n. *Deux-Sèvres.*
— (abbé de). Voy. Saint-Georges (Guichard de).
Bonnyn (Malayne), meunier du Pont-des-Arches, 436.
— (Pierre), marchand, 408.
Bonsamis (Aimericus), 36.
Bordeaux, Bourdeaux, Bourdeaulx, archevesque, 345, 346, 353, 354, 357, 359, 360, 361. Voy. Escoubleau (François d'). *Gironde.*
— juges de l'archevêque, 346.
— messager, 353.
Borle, Borgle, Borllie (Johanne), miles, 221, 222, 225.
Borsac, Borsardi (Gaufridus), 41.
Boschet, vineæ, 9.
Bosco (Girardus de), 16. *Le Bois,* c^{ne} de *Moulins, ou le Bois,* c^{ne} des *Echaubroignes, Deux-Sèvres.*
Botandus (Guillelmus), 50.
Bottelère (la), 10.
Boucicaut, 283, 285. Voy. Mangre (Jean le).
Bouju (Pierre), curé de la Seguinière, 356.

Boullaye (seigneur de la), 415, 416, 418, 419, 421, 422, 425.
Bourbon (Françoys de), prince de Conty, lieutenant-général en Poitou et autres provinces, 415 à 434.
Bourdonnaye (de la), comte de Blossac, 95.
Bourganeuf (élection de), 383.
Bourges, 281, 282, 285.
Bourgeois (Pierre), notaire, 403 n.
Bourgoing (Horace-Pierre de), conseiller au présidial, 439.
Bourgougnon (Amorry), munyssionnaire, 369.
Boutou, Bouthou, Bouttou, (Philippe), chevalier, seigneur de la Baugizière et autres places, 441, 443, 447 n., 448, 452, 454.
Boyer (Jacques), marchand, 407, 408.
Boyllarde (feodum de), 50.
Boynet (François), conseiller au présidial, 439.
Braisaie, Braisé, Braisec. Voy. Brezeium.
Brajarderia, 15. P. e. les Brardières, c^{ne} de Nueil-sous-les-Aubiers, Deux-Sèvres.
Branger (Pierre-Jean-Baptiste), notaire et procureur à Bressuire, 187 à 196.
Braye (Pierres de la), 269.
Bréchaussée. Voy. Breuil-Chaussée.
Bréchessac (seigneur de), 80.
Breilhac, Breullat (Jacques de), lieutenant criminel à Poitiers, 298.
Bressuire, Bressuyre, Bersuire, Bersuyre, Berchorium, Bercorium, 41, 43 n., 93 à 196 passim, 403 n., 405, 429, 430. Deux-Sèvres.
— (baronnie de), 188, 191 et passim.
— caserne (de la maréchaussée), 179.
— contrôleur. Voy. Ardant.
— châtellenie, 67.
— couvents, 144.
— doyen. Voy. Jean.
— foires et marchés, 398, 401, 403.
— impositions, 129, 130, 131, 187, 194.

Bressuire, marchands, liste, 407.
— Notre-Dame (curé de), 189. Voy. Fourestier (Gilles).
— officiers municipaux, 182.
— Saint-Nicollas (curé de). Voy. Grimault (Mathurin).
— sénéchal, 95.
— subdélégation, 105, 106, 112, 115, 116.
— subdélégué. Voy. Blactot.
— (taillea de), 41.
Bretagne, Bretaigne, 369.
— (Anne de), 296 n.
— (Arthur de), 71 n.
— (comte de), 71 n.
— (Constance de), femme de Geoffroy IV, vicomte de Thouars, 71 n.
Bretesche (sieur de la). Voy. Rapin (Guillaume).
Breteuil (baron de), ministre de la province, 101, 145.
Brethellière (tènement de la), 388. C^{ne} de Fenioux, Deux-Sèvres.
Bretignolle, 41, 105, 112, 125, 155, 166. Deux-Sèvres.
— (curé de). Voy. Fuzeau (Mathurin).
Breuil-Chaussée (le), Bréchaussée, Brulchocé, Brolium Calcatum, 17, 26, 105, 112, 125. Deux-Sèvres.
— (Guillelmus de), præpositus, 35.
— (Simon de), canonicus, 30.
Breuil-Pagny (le), 105, 112, 125. Deux-Sèvres.
Brezeium, Braisé, Braisec, Braisaie, 18, 26, 33, 56, 57, 58, 59, Brézé, canton de Montreuil-Bellay, Maine-et-Loire.
— (Gaufridus de), miles, dominus de Brezeio, 56, 57, 59.
— (Pierre de), sénéchal de Poitou, 80.
— prieur. Voy. Gaufridus, Joannes.
— (Reginaudus de), canonicus, 22.
Bricicus, miles, 223.
Brichum (Arbertus), 16.
Brient, carnifex, 37.
Brienz (Gaufridus), 32, 33.
Brilhac (Pierre de), lieutenant criminel à Poitiers, 438.
— (René de), conseiller au présidial, 439.

Brion (Jacques), secrétaire de l'abbé de Nieul-sur-l'Autise, 355. Voy. Bryon.
Briquet (Apollin), cité, 295 n.
Brito (Guienos), 37.
Brizay (Aimery de), 312.
Brizone (Arbertus), 16.
Broca (Stephanus de), 37.
Brochard (René), écuyer, lieutenant-général à Poitiers, 397.
— conseiller, 439.
Broche (medietas), 14.
Broie (Pierre de la), lieutenant des maréchaux, 269 n.
Broil-Charlet (le), 265. *Ancienne paroisse de la Chapelle-Thireuil, Deux-Sèvres.*
Brolium Calcatum. Voy. Breuil-Chaussée.
Brossard, ancien, 354.
Brochemeule, 75. *Broche-Melle, cne d'Etusson, Deux-Sèvres.*
Brulard, 353.
Brulchocé. Voy. Breuil-Chaussée.
Bruneau (Jacques), 432.
Bruneria, 9.

Bruno, abbé de Bellefontaine, 31, 33 et n.
Brusson, Grand-Brusson, Petit-Brusson, Vieux-Brusson, Voy. Veil-Brusson.
Bryon, Brion (Guillaume de), écuyer, sieur de la Mothe, 442, 443.
— (sieur de), 440.
— ancien, 453.
Buchous (Petrus), 50.
Bugnun (Thibaudus de), miles, 221. *P. e. le Beugnon, cne de Mazières-en-Gâtine, Deux-Sèvres.*
Bugnuns (J.), 9.
Bugum (le), 41.
Burdaldus. Voy. Raginaldus.
Burgus Novus, 30.
— Templi, bourg des Templiers, Templum, 234, 235, 258. *Bourgneuf près La Rochelle.*
Bussueil (moutier dou), 263. *Buxeuil, Vienne.*
Buzenère (la), 10.
Byderan, Byderen (Louys de), prieur-curé de Sainte-Cristine, 355, 358, 359, 361.

C

Cain (Michel), curé de Saint-Aubin-du-Plain, 356.
Calceia. Voy. Chaussée (la).
Calixte II, Calixtus, pape, 10, 11 n., 17, 19, 26.
Callun (Savaricus), 223.
Calo, Thoarcensis archidiaconus, 22.
Camiliacum, Chamiliacum. *Chemillé, Maine-et-Loire.*
— (Aremburgis de), 49.
— (dominus), 71.
Campidinarium, Campidenarium. Voy. Champdenier.
Cange (du), cité, 227 n.
Cantalupum, Cantelupum. Voy. Chanteloup.
Capella, 47. *La Chapelle-Largeau. Deux-Sèvres.*
Caprellus (Wallinus, Gillhebertus), 6.
Caradieu, Carradeux Carradoux, serrurier, 296 et n., 297, 298.
Carré (Jehan), 315, 321.

— (Nicolas), curé de Chiché, 356.
Cars (des), 387. Voy. Escars (d') et Péruze.
Casminea (Jehan), 302.
Castello Malleone, (ecclesia de), 17, 26. Voy. Malleo.
Castrimurium. Voy. Châteaumur.
Castris (abbas, canonici de). *Châtres, en Saintonge.* Voy. Guillelmus.
Cava Faya, 12. *Cheffois, Vendée.*
Celles (abbé de). Voy. Estissac (Arnault d').
Celsis (de), 6, 7, 10, 18, 26, 38. *Ceaux, Vienne.*
— (Joannes de), canonicus, 30.
Censif (le), 425, 426, 428.
Cepeia (terra de), 48. *P. e. Laspoix, cne de Moutiers, Deux-Sèvres.*
Cerizay, Ceresei, 105, 112, 114, 115, 125, 183, 184, 211, 405. *Deux-Sèvres.*

Cerizay, foires et marchés, 398, 401, 403.
— (Fulco de), 36.
— notaire royal, 103.
— syndic, 108, 114. Voy. Foy (de la).
Cerpillon (Jehan), chevalier, 289.
Cerveau. Voy. Serveau.
Chaoneria, Cahoneria (villa de), 18, 26. La Chanoinie, diocèse de Luçon.
Castellum Muri. Les Châtelliers, près Châteaumur. Voy. ce mot.
Chabert, directeur de l'école d'Alfort, 157.
Chabot, Chaboz (Basilius et Loherius), frères, 32, 33, 36.
— (Guillelmus), 22, 40 et n.
— (Jeanne), dite de Retz, femme de Foulques de Laval, 272 n.
— (Seebranz), 221, 224.
Chaceron (Johannes de), 36.
Chaignea (molendinum de), 77. Près Mauléon, Deux-Sèvres.
Chaignée (seigneur de la). Voy. Laurens (Jacques).
Chaigneau (Mathurin), vicaire général de Poitiers, 326, 329, 333, 351, 352.
— notaire royal à Poitiers, 325.
Chagnesois (Petrus de), 50.
Chaillée, Chaillec, 18, 26. Chély, Indre-et-Loire.
Chaise (Saint-Nicolas de la), 3 n., 5 n. Vendée.
Chalignec, 47. Chaligny, c^{ne} de Saint-Amand-sur-Sèvre, Deux-Sèvres.
Chalmel, cité, 6.
Chambret (Jacques), prieur de la Magdeleine, 329.
Champdenier, Campidinarium, Campidenarium, 322, 386. Champdeniers. Deux-Sèvres.
— dominus, 226, 223, 231.
— (comandiza de) 229.
Chambroutet, 105, 112, 125. Deux-Sèvres.
Chamiliacum. Voy. Camiliacum.
Champbon (abbaye de), 327. Voy. Trémoille (Georges de la).
Champegny (seigneur de). Voy. Leroy (Loys).
Champelays (François de), écuyer, sieur de Serveau et de Saint-Clémentin, 394, 395, 403

n., 404, 406, 408 à 412, 430, 433.
Champeza, Champezac, (Guillelmus), chanoine de Mauléon, 75, 76.
Champollion-Figeac, cité, 20 n.
Chandos (Jean), lieutenant du roi d'Angleterre, 282 n., 302 n.
Chaneas (Petrus), 9.
Chanea (vineæ de), 10.
Chanel (J.), 9.
Chanelli (clos), 9.
Chanellus, 9.
Channerea, 265.
Chanteloup, Cantelupum, Cantalupum, 11, 23, n., 24, 25, 105, 112, 125. Deux-Sèvres.
Chapelle (comtesse de la), 131.
Chapelle-Belloin (seigneur de la). Voy. Crémaut (Jehan de).
Chapelle-Bertrand (la), 131. Deux-Sèvres).
Chapelle-Gaudin (la), 105, 112, 125. Deux-Sèvres.
— châtellenie, 188, 189, 193, 194.
Chapelle-Largeau (la). 415, 417, 418, 420, 421, 422, 424, 425, 426, 427. Deux-Sèvres.
Chapelle-Saint-Laurent (la). 99, 105, 112, 125. 195. Deux-Sèvres.
— syndic, 99.
— Voy. Bâcher.
Chapelle Tiroil (la), 265. La Chapelle-Thireuil, Deux-Sèvres.
Chapet (Giraud), 19.
Charles V, dauphin, 287 n.
— duc de Normandie, comte de Poitou, 281 n.
— régent, 288 n.
— roi de France, 306.
Charles VII, roi de France, 308.
Charles, comte du Maine, lieutenant-général et gouverneur en Languedoc et duché de Guienne, 310.
Charles VIII, 276 n.
Charles IX, 353.
Charles-Orland, dauphin, 296 n.
Charlet (René), chantre de Poitiers, 329.
Charrier (Guillaume), receveur général en Languedoil et en Languedoc, 307, 308.
— (Pierre), 433.
Charruel (molendinum de), 30, P.-e. Charruelle, c^{ne} du Puy-Saint-Bonnet, Deux-Sèvres.

Charruelle, 30 n. C^{ne} *du Puy-Saint-Bonnet, Deux-Sèvres.*

Chartres (vidame de). Voy. Vendosme (Loys de).

Chassays, Chacayuen, 67 et n. *La Chassée, près Thouars, Deux-Sèvres.*

Chassé (Sainte-Radegonde de), 26.

Chastegneres (Johannes), miles, seigneur de la Châtaigneraie, 39.

Chasteigner (Marie), femme de Guillaume de la Flocellière, 45 n.

— (René), abbé de la Mercy-Dieu, 328.

Chastelaillon (princesse de). Voy. Routhelin (marquise de).

Chastelliers (abbé des), 328. C^{ne} de *Fomperron, Deux-Sèvres.*

Chastenaigria. Voy. Châtaigneraie (la).

Chastener, 9.

Châtaigneraye (la), Chastenaigria, subdélégué, 166.

— dominus. Voy. Chastegneres (Johannes).

Châteaubriand (Jeanne de), femme de René de Fescal, 86, 87.

Châteaumur, Castrimurium, Châtelliers (les), Castellum Muri, 3 n., 9, 17, 26, 32, 34, 44, 45 et n., 195, 427. Voy. Bâcher. *Les Châtelliers — Châteaumur, Vendée.*

— (prieur de). Voy. Paganus.

Châtelliers, Châtelliers — Châteaumur. Voy. Châteaumur.

Châtellerault, 309. *Vienne.*

— archiprêtre, 328.

— élection. 383.

— Notre-Dame, chanoine, 328.

— Saint-Jean, curé. Voy. Fornerot (Michel).

— (vicomte de), 310. Voy. Harcourt (Louis de).

Châtillon, 1, 103, 104. *Châtillon-sur-Sèvre, Deux-Sèvres.*

— (seigneur de), 415, 416, 417, 418, 419, 421, 422, 424, 425, 426.

Chaulmes (seigneur de). Voy. Prévost. (Jouachim).

Chaussée (la), Calceia (Savaricus de), 16 et n. C^{ne} *du Pin, Deux-Sèvres.*

Chauvea (Jehan). Voy. Chauvel.

Chauveau, notaire royal à Poitiers, 325.

— (Jehan), notaire royal à Poitiers, 355, 357, 361.

— (Michel), notaire royal à Poitiers, 355, 361.

— (Guillaume), 302.

Chauvel, Chauvea (Jehan), trésorier des guerres, 270, 271, 276, 277, 278, 279, 280, 287.

Chauvin, 189, 192, 193.

Chauvineau (Denis), 387 n.

Chaveignes (Giraudus de), 15.

Cheas (Raginaudus de), cellerarius, 35.

Chebrono (molendinum de), 14. *P. e. la Chevrotte,* c^{ne} *de Nueil-sous-les-Aubiers. Deux-Sèvres.*

Cheluc, dominus, 65.

Chémerault (seigneur de). Voy. Barbezières (François de).

Chenole (la), 303.

Cherbeyne (de), 312.

Chermont (seigneur de), 116.

Chesneau, notaire royal à Poitiers, 438.

Chessé (Emery), procureur du roi à Poitiers, 403, 439.

Chevallier (Guy), chanoine de Poitiers, 327.

— (Jehan), conseiller au présidial, 439.

Cheverny (sieur de). Voy. Hurault (Raoul).

Chevreau, huissier royal, 188, 189.

Chiché, 105, 112, 125, 210. *Deux-Sèvres.*

— (curé de). Voy. Carré (Nicollas).

Chilleau (René du), écuyer, sieur dudit lieu, 435, 436.

— (Sébastien du), vicaire général de Maillezais, 402, 403.

Chinon, 320. *Indre-et-Loire.*

— capitaine, lieutenant, 313, 314. Voy. Culan (Charles de).

— cour du roi, 262 et n., 264.

Chisnesa, 9.

Chiveng (Aimeris), 9.

Chizé, 298. *Deux-Sèvres.*

— château, 299.

— forêt, 300.

Chizé, officiers, 300.
Chovins (Petrus), curé de Saint-Pierre de Mauléon, 35, 49.
Chrysogonus, S. R. ecclesiæ diaconus, cardinalis bibliothecarius, 19.
Chyn (de), 315.
Chollet, 405, 423, 425, 428. *Maine-et-Loire.*
— (baronnie de), 408.
— fortifications, 426.
— marchands, liste, 408.
Christianus, famulus, clericus, 7.
Cirières. 105, 112, 125. *Deux-Sèvres.*
Citeaux (ordre de), 328. *Côte-d'Or.*
Claret (Symon), 304.
Clavé, 220. *Deux-Sèvres.*
— capellanus. Voy. Giraldus.
— ecclesia, 232.
— feodum, 229.
Claveurier (N.), 84.
Clazay, 105, 112, 125. *Deux-Sèvres.*
— curé. Voy. Bonnaud (François).
Clément (Mathurin), 393.
Clerouyn. (moulin de), 388. *Sur la rivière de Fenioux, Deux-Sèvres.*
Clessé, 131. *Deux-Sèvres.*
Clisson (Olivier IV de), sire de Clisson et de Belleville, lieutenant du roi dans les Basses-Marches, 288 et n.
Clunellus (David, 9.
Cluny (ordre de), 327. *Saône-et-Loire.*
— (abbé de), 321. Voy. Gouffier, (Emard).
Coeffard (Jehan), curé du Puy-Saint-Bonnet, 356.
Coignac, 345. *Cognac, Charente.*
Colin, valet, 70.
Collonges-les-Roïaulx (prieur-curé de). Voy. Grimouard (Philippe).
Combaudières (André des), 44 n.
Compaing, 396, 397. 404, 405.
Compty (prince de). Voy. Conty
Constanda (Clementia), de Mauléon, 79, 80.
Constant (Jehan), avocat du roi, 439.
Constantinus, capellanus castri (la Flocellière), 4, 8.
Contant (Claudin), orfèvre, 315.

Conty (prince de). Voy. Bourb o n. (Françoys de).
Conzay (Thibaut de), 304.
Corcou. Voy. Duplesseys.
Cornillau (Jehan), écuyer, 290.
Corolois (le bois), 304.
Correl (Guillelmus), 9.
Cossé (René de), chevalier, gouverneur d'Anjou, 345.
Cost (au), 10.
Coudre (la), 105, 112, 125, *Deux-Sèvres.*
Coulombyer (seigneur du). Voy. Petit (François).
Courlay, Courlé, 105, 106, 112, 119, 125, 183, *Deux-Sèvres.*
— curé. Voy. Dubreuil (Jehan).
— justice, 188, 189, 193.
Courron (Notre-Dame de), 352.
— curé. Voy. Roche (René de la).
Court (le champ), 304.
Cousin (Anthoine), curé de Saint-Maixent, 328.
Coussais (Loys de la), conseiller, au présidial, 439.
Coussaye (la), 389. *Cne de Fenioux, Deux-Sèvres.*
Coustelleau, notaire de Saint-Clémentin, 435.
Coustellyer (Georges), marchand, 407, 408.
Cousture (la), Cultura, 17, 26, 40, 88. *La Couture, Vendée.*
Coutenceau, 198.
Coutin (Pierre), marchand, 405, 412.
Coytard (Daniel), conseiller au présidial, 439.
Cramaud, Crémaut (Jehan de), écuyer, seigneur de la Chapelle-Belloin, 290 et n., 291.
Cran (André de), 297, 298.
Crespelle (Guillaume de), écuyer, 289.
Crota (Guillelmus de), 63.
Crissé (sire de). Voy. Turpin (Guy).
Crucuse, 262. *La Creuse, rivière.*
Cugulis (Sancta Radegundis de), 27. *Paroisse de la Bâtonnerie, diocèse de Luçon, Vendée.*
Cuilly (Jehan de), 289.
Culan (Charles de), lieutenant du château de Chinon, 321.
Cure Crecheria, 14.
Cultura. Voy. Cousture (la).

— 467 —

D

Dacollat, Decollat (Pierre), 322, 323.
Daillon (René), évêque de Luçon, 326, 351.
Daniel, notaire, 295.
Dauvilliers, 157.
David (Jehan), procureur à Poitiers, 355, 359.
Davy (Germaine), 436.
— (Jehan), 434.
Debois (Pierre), 264, 265.
Delavau (Berthélemy), receveur à Poitiers, 301.
Delouvey (Estienne), receveur ordinaire en Poitou, 294.
Demège, contrôleur à Thouars et notaire, 190, 195.
Demoy, 315.
Denans (châtellenie de), 441. *Vendée.*
— (notaire de) Voy. Bonneau et Neau.
Denis, Dyonisius, abbé de Mauléon, 59, 60, 61.
Denisart, 163.
Derby, 280.
Dereulx (Jehan), sergent royal en Poitou, 406.
Descostils, 108, 117, 204.
Desloges (Jouyneau), 394.
Diabolus (Robertus), 33.
Dillon (Jehan), meunier, 432, 433.
Dionisia, 34.
Doado (Gildouinus de), 7.
Dodelinus (Calo), 20.
Dodenehem (Ernoul, sire de), maréchal de France, capitaine souverain entre Loire et Dordogne, 273.
Doinart (Aymericus), miles, 41.

Doinel, cité, 293 n., 295 n.
Dolerum, turris, 3.
Dordoigne, Dourdonne, 271, 273, *Dordogne, rivière.*
Doreteria, 8. *P. e. la Dortière, c^{ne} de la Ronde, Deux-Sèvres.*
Dorides (château des), 393, 413. *C^{ne} des Aubiers, Deux-Sèvres.*
— (marquis des), 196.
Dorillet, in parochia Sancti Jovini de Malleonio, 54. *Deux-Sèvres.*
Dorin (Gilles), curé de Targé, 328.
Douhem (J.), 307.
Dourdon (Bertholomé), prieur-curé de Geay, 357.
Doutière (sieur de la), Voy. Raimbault (François).
Doyt (Martinus), 50.
Driaumus (Guillelmus), 49.
Dubreuil (Jehan), curé de Courlay, 356.
Dubois (le père), cité, 1 n., 2, 75 n.
Duchesne, cité, 45 n.
Durandus (Aimericus), 14, 15, 16,
— subdecanus, 22.
Durant (Jean), charpentier, 292, 294, 295.
Duplesseys du Corrou ou Corcou (Jehan), conseiller et maître d'hôtel du roi, 315.
Duplessis, 430.
Duplessys (René), abbé et seigneur de Nieul-sur-l'Autise, 355.
Dreulx (Françoys), conseiller au présidial, 439.
Durbellière (la). Voy. Rorthais (Guillelmus de).

E

Echaubroignes (les), 30 n., 38 n., 61 n. *Deux-Sèvres.*
Echaubroignes (les), curé. Voy. Loggeays (André).

Effredi (Simon), 20.
Elemosyna (Giraudus de), 31.
Emericus, canonicus Malleonensis, 22.
Engoulesme, Engolisma. Voy. Angoulême.
Engomois, Engoumois. Voy. Angoumois.
Ennequin (d'), 449.
Ermenjo (Willelmus), miles, 222.
Ervia, molendinum, 36.
Escariot. Voy. Acariot.
Escars (Jacques d'), écuyer, seigneur des Isles, des Loges et Luc, 387, 388, 389, 390, 391, 392, 393. Voy. des Cars.
Escarts. Voy. Escars (d').
Escoblais. Voy. Escoubleau.
Escole (seigneur d'). Voy. Revel (Floton de).
Escosse (la royne d'), comtesse de Poitou, 298, 355, 360.
Escoubleau, Escoblais (Guillelmus), 37.
— (Leonelus), dominus de Sordeis, 78 et n.
— (André d'), 44 n.
— Étienne), prieur de Mallièvre, 88.
— (François), archevêque de Bordeaux, abbé de Mauléon, 89 et n.
— (Henry d') de Sourdis, évêque de Maillezais, 89 et n., 91, 352, frère de François.
— (Jacques d'). évêque de Maillezais, 326, 351.
Escunboil (Andreas de), miles, 44.
Espagne, 98, 233.
— (Charles d'), lieutenant du roi en Poitou, Saintonge, Angoumois, Limousin et Périgord, 273 n.
Espaillart (terra des), 30.
Espineraye (seigneur de l'), 441.
Essarts (sieur des). Voy. Vivonne (Savary III de).
Estissac (Arnault d'), abbé de Celles, 327.
Estivalle (Jehan), conseiller au présidial, 439.
Estourneau (Denys), curé de Saint-Christophe-du-Bois, 356.
Etienne, abbé de Mauléon, 38 n. Voy. Stephanus.
Etusson, Stucho, 18, 26, 75, 76, 105, 112, 125. Deux-Sèvres.
Eulardus (frater), præceptor Sancti-Remigii, 221.
Expalardic (molendinum de), 14.

F

Fabien (A.), 450.
Faie, boscum, 9.
— (R. de), 222.
— (J. de), 222.
— (Willelmus de), 222.
Faifeu, receveur de la ville de Niort, 293 n., 295 n.
Falorderia (borderia de), 8. P. e. la Fallourdière, cne de Saint-Jouin-de-Milly, Deux-Sèvres.
Fantinière (tènement de la), 387 et n. Cne de Pamplie, Deux-Sèvres.
Favereau (Guillaume), notaire apostolique à Poitiers, 326, 332, 334, 352.
Faya, Faye, 64, 86. Con de Thouarcé, Maine-et-Loire.
— (Aymericus de), miles, 10, 11.
Faya (Cava), 12.
Faya Vinosa, 18, 27. Con de Richelieu, Indre-et-Loire.
Faye-l'Abbesse, 105, 112, 125, 210. Deux-Sèvres.
Faynard, 208.
Fenêtre (de la), 183.
Fenestra (villa de), 27.
Fenioux, 388, 389. Deux-Sèvres.
Ferière (Mathurin de), prieur-curé de la Tessoualle, 357.
Ferrebos (Bruns), 10.
Ferron (Phelippot), 276.
Ferruns (Giraudus), 30.
Ferson, 61 n. Cne du Pin, Deux-Sèvres.
Fescal (René de), seigneur de Vauxchrétien, 86, 87.
Filouzeau, vétérinaire à Montaigu, 203.
Fin (le pré), 304.

Flament (Jehan le), trésorier des guerres, 290.
Flandre, 233.
Flèche (la), collège), 201.
Flocellière (la), Flocellaria, 1, 8, 17, 26, 44, 45, Vendée.
— (prior de). 45. Voy. R.
— (Aimericus de), 8.
— (David de), dominus, fils d'Aimericus, 8.
— (Guillelmus de), 45 et n., 51.
Flote (Guillaume), chancelier de France, 268 n.
— (Pierre), son fils. Voy. Revel (Floton de).
Foilleya, 267.
Foillos (Radulphus de), miles, 221.
Fontaines (curé de). Voy. Lévesque (Symes).
— (prieuré de), 35.
Fontainebleau, 329, 334, 353. Seine-et-Marne.
Fontenay, 67. Cne de Mauzé-Thouarsais, Deux-Sèvres.
Fontenay-le-Comte, 356, 357, 369, 383, 414, 444 n., 446, 454. Vendée.
— curé de Notre-Dame. Voy. Tiraqueau (François).
Fonteneau (dom), cité, 1 n., 2, 3 n., 5 n., 10 n., 13 n., 23 n., 38 n., 48 n., 74 n., 75 n., 38 n.
Fontenelles (les), 4. Cne des Échaubroignes, Deux-Sèvres.
Fontenille (famille de), 170.
Fontenioux (Thibaut du), chevalier, 264, 265.
Fontevrault, 233. Maine-et-Loire.
Forbin, 455.
Forêt, Forest-sur-Soipvre (la), 105, 423, 424, 426, 428. La Forêt-sur-Sèvre, Deux-Sèvres.
Foressus (Petrus), 63.
Forest, miles, 41.
Forestier (C.), pasteur de Saint-Hilaire-sur-l'Autise, 454.
Forgis, Forgiis (Ayraudus de), 3 et n., 4, 23.
— (Radulphus de), senescallus, 32, 33.
Fornerot (Michel), curé de Châtellerault, 328.
Fornette, famille noble, 170.
Fortiers (Paulus), 31.

Fossés (terres des), 74 et n. Cne de Saint-Jouin-sous-Châtillon, Deux-Sèvres.
Fouaceau, Fouasseau (Pierre), marchand, 298, 299, 300.
Fouilloux (Jacques du), écuyer, seigneur dudit lieu, 386, 387 et n., 388, 389, 390, 391, 392, 393.
Foulques, Fulco (IV Réchin, le Réchin, comte d'Anjou, 5 n., 7 et n., 11 n.
— (V le Jeune, comte d'Anjou, 11 et n.
— canonicus Malleonensis, 22.
— prepositus, 23.
Fouquet (Sébastien), notaire royal à Saint-Maixent, 386.
Fourestier, 113.
— (Gilles), curé de Bressuire, 356.
Foussay (bourg de), 454. Foussais Vendée.
Foy (de la), syndic de Cerizay, 115.
Fradelli (Joannes), 73.
Fradonus, 31.
Fragneleria, terra, 49. La Fragnais, cne des Aubiers, Deux-Sèvres.
France (audiencier de). Voy. Neufville (Nicolle de).
— (clergé de), 360, 363, 367.
— (connétable de), 288.
— (douairière de), 323. Voy. Escosse (royne d').
— états généraux, 330.
— (grand maitre de). Voy. Boisy (le sire de).
— maison et couronne, (notaire et secrétaire de la). Voy. Champelais (François de).
— (maréchal de). Voy. Dodenehem (Ernoul sire de).
— (maréchaux de), 290.
— (pair de). Voy. Montpencier (duc de).
— (prélats de), 357.
— (trésoriers généraux de), 414.
— rois, 32 n., 349. Voy. Charles François, Henri, Louis.
Franci, rex. Voy. Philippus.
Françoys, roi de France, 345.
François Ier, roi de France. 342 :
François (Robin), lieutenant du trésorier des guerres, 270, 271, 280.

Francs (Jean des), 302 n..
Frandon (Clément de), chanoine de Poitiers, 327, 333, 352.
Froins (Giraudus), 31.
Froissart, cité, 273 n., 280 n.
Fromunt (Johan), 10.
Frotier (Pierre), seigneur de Melleziar et de Pruilly, 310, 311, 312.
Frotier (Prigent), seigneur de Pruilly, son fils, 310, 311, 312.
Fulco. Voy. Foulques.
Fulcredus (Gosfredus), 7.
Fumaye (la), 41.
Fumé (René), avocat du roi, 439.
Funtanellum (castellum), 4.
Fuzeau (Mathurin), curé de Bretignolles, 357.

G

Gabard (l'abbé), curé de Saint-Aubin-de-Baubigné, 393, 413.
Gabardus, Gabars (Gaufridus), 14, 15, 16.
— Gosbertus, 16.
— Petrus, 16, 20, 22, 35.
— R., frère de Gaufridus, 14, 16.
Gabriau (Guillaume), conseiller au présidial, 439.
Gaignart (Pierre), 389.
Galande (la), 265. P. e. les Galandières, cne de Neuvy-Bouin, Deux-Sèvres.
Galart (Guillaume de), 23.
Gallard, abbé de Mauléon, 49.
Gales (le prince de), 302.
Galvant (Étienne), prêtre de Saint-Clémentin, 75 n.
Gamiain (J.), 385.
Ganeau (François), maçon, 293, 294, 295.
Garaudière (la), 67. Cne de Mauzé-Thouarsais, Deux-Sèvres.
Garganus mons, 58, 59. Près de Brézé, Maine-et-Loire.
Garingneau (Jehan). Voy. Guérineau.
Garnier, chef de famille, 455.
Garnière (la), 30 n. Cne des Echaubroignes, Deux-Sèvres.
Gaschinard, 450.
Gastine. Voy. Gâtine.
Gastinellus (Bertrannus), 13.
Gâtine, Gastine. Pays du Poitou.
— (bailliage, bailli de), 392. Voy. Jarno (Baltazar).
Gaubertière (la). La Gaubretière, Vendée. Voy. Bauldon (Mathurin).
Gaudin. Voy. Godin.
Gaudine (Audeart), 10.
Gauferius, canonicus, 49.
Gaufridus, 9.
— abbé de Mauléon, 69, 72 et n.
— dives, 8.
— filius Afredi, miles, 37.
— fils de David de la Flocellière, 8.
— prieur de Brézé, 33.
— sacerdos, 5.
Voy. Geoffroy.
Gauthier de Bruges, Galterus, évêque de Poitiers, 57 et n.
Gauvain, Gaulvaign (Mathurin), avocat à Poitiers, sénéchal de Mauléon, 355, 356, 357, 359, 399, 400.
Geay, 112, 125. Deux-Sèvres.
— prieur-curé. Voy. Dourdon (Bertholomé).
Gedouyn, 314.
Geffard (Morice), curé de Moncoutant, 356.
Gendreau (Joseph), adjudicataire du tarif de Bressuire, 187, 188, 189, 190, 191, 192, 193, 194.
Geneton, 105, Deux-Sèvres.
Genyeau, 300.
Geoffroy IV, vicomte de Thouars, 71 n.
— fils de Henri Plantagenet, 32 n., 33 n.
Germenère, 10. P. e. la Germenière, cne de Chanteloup, Deux-Sèvres.
Germundus, abbé de Mauléon, 71, 73, 75.
Gervasius, scrinarius, 19.
Gibertière (tènement de la), 388. Cne de Cours, Deux-Sèvres.
Giem (comte de), 310.
Gilbert, Gilbertus, Gillebertus,

Gislebertus (Guillaume ı, Guillelmus, Willelmus), évêque de Poitiers, 11 n., 12 n., 14 et n., 23 n., 25. Voy. Guillelmus.
— (secundus), évêque de Poitiers, 19, 21.
Gilier, Giler (Philippe), receveur en Poitou, Limousin et terres de Belleville, 271 et n., 291.
Gioredus, 4.
Giraldus, capellanus de Clavé, 222, 225.
Girard, évêque d'Angoulême, 12 n.
— (Estienne), 88.
— (René), religieux de Mauléon, 88.
Girardus, 35.
Giraud (Jehan), carreleur, 293, 294, 295.
Giraud (N.), 326.
Giraudi (Petrus), 30.
Girbertus, nepos Airaudi de Forgiis, 3, 4.
Gillebertus, Gislebertus. Voy. Guillelmus.
Godardi (Petrus), 48.
Godin, Gaudin (René), prêtre, 417, 419, 423, 425.
Golere (decima dau), 9.
Gonifridus, 14.
Gorbeiller (P.), 224.
Gorbelle (Archenbaut), 10.
Gorichon, 67.
Gorrusneria, borderia terræ, 30. P. e. la Gornière, cⁿᵉ des Echaubroignes, Deux-Sèvres.
Goure (la), 9. P. e. la Goraire, cⁿᵉ de Combrand, Deux-Sèvres.
Gouffier (Emard), abbé de Cluny et de Saint-Denis, 315.
Goulards (les), 67.
Gourdon (Jean de), écuyer, châtelain de Saint-Maixent, 281, 282 et n.
Goyzonne (Marie), 302.
Grandifonte (Gaufridus de), 33, 34. Grandfont, cⁿᵉ de Brézé, Maine-et-Loire.
— (Ardoinus, Raginaudus, Bertolot), ses fils, 34.
Grange-Dumont (seigneur de la), 116.
Grazaico (Sanctus Petrus de), 18, 26. P. e. Granzay, Deux-Sèvres.
— (Andreas de), canonicus, 10.

Gregorius, 30.
Greler, étang, 265.
Grenet, notaire, 323.
Grépin (Jehan), commis-greffier de Saint-Clémentin, 435, 437.
Grésille (Pierre de la), 289.
Grimault (Mathurin), curé de Bressuire, 356.
Grimouard (Philippe), vicaire général de Maillezais, 326, 333, 351, 352, 355, 358, 359, 361.
Guanache (sire de la), 59. La Garnache, Vendée.
Guatet (Pierre), notaire à Parthenay, 390, 392.
Guérin, cité, 271 n., 274 n.
— (Blaise), curé de Saint-Clémentin, 356, 397, 399.
Guerche, Guierche (la), 1, 311, 415, 416. Cⁿᵉ de Saint-Amand-sur-Sèvre, Deux-Sèvres.
Guérineau, Garinea, Garingneau, lieutenant du receveur général en Poitou etc.., receveur général, 283, 284, 285, 288.
Guesmard (Antoine), sergent de Thouars, 383 n.
Guichart, Guyschart (Jehan), 306.
Guidard (Anthoine), prieur-curé de Voultegon, et curé de Mortagne, 356.
Guillar, abbé de Mauléon, 34.
Guillaume, abbé de Maillezais, 29 n.
Guillaume, Guillaume ı Gilbert, Guillaume ıv Prévost, évêques de Poitiers, 11 n., 40 n. Voy. Guillelmus.
Guillelmus, abbé de Châtres, 46.
— abbé de Mauléon, 28, 40, 43, 44, 45.
— canonicus, 3, 4.
— curé de Mauléon, 36.
— curé de Mortagne, 38.
— episcopus Engolismensis, 12.
— episcopus Pictaviensis, 11, 12, 14, 15, 17, 18, 24, 40. Voy. Gilbert.
— prepositus, 30, 32, 33.
— prior de Alberiis, 32, 33.
— prior de Cultura, 40.
— prior de Moulins, 36.
— Adelelmus, episcopus Pictaviensis, 21.
Guillemyer (Charles), 328.
Guillon (Abraham), maître charpentier, 442, 449, 450.

— 472 —

Guillotea (Guillelmus), infirmier de l'abbaye de Mauléon, 72.
Guilloteau (Jehan), 295 n.
— (Pierre), prieur de Taillepied, 356.
Guimbaudia (prior de terrade), 39.
Guinaudeau, voiturier, 115.
Guioneria. Voy. Guyonnière (la).
Guise (comte de), 310.
Guttun (Gauterius), 10.
Guy, canonicus, 20.
Guybert, 414.

Guyenne, 290, 291, 306, 364, 365. Voy. Charles et Henry, roi de Navarre.
Guynardière (la), 386.
Guyon (Jacques), curé de Poitiers, 329.
Guyonnière (la), Guioneria, 15 et n. C^{ne} de Trémentines, Maine-et-Loire, ou C^{ne} de Saint-Aubin-de-Baubigné, Deux-Sèvres.
Guyot (René), official de Luçon, 326, 332, 333, 351, 352.

H

Haie (Thomas de la), curé de Saint-Malo, 356.
Hameaux (les), 67 n. Anc^{ne} commune, Deux-Sèvres.
Hangest (Jean de), capitaine général en Poitou et Saintonge, 287 et n.
Harcourt, Harecourt (Jean IV d'), 274 n..
— (Louys, sire de), chevalier, capitaine souverain en Poitou et Saintonge, 274, 275, 276 ; sire de Montgomery, 276 ; vicomte de Châtellerault, 274 n., fils de Jean.
— (Christofle de), 309.
Hastard (Hillaire), 455.
Haudebertus, canonicus, 5.
Haye (de la), 263.
— (Berthelon de la), seigneur de Passavant, 306, 307 n.
— (Jean de la), lieutenant général, 354, 385.
Hel., pater Ainoris, femme de Guillaume Salebo, 40.
Hélies, archiprebtre de Saint-Maixent, 302-303.
Henri II, 341.
Henri III, 394, 403 n.
Henry, roi de Navarre, gouverneur et lieutenant-général en Guyenne, 429 ; roi de France et de Navarre, 430, 431, 433.
Henry, évêque de Maillezais, 445.
Henry II Plantagenet, roi d'Angleterre, 32 n., 33 n.

Henry, fils du précédent, 32 n., 33 n.
Herbaudeau (Loys), conseiller au présidial, 439.
Herbergement (l'), 428. Vendée.
Herbert, vicomte de Thouars, 5 n.
— (Françoys), conseiller au présidial, 439.
— (Pierre), chanoine de Poitiers, 327.
Hermenaud (l'). Vendée. Voy. Veuve (Guillaume la).
Hervet (Louis), prieur-curé de Saint-Varent, 357.
Heuse (Le Galois de la), capitaine souverain de la vicomté de Thouars, 272 n..
Hierusalem. Voy. Jérusalem.
Hilaria, uxor Bertranni Gastinelli, 13.
Hilarü (Petrus), 30
Hilarius, 49.
Hisembardus. Voy. Isembardus.
Hospitalis, Hospitaliers (bourg des), 235 n., 261. Anc^{ne} commune de la Rochelle, Charente-Inférieure.
Hubin, chef de famille, 455.
Hugo, abbé de Mauléon, 19, 20 et n., 21, 30.
Humières (de), 315.
Hurault (Raoul), chevalier, sieur de Cheverny, général des finances, 313, 315.

I

Innocentius II, pape, 26.
Irland (Bonaventure), conseiller au présidial, 439.
Isle (l'), 322.
Isles (seigneur des). Voy. Escars (Jacques d').
Isodis, femme d'Ebles de Mauléon, 31.

Isodis, 33.
Italie (mode, façon d'), 317, 318.
Isembardus (juvenis), 6, 7.
— (senior), monachus, oncle du précédent, 6, 7.
Izembert, Yzembert (Loys), sergent royal, 419.

J

J. archipresbiter Sancti Maxencii, 222.
Janly (Hélaine de), 315.
Janvre, Jainvre (Guillaume), sage en droit, 302 et n., 304, 305.
— (Philippon), seigneur de Malvault, 302 n., 304 ;
— (Margot), 304 ;
enfants de Guillaume.
— (Isabeau), fille de Philippon et femme de Jean des Francs, 302 n.
Jarno (Baltazar), bailli de Gâtine, seigneur de Nantilly, 389.
— (Marc), conseiller au présidial, 439.
Jarrousseau, avocat, 385.
Jay (Joannes), chanoine, recteur de Saint-Pierre de Mauléon, 73, 74.
Jean (III de Bellême), évêque de Poitiers, 31 et n.
— doyen de Bressuire, 51.
— évêque de Maillezais, 75 n.

Jean le Bon, roi de France, 273 n., 281 n.
— de France, comte de Poitou, lieutenant du roi, 281 n., 282, 285, 286, 288 et n., fils du précédent.
— sans-Terre, roi d'Angleterre, 223.
Voy. Joannes.
Jeorre (Symo de), miles, 225.
Jérusalem, 14, 16, 36 n.
Joannes, 14.
— abbé de Mauléon, 53, 85.
— cantor beati Hilarii, 22.
— decanus Berchorii, 51.
— decanus Sancti Laurentii, 47.
— magister scolarum Pictaviensis, 19, 22, 24-
— prieur de Brézé, 56.
Jone (P. Lo), 226.
Josberteria (decima de), 8.
Jourdain. Voy. Preuilly (Geoffroi III de).
Jousserant (Loyse), 322.

K

Karalouet (Jehan de), écuyer, 289.

Karrimel (Gieffroy de), chevalier 289.

L

Labbarde (Johan de), lieutenant du trésorier des guerres, 273, 274.

Lacurie, cité, 29 n.
Laguillier (François), prieur-curé de Luché, 329.
Lalyé (seigneur de). Voy. Aymer (Loys).
Lalain (Jacob), écuyer, 289.
Lambert (Aupos), 10.
Landoyne (seigneur de). Voy. Parchemynier (Guillaume le).
Landricus (Johannes), 15.
— presbiter, 38.
Languedoc, 118, 281, 283, 284, 285. Voy. Charles, comte du Maine, Charrier (Guillaume) et Jean de France.
Languedoil. Voy. Charrier (Guillaume).
Larcevesque (Guillaume), noble homme, seigneur de Partenay, 266.
Larcher (Guillaume), lieutenant du trésorier des guerres, 274, 275.
Largeasse, 112, 113, 125. *Deux-Sèvres.*
Larrajace (Pierre de), chevalier, 262.
— (Guillaume de), chevalier, 262 ;
— (Pierre de), chevalier, 262 ;
— (Gefrei de), vallet, 262 ; enfants de Pierre.
Laspois, 48 n. *C^{ne} de Moutiers, Deux-Sèvres.*
Lasprale, 9.
Lateranum, 19, 24, 28. *Palais de Latran, à Rome.*
Latilliaco (P. de), 267.
Landricus (Johannes), 15.
— presbiter, 38.
Laucepée (feodum de), 221, 222, 224, 225. *C^{ne} de Clavé, Deux-Sèvres.* Voy. Sazina.
Laurens (Jacques), seigneur de la Chaignée, lieutenant général au siège de Niort, 298, 300.
Laurentius, decanus, 22.
— puer, 49.
Laval (Foulques de), chevalier, sieur de Retz, capitaine souverain dans la vicomté et ressort de Thouars et le gouvernement des terres de Belleville et de Rays, 272 et n.
Lavardin (seigneur de), 419.
Lebbarde (Jehan de). Voy. Labbarde.

Lebret (G.), 264.
Lecointre-Dupont, cité, 95.
Legiore, 65. *Anc^{ne} paroisse des Aubiers, Deux-Sèvres.*
Legger (P.), prepositus, 222.
Lemercier (Jehan), trésorier des guerres, 288.
Lemoyer, 65. *Anc^{ne} paroisse des Aubiers, Deux-Sèvres.*
Lempereur (Jacques), trésorier des guerres, 273, 274, 275, 276, 287.
Leroy (Loys), chevalier, seigneur de Champegny, 315.
Lesguillier, Laguillé (Françoys), conseiller au présidial, 439 et n.
Lévesque (Symes), curé de Fontaines, 357.
Levée (la), 9.
Levretus, 36.
Leziniaco (Hugo de). Voy. Lusignan.
Lièvre, cité, 439.
Lignères (seigneur de), 116.
Ligners, 65 n. *C^{ne} des Aubiers, Deux-Sèvres.*
Lille, 108. *Nord.*
Limousin, Lymosin, 140, 270, 432. Voy. Audrehem (Arnoul d'), Espagne (Charles d'), Guérineau (Jehan), Jean de France, Nesle (Guy de), Revel (Floton de).
Linguandère (la), borderia terræ, 231. *Anc^{ne} paroisse de Saint-Georges-de-Noisné, Deux-Sèvres.*
Lisbonne, 98.
Liveau, 61 n. *C^{ne} des Aubiers, Deux-Sèvres.*
Lobertera (la), Losbertère, 221, 225.
Locu (J.), 286.
Lodunoys. Voy. Loudunais.
Loellus (Gaufridus), 20.
Logeays (André), curé des Echaubroignes, 355.
Loges (seigneur des). Voy. Escars (Jacques d').
Loire, 273, 281, 283, 284, 285. *Fleuve.*
Lostalet (J.), sergent royal à Maillezais.
Loubeau (Johan), receveur de Saint-Maixent, 269.
Loudun (Barthomé), 302.
Loudun, 438. *Vienne.*

Loudunais, Lodunoys, 7 n., 429.
Louis, vicomte de Thouars, 66.
— xiii, roi de France et de Navarre, 447, 450.
Luc (seigneur de). Voy. Escars (Jacques d').
Lucas (Françoys), conseiller au présidial, 439.
Luce, cité, 273 n., 280 n.
Luché (prieur-curé de), 329.
Lucius ii, pape, 26.
Luçon, 326. *Vendée.*
— clergé, 333, 352.
— diocèse, 77, 329, 334.
— évêché, 345, 351, 370.
— évêque. Voy. Daillon (René).
— official. Voy. Guyot (René).
— secrétaire. Voy. Rothereau (N.)
Lude (comte du), gouverneur et lieutenant-général en Poitou, 369.
Luen (Etienne de), curé de Saint-Hilaire sur l'Autise, 444, 445, 449, 450.
Luisseleire, harbergamentum, borderia terræ, 223, 231, A^{ncne} paroisse de Saint-Georges-de-Noisné, *Deux-Sèvres.*
Lusignen, Lesignen, Lisignan, Leziniacum, 308. *Lusignan, Vienne.*
— capitaine. Voy. Barbasan.
— château, 282, 283, 284, 301.
— châtelain. Voy. Mangre (Jean le.)
— (Hugo de), comes Marchie et Angolisme, 261.
Lussac, 271 n. *Lussac-le-Château, Vienne.*
Lusson (Guillaume), curé de Nerlu, 356.
Luthonensibus sanctimonialibus (abbas de), 4.
Luzay, 383 et n. *Deux-Sèvres.*
Lymosin. Voy. Limousin.
Lyon, 348.
Lysieux (l'évesque de), 315.

M

Macognère (terre de la), 222.
Maengoti (Symo), miles, 224.
Maennhil (Willelmüs de), 6.
Magdalene (prieur de la). Voy. Chambret (Jacques).
Magni (le), 51, 52, 65 n. C^{ne} *des Aubiers, Deux-Sèvres.*
Maignen (Pierre), 265.
Maillardus, 267.
Maillezais, 326, 354, *Vendée.*
— (abbé de). Voy. Guillaume.
— clergé, 326, 333, 351, 354, 357, 360, 361.
— diocèse, 63, 71, 73, 75, 77, 79, 84, 329, 334, 355, 358, 359.
— évêché, 345, 351, 370.
— évêque, 352, 353, 354, 357, 359, 360, 361, 402, 444 n. Voy. Escoubleau (Jacques et Henry d'), et Jean.
— religieux, 357.
— sergent royal. Voy. Lostalet (J.)
— vicaire général. Voy. Chilleau (Sébastien du).
Maine (le), 306, 432. Voy. Charles.
Malebrarium, Mallebræ. Voy. Mallièvre.
Malescot (S.) ancien, 455.
Malestroit (Jehan de), chevalier, 288.
Mallard (Noël), 450.
Malleo (Aimericus), canonicus, 36.
Malleo, Mallio, Malus Leo. Voy. Mauléon.
Malleonium, Malonium. Voy. Mauléon.
Mallet, 166, 185.
Mallièvre, Malelièvre, Malus, Lepus, Mallepora, Malebrarium, Mallebræ, 18, 26, 41, 61, 63, 64, 88, 306. C^{on} *de Mortagne, Vendée.*
— (prieur de). Voy. Escoubleau (Estienne).
— (Raginaudus de), prior et capellanus de l'abbaye de Mauléon, 35.
Malte (ordre de), 170.
Malus Lepus, Mallepora. Voy. Mallièvre.
Malvault (seigneur de). Voy. Janvre (Philippon).
Manceau (Jean), 66.

— 476 —

Mancelle (Heutesse, Heultaquia), femme de Jean du Verger, 66, 67, 68, 69, 70.
Mangin (Jehan), conseiller au présidial, 439.
Mangre (Jean le), dit Boucicaut, chevalier, conseiller du roi, châtelain de Lusignan, 282, 284.
Manssellus (Gaufridus), 6.
Marais (les), 67. Anc^{ne} paroisse de Nueil-sous-les-Aubiers, Deux-Sèvres.
Marbeu (seigneur de), 86.
Marchais (les), 67 n. C^{ne} de Nueil-sous-les-Aubiers, Deux-Sèvres.
Marchant (Girardus).
Marchant Boutin (Joannes), 76.
Marchegay, cité, 3 n., 233, 235 n.
Marches (Basses). Voy. Clisson (Olivier de).
Marchia, comes. Voy. Leziniaco (Hugo de).
Maresii (feodum), 40.
Mareuil (Aimericus de), 47.
— (Maria de), 47.
— (seigneur de), 116.
Marifaut (Joannes), 75.
Marillé (Aymeri), 70.
Mariole (Gaufredus), presbiter, 20.
Marole, 62. Marolle, c^{ne} de Nueil-sous-les-Aubiers, Deux-Sèvres.
Martin (Jehan), assesseur civil et criminel, 438.
Martineau (Micheau), 393.
Martins, Martini, Martinus, 49.
— (Laidet, Laidetus), 10, 30.
— monachus, 6.
Massiou, cité, 280 n.
Mauberjon (tour de). Voy. Poitiers.
Maubué (Symon), conseiller au présidial, 439.
Mauléon, Malus Leo, Malleo, Mallio, Malleonium, Malonium, Mauleonium, 1 à 91 passim, 400, 405, 413, 414 à 422, 424 à 427, 430, 431. Châtillon-sur-Sèvre, Deux-Sèvres.
— (baronnie de), 399.
— château, châtellenie, 17, 67.
— (Ebles, Eblo de), dominus, 31 et n., 32, 35 et n.
— élection, 414. Voy. Banchereau.
— foires et marchés, 398, 401, 403.

Mauléon, fortifications, 426.
— (Foulques, Fulco de), 3 et n., 5 et n.
— (Guillaume, Willelmus de), filius Eblonis, dominus, 32, 36, 77 n.
— marchands, 408.
— (Raoul, Radulphus de), filius Eblonis, dominus, 5 et n., 20 n., 32, 35, 36.
— (Savaricus de), 20 et n.
— sénéchal. Voy. Gauvain (Mathurin).
— Trinité, Sainte-Trinité (abbaye de la), 1 à 91 passim.
Mauleonium. Voy. Mauléon.
Maulévrier, 405. Maine-et-Loire.
— foires et marchés, 398, 401, 403.
Maupertuis, 287. C^{ne} de Nouaillé, Vienne.
Maupillier (Pierre), 103, 104.
Mauritania. Voy. Mortagne.
Mautravers. Voy. Montraversium.
Mauzé-Thouarçais, 67 n. Deux-Sèvres.
Mayaud (Jacques), conseiller au présidial, 439.
Mazzozetia (terra de), 14. La Massolière, c^{ne} de Breuil-Chaussée, Deux-Sèvres.
Meaux, 329, 334. Seine-et-Marne.
Mehun-sur-Yèvre, 312. Cher.
Meigret (Lambert), trésorier de l'extraordinaire des guerres, 314, 321.
Melet (Pierre de), receveur du roi en Poitou et Saintonge, 266.
Meleun, Meleunium, 431, 433, Seine-et-Marne.
— (vicecomes). Voy. Willelmus.
Melle, 383. Deux-Sèvres.
— (seigneur, seigneurie, châtellenie de), 310, 311.
•Melleziar (fief, terre et seigneurie de), 310, 311. Melzéar, c^{ne} de Paizay-le-Tort, Deux-Sèvres.
Mello (Alice de), femme de Guillaume Flote, 268 n.
— (sire de). Voy. Nelle (Guy de).
Menantellus (Bernardus), 15.
Meny (Maciot de), lieutenant du trésorier des guerres, 287.
Mercure, capitaine, 419.
Mercy-Dieu (abbé de la). C^{ne} de

la *Roche Pozay, Vienne.* Voy. Chasteignier (René).
Meschillus (Guillelmus), 39.
Meschinotere (vinea de), 9.
Meschinus, canonicus Malleonensis, 22.
Mesnard, secrétaire de l'évêque de Maillezais, 444 n.
Mesnil (Martelet du), écuyer, châtelain de Poitiers, 285, 286.
Metulo (Willelmus de), presbiter, 34.
Metz, 108. *Alsace-Lorraine.*
Meules (de), 48 n.
Meyrault (Louis), curé d'Auzay, 356.
Mignum (Guillermus), 47.
Millère (de la), intendant en Aunis, 447.
Millet, notaire royal à Poitiers, 438.
Michaël, Salmurensis, 7.
Mochez, 50.
Moisgas (J.), feudiste, avocat au conseil supérieur de Poitiers, 394 ; cité, 404 n., 435 n.
Molendina. Voy. Moulins.
Molinier, cité, 269 n., 273 n.
Molins. V. Moulins.
Mollero, 50. *Mouilleron, Vendée.*
Moncontour, 288. *Vienne.*
Moncoutant, 105, 112, 125. *Deux-Sèvres.*
— (curé de). Voy. Geffard (Morice).
Monlion (Gui de), chevalier, 262, 263.
Mons Mercurii, 17, 26. *Saint-Michel-Mont-Mercure, Vendée.*
Mons Tornesius. Voy. Montournois.
Monstrolium Berle, Mosterolium, Mostereum, 57, 221, 224. *Montreuil-Bellay, Maine-et-Loire.*
Montaigu, Muntagu, 447. *Vendée.* Voy. Filouzeau.
— (sire de), 59.
Montaran (de), secrétaire du conseil, 113.
Monte-Rostito (thaliata de), 14. *Puy Rôti, cne de Nueil-sous-les-Aubiers, Deux-Sèvres.*
Montgomery (sire de). Voy. Harcourt (Louys de).

Montigny, Montignec, Montiniacum, Muntinée, 17, 19, 26, 105, 112. *Deux-Sèvres.*
Montigny, (sieur de), gouverneur et lieutenant-général en Berry, 430.
Montmorency (seigneur de), 286.
Montmorillon, 181. *Vienne.*
Montournois, Montorneis, Mons Tornesius, 21, 27. *Montournais, Vendée.*
— capellanus. Voy. Stephanus.
Montornau (Bodinus de), 16.
Montpencier (duc de), pair de France, lieutenant-général en Poitou etc., 369, 373.
Montpellier, 314, 315, 318, 320. Voy. Berthelot.
Montraversium, Mautravers (Joannes de), 49. *Montravers, Deux-Sèvres.*
— (Hugo de), 36.
— (Simo de), 36.
Montreuil-Bonnyn (chastellenie de), 329. *Vienne.*
Morea (Guillaume), 51, 52.
Moreau, 67, 359.
— François, 357.
Morinus (Petrus), canonicus, 36.
Mortagne, Mortaigne, Mauritania, 71, 79, 403 n. *Vendée.*
— curé. Voy. Guidard (Anthoine) et Guillelmus.
— dominus, 71.
— (Joannes de), canonicus, 30.
— (prieuré de), 429.
— subcapellanus. Voy. Rigaudus.
Mortaing (comte de), 310.
Morteffon, 386.
Mortemar (sire de). Voy. Rochechouart (Aymery de).
Morveziniere, masura terræ, 40. *Les Morzinières, cne de Bretignolles, Deux-Sèvres.*
Mostereum, Mosterolium. Voy. Monstrolium.
Mota (Willelmus de), 223.
— (A. de), 223.
Mothe (sieur de la). Voy. Bryon (Guillaume de).
Motheiy (Mathurin), chanoine de Thouars, 328.
Motte-Ratault (seigneurie de la) 393.

Moulins, Moullins, Moulyns, Molins. Molendina, 16 n., 18, 26, 36, 75, 413, 415, 417, 418, 420, 422, 424 à 427. *Deux-Sèvres.*
— (Guillelmus de), 15.
— (Petrus de), 30.
— prior. Voy. Guillelmus.
— (Raginaudus de), canonicus, 32, 33.

Moutiers, 48 n., 105, 112, 125, 132. *Deux-Sèvres.*
Moutiers (les) 105. *Les Moutiers-sous-Chantemerle, Deux-Sèvres.*
Moyse, 347.
Muntagu. Voy. Montaigu.
Muntinée. Voy. Montigny.
Mulnerus, 14.
Mullot, 300.

N

Nairault (André), notaire et procureur à Parthenay, 392, 393.
Nantes, 439, 447 n.
Nanteuil (Antoine-François-Alexandre Boula de), intendant du Poitou, 93 à 241 passim.
Nanteuil-lès-Maux (seigneur de), 116.
Nantilly (seigneur de). Voy. Jarno (Baltazar).
Nantuyl, 302. *Nanteuil, Deux-Sèvres.*
Navarre (roy de), 415, 416, 418, 430. Voy. Henry et Louis XIII.
Neau, notaire de la châtellenie de Denans, 441, 450.
— (Pierre), 444, 445.
Nédalle (Pierre), 388.
Négreteau (la tour), 308.
Nelle, Neelle, Nesle (Guy de), sire de Mello, maréchal de France, lieutenant du roi en Poitou, etc., 270 et n., 271.
Nerlu, curé. *Noirlieu, Deux-Sèvres.* Voy. Lusson (Guillaume).
Nerun, Nerum, Neirun (feodum, pars, territorium dau), 224, 224, 225. *Le Néron, c^{ne} de Clavé, Deux-Sèvres.*
Neufville (de), 353.
— (Nicolle de), chevalier, seigneur de Villeroy, audiencier de France et secrétaire des finances, 313, 315.
Neuvy, 131. *Neuvy-Bouin, Deux-Sèvres.*
Nevers (seigneur de), 414 à 419, 421, 422, 424 à 426.
Nicollas (Jacques), curé de la Ronde, 356.

Nicolaus, monachus Castellariorum, 223.
Nidea (clericus de), 63.
Nigra Terra. Voy. Noireterre.
Niolium, Niolum. Voy. Nueil.
Niort, Nyort, 168, 181, 182, 270, 271, 277, 291, 293, 300, 369, 380, 446. *Deux-Sèvres.*
— archives, 296 n.
— château, 295, 296, 297, 298.
— châtelain, capitaine. Voy. Angle (Guischart d'). Basinguehem (Tassart de), Pontbryand (Pierre de).
— commune, 295 n.
— élus, 369.
— hôtel de ville, 296 n.
— lieutenant-général. Voy. Laurens (Jacques).
— Notre-Dame (prieuré de), 329.
— receveur, 295, 377.
— Teste-Noyre (hôtellerie de la), 295 n.
Noine, Noene (parrochia de), 230, 231. *Saint-Georges-de-Noisné, Deux-Sèvres.*
— (talliata de), 226, 227.
Noireterre, Nigra Terra, 43 et n., 44 et n., 105, 112, 125. *Noirterre, Deux-Sèvres.*
— (curé de). Voy. Aimericus.
Noirlieu, Nerlu, 105, 112, 125. *Deux-Sèvres.*
— châtellenie, 194.
— curé. Voy. Lusson (Guillaume).
— justice, 188, 189, 193.
Noisy-le-Sec, 97.
Notre-Dame-de-Pitié, 99. *C^{ne} de la Chapelle-Saint-Laurent, Deux-Sèvres.*

— 479 —

Normandie (duc de). Voy. Charles.
Nossay (Jehan de), 329.
Nouaillé (abbé de), 328. *Vienne.*
Nouer (Hugues de), 309.
Nouzillac (lieu, maison noble de), 422, 423, 426.
— (René de), écuyer, sieur dudit lieu, 422, 423.
Noyraud, 428.
Nueil (Anthoyne), sergent de Saint-Clementin, 405.
Nueil, Nieuil-sous-les-Aubiers, Niolium, Niolum, 14, 18, 26, 30 n., 38 et n., 53, 62, 67, 105. *Nueil-sous-les-Aubiers, Deux-Sèvres.*
— (Aimericus de), 29.
— (Gaufridus de), Aimerici filius, 29, 30, 34.
— (Guillelmus), Gaufridi filius, 30.
— (prior de). Voy. Willelmus.
Nyeuil-sur-l'Autise (abbé de). *Vendée.* Voy. Duplessys (René).
Nyort. Voy. Niort.

O

Odde (Nicolas), receveur général au delà de la Loire et en Languedoc, 281, 282, 284, 285.
Odrec (Paganus), 9.
Ogerius (Arveus), 8.
Ogeron (Jehan), 328.
Olgerii (terra), 16. *L'Aujoire, c^ne de Saint-Jouin-sous-Châtillon. Deux-Sèvres.*
Oliverius, senescallus, 36.
Orbetier, Orbestier (abbaye d'), 77 et n. *Près des Sables-d'Olonne, Vendée.*
Ortolanus (Gaufridus), canonicus, 10.
Ortoleus (Aimericus), vicedecanus, 35.
Ourry (Valentin), religieux de Maillezay, 440, 441.
Oyrvault. Voy. Airvault.

P

P., archidiaconus Thoarcensis, 41.
P., capellanus de Sancto Medardo, 222.
Paganus, 49.
— prieur de Châteaumur, 32, 33.
Pairacac (Giraudus de), 34.
Pairé (Berthélemy de), archer à cheval, 278, 279.
Pallu, médecin en chef, 211.
Pamplie, Pampelie, Pampelye, 387 et n., 389. *Deux-Sèvres.*
Papin (Jean), notaire à Parthenay, 390.
Parchemynier (Guillaume le), seigneur de Landoyne, 298.
Paris, 104 à 211, 357, 360, 367, 396, 397, 404, 449.
— comptes (messeigneurs des), 297.
— parlement, 95, 345, 447, 448, 452.
Paris, police, 348.
— ressort, 345, 346.
— Sainte-Géneviève (bibliothèque de), 2.
— Saint-Pol (hôtel de lez), 307.
— trésoriers du roi, 272.
Parthenay, Partenay, Parteniacum, Partiniacum, 108, 114, 130, 131, 224, 225, 266, 322, 392. *Deux-Sèvres.*
— archiprebtre. Voy. Barryon (Gilles).
— Chapeau-Rouge, hôtellerie, 392
— (dame de). Voy. Routhelin (marquise de).
— juridiction, 387.
— Sainte-Croix, 328.
— scel aux contrats, 386 n., 387, 388, 390.
— (seigneur de), 265, 266.
Parthenay-Larchevêque, 386 n.
Pascal II, pape, 8 n.

Paschaut (Pierre), 31, 33.
Pasdelupus (Guillelmus), 7.
Passavant (seigneur de). Voy. Haye (Berthelon de la).
Paulmier, 433.
Pautonners (Stephanus), 9.
Pecolée (la), terra, 47.
Peiron. Voy. Poiron.
Peisson (Mauritius), capellanus, 78.
Pelisson, Pellisson, 359.
— (Estienne), procureur à Poitiers, 356.
Pelletarius, Pellitarius, 7.
— (Vaslinus), 16.
Peluchère (la), 79. *La Pluchère*, c^{ne} *de la Tessoualle, Maine-et-Loire.*
Pénissionnière (feodum de la), 50.
Penon, coutelière à Saint-Maixent, 302.
Péraud, Peyraud (Pierre), conseiller au présidial, 439.
Perche (le), 432.
Perereia (Stephanus), 38.
Périgord, lieutenant du roi. Voy. Audrehem (Arnoul d'), et Charles d'Espagne.
Périgueurs (chantre de). Voy. Sayette (Anthoine de la).
Pernes (Ancel de), écuyer, 276.
Peroarz (Willelmus), 232.
— Petrus, Johannes, Johanna, enfants de Willelmus, 232.
Perreaux, 450.
Perret (Nicolas), 403 n.
Perrinière (la), 38 n. C^{ne} *des Echaubroignes, Deux-Sèvres.*
Peruze (Charles de), évêque de Poitiers, 351.
Perveire (terra au), 230.
Pestrault (Mathurin), notaire, des châtellenies de la Baugizière et du Pin, 443.
Petit, 157.
— (Françoys), écuyer, seigneur du Coulombyer, 415, 416.
Petronilla, uxor Willelmi Peroarz, 232.
Petrus, 22.
— abbé d'Airvault, 84.
— abbé (premier) de Mauléon, 4, 5.
— abbé de Mauléon, 79 et n., 86.
— archidiaconus, 22.
— episcopus Pictaviensis, 10 n. et 11.

Petrus, prior Flocellariæ, 8.
— puer, 49.
Peyraut, prieur de Saint-Lambert, 77.
Peyreusse (Charles de), *alias* des Cars, évêque de Poitiers, 326.
Philippus, 9.
— évêque de Poitiers, 43.
— roi de France, 8, 11, 223, 267.
Pictavis. Voy. Poitiers.
Picault (Estienne), sergent de Saint-Clémentin, 435, 437.
Pecolée (terra de la), 47. *La Picoulée*, c^{ne} *des Echaubroignes, Deux-Sèvres.*
Pictavineria, *alias* la Vacheresse, 13 et n. *La Poitevinière*, c^{ne} *des Aubiers, Deux-Sèvres.*
Pide (Joannes), prieur claustral de Mauléon, 61.
Pierre. Voy. Petrus.
Pierrefict (curé de). Voy. Blandin (Jehan).
Pierregort, 270. Voy. France (Jehan de), Guérineau (Jehan) et Nesle (Guy de).
Pilot (Paganus), 230.
Pin (châtellenie et seigneur du), 441, 444. *Vendée.* Voy. Trapperon (René), et Pestrault (Mathurin).
— (le), Pinus, 23, 61 n., 105, 112, 125. *Deux-Sèvres.*
Pincernas (Petrus), canonicus, 10.
Pinsonneau (Aubin), curé de Saint-Aubin près Tiffauges, 356.
Piquard (Joannes), 79.
Playsance, femme de Pierre de Larrajace, 262, 263.
Podio Rouos (feodum de), 50.
Poictevyn (Jehan), chantre de Poitiers, 327, 333.
Poiron, Peiron (le), 38, 61. C^{ne} *de Saint-Amand-sur-Sèvre, Deux-Sèvres.*
Poitiers, Poictiers, Poictierz, Pictavis, 14, 22, 60, 62, 63, 97 à 203 passim, 268 à 270, 278, 287 et n., 290, 292, 294, 301, 309, 332, 334, 352, 354, 385, 397, 400, 402, 406, 409, 438.
— archevêque de Bordeaux (vicaire de l'), 345.
— archidiaconus. Voy. Willelmus.
— assises, 83.

Poitiers, avocats, 400. Voy. Gauvain (Mathurin).
— bibliothèque, 2.
— capitaine. Voy. Prevost (Jouachim).
— château, châtelain, 285, 286, 291, 292, 294.
— comte, 281, 284.
— conseil supérieur, 394.
— cour royale, 385.
— couvent des Cordeliers, 354, 355.
— dépôt (de mendicité), 106.
— diocèse, 327, 329, 334, 368.
— (église de), 326, 327, 334, 351, 352.
— élection, 131, 383.
— évêque, 326, 329, 345, 351, 352. Voy. Adelelmus, Gauthier, Gilbertus, Guillaume, Guillelmus, Jean, Peruze ou Peyreusse, Philippus et Pierre.
— évêché, 326, 327.
— généralité, 116. Voy. Vareilles (baron de).
— grands-jours, 372, 451, 452.
— (Guillelmus de), 14.
— horloge, 324.
— intendant, 189.
— lieutenant, 445, 454.
— lieutenant criminel. Voy Breilhac (Jacques de).
— lieutenant-général, 452. Voy. Brochard (René), et Haye (Jehan de la).
— magister scholarum, 23, 24. Voy. Joannes.
— maire. Voy. Prévost (Jouachim).
— Mauberjon (tour de), 291.
— messageries, 148, 353.
— Monstierneuf (abbé de). Voy. Availloles (Joachim d').
— notaires, 361. Voy. Chaigneau, Chauveau, Chesneau et Millet.
— Notre-Dame-la-Grande, 61 n., 308, 327, 329. Voy. Restaud (Estienne).
— palais royal, 323, 324, 334, 438, 446.
— police, 348.
— présidial, 1, 397, 400, 404, 437, 438, 450. Voy. Siège, Cour royale.
— (présidiaux de), 448.
— procureur. Voy. David (Jehan).

Poitiers, receveur. Voy. Delavau et Guérineau.
— (Richard de). Voy. ce mot.
— Saint-Ciprien (abbaye de), 5 n., 328.
— Saint-Didier, 324.
— Saint-Hilaire-de-la-Celle (abbé de), 328.
— Saint-Hilaire-le-Grand, 327, 331, 332, 352, 383 n., 440, 445, 448, 449, 450, 452. Voy. Chilleau (Sébastien du), Joannes.
— Saint-Nicolas (prieuré de), 3 n.
— Saint-Pierre-le-Puellier, 63, 327, 352.
— Sainte-Radégonde, 327, 352. Voy. Reginaudus.
— scel aux contrats, 291, 323, 360, 437.
— (seigneur de), 285.
— sénéchal (lieutenant du), 451.
— sénéchaussée, 210, 403, n., 437, 438, 447. Voy. Cour royale, Siège.
— sergent royal. Voy. Violleau (Guy).
— siège, 404, 412.
— trésoriers généraux de France, 414.
— université, 331.
— vicaire général. Voy. Chaigneau (Mathurin).
Poitou, Poictou, 1, 95, 97, 117, 128, 132, 140, 148, 233, 266 n., 270, 277, 364, 381 n.
— administration, 116.
— aide, 307.
— almanach, 148.
— ban et arrière-ban, 323.
— capitaine souverain, 274 n. Voy. Hangest, Harcourt (Loys d'), Revel (Floton de), Rochechouart (Aymery de), Vivonne (Savary de); — (lieutenant du). Voy. Angle (Guischart d').
— clergé, 362, 365, 366.
— commissaire des baux des bénéfices et biens ecclésiastiques, 429.
— comte apanagiste. Voy. Jean de France et Charles V.
— comtesse. Voy. Escosse (reine d').
— évêché, 370.
— gouverneur. Voy. Lude (comte du).

TOME XX. 31

Poitiers, intendant, 95. Voy. Nanteuil et Villemontée.
— lieutenant du roi, lieutenant-général. Voy. Audrehem (Arnoul d'), Bourbon (Françoys de), Espagne (Charles d'), Jean de France, Lude (comte du), Nesle (Guy de).
— lieutenant, lieutenant-général, 445, 452. Voy. Haye (Jean de la), Turpin (Guy).
— maître des œuvres du roi. Voy. Robin (Jean).
— (pays de), 308, 359, 362, 365, 369, 370, 371, 373, 374, 381, 382, 395, 402, 420, 421, 429.
— prévôts des maréchaux, 379.
— présidial, 437.
— prieurés. Voy. Sainct-Ciprien, Saint-Clémentin, Mortagne.
— province, 104, 133, 141.
— receveur, 271. Voy. Delouvey (Estienne), Gilier (Philipe), Guérineau (Jehan), Melet (Pierre de).
— secours extraordinaire, 104.
— seneschal, 309, 329, 330, 396, 450, 451. Voy. Brézé (Pierre de); — (lieutenant du) 396, 450.
— sénéchaucée, 292, 329, 385, 397, 403 n., 437, 447.
— sergent royal, 400, 401. Voy. Dereulx (Jehan).
Poitou (Bas-), 3 n., 129.
Poler (decima dau), 9.
Polignac (duc de), 201.
Poligné (seigneur de), 86.
Polocinus, 6.
Pologne (roi de), 362. Voy. Henry.
Pommeraye (la), 41. *Vendée*.
Pommyer (Guillaume), chanoine de Poitiers, 327, 333, 352.
— (Françoys), chanoine de Poitiers, 327, 332, 333, 352.
Pont-Bertrand, 67.
Pontbryand (Pierre de), écuyer, échanson du roi, capitaine du château de Niort, 295 et n., 297, 298.
Pont-des-Arches, moulin, 436. *C^{ne} de Saint-Clémentin, Deux-Sèvres*. Voy. Bonnyn.
Pont-Gouhaut, 304.
Popardi, Popart, Poparz, (Johannes), miles, 222.
— (Vivianus), miles, 222.

Popardi (Willelmus), clericus, 222, 226; miles, 225.
Poverea (li), 230.
Porcheron, notaire, 323.
Porcheron (Jacques), conseiller au présidial, 439.
Porte (champ de la), 304. *Près Thorigné, Deux-Sèvres*.
Porteau (Martin), chanoine de Poitiers, 327, 331, 333.
Posteg, 65.
Pougnet, 441.
— (Jacques), 444, 445.
— (Pierre), 441.
— (Salomon), ancien, 442, 447.
Pouilhé, curé. Voy. Bienvenu (Michel).
Poulloingne. Voy. Pologne.
Poupart (Anthoine), 324.
Poupot (Martin), 315.
Pouzauges, Pousauges, Pozauges, Puzaugii, 423, 424, 426, 428. *Vendée*.
— (Milo de), 32, 33.
— (Petrus de), canonicus, 30.
Pouverel (molendinum de), 30. *P. e. Proulin, c^{ne} de Nueil-sous-les-Aubiers, Deux-Sèvres*.
Pozat (terra de), 23.
Prandus, lector, 65.
Prés (Henry des), chevalier, 277.
Pressou-Bachelier, Pressouer-Bachelier (le), 67 et n. *Le Pressoir, c^{ne} de Mauzé-Thourçais, Deux-Sèvres*.
Preuilly, Pruilly, Pruliacum (Geoffroi II de), 6 n. *Preuilly, Indre-et-Loire*.
— (Gosfredus de) (Geoffroi III) dit Jourdain, fils du précédent, 6, et n. 7. Voy. Frotier (Pierre et Prigent).
Prévost (Gabriel), prieur-curé de la Tessoualle, 83.
— (Jehan), 304.
— (Jouachim), seigneur de Chaulmes, maire et capitaine de Poitiers, 323, 324.
— (M.), 326.
— (Nicolles), doyen de Saint-Laurent-sur-Sèvre et prieur-curé des Aubiers, 357.
Proueil, 30 n.
Proulin, 30 n. *C^{ne} de Nueil-sous-les-Aubiers, Deux-Sèvres*.

Proust, commis-greffier à Parthenay, 393.
Prudhomeau (Jehan), vicaire de Saint-Hilaire-sur-l'Autise, 440, 441.
Pruilly, Pruliacum. Voy. Preuilly.
Puisson, 61.
Puychenin (seigneur et seigneurie de), 393.
Puydufou, Piedufou, (seigneur du), 415, 416, 418, 419, 421, 422, 424, 425.
Puygillon (seigneur de). Voy. Beauquère (Jehan de).
Puy-Saint-Bonnet (le), 30, 67. *Deux-Sèvres.* Voy. Coeffard (Jehan).
Pyllon (Anthoine), marchand, 405, 412.
Puzaugiis (de). Voy. Pouzauges.

Q

Quarter (Dionisius), sacerdos, 221.
— (P.), 225.
Quercin (sénéchal de). Voy. Tarride (Bertrand de).
Querqui (campus), 9.
Quinçay (abbé de), 328.
Quynart (Charles), conseiller du roi en son grand conseil, 312, 313, 322.

R

R., archipresbiter Sancti Maxencii, 232.
R., prior Flocellariæ, 44.
Rabeas (Gaufridus), 9.
Raby (Gabriel), chanoine de Poitiers, 327.
Racaut (René), marchand, 408.
Radigues, 451.
Rageoux (Lucas), notaire de Mauléon, 87, 89.
Raginaldus, 4.
— canonicus, cognomento Burdaldus, 6, 7.
Raginaudus, capellanus, 37, 49.
— Pes Latronis, 14.
Ragot, 10.
— (Clément), procureur fiscal de la baronnie d'Argenton, 403 n.
Raimbault (François), sieur de la Doutière, marchand, 421, 422.
Raliis ou Rahis (decimæ de), 14.
Rantonium, Rantum, 18, 26. *Ranton, Vienne.*
Rapin (Guillaume), sieur de la Bretesche, notaire, 427, 428.
Rosum (boscum de), 9.
Rater (Arveus), 226, 227.
Rauca (Guillelmus de), 37.
Raynaudus, prior, sacrista, 30.
Rays (gouvernement des terres de), capitaine souverain. Voy. Laval (Foulques de) et Retz.
Realmodium, Ralmodium. Voy. Réaumur.
Réau (la) Regalis, 54 n. C^{ne} de *Saint-Martin-l'Ars, Vienne.*
— abbé. Voy. Simon.
Réaumur, Riaumur, Realmodium, Ralmodium, Rialmum, Riomollium, 27, 37, 39, 50. *Vendée.*
— (Olivarius de), 50.
Reaute (pré de la), 222.
Rédet (L.), cité, 217.
Regalis. Voy. Réau (la).
Reginaudus, prior Sanctæ Radegundis, 22, 23, 24.
Regnaud, 441, 445.
— (Etienne), 444.
— (Nicolas), 444.
Regnault (Emery), président, 438.
Régné (G. de), 223.
Régnier (Louis), écuyer, seigneur de Bonnay, 386.
Reigners (Guillelmus), sacrista, 35.
Remers (Guillelmus), præcentor, 37.

René (Jean-Vincent), 190, 191.
Renerius (Gaufridus), canonicus, 16.
— (Guillelmus) 36.
Repousset (Guillaume de), écuyer, 273.
Repucc (Stephanus), canonicus, 30.
Restaud, Restaudus (Etienne, Stephanus), rector ecclesiæ de Malebrario, 61 et n.; sous-chantre de Notre-Dame-la-Grande de Poitiers, 62.
Retail (Jacques du), 328.
Réthoré (Clémentin), prêtre, 437.
Retz (sieur de). Voy. Laval (Foulques de).
— (Jeanne de). Voy. Chabot (Jeanne).
Revel (Floton de), chevalier, seigneur d'Escole, capitaine souverain et général en Poitou, Saintonge, Limousin, 268 et n., 269.
Revelère (la), terra, borderia terræ, 226, 227, 231. Anc^{ne} paroisse de Saint Georges - de - Noisné, Deux-Sèvres.
Rialmum. Voy. Réaumur.
Richard (Alfred), cité, 282 n., 381 n., 386.
— (F.), 278.
— de Poitiers, dit Cœur-de-Lion, 32 n., 33 n., 35 n.
Richardière (Cousseau de la), 130.
Rigaudus, subcapellanus de Mauritania, 38.
Rigault, contrôleur à Bressuire et notaire, 190.
Rigaut (Gaufridus), miles, 51.
Rinquier (Philippe de), vicaire général de l'abbé de Nouaillé, 328.
Riomollium. Voy. Réaumur.
Riurgulio (masura de), 14.
Roatin (Maurice), conseiller au présidial, 439.
Roaut (Umbertus), 9.
Roberti (Guillelmus), 22.
Robertus, 221.
Robin (Jean), maître des œuvres du roi en Poitou, 292, 294.
Roche, Rocha 74 n. C^{ne} des Aubiers, Deux-Sèvres.
— (Petrus de), 36.
— (Gaufridus de), valetus, 74.

Roche, (René de la), curé de Notre Dame-de-Courron, 357.
Rocha Vinosa (S. de), miles, 224.
Rochechouart (Aymery de), chevalier, sire de Mortemar, capitaine souverain en Poitou et Saintonge, 277 et n., 278, 279 et n., 280.
Rochefort, 280 n. Charente-Inférieure.
Rochelais, 279, 280 n.
Rochelle (la), Ruppella, 1, 3 n., 232, 233, 234, 235, 345, 354, 359, 369, 370, 383. Charente-Infér.
Rocherou (F.), sergent royal de Thouars, 436.
Rochéroux, moulins, 435. Voy. Bertin (Jehan).
Rocquet (Légier), procureur fiscal de la châtellenie de Saint-Clémentin, 435, 437.
Roergue (sénéchal). Voy. Tarride (Bertran de).
Roestais. Voy. Rorthais.
Roffina (Maria), 9.
Rohorterium. Voy. Rorthais.
Rolandus, capellanus, 38.
— curé de Mauléon, 36.
— (Johannes), presbiter, 37.
Rome, 339, 340, 363.
— prêtres et dignitaires de l'église, 28.
Rondaud (Estienne), 357, 359.
Ronde (la), 105, 112, 125. Deux-Sèvres.
— curé. Voy. Nicollas (Jacques).
Roortée (Raginaudus), 9.
Rorthais, Royrthais, Roestais, Rohorterium, 3, 17, 20 n., 26, 49, 413, 415, 417, 418, 420, 421, 422, 424, 425, 226, 427. Deux-Sèvres.
— (Aimericus de), 37.
— (Bernardus de), 49.
— Guillelmus de), seigneur de la Durbellière 49 et n., 54.
Rossea (Guillelmus), 44.
Rosselin (F.), 269, 270 et n.
Rostardi (Guillelmus), prior de Alberiis, 63.
Rothereau (N.), secrétaire de Luçon, 326.
Rougier (Charles), conseiller au présidial, 439.
Rouhault (Georges), curé de Saint-Jouin de Mauléon, 356.

Roulleau (Nicollas), hôtelier du Chapeau-Rouge, à Parthenay, 392.
Roussea (Jean), 302.
Rousseau (Jehan), curé de Vausseroux, 329.
— (Raoul), prêtre, 357.
Rousset (Gratien), marchand, 407, 408.
Roussière (la), 61 et n. *Deux-Sèvres.*
Routhelin (marquise de), princesse de Chastelaillon et dame de Parthenay, 387.
Roy (Jehan), curé de Sainte-Gemme, 357:
— (Pierre), charpentier, 304.
Royan (seigneur de). Voy. Tremoille (Georges de la).
Ruffin (Pierre), trompette d'Argenton, 408.
Rupeforti (Calo de), 227, 231.
— (Guido de), miles, 229, 231.
— (Hugo de), 223.
— (Petrus de), miles, 223, 226, 227, 228, 230.
Rusé, 431, 433.
Ruppella. Voy. Rochelle (la).

S

Sables (les), 77 n., 181. *Les Sables-d'Olonne, Vendée.*
Sacher (Guillaume), 328.
Saint-Amand, 1, 415, 417, 418, 419, 421. *Saint-Amand-sur-Sèvre, Deux-Sèvres.*
— (curé de). Voy. Boessinot (Pierre).
Saint-André-sur-Sèvre, 105, 112, 125, 145, 146. *Deux-Sèvres.*
Saint-Aubin, Sanctus Albinus (Basilius de), 8.
— (curé de). Voy. Pinsonneau (Aubin).
Saint-Aubin de Baubigné, 54 n., 74 n., 413, 415, 417, 418, 420, 421, 422, 424, 425, 426, 427. *Deux-Sèvres.*
— (curé de). Voy. Gabard.
Saint-Aubin-du-Plain, 105, 112, 125, 189. *Deux-Sèvres.*
— (curé de). Voy. Cain (Michel).
Saint-Christophe du Bois (curé de). Voy. Estourneau (Denys).
Saint-Ciprien (prieuré de), 429. *Cne de Terves, Deux-Sèvres.*
Saint-Clair (seigneur de), 116.
Saint-Clémentin, Sanctus Clementinus, 106, 112, 125, 196, 395, 396, 397, 398, 400 à 412, 431 à 436. *Deux-Sèvres.*
— aumônerie, 75 et n.
— château, 436.
— châtellenie, 394, 395, 397, 399, 400, 402, 403, 433.
— commis-greffier. Voy. Grépin (Jehan).
Saint-Clémentin, curé. Voy. Guérin (Blaize).
— foires et marchés, 394, 403.
— halle, 412.
— justice, 188, 189, 193, 402.
— notaires. Voy. Banchereau et Coustelleau.
— (prieuré de), 429.
— procureur fiscal. Voy. Barbot (Loys) et Rocquet (Légier).
— (seigneur de), 396, 410. Voy. Champelays (François de).
— (seigneurie de), 433.
— sergents. Voy. Nueil (Anthoine), et Picault (Estienne).
— titres, 394.
Saint-Denis (abbé de), 313. Voy. Gouffier (Emard).
— (seigneur de), 116.
Saint-Denys, 322. *Deux-Sèvres.*
— (Loys de), seigneur dudit lieu, 322.
— Marie, Barbe, Jehanne, Catherine, filles du précédent, 322.
Saint Gaultier, 322.
Saint-Gelays (sieur de), 429.
Saint-Georges (Guichard de), abbé de Bonneval, 328.
Saint-Germain (Jean de), religieux de Mauléon, 88.
Saint-Germain-en-Laye, 312, 313. *Seine-et-Oise.*
Saint-Hilaire-de-Voust, 388. *Vendée.*
Saint-Hilaire-sur-l'Autise, 439, 442, 444, 446, 448, 450 à 454,

Saint-Hilaire-des-Loges, Vendée.
Saint-Hilaire-sur-l'Autise, châtellenie, 446.
— église, 440, 442, 444 n., 449.
— pasteur. Voy. Forestier (C.).
— (seigneurs de), 449, 450.
— (seigneurie de), 440, 445, 446, 452.
— (vicaire de). Voy. Prudhomeau (Jehan).
Saint-Jacques-de-Thouars, 61. Deux-Sèvres.
Saint-Jean-d'Angély, 267, 269 n., 273, 274, 275, 276, 277, 278, 280, 383. Charente-Inférieure.
Saint-Jean-de-Bonneval, Sanctus Johannes, 6 et n. Deux-Sèvres.
Saint-Jean-de-Jérusalem (hospitaliers de), 220.
Saint-Jouin-de-Marnes (abbaye de), 328, Deux-Sèvres.
Saint-Jouin-de-Milly, 106, 107, 112, 125, 183, 184, 207. Deux-Sèvres.
Saint-Jouin-sous-Châtillon, Saint-Jouin-de-Mauléon, Sanctus Jovinus, Sanctus Jovinus de Malleone, 54, 74, 413, 415, 417, 418, 420, 421, 422, 424 à 427. Deux-Sèvres.
— (abbé, abbaye de), 15, 16, 19, 41, 42. Voy. Simon.
— (curé de), 47. Voy. Rouhault (Georges).
— (prieur, prieuré de), 42, 74 n.
Saint-Lambert, 77 et n. C^{ne} de Saint-Amand-sur-Sèvre, Deux-Sèvres.
Saint-Laurent-sur-Sèvre, Sanctus Laurentius supra Separam ou Separim, 18, 27. Vendée.
— (doyen de) 47. Voy. Prévost (Nicolles).
— dominus, 65.
— (Gaufridus de), 16.
Saint-Louis, roi, 349, 363.
Saint-Maixent, Saint-Messant, Sanctus Maxentius, 181, 182, 302 n., 381 n., 382, 383. Deux-Sèvres.
— archiprêtre. Voy. Hélies.
— bancs à vendre chair, 302.
— (baronnie de), 329.
— capitaine. Voy. Asse.
— château, 268 n.
— châtelain. Voy. Gourdon (Jean de).
— châtellenie, 220.

Saint-Maixent, députés, 369.
— élection, élus, 369, 383.
— notaire royal. Voy. Fouquet (Sébastien).
— procureur. Voy. Aulbin (Jacques).
— Puy Turpin, 303.
— receveur, 268, 269. Voy. Loubeau (Johan).
— ressort, 381 n.
— Saint-Léger, 302, 303, 304, 328.
— Saint-Martin (rue de), 303, 304.
— salle Geffroy Grosoil, 303.
— scel aux contrats, 302.
— Toupinea, (quayrefour) 302.
— vétérinaire. Voy. Texier.
Saint-Malo (curé de). Voy. Haie (Thomas de la).
Saint-Marsault, 106. Deux-Sèvres.
Saint-Martin-l'Ars (curé de). Voy. Souleau (Pierre).
Saint-Martin-du-Fouilloux, 387. Deux-Sèvres.
Saint-Mesmin-le-Vieux, 115. C^{ne} de Saint-André-sur-Sèvre, Deux-Sèvres.
Saint-Michel-le-Cloucq, 442, 454. Vendée.
Saint-Michel-de-Montmalcus, 422, 423, 426. Saint-Michel-Mont-Mercure, Vendée.
Saint-Pardoux, Sanctus Bardulphus, 389. Deux-Sèvres.
— curé. Voy. Arveus.
Saint-Porchaire, 106, 112, 125, 188, 189, 190, 193. Deux-Sèvres.
Saint-Remy, Sanctum Remigium, 220. C^{ne} de Verruyes, Deux-Sèvres.
— præceptor. Voy. Aimarus et Eulardus.
Saint-Sauveur, 106, 112, 125. Deux-Sèvres.
Saint-Sulpice (commandeur de), 170.
Saint-Varent (prieur-curé de). Voy. Hervet (Louis).
Sainte-Catherine, Sancta Katherina, 235 n., 261. Anc^{ne} c^{ne} de la Rochelle.
Sainte-Cécile (seigneur de). Voy. Bœuf (le).
Sainte-Cristine (prieur-curé de). Voy. Byderen (Louys de).
Sainte-Gemme (curé de). Voy. Roy (Jehan).

Sainte-Marthe (Loys de), lieutenant-général civil, 438, 446.
Saintes (diocèse, évêché de), 46, 345, 370. *Charente-Inférieure.*
Saintonge, Sainxtonge, Xainctonge etc. (voy. ce mot), 233, 270, 274, 275, 369, 370, 371, 373, 374.
— capitaine, capitaine souverain. Voy. Angle (Guischart d'), Hangest (Jean de), Harcourt (Loys de), Revel (Floton de), Rochechouart (Aymeri de), Vivonne (Savary III de).
— lieutenant du roi. Voy. Audrehem (Arnoul d'), Espagne (Charles d'), Nesle (Guy de).
— lieutenant-général. Voy. Jean de France.
— prévosts des maréchaux, 379.
— receveur du roi. Voy. Melet (Pierre de).
— receveur général. Voy. Guérineau (Jehan) ; — (lieutenant du). Voy. le même.
— sénéchal. Voy. Angle (Guischart d').
Salebo (Guillelmus), 40.
Sancerre (Loys de), maréchal de France, 290, 291.
Sanctus Bardulphus. Voy. Saint-Pardoux.
Sanctus Florentius, 7. *Saint-Florent près Saumur, Maine-et-Loire.*
Sanctus Jacobus, 3. *P. e. Saint-Jacques-de-Thouars, Deux-Sèvres.*
Sanctus Johannes. Voy. Saint-Jean-de-Bonneval.
Sanctus Laurentius. Voy. Saint-Laurent-sur-Sèvre.
Sanctus Leonardus, abbatia, 234. *Près la Rochelle.*
Sanctus Maxentius. Voy. Saint-Maixent.
Sanctus Medardus (capellanus). Voy. P. *Saint-Mars-la-Lande, Deux-Sèvres.*
Sanctum-Remigium. Voy. Saint-Remy.
Sanctus Rufus, canonici, 12. *Saint-Ruf, en Dauphiné.*
Sanzay (René de), écuyer, sieur dudit lieu, 406.
Sapinaut (Nicolas), 79.

Saturninus, canonicus Malleonensis, 22.
Sau (fons dau), 9.
Saucelère (la), terra, 47.
Saugé (Gilet), 304.
— (Guyot), 303, 304.
— (Jehan), 302.
Saugrin, imprimeur à Paris, 169.
Sauguère, Sauquère (la), arbergamentum, 226, 227.
Saulner (Johannes), prieur-curé de Mauléon, 80.
Saumur, 289. *Maine-et-Loire.*
Saunerie (la), 265. *P. e. la Saunerie, c^ne de Fenioux, Deux-Sèvres.*
— (Audeardis de), 49. *La Saunerie, c^ne de, Saint-Aubin-de-Baubigné, Deux-Sèvres.*
— Ayraudus, Raginaudus, Audearis, ses enfants, 49.
Sanzay, 105, 112, 125. *Sanzay, Deux-Sèvres.*
Sauze (le), 220. *C^ne de Clavé, Deux-Sèvres.*
— (commanderie, domus hospitalis, hospitalis du), 220, 224, 224, 225, 226, 227, 229, 230, 231.
— (Matheus de), 224.
— (précepteur, prieur du). Voy. Aimarus.
Sauzaie (la), Sauzeia, 16 n. *C^nes des Aubiers et de Moulins, Deux-Sèvres.*
— (Constantinus de), 15.
— (Raginaudus de), 16.
Sauzosa (gurgis), 15.
Savaricus, judex, 34.
Savarieria, terra, 22. *La Savarière, c^ne de Combrand, Deux-Sèvres.*
Savigny (de), 309.
Sayette (Anthoine de), chantre de Périgueux, chanoine de Poitiers, 327, 331, 333.
Sazina, 224. *Forêt de la c^ne de Vautebis, Deux-Sèvres.*
Sebilea (Thomas), 302.
Secondigny, 100. *Deux-Sèvres.*
Seguinière (la), 423, 425, 426, 428. *C^ne de Cersay, Deux-Sèvres.*
— (curé de), 356.
Seguinus, 223.
Ségur (maréchal de), 110, 159.
Serrea (Paganus de), miles, 225.

Serveau, Cerveau, 431. C*ne des Aubiers, Deux-Sèvres.*
— (seigneur de), 397, 409, 429, 430. Voy. Champelays.
Servent (Reginaudus), 34, 35.
— Elisabeth, sa fille, 34.
— (Guillaume), 49.
Simon, abbas de Regali (la Réau), 53, 54, 55, 60.
— abbé de Saint-Jouin-sous-Châtillon, 19.
— canonicus, 49.
Simuns, 9.
Sion, 44.
Sireau (Guillaume), juge et lieutenant-général du bailli de Touraine, juge ordinaire de Touraine, 312, 313, 322.
Sogoyns (Guillelmus), 50.
Sommaigne (Charles de la), prieur claustral de Saint-Cyprien, 328.
Sordeis. Voy. Sourdis.
Sorin, Sorins, Sorinus (Andreas, Johannes, Laurentius, frères), 38.
— (Fulco), 53.
— (Johannes, Gaufridus, frères, 49.
— Thoarcensis, 7.
Sorinière (la), 38 n., 51. C*ne de Nueil-sous-les-Aubiers, Deux-Sèvres.*

Sorinière, (pré clos de la), 38 et n., 53.
Souleau (Pierre), curé de Saint-Martin-l'Ars, 356.
Sourisseau (Jehan), notaire, 426, 427.
Sourdis, Sordeis (dominus de), 78. Voy. Escoubleau (Leonelus). *Le Sourdis, c*ne *de Saint-Jouin-sous-Châtillon, Deux-Sèvres.*
— (cardinal de). Voy. Escoubleau (François d').
— (Guillelmus de), 36.
— (Guillelmus de), senior; — (Guillelmus et Martinus de), ses fils, 37.
Spaleo (dime de), 3 n. *Près Châteaumur, Vendée.*
Stephanus, abbé de Mauléon, 36, 37, 38.
— canonicus, 3, 4.
— prior, 37.
— magister, 32, 33, 49.
Strasbourg. 108.
Stuchum. Voy. Etusson.
Supiot (P.), 441.
Surgères, 279 et n., 280. *Charente-Inférieure.*
Symonnault (Jehan), prêtre, 437.
Symonnet (Michel), sergent royal aux Aubiers, 401, 402, 408.

T

Tabarus (Aimericus), 41.
Tacoignet, Tanchognet, 18, 26.
Taconeria, 44. *La Taconière, c*ne *de Noirterre, Deux-Sèvres.*
Taforea (Willelmus), 223.
Tafurs (Papins), 9.
Taillepied (prieur de). Voy. Guilloteau (Pierre).
Taillés, Taillés-Naudin (les), 64. *Près Mallièvre, Vendée.*
Targé (curé de). Voy. Dorin (Gilles).
Taritton (Vincent), meunier, 432, 433.
Tallon, 450.
Tarride (Bertran de), sire de Xenneville, sénéchal de Rouergue et de Quercin, 287.

Taissolia, Tassoelia. Voy. Tessoualle (la).
Teil (Aymeri de), clerc portant le scea à Parthenay, 266.
Telleio (ecclesia de), 27. *Tillay, réuni à la Meilleraye, Vendée.*
Temple (le), 415, 417, 418, 420, 421, 422, 424, 425, 426, 427. *Deux-Sèvres.*
Templum. Voy. Burgus Novus.
Tenaper (Ada), 47.
Terves, 106, 112, 125. *Deux-Sèvres.*
Tessoualle, Thessoualle (la), Tassoelia, Taissolia, Thessoualia, 18, 26, 79, 83, 415, 417, 418, 420, 421, 422, 424, 425, 426, 427. *Maine-et-Loire.*
— (prieur-curé de), 83. Voy. Fé-

— 489 —

rière (Mathurin de), Prévost (Gabriel).

Texier, 446.

— vétérinaire à Saint-Maixent, 203.

Textor (Petrus), 50.

Thénezay, 162. *Deux-Sèvres.*

Thessoualle (la), Thessoualia. Voy. Tessoualle (la).

Thévenet (Jehan), procureur, 356, 357, 359.

Thibault (Pierre), 434.

Thieulin (Jacques), chanoine et procureur de l'abbaye de Mauléon, cité, 1, 2, 10 n., 12 n., 13 n., 14 n., 20 n., 30 n., 49 n., 65 n.

Thiffauges, Theofaugium, 32, 356. *Tiffauges, Vendée.*

Thiphaine, Tifaene, femme de Thibaut du Fonténioux, 264, 265.

Thonnard (P.), 441.

Thors, Tors (seigneur de). Voy. Vivonne (Savary III de).

Thouars, Thoars, Thouarcium, Thouarciacum, Toarcium, Toarciacum, 5 et n., 6 n., 7, 14, 62, 67 et n., 138, 150, 151, 397, 398, 405, 430, 431, 432. *Deux-Sèvres.*

— archidiaconus, 11. Voy. Calo et P.

— capitaine souverain. Voy. Laval (Foulques de) et Heuse (Le Galois de la).

— élection, 129, 130, 131, 383.

— foires et marchés, 398, 401, 402, 403, 432.

— (Guido de), 71 et n.

— justice, 384, 385.

— Notre-Dame, 328.

— officiers, 383, 385.

— recette, 138.

— Saint-Laon (abbaye, abbé de), 327. Voy. Trémoille (Georges de la).

— Saint-Pierre-du-Chastellet, 328.

— scel aux contrats, 70.

— sénéchal, 385.

— sergent. Voy. Guesmard (Anthoine), Rocherou.

— vicomtes, 38 n. Voy. Aimeri, Geoffroi IV, Herbert, Louis.

— Voy. Demège.

Thubert (Jehan), conseiller au présidial, 439.

Tiraqueau (François), curé de Fontenay, 357.

Tirel (Robert), écuyer, 280.

Tiron (abbaye, abbé de), 20 n.

Tisseau (Michel), prêtre, 437.

Tonnet (René), 210.

Torgnec, 304, 305. *Thorigné, Deux-Sèvres.*

Tornemine (Guillelmus), 8.

Tour de Sauvayré ou Sauvéré (la), fief, 441, 442, 452, 453. *Près Saint-Hilaire-sur-l'Autise, Vendée.*

Touraine, Tourayne, Thouraine (diocèse de), 283, 284.

— lieutenant du roi. Voy. Jean de France.

— lieutenant-général, 432.

— (lieutenant général du bailli de). Voy. Sireau (Guillaume).

— receveur général, 285 ; — (lieutenant du). Voy. Guérineau (Jehan).

— sénéchaussée, 306.

Tournes (Jaquemart de), écuyer, 273, 275, 277, 279.

Tours, 315.

— (abbé de), 20.

Train..., notaire, 454.

Trappe (la), Trapa, 14, 20 n. *Cne de Rorthais, Deux-Sèvres.*

Trapperon (René), notaire, des châtellenies de la Baugizière et du Pin, 443.

Trehepine. Voy. Troepine.

Tremblaye (la), 51, 52. *Cne des Aubiers, Deux-Sèvres.*

Trémentines, Trementinæ, 15 n. *Maine-et-Loire.*

— (Barbotinus de), 6.

Trémoille (Georges de la), seigneur de Royan, abbé de Saint-Laon et de Chambon, 327, 331, 333.

Trémouille (duc de la), 1.

Trezevens, 425.

Troepine, Troipines, Trchépine, Troiapina (Americus), canonicus, 30.

— (Airodus, Gaufridus, Guillelmus), frères, 35, 36.

Truet, (seigneur de), 116.

Turpin (Guy), sire de Crissé, chevalier, lieutenant de Poitou, 294.

— (Jehan), 287.

Tusbée (Aivart), 9.

U

Ugo. Voy. Hugo.
Ulcot, Ulescot, Uslegot, 18, 26, 106. Deux-Sèvres.

Ulmas (ad), 9.
Uttesthoq (W.), 6.

V

Vacheresse (la), Vacherasia, 13 et n., 75 et n., 88. Anciennement la Poitevinière, Pictavineria (voy. ce mot), c^{ne} des Aubiers, Deux-Sèvres.
Vaclers (Damien), 70.
Valrim (W.), 6.
Vado (Hugo de), clericus, 34.
Vadum Berenguarii, aqua, 33.
Valentia, abbatia, 262. Valence, c^{ne} de Couhé, Vienne.
— (Guillelmus de), 36.
Vallandière (tènement de la), 387, 388 n. C^{ne} de Pamplie, Deux-Sèvres.
Valle (Petrus de), 20.
Valle Nigra (ecclesia de), 27. Vaunoir, anc^{ne} paroisse de Chéli, diocèse de Tours.
Valle Peintes (vinea de), 9.
Vandée (sieur de), 440, 441.
Vandomoys, lieutenant-général, 432.
Vannes (Gaucher de), trésorier du comte de Poitiers, 281, 282.
Varenne (seigneur de la), 80.
Vareilles (baron de), commissaire provincial des guerres de la généralité de Poitiers, 100, 101, 102, 103.
Vaslin, Vaslini, Vaslinus, armiger, 7.
— (Guillelmus), clericus, 30.
— (Joannes), abbé de Bellefontaine, 32, 33 et n.
— (Radulphus), canonicus, 30.
Vauchrétien (seigneur de), 86. C^{on} de Thouarcé, Maine-et-Loire. Voy. Fescal (René de).
Vaudoré (de), 106, 107, 119, 120, 183, 184, 186.
— (de la Fontenelle de), cité, 289 n.

Vaumorant (de), 414.
Vautebis, 386, 389. Deux-Sèvres.
Vausseroux, 329 Deux-Sèvres.
Vaux (Jean de), écuyer, 270.
Veers (Arbertus), 9.
Veil - Brusson, Vieux - Brusson, seigneurie, appelée le Petit et Grand-Brusson, 387, 388 n., 389, 390, 391.
Veiraleria, borderia terræ, 30. La Véralière, c^{ne} des Aubiers.
Venacho ecclesia de), 17, 26. Vaon, c^{ne} des Trois - Moutiers.
Vendosme (Loys de), vidame de Chartres, 315.
Veres (Gaufridus), 36.
Verger, Vergier, Viridarium, herbergamentum, 267.
— (Johannes de), miles, 267.
— (Johannes de), clericus, 66, 67, 68, 69, 70.
Vergnaye (la), 53. La Vergnais-Sorin, c^{ne} de Nueil-sous-les-Aubiers, Deux-Sèvres.
Vergne (haut justicier de la), 441.
Vergnea, 10.
— (Audems de), 10.
Verguineau (Mémin), 221.
Vermette, 428. C^{ne} de la Chapelle-Gaudin, Deux-Sèvres.
Verno, ville, 265. Vernoux-en-Gâtine, Deux-Sèvres.
— (Guillaume de), chevalier, seigneur dudit lieu, 264, 265.
Vernou (Pierre de), abbé de Mauléon, 89.
Vernolio (Sanctus Vincentius de), 27.
Verrères (bois de), 304.
Veuve (Guillaume la), curé de l'Hermenault, 357

Vianne (la), 263. La *Vienne, rivière.*
Vicose (de), 430.
Vidal (Loys), écuyer, 278.
Vidard (Charles), conseiller au présidial, 439.
— (Mathieu), procureur du roi à Poitiers, 439.
Vienne (concile de), 344.
Vigier (Arnaut), chevalier, 275.
Vignes (Jean des), 86.
Vihiers, 405. *Maine-et-Loire.*
Villanus (Reg.), 40.
Ville (Huguet de), 312.
Ville Blouain (Pierre de), chevalier du roi, 266.
Villemontée (de), intendant du Poitou, 453.
Villeroy (seigneur de). Voy. Neufville (Nicolle de).
Villiers, 162. *Villiers-en-Plaine, Deux-Sèvres.*
Villiers-Charlemaigne (sieur de), 419.
Violleau (Guy), sergent royal à Poitiers, 356, 359, 400, 401.

Viridarium. Voy. Verger.
Vivariis (decima de), 14. *Le Vivier, c^{ne} de Saint-Jouin-sous-Châtillon, ou le Vivier, c^{ne} des Echaubroignes.*
Vivianus, abbé de Mauléon, 46, 47.
Vivonne (Savary III de), sieur de Thors, Aubigny, les Essarts, capitaine souverain de Poitou et Saintonge, 268 n., 269.
Volle (Guillaume de la), prieur de Faye, 86, 87.
Volvire (Arveus de), miles, 225.
— (Petrus de), 36 et n.
Voultegon, Vultegunt, Vultego, 17, 26, 106, 112, 125.
— (prieur-curé de). Voy. Guidard (Anthoine).
Voys (Mathurin), 388.
Voysin (Pierre), 434.
Vueved (la), herbergamentum seu villagium, 61.
Vultegunt, Vultego. Voy. Voultegon.

W

Willelmus, 9.
— archidiaconus Pictaviensis, 34.
— canonicus, 8.
— episcopus Pictaviensis, 223.

Wilelmus, prieur de Ceaux, 38.
— prieur de Nueil, 38.
— vicecomes Meleunii, 225.

X

Xainctes. Voy. Saintes.
Xainctonge, Xaintonge, Xantonge, Xanctonge. Voy. Saintonge.

Xenneville (sire de). Voy. Tarride (Bertran de).

Y

Yvieer (Johannes), 9.

TABLE GÉNÉRALE

DES VOLUMES XI A XX

DES ARCHIVES HISTORIQUES DU POITOU

I. — DOCUMENTS PRINCIPAUX.

Chartes et documents pour servir à l'histoire de l'abbaye de Saint-Maixent (815-XVIIIe siècle).   XVI ; XVIII.

Documents pour servir à l'histoire de l'abbaye de la Trinité de Mauléon (1090-1623).   XX, 1.

Recueil des documents concernant le Poitou contenus dans les registres de la chancellerie de France (1302-1376).
   XI ; XIII ; XVII ; XIX.

Extraits de divers documents relatifs à la ville de Poitiers (1366-1790).   XV, 333.

Lettres adressées à Jean et Guy de Daillon, comtes du Lude, gouverneurs de Poitou (1543-1585).   XII ; XIV, 1.

Journaux de Jean et René de Brilhac (1545-1622).   XV, 1.

Lettres adressées à Marc-Antoine Marreau de Boisguérin, gouverneur de Loudun, suivies des lettres d'anoblissement de M. de Boisguérin, et de l'analyse de plusieurs autres pièces relatives à sa personne (1585-1635).   XIV, 189.

Journal d'Antoine Denesde et de Marie Barré, sa femme (1628-1687).   XV, 51.

Lettres de M. Boula de Nanteuil, intendant du Poitou, à M. Blactot, son subdélégué à Bressuire (1784-1786).   XX, 93.

II. — MISCELLANÉES.

XIe siècle. — Fragments d'un sermon ancien, dirigé contre certaines pratiques païennes ou superstitieuses.   XX, 217.

1208-1238. — Treize chartes de la commanderie du Sauze. xx, 220.

1224. — Deux pièces relatives au serment de fidélité des Rochelais au roi de France : la charte de prestation de serment, et le rôle de ceux qui ont prêté serment. xx, 232.

1239, octobre. — Concession par Hugues de Lusignan, comte de la Marche et d'Angoulême, à l'abbaye de Valence, d'une foire annuelle, le jour de la Saint-Denis. xx, 261.

1280. — Vente par Guillaume, Pierre et Geoffroi de Larrajace à Gui de Monléon, du deffend, droit de possession et de propriété de la Creuse, depuis Buxeuil jusqu'à la Vienne (en fr.). xx, 262.

1292. — Echange de domaines entre Guillaume de Vernou, chevalier, d'une part, et Thibaut du Fontenioux, chevalier, et Thiphaine, sa femme, d'autre part (en fr.). xx, 264.

1297. — Quittance de trente-huit livres, donnée par Pierre de Ville Blouain, chevalier du roi, à Pierre de Melet, receveur du roi en Poitou et Saintonge (en fr.). xx, 265.

1312, août. — Lettres de Philippe le Bel, roi de France, permettant à Jean du Vergier de fortifier son herbergement du Vergier. xx, 267.

1348-1387. — Mandements et quittances pour faits de guerre. xx, 267.

1349-1577. — Réparations ou travaux à divers châteaux du Poitou. xx, 291.

1365, 31 juillet. — Extrait vidimé du testament de Marie Goyzonne, femme de maître Guillaume Janvre, portant fondation de trois chapellenies, dont deux à Saint-Maixent et l'autre à Thorigné. xx, 305.

1369, 14 juillet. — Mandement de Charles V au sénéchal d'Anjou et du Maine, de procéder à une enquête sur la demande de Berthelon de la Haye, seigneur de Passavant, tendant à le faire indemniser, aux dépens de certains rebelles, de dommages éprouvés au service du roi. xx, 305.

1423, 8 février. — Quittance donnée par Guillaume Charrier, receveur des finances, à Henri Blandin, chargé par lui de recevoir l'aide de Poitou, d'une somme reçue par Lyonnet de Barbasan, lieutenant du seigneur de Barbasan, capitaine de Lusignan. xx, 307.

1434, 10 décembre. — Lettres de Charles VII permettant à l'abbé et au chapitre de Notre-Dame-la-Grande de Poitiers, sur leur demande, de réparer les fortifications de la tour Négreteau, en leur seigneurie de Beaumont. xx, 308.

1452, 31 juillet. — Consentement donné par Charles, comte du Maine, comme seigneur de Melle, à l'érection de la seigneurie de Melzéar en haute justice. xx, 310.

1519, 8 juin. — Inventaire dressé au château de Chinon, en vertu d'une commission du roi, de la monnaie et de la vaisselle d'or et d'argent ayant appartenu à feu Artus de Boisy, grand maître de France. xx, 312.

1544, 23 juin. — Marché passé par Louis Aymer, écuyer, seigneur de Lalyer, avec Pierre Dacollat et Charles de Bernezay, écuyers, pour qu'ils servent au ban et à l'arrière-ban de Poitou, en remplacement de Louise Jousserant, veuve de Louis de Saint-Denis, sa cousine. xx, 322.

1548, 24 septembre. — Marché entre Joachim Prévost, écuyer, seigneur de Chaulmes, maire et capitaine de la ville de Poitiers, et Antoine Poupart, maître horloger, pour l'entretien de l'horloge de la ville, et pour l'établissement et l'entretien d'un cadran dans la salle du palais. xx, 323.

1560-1588. — Remontrances du clergé et du tiers-etat de Poitou. xx, 325.

1573, 27 février et 6 mars. — Commission de Jean de la Haye, lieutenant général en Poitou, aux officiers de Thouars, pour faire cesser la mendicité et le vagabondage dans le ressort de cette ville, et mandement de la cour de Thouars à cet effet.
xx, 383.

1577, 10 juillet. — Vente par Jacques du Fouilloux, écuyer, seigneur dudit lieu, à Jacques d'Escars, écuyer, seigneur des Isles, des Loges et de Luc, et porte-manteau du roi, de la maison noble et seigneurie du Vieux-Brusson. xx, 385.

1583-1584. — Trois pièces relatives aux foires et marchés de Saint-Clémentin. xx, 393.

1589-1591. — Cinq pièces se rapportant aux guerres de religion en Poitou. xx, 412.

1605, 21 avril. — Procuration des magistrats de la sénéchaussée et siège présidial de Poitou, pour former opposition à l'établissement d'un siège présidial à Loudun. xx, 437.

1623-1657. — Neuf pièces relatives au culte protestant à Saint-Hilaire-sur-l'Autise. xx, 439.

TABLE DES MATIÈRES

CONTENUES DANS CE VOLUME

    Pages.

Liste des membres de la Société des Archives historiques du Poitou.   I

Extrait des procès-verbaux des séances de la Société pendant l'année 1888.   IV

Avertissement.   VII

Documents pour servir à l'histoire de l'abbaye de la Trinité de Mauléon. . . . .

    Introduction.   1

    Texte des documents.   3

Lettres de M. Boula de Nanteuil, intendant du Poitou, à M. Blactot, son subdélégué à Bressuire. . . . . .

    Introduction.   95

    Texte des lettres.   97

    Table des affaires administratives traitées dans ces lettres.   213

Miscellanées.   215

Table des noms de personnes et de lieux.   457

Table générale des volumes XI à XX.   493

POITIERS. — TYPOGRAPHIE OUDIN ET Cⁱᵉ.

www.ingramcontent.com/pod-product-compliance
Lightning Source LLC
Chambersburg PA
CBHW050555230426
43670CB00009B/1127